Michael Lang (Hrsg.)
IT-Management

Weitere empfehlenswerte Titel

IT-Sicherheit
R. Hellmann, 2018
ISBN 978-3-11-049483-9, e-ISBN (PDF) 978-3-11-049485-3,
e-ISBN (EPUB) 978-3-11-049208-8

Blockchain Technology
D. Burgwinkel (Hrsg.), 2016
ISBN 978-3-11-048731-2, e-ISBN (PDF) 978-3-11-048895-1,
e-ISBN (EPUB) 978-3-11-048751-0

Vernetzte Organisation
A.Richter (Hrsg.), 2014
ISBN 978-3-486-74728-7, e-ISBN (PDF) 978-3-486-74731-7,
e-ISBN (EPUB) 978-3-486-98956-4

IT-information technology
Editor-in-Chief Paul Molitor, 6 Hefte/Jahr
ISSN 1611-2776

IT-Management

Best Practices für CIOs

Herausgegeben von
Michael Lang

DE GRUYTER
OLDENBOURG

Herausgeber
Dr. Michael Lang

ISBN 978-3-11-054303-2
e-ISBN (PDF) 978-3-11-054539-5
e-ISBN (EPUB) 978-3-11-054313-1

Library of Congress Cataloging-in-Publication Data
Names: Lang, Michael, 1982- editor.
Title: IT-Management : best Practices für CIOs / edited by/herausgegeben von Michael Lang.
Description: 1 Edition. | Berlin/Boston : De Gruyter Oldenbourg, [2018] | Includes bibliographical references and index.
Identifiers: LCCN 2018021561 (print) | LCCN 2018023240 (ebook) | ISBN 9783110545395 (electronic Portable Document Format (pdf) | ISBN 9783110543032 (pbk. : alk. paper) | ISBN 9783110543131 (e-book epub) | ISBN 9783110545395 (e-book PDF)
Subjects: LCSH: Information technology--Management. | Business enterprises--Computer networks. | Strategic planning. | Leadership.
Classification: LCC HD30.2 (ebook) | LCC HD30.2 .I8576 2018 (print) | DDC 004.068--dc23
LC record available at https://lccn.loc.gov/2018021561

Bibliografische Information der Deutschen Nationalbibliothek
Die Deutsche Nationalbibliothek verzeichnet diese Publikation in der Deutschen Nationalbibliografie; detaillierte bibliografische Daten sind im Internet über http://dnb.dnb.de abrufbar.

Satz: Meta Systems Publishing & Printservices GmbH, Wustermark
Druck und Bindung: CPI books GmbH, Leck
Coverabbildung: Busakorn Pongparnit / Moment / Getty Images

www.degruyter.com

Vorwort

Informationstechnologien bieten heutzutage herausragende Geschäfts- und Innovationspotenziale für Unternehmen. Dies beschränkt sich nicht nur darauf, dass mit Hilfe von IT die Geschäftsprozesse von Unternehmen besser, schneller und kostengünstiger gestaltet werden können. Immer häufiger ermöglicht IT auch Produkt-, Dienstleistungs- und Geschäftsmodellinnovationen. Auf diese Weise verändert der Einsatz von IT entscheidend die Art und Weise, wie Unternehmen Geld verdienen.

Diese positiven Wirkungen des IT-Einsatzes ergeben sich jedoch nicht automatisch mit der Einführung von IT-Systemen, sondern erfordern ein adäquates Management des IT-Einsatzes.

Bei dieser Aufgabe stoßen jedoch viele der bisher eingesetzten Methoden und Vorgehensweisen des IT-Managements an ihre Grenzen. Denn die Rahmenbedingungen haben sich in den letzten Jahren signifikant geändert: die Komplexität und Dynamik in der Geschäftswelt nehmen deutlich zu, gleichzeitig werden die Innovationszyklen in der IT immer kürzer. Dadurch ist die IT im Unternehmen immer häufiger mit neuen technologischen Entwicklungen, IT-Trends und Herausforderungen konfrontiert, die eine schnelle und flexible Reaktion sowie geeignete IT-Lösungen mit kurzer Time-to-Market erfordern.

Für das Management der IT sind unter diesen veränderten Rahmenbedingungen neue Denkmuster und Lösungsansätze erforderlich.

Erst damit können Chief Information Officer (CIO) die Herausforderungen der heutigen Zeit bewältigen und gleichzeitig die entscheidende Grundlage für eine differenzierende und wertschaffende Nutzung von IT schaffen.

Daher freue ich mich, dass in diesem Buch 23 Autoren wertvolle Hinweise und innovative Ansätze für das IT-Management vorstellen. Bei den Autoren handelt es sich um ausgewiesene Experten unterschiedlicher Tätigkeitsbereiche, u. a. erfahrene IT-Management-Berater und Coaches, namhafte Professoren, erfolgreiche CIOs sowie einen Rechtsanwalt mit entsprechendem Fachgebiet.

Ich wünsche Ihnen viel Spaß beim Lesen des Buches und viel Erfolg beim Umsetzen der dabei gewonnenen Erkenntnisse!

Ihr Dr. Michael Lang

https://doi.org/10.1515/9783110545395-202

Inhalt

I Strategische Ausrichtung der IT

Martin Kütz

1 Strategische IT-Steuerung mit Kennzahlen

1 Einleitung

Steuerung lässt sich über fünf Elemente beschreiben (vgl. Abb. 1), nämlich
- dem, was gesteuert werden soll (Steuerungsobjekt),
- dem, der steuern soll (Manager),
- den Zielen, die das Steuerungsobjekt erreichen soll,
- der Zeitspanne, in der diese Ziele erreicht werden sollen, und
- dem Weg, auf dem diese Ziele erreicht werden sollen (Strategie).

Um seine Steuerungsaufgabe, die er von einer übergeordneten Instanz übertragen bekommt (vgl. die Principal-Agent-Thematik; [1]), auch erfüllen zu können, benötigt der Manager[1] Werkzeuge, mit denen er messen kann, ob das Steuerungsobjekt die vorgegebenen oder vereinbarten Ziele schon erreicht hat oder in welchem Grad es sich diesen Zielen schon angenähert hat.

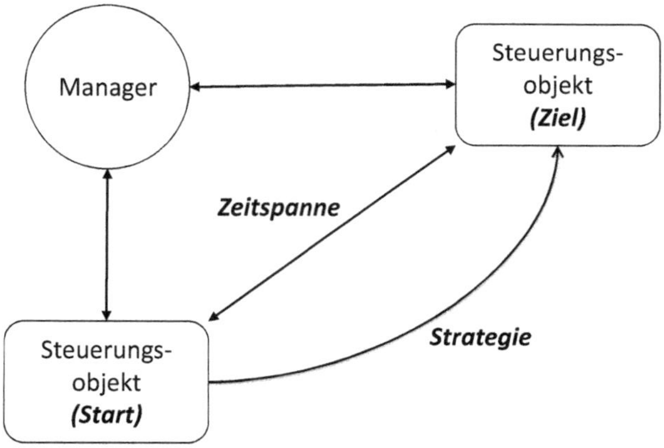

Abb. 1: Die Elemente der Steuerung.

In diesem Kapitel wird diskutiert, wie Kennzahlen und Kennzahlensysteme den Manager bei der strategischen IT-Steuerung wirksam unterstützen können. Nach

1 Wir sprechen von dem Manager, meinen damit aber natürlich Männer und Frauen gleichermaßen. Das Geschlecht der Personen spielt bei dem hier diskutierten Thema keine Rolle.

https://doi.org/10.1515/9783110545395-001

einer kurzen Darstellung der Voraussetzungen und Rahmenbedingungen einer kennzahlenbasierten Steuerung werden die Besonderheiten der strategischen Steuerung im IT-Umfeld untersucht. Daraus ergibt sich dann eine Reihe von Forderungen, wie man eine Balanced Scorecard als Prototyp moderner Kennzahlensysteme für die strategische IT-Steuerung adaptieren sollte. Die Überlegungen dieses Kapitels schließen dann mit der exemplarischen Diskussion von Kennzahlen, wie sie in der strategischen IT-Steuerung eingesetzt werden. Das wird ergänzt durch Hinweise zur Konstruktion solcher Kennzahlen.

2 Grundlagen der Steuerung mit Kennzahlen

Kennzahlensysteme und Kennzahlen sind im Management weithin als geeignetes Werkzeug zur Steuerungsunterstützung anerkannt. Die praktische Nutzung ist jedoch weitaus geringer als die grundsätzliche Akzeptanz. Das hat klar adressierbare Ursachen. Eine zielorientierte Führung mithilfe von Kennzahlen erfordert harte Managementarbeit. Bevor Kennzahlen den Grad der Zielerreichung signalisieren können, muss erhebliche Vorarbeit geleistet werden. Das ist oftmals nur halbherzig gewollt, denn Transparenz ist schmerzlich. Und der erforderliche Aufwand wird von den Verantwortlichen meistens auch unterschätzt.

2.1 Kennzahlensysteme als Managementwerkzeug

Wir beginnen mit einem in der Mathematik üblichen Vorgehen, mit einer Definition (vgl. [2]):

> Eine **Kennzahl** ist eine Menge zeitabhängiger und nach definierten Regeln ermittelter Zahlenwerte, die Aussagen über angestrebte oder tatsächliche Ausprägungen eines für die Zielerreichung relevanten Merkmals eines Steuerungsobjektes machen.

Diese Definition mag akademisch klingen, sie ist für die konkrete Managementarbeit aber von großer Tragweite. Sie besagt nämlich nichts anderes, als dass der Manager bei jeder Kennzahl sicher sein muss, dass sie ein für die Erreichung seiner Ziele relevantes Merkmal repräsentiert, also gewissermaßen ein Teilziel darstellt. Wählt er eine Kennzahl, die zu einem nicht-relevanten Merkmal seines Steuerungsobjektes korrespondiert, wird er nicht effektiv und möglicherweise sogar erfolglos steuern. Allerdings ist die Relevanz eines Merkmals für die Zielerreichung eine Eigenschaft, die nicht immer zweifelsfrei feststellbar ist. Und dann bleibt immer noch die Frage, ob die dem Merkmal zugeordnete Kennzahl genau dieses Merkmal auch angemessen quantifiziert.

Schließlich muss der Manager wissen, bei welchen Werten der Kennzahl er das hinter dieser Kennzahl stehende Teilziel für das ihm anvertraute Steuerungsobjekt erreicht hat. Er muss also in der Lage sein, jedem Teilziel eine Kennzahl und ihren Werten einen Zielerreichungsgrad zuzuordnen.

Diese Struktur aus Gesamtziel, Merkmal/Teilziel und Kennzahl entspricht dem weithin bekannten GQM-Ansatz (vgl. [3]). Das macht es allerdings nicht leichter, sie praktisch umzusetzen. Die Relation zwischen Kennzahl, Merkmal und Teilziel ist keinesfalls trivial. Diese Verbindung plausibel herzustellen, ist eine der schwierigsten Aufgaben beim Aufbau einer kennzahlenbasierten Steuerung.

Nun ist aber die Erkenntnis naheliegend, dass ein komplexes Steuerungsobjekt in aller Regel nicht nur mittels einer einzigen Kennzahl gesteuert werden kann, sondern die immanente Komplexität von Steuerungsobjekt und Zielsetzung den gleichzeitigen Einsatz mehrerer Kennzahlen in Form eines Kennzahlensystems erforderlich macht. Dementsprechend ergibt sich die folgende Definition (vgl. [2]):

Ein **Kennzahlensystem** ist eine Liste von Kennzahlen K(t) = (k1(t), k2(t), k3(t), ... , kn(t)) und beschreibt für einen Zeitpunkt t den angestrebten oder tatsächlichen Zustand eines Steuerungsobjektes. Die Kennzahlen sind die Koordinaten des Steuerungsobjektes in einem entsprechenden Zustandsraum.

Auch diese dem mathematischen Begriff des Vektorraums entlehnte Definition erscheint formal, ist aber für die Praxis des Managements von erheblicher Tragweite.

Das Gesamtziel der Steuerung muss in verschiedene Teilziele zerlegt bzw. durch eine Menge relevanter Merkmale dargestellt werden (können). Die ausgewählten Merkmale müssen relevant sein und das angestrebte Ziel hinreichend gut oder sogar erschöpfend darstellen. Bei einer Hinterlegung mit Kennzahlen bedeutet das, dass (aus Sicht des verantwortlichen Managers) das Ziel dann erreicht wurde, wenn alle Kennzahlen den ihnen zugeordneten Zielwert angenommen haben. Für die Zielformulierung bedeutet dies: Das zu erreichende Ziel wird durch einen Vektor von Zielwerten repräsentiert.

Die Istwerte der Kennzahlen zeigen, wo sich das Steuerungsobjekt im Zustandsraum aktuell befindet und mittels einer Abstandsmessung zwischen Sollpunkt und Istpunkt lässt sich darstellen, wie weit das Steuerungsobjekt noch von seinem Zielpunkt entfernt ist.

Mit einem Kennzahlensystem modellieren wir gewissermaßen die Steuerungsaufgabe als eine Navigation in einem n-dimensionalen Zustandsraum. Das Kennzahlensystem ist ein Modell des Steuerungsobjektes. Ob sich mit dem gewählten Modell erfolgreich steuern lässt, muss sich in der Praxis zeigen.

Projekte zur Einführung einer kennzahlenbasierten Steuerung scheitern oftmals schon an dieser ersten Klippe, der Transformation komplexer Zielsetzungen auf eine beschränkte Menge relevanter Merkmale und der Zuordnung von Kenn-

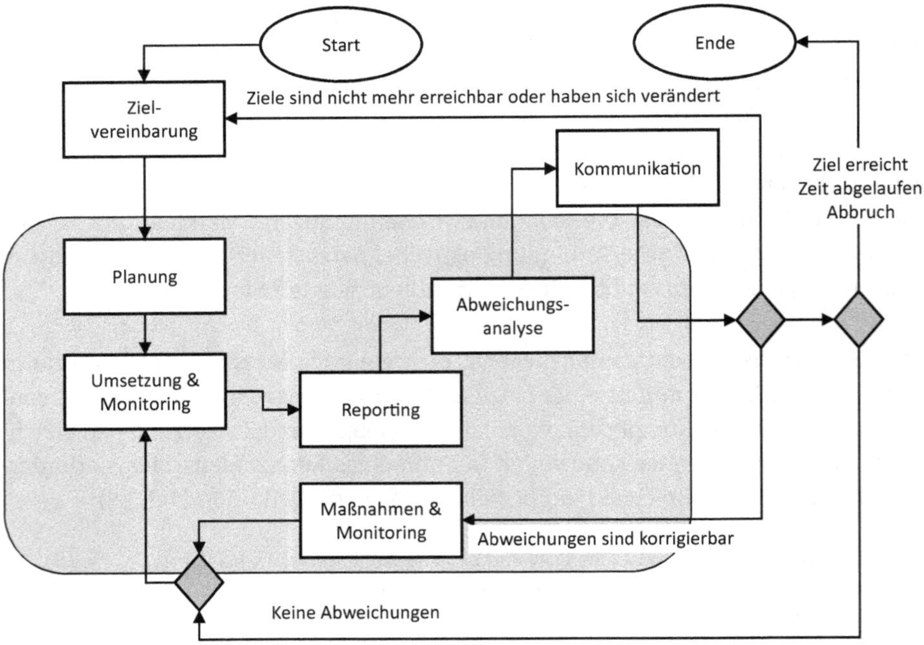

Abb. 2: Der Regelkreis der Steuerung.

zahlen zu diesen Merkmalen. Eine weitere Hürde ist die Festlegung von Werten, die die Zielerreichung anzeigen.

Ist das geschafft, dann besteht nach Etablieren des Kennzahlensystems die Gefahr, dass der Manager seine Anstrengungen auf die Erreichung der vereinbarten oder vorgegebenen Zielwerte der Kennzahlen beschränkt, dies umso stärker, je unmittelbarer seine Vergütung von der Erreichung bestimmter Kennzahlenwerte abhängt. Eine Steuerung mit Kennzahlensystemen birgt also die Gefahr, dass der Manager blind wird gegenüber denjenigen Aspekten, die das Kennzahlensystem nun einmal nicht erfasst bzw. nicht erfassen kann. Diese Gefahr ist insbesondere für den Bereich der strategischen Steuerung zu sehen. Trotzdem stellen Kennzahlensysteme geradezu das natürliche Werkzeug zur Unterstützung der Steuerung in Regelkreisen dar (vgl. Abb. 2).

Sie bilden die Grundlage der Zielvereinbarung zwischen Manager und übergeordneter Instanz, weil sich mit ihrer Hilfe Ziele konkret, präzise und messbar formulieren lassen. Im Rahmen der Planung wird dann festgelegt, zu welchen Zeitpunkten innerhalb der verfügbaren Zeitspanne welche Kennzahlenwerte erreicht werden sollen. Die zur Zielerreichung verfügbare Zeitspanne wird in Berichtsperioden unterteilt und es werden für jede Berichtsperiode „Etappenziele" festgelegt.

Parallel zur Umsetzung erfolgt das Monitoring, also die Ermittlung derjenigen messbaren Parameter, aus denen dann im Reporting die aktuellen Kennzahlenwerte ermittelt werden. In der Abweichungsanalyse werden dann Sollwerte und Istwerte der Kennzahlen miteinander verglichen.

Zunächst muss nun geprüft werden, ob sich die Zielsetzung in der Zwischenzeit möglicherweise verändert hat. Im nicht-strategischen Bereich geht man üblicherweise von der Konstanz der Ziele aus, aber das ist gerade in der IT nicht selbstverständlich. Man denke etwa an die Steuerung von IT-Projekten. Bei Bedarf werden dann die Sollwerte entsprechend modifiziert. Gibt es keine Abweichung der Istwerte von den eventuell geänderten Sollwerten, braucht der Manager nicht in das laufende System einzugreifen und kann die Abweichungsanalyse beenden. Anderenfalls muss er entweder korrigierende Maßnahmen einleiten und diese dann ebenfalls steuern, falls die Erreichung der Sollwerte im Rahmen der verbleibenden Zeit noch machbar und realistisch erscheint. Anderenfalls muss er dafür sorgen, dass die Zielvereinbarung aktualisiert wird und der Regelkreis anschließend mit einer entsprechend aktualisierten Planung neu gestartet wird. Die hier schon angesprochene Variabilität der Ziele ist auf der Ebene der strategischen Steuerung eine geradezu typische Erscheinung und wir werden im weiteren Verlauf des Kapitels darauf zurückkommen müssen.

2.2 Das Prinzip der Mehrdimensionalität

Wir haben gesehen, dass eine Steuerung nicht mithilfe einzelner Kennzahlen erfolgt, sondern mithilfe von Kennzahlensystemen. Das hat seinen Grund darin, dass komplexe Steuerungsobjekte durch mehrere relevante Merkmale im Sinne der Zielerreichung repräsentiert werden (müssen). Das Modell eines mehrdimensionalen Zustandsraumes ist allerdings nicht nur durch den mehr oder weniger technischen Grund der Komplexität der Steuerungsaufgabe notwendig, sondern beinhaltet darüber hinaus auch einen wichtigen inhaltlichen Aspekt.

Dieser Aspekt ist naheliegend, wird aber oft übersehen. Im Kern geht es nämlich darum, dass jede Steuerungsaufgabe letztlich darauf ausgelegt ist, Unvereinbares zu vereinen. Einerseits soll das Steuerungsobjekt möglichst viel Output erbringen, andererseits aber möglichst wenig Input verbrauchen. Das eigentlich immer geltende Wirtschaftlichkeitsprinzip führt stets zu Zielkonflikten. Oder zu widersprüchlichen Teilzielen, die aber simultan erreicht werden müssen.

Das wiederum bedeutet, dass Teilziele nicht in maximaler Ausprägung angestrebt werden können, sondern der angestrebte Zielpunkt so definiert werden muss, dass auch gegenläufige Ziele „unter einen Hut gebracht" werden können. Die weiter unten zu beschreibende Balanced Scorecard hat das erkannt und trägt die mehrdimensionale Zielsetzung in ausgewogener Form als „balance" im Namen. Die Ausgewogenheit konfligierender Zielsetzungen ist ein konstituierendes Merkmal der Balanced Scorecard.

2.3 Das Problem der Messbarkeit

Kern jeder kennzahlenbasierten Steuerung ist der immer wieder praktizierte Vergleich von Sollwerten und Istwerten der Kennzahlen. Die Sollwerte wurden im Rahmen der Zieldefinition ermittelt und dann in Form einer Zielvereinbarung zwischen dem Manager und seinem Auftraggeber festgelegt. Die Istwerte der Kennzahlen werden, wie es die Definition sagt, nach bestimmten Regeln ermittelt, also errechnet. Grundlage dieser Berechnungen sind Messungen, die am Steuerungsobjekt vorgenommen werden.

In der Praxis wird oftmals unausgesprochen angenommen, dass die Istwerte der definierten Kennzahlen ermittelt werden können, also die ihnen zugrunde liegenden Messungen durchgeführt werden können. Das ist in vielen Fällen nicht gegeben und das erschwert Kennzahlenprojekte oder lässt sie sogar scheitern. Ein Beispiel möge das illustrieren.

Im Rahmen eines Kennzahlenprojektes für eine IT-Organisation wurde für das Anwendungsmanagements eine konsequente Kundenorientierung als wichtige Zielsetzung erkannt. Als relevantes Merkmal für diese Zielsetzung wurde die Bearbeitungszeit von Kundenanfragen ausgewählt, die bestimmte Zeitspannen einhalten sollte. In der Erprobung des Kennzahlensystems stellte sich dann heraus, dass zwar Kundenanfragen in großer Zahl bearbeitet wurden, die Organisation aber nicht in der Lage war, die entsprechenden Durchlaufzeiten zu messen. Ein entsprechender Prozess war nicht etabliert. So musste für diese eigentlich einfach zu gewinnenden Messwerte zunächst ein entsprechender Prozess entwickelt und implementiert werden. Nach mehreren Monaten war man dann in der Lage, für diese Kennzahl Istwerte zu generieren.

Um Istwerte von Kennzahlen zu ermitteln, ist also eine entsprechende organisatorische und technische Infrastruktur erforderlich. Aber in der Praxis stoßen Kennzahlenprojekte immer wieder auf „weiße Flecken". Es sind dann erhebliche Vorarbeiten notwendig, um zunächst die regelmäßige Vermessung eines Steuerungsobjektes und dann die nachfolgende Sammlung und Aufbereitung der Messwerte zu organisieren. Hier geht es oftmals um technische Fragestellungen, aber die beste Monitoring-Software ist wertlos, wenn ihre Nutzung nicht organisiert wird und Mitarbeiter wegen fehlender Schulungen nicht damit arbeiten können.

2.4 Steuerungs- und Informationskennzahlen

Bisher sind wir davon ausgegangen, dass Kennzahlen die für die Steuerung relevanten Merkmale repräsentieren und dass es Aufgabe des Managers ist, das Steuerungsobjekt so zu führen, dass alle Kennzahlen vorgegebene Zielwerte einnehmen. Die Relevanzforderung können wir aufrecht erhalten, aber ist der Manager wirklich in der Lage, jedes relevante Merkmal seines Steuerungsobjektes aktiv zu beeinflussen? Anders gefragt: Könnte man das Gehalt des Managers von dem Zielerreichungsgrad für sämtliche Kennzahlen abhängig machen oder würde man Gefahr laufen, falsche Anreize zu setzen?

Um diese Frage zu beantworten, müssen wir uns klar machen, dass sich das Steuerungsobjekt stets in einem Umfeld (Ökosystem) bewegt und über diverse Schnittstellen von diesem Umfeld beeinflusst wird. Es ist Umfeldeinflüssen, also einer Art „Wetter“ ausgesetzt. Der Manager muss dieses „Wetter“ kennen und beobachten, um seine Arbeit richtig zu machen, aber das „Wetter“ gezielt beeinflussen kann er nicht.

Ein typisches Beispiel aus dem Servicemanagement ist die Anzahl der einlaufenden Incidents. Der Servicemanager muss die Anzahl der Incidents kennen, aber es wäre absurd, von ihm zu fordern, die Anzahl dieser Incidents zu steigern oder zu senken. Trotzdem ist sie für seine Arbeit ein wirkliches relevantes Merkmal, denn er muss auf Basis dieser Information die Arbeit seines Service Desks organisieren.

Diese Betrachtung führt zu einer Unterscheidung von Kennzahlen in Steuerungskennzahlen und Informationskennzahlen, die wir wie folgt definieren wollen (vgl. [4]):

> **Steuerungskennzahlen** sind Bestandteil der Zielvereinbarung zwischen dem Manager und der übergeordneten Instanz. Sie haben Soll- und Istwerte und müssen vom Manager gezielt beeinflusst werden können.
>
> **Informationskennzahlen** liefern wichtige Informationen aus Steuerungsobjekt und Umfeld. Ihre Istwerte können vom Manager nicht gezielt beeinflusst werden. Die Sollwerte sind Planungsgrundlage (z. B. erwartete Leistungsabnahme) und die Grundlage von Alarmierungen (bei Abweichungen von den erwarteten Werten).

Kennzahlensysteme werden also aus einer Mischung von Steuerungskennzahlen und Informationskennzahlen bestehen. Für die strategische Steuerung haben Informationskennzahlen eine besondere Bedeutung, wie später noch zu zeigen sein wird.

2.5 Inhalte der IT-Steuerung

Jede Steuerung benötigt ein Steuerungsobjekt. Welches Steuerungsobjekt aber meinen wir, wenn wir von IT-Steuerung sprechen? Was ist mit IT (Informationstechnologie) gemeint?

Wenn es um die Nutzung von Informationstechnologie zur Unterstützung des Kerngeschäftes von Organisationen geht, versteht man hierunter im weiteren Sinne das Management der Informationswirtschaft dieser Organisation, also die Ermittlung des Informationsbedarfs und seine fortwährende Abstimmung mit der Informationsversorgung in dieser Organisation. Im engeren Sinne versteht man darunter das Management der einzusetzenden Informationstechnologien oder das

Management derjenigen Organisationseinheit, die für die Bereitstellung der technischen Informationssysteme und entsprechender technischer Infrastrukturen sowie den Betrieb der beiden Bereiche zuständig ist. Das ist die herkömmliche IT-Abteilung (vgl. [5]).

In jedem Fall handelt es sich um eine herausfordernde und sehr komplexe Steuerungsaufgabe. Unabhängig von einem Kennzahlensystem sollte aber klar sein, was das Steuerungsobjekt konkret ist (Informationswirtschaft insgesamt oder IT-Organisation) und wer der verantwortliche Manager ist.

Wir können im Folgenden aber das Steuerungsobjekt „IT" in der Schwebe lassen und müssen nicht klar unterscheiden, ob wir die Arbeit des CIO (Chief Information Officer), also die Steuerung der gesamten Informationswirtschaft, oder die Arbeit des IT-Managers, also die Steuerung der für Bereitstellung und Betrieb von IT zuständigen Dienstleistungseinheit, beleuchten. Die Überlegungen zur strategischen IT-Steuerung und zum Kennzahleneinsatz lassen sich in beiden Fällen anwenden. Auch die exemplarisch zu diskutierenden Kennzahlen sind für beide Steuerungsaufgaben von Interesse.

3 Besonderheiten der strategischen Steuerung

Was ist strategische Steuerung? Worin unterscheidet sie sich von der operativen Steuerung? Um das zu beantworten, greifen wir auf eine Definition von strategischer Unternehmensführung zurück und folgen [6]: „Die strategische Unternehmensführung ist auf die Entwicklung bestehender und die Erschließung neuer Erfolgspotenziale ausgerichtet und beschreibt die hierfür erforderlichen Ziele, Leistungspotenziale und Vorgehenspotenziale." Zum Begriff der Strategie heißt es dort: „Eine Strategie ist ein geplantes Bündel von Maßnahmen zur Positionierung im Wettbewerb und zur Gestaltung der dazu erforderlichen Ressourcenbasis. Auf diese Weise sollen Wettbewerbsvorteile erzielt werden, durch die neue Erfolgspotenziale geschaffen bzw. bestehende Erfolgspotenziale weiterentwickelt werden" (vgl. [6]). Die Erfolgspotenziale wiederum sind „sämtliche produkt- und marktspezifischen, technologischen und qualifikatorischen Voraussetzungen für zukünftigen Erfolg" (vgl. [6]).

Buchta et al. (vgl. [7]) sehen die Aufgabe des strategischen IT-Managements in der Beantwortung der Frage „Wie kann durch den Einsatz von Informationstechnologie Wert für das Unternehmen geschaffen werden?" Damit fügen sie sich implizit in die Orientierung an Erfolgspotenzialen ein, denn hier wird auf die Informationstechnologie und ihre Beherrschung, also eine technologische und eine qualifikatorische Voraussetzung für zukünftigen Erfolg abgestellt.

3.1 Die Bestimmung von Erfolgspotenzialen

Strategische Steuerung befasst sich also mit der Erschließung und Entwicklung von Erfolgspotenzialen. Dazu müssen diese aber erst einmal erkannt und identifiziert werden. Parallel dazu sollten wir nicht übersehen, welchen Misserfolgspotenzialen oder Bedrohungen Steuerungsobjekte ausgesetzt sind. Die strategische Steuerung hat auch die Aufgabe, die dauerhafte Existenz des Steuerungsobjektes (wenn seine Existenz nicht von vornherein zeitlich befristet ist) sicherzustellen.

Es wird also darum gehen, die produktspezifischen, marktspezifischen, technologischen und qualifikatorischen Gegebenheiten systematisch zu beobachten. Für die Steuerung von Organisationen, deren Kerngeschäft IT ist, gelten die vorgenannten Ansätze direkt. Sie müssen ihre Produkte aktiv entwickeln, ihre Märkte beobachten, die technologische Entwicklung beobachten und die Nutzung von Technologien aktiv entwickeln.

Für IT-Organisationen, deren Aufgabe es ist, das Kerngeschäft der übergeordneten Organisation zu unterstützen, ist das allerdings eine zweistufige Aufgabenstellung. Sie müssen ihre eigenen Produkte (Services) aktiv entwickeln, aber auch die Produkte der übergeordneten Organisation beobachten und unterstützen. Sie müssen ihre internen Märkte ebenso beobachten wie die externen Märkte der übergeordneten Organisation. Sie müssen die technologische Entwicklung hinsichtlich ihrer eigenen Aufgaben verfolgen, aber auch übergeordnete technologische Entwicklungen, z. B. die Konvergenz von Medien, Digitalisierung im Sinne eines Ersatzes von Hardware durch Software. Und sie müssen die Qualifikation ihrer IT-Mitarbeiter systematisch entwickeln, ebenso aber auch zur Qualifikation der Mitarbeiter der übergeordneten Organisation für den Umgang mit neuen Technologien und Produkten beitragen. Eine komplexe Aufgabenstellung also.

Auch diese komplexe Steuerungsaufgabe kann und sollte mit Kennzahlensystemen unterstützt werden. Es wird Ziele geben, deren Erreichung mittels geeigneter Steuerungskennzahlen sichergestellt ist. Diese werden sich aber auf bereits identifizierte Erfolgspotenziale konzentrieren. Um Erfolgspotenziale oder Bedrohungspotenziale überhaupt erst erkennen zu können, bedarf es zusätzlich eines Einsatzes von Informationskennzahlen, die Veränderungen und Entwicklungen im engeren und weiteren Umfeld, also in der übergeordneten Organisation und im externen Umfeld, anzeigen.

Allerdings gibt es hier eine natürliche Grenze für den Einsatz von Kennzahlen. Wir können nämlich nur das messen, was wir bereits als relevant erkannt haben und entsprechend mit Sensoren ausstatten. Mit Kennzahlen kann man also erst dann operieren, wenn man weiß, was man beobachten muss. Das können Erfolgspotenziale selber sein, aber auch Stellen, an denen sich Erfolgspotenziale möglicherweise ankündigen. Im Falle von Technologien kann man also gezielt ausgewählte Technologien beobachten oder Stellen beobachten, in denen sich neue Technologien erfahrungsgemäß (aber eben nicht in jedem Fall) bemerkbar machen.

Vor diesem Hintergrund lassen sich folgende Felder mit Informationskennzahlen erfassen:

- Entwicklung der eigenen übergeordneten Organisation und die daraus resultierenden Bedarfe und Erwartungen hinsichtlich des Einsatzes und der Nutzung von IT
- Entwicklung des Umfeldes der übergeordneten Organisation und die daraus resultierenden Konsequenzen für den Einsatz und die Nutzung von IT
- Entwicklung des IT-spezifischen Umfeldes, insbesondere Technologien, relevante Leistungsangebote, Ressourcen und Ressourcenmärkte (personell und nichtpersonell)

3.2 Periodenübergreifende Zielsetzungen

Sucht man nach konkreten Merkmalen, an denen man die Besonderheit der strategischen Steuerung greifen kann, so wird man unweigerlich über die zeitliche Dimension sprechen müssen. Da Strategien gemeinhin als langjährig angelegt angesehen werden, sprechen wir bei der strategischen Steuerung konsequenterweise über eine perioden-übergreifende Steuerung. Dabei meint die Periode eine Planungsperiode, in der Regel also ein Jahr (In der kennzahlenbasierten Steuerung arbeiten wir auch mit Berichtsperioden, die Teile einer Planungsperiode darstellen; im Falle eines Jahres als Planungsperiode sind das dann z. B. Monate oder Wochen als typische Berichtsperioden.).

Insofern sind die Ziele, die wir für eine Steuerung benötigen, auf der strategischen Ebene so angelegt, dass die Organisation mehrere Perioden benötigt, um sie zu erreichen. Im Rahmen der (strategischen) Planung müssen sie auf Periodenziele heruntergebrochen werden. Für die strategische Steuerung mit Kennzahlen bedeutet das, dass natürlich die „normalen" Kennzahlen in der operativen, periodenbezogenen Steuerung auch für die strategischen Zielsetzungen relevant sind. Die Frage ist nun aber, ob man darüber hinaus weitere Aspekte zu beachten hat, die operative Kennzahlensysteme übersehen oder ignorieren.

Hier stellen wir fest, dass folgende Bereiche über die operativen Steuerungsfelder hinaus (siehe nachfolgende Diskussion der Balanced Scorecard) von Relevanz sind und eine eigenständige Unterfütterung mit Steuerungskennzahlen erfordern:

- strukturelle Veränderungen des Steuerungsobjektes, z. B. Altersstruktur einer IT-Organisation oder Qualifikationsstruktur eines Mitarbeiterteams, Fertigungstiefe der IT-Organisation,
- Umsetzung strategischer Projekte bzw. Projektprogramme, z. B. im Bereich der Organisationsentwicklung,
- sonstige Zielsetzungen, in denen sich die Messwerte nur langsam, also nicht im Monatsrhythmus ändern, z. B. Kunden- oder Anwenderzufriedenheit, Durchdringungsgrad von Geschäftsprozessen mit IT im Sinne der Automatisierung, Reifegrad von IT-Prozessen.

3.3 Variable Zielsetzungen

Gehen wir noch einmal zurück zur Kernaufgabe der strategischen Steuerung, nämlich in einem sich kontinuierlich, vielleicht auch disruptiv verändernden Umfeld die eigene Existenz zu sichern und ständig neue Erfolgspotenziale zu identifizieren, zu erschließen und auszubauen, dann ergibt sich daraus zwangsläufig, dass wir es in der strategischen Steuerung mit Zielsetzungen zu tun haben, die sich im Zeitverlauf ständig verändern.

Das bedeutet, wenn wir über eine Steuerungsunterstützung durch Kennzahlen sprechen, dass wir die Zielwerte unserer etablierten Steuerungskennzahlen und die erwarteten Werte unserer Informationskennzahlen regelmäßig überprüfen und auch anpassen oder ändern müssen. Es geht bei der Abweichungsanalyse im Steuerungsregelkreis nicht nur um die Abweichungen zwischen aktuellen Ziel- und Istwerten, sondern in der strategischen Steuerung verstärkt auch um den sogenannten Soll-Soll-Vergleich, also Untersuchung und Interpretation von Veränderungen in den Zielwerten der Kennzahlen. Darüber hinaus bedeutet es auch, dass wir immer wieder Kennzahlen austauschen müssen, denn veränderte Zielsetzungen führen zu anderen relevanten Merkmalen und damit Kennzahlen.

Bei der strategischen IT-Steuerung geht es also nicht nur darum, den Steuerungsregelkreis zu durchlaufen, also Ziele festzusetzen und dann nachlaufend entsprechende Abweichungsanalysen durchzuführen, sondern im Fokus steht die Frage, ob das Steuerungsmodell selber, wie es durch das Kennzahlensystem repräsentiert wird, noch zur Realität passt.

Der strategische Regelkreis muss sich also mit Planung und Abweichungsanalyse des Steuerungssystems selber befassen und immer wieder die Frage beantworten, ob das eingesetzte Kennzahlensystem noch zur Managementunterstützung taugt oder angepasst werden muss. Natürlich darf die operative Steuerung, auch wenn sie perioden-übergreifend erfolgen muss, nicht vernachlässigt werden, aber das operative Abarbeiten der Steuerungsaufgabe muss durch ein regelmäßiges Überprüfen, Reflektieren und Aktualisieren dieser Steuerungsaufgabe ergänzt werden.

4 Strategische Steuerung und Balanced Scorecard

Auf Grundlage der vorlaufenden Überlegungen zur kennzahlenbasierten Steuerung und zu den Besonderheiten der strategischen Steuerung soll nun die Balanced Scorecard im Hinblick auf die strategische IT-Steuerung untersucht werden. Die Methode (oder vielleicht sogar „Philosophie“) der Balanced Scorecard wurde im Umfeld der Unternehmenssteuerung entwickelt und sollte die operative Umsetzung strategischer Zielsetzungen unterstützen (vgl. [8]). Sie hat sich auch bei der Steuerung beliebiger komplexer Strukturen bewährt. Allerdings muss man, wenn man sie erfolgreich nutzen will, auch ihre Grenzen erkennen und akzeptieren.

4.1 Die Prinzipien der Balanced Scorecard

Eine Balanced Scorecard ist natürlich eine „scorecard", also ein Kennzahlensystem. Alles, was für Kennzahlen und Kennzahlensysteme gilt, gilt auch für die Balanced Scorecard. Charakteristisch für die Balanced Scorecard sind zwei universelle Prinzipien.

Das erste Prinzip beinhaltet, dass die Kennzahlen oder „key performance indicators" (KPIs) das Ergebnis eines Top-Down-Prozesses sind, der mit Mission oder Leitbild (Selbstverständnis, Rolle der Organisation im Umfeld) beginnt, dann zur Vision, den individuellen Zielen der Organisation übergeht, Strategien zur Erreichung dieser Ziele entwickelt und schließlich den Grad der Zielerreichung über die KPIs misst. Mit dem genannten Top-Down-Prinzip geht die Balanced Scorecard genau in der Weise vor, die wir im ersten Abschnitt behandelt haben: erst die Ziele, dann die Kennzahlen.

Der Begriff der KPIs führt zu einer für die Praxis der IT-Steuerung wichtigen, wenngleich auch ein wenig deprimierenden Erkenntnis. Gesucht werden ja im wörtlichen Sinne „Schlüssel-Leistungs-Kennzahlen", also besonders relevante Kennzahlen. Wir sprechen außerdem über Leistung (Performance), also den Output der (IT-) Organisation. Allerdings bereitet gerade die Messung der Leistung in der IT erhebliche Schwierigkeiten. Es gibt bis heute weder in der Theorie noch in der Praxis eine universelle Methode zur Messung des Outputs einer IT-Organisation oder IT-Infrastruktur. Die Vermessung des Inputs im Sinne von Kapazitätsauslastung, Ressourcenverbrauch oder Kosten ist etabliert, aber für die Leistungsmessung von IT-Organisationen gibt es keine durchgängigen Ansätze; es fehlt die „IT-kWh".

Das zweite Prinzip der Balanced Scorecard ist die bewusste Akzeptanz der Mehrdimensionalität der Zielsetzung und insbesondere die Akzeptanz widersprüchlicher Zielsetzungen, die simultan und ausgewogen (balanced) erreicht werden sollen. Auch das hatten wir unabhängig von der Balanced Scorecard abgeleitet und dabei festgestellt, dass sich diese Problematik allein aus dem Wirtschaftlichkeitsprinzip ergibt, nämlich stark vereinfacht maximalen Output bei minimalem Input zu erzeugen.

Die Balanced Scorecard hat für die Operationalisierung dieser Mehrdimensionalität den Begriff der Perspektive gewählt (vgl. [8]). Wie man in der Physik ein Objekt einmal als Teilchen, einmal als Welle betrachtet und dann vielleicht auch noch mit unterschiedlichen Frequenzen betrachtet, so betrachtet eine Balanced Scorecard das ihr zugeordnete Steuerungsobjekt mit unterschiedlichen und wechselnden Sichtweisen. Die verschiedenen Facetten müssen dann vom verantwortlichen Manager zu einem Gesamtbild zusammengesetzt.

Die immer wieder kolportierten Perspektiven sind „Finanzen", „Kunden", „Prozesse" und „Lernen/Entwicklung". Zwar haben Kaplan und Norton genau dieses Quartett selber vorgeschlagen, dabei aber explizit gesagt, dass nur die Perspektivenbildung an sich Bestandteil der Methode ist, aber nicht genau diese vier konkreten Vorschläge. Mit diesem 4er-Set sollte lediglich ein pragmatischer Vorschlag gemacht werden, um den Einstieg in die Methode zu erleichtern (vgl. [8]).

Beide Prinzipien, das Top-Down-Vorgehen von den Zielen zu den Kennzahlen und die bewusst angelegte Mehrdimensionalität der Steuerung, sind universelle Prinzipien. Und so erstaunt es nicht, dass sie eigentlich in allen Fällen kennzahlenbasierter Steuerung angewandt werden, auch wenn man konkret gar nicht von einer Balanced Scorecard spricht, ja sogar diese Methode explizit ablehnt.

4.2 IT-spezifische Ausprägungen der Balanced Scorecard

In vielen Publikationen und Praxisfällen folgen die Autoren dem vorgenannten tradierten 4er-Schema der Balanced Scorecard; oftmals wird die IT Balanced Scorecard um eine Projektperspektive ergänzt, so dass also die folgenden 5 Perspektiven verwandt werden: Finanzen, Kunden, Prozesse, Projekte, Lernen/Entwicklung. Buchta et al. (vgl. [7]) sprechen von einer IT-Scorecard und verwenden als Perspektiven Personalwesen, Projekte, Kunden und Markt, Infrastruktur, Operations sowie Finanzen und Kosten. Damit wählen sie eine schon deutlich an die Besonderheiten der IT angepasste Struktur.

Löst man sich von dem konventionellen Perspektivenschema und versucht, alle relevanten Steuerungsfelder für eine IT-Organisation zu erfassen, so kommt man zu der folgenden Struktur (vgl. [4]):

- Finanzen
- Kunden, Märkte und Services
- Prozesse und Organisation
- Lieferanten und Vorprodukte
- Innovation und Technologie
- Mitarbeiter und Wissen
- GRC und Security
- Changes und Projekte

Mit diesem Ansatz kann man erfahrungsgemäß das Geschehen in einer IT-Organisation, sei nun IT das Kerngeschäft dieser Organisation oder nur eine unterstützende Funktion in einer übergeordneten Organisation, gut abbilden. Diese Struktur wurde in einer Reihe von Kennzahlenprojekten erfolgreich zum Einstieg in die Thematik eingesetzt.

Im Ergebnis mögen dann andere Bezeichnungen der Steuerungsfelder oder eine andere Struktur der Steuerungsfelder gewählt werden. Kennzahlensysteme sind eben, obwohl sie aus standardisierten Grundelementen erstellt werden können, doch so individuell, wie es die jeweiligen Organisationen sind. Nur dann können sie eine wirksame Hilfe für das Management sein.

4.3 Ausbau der Balanced Scorecard zum strategischen Cockpit

Die vorangegangenen Überlegungen führen uns zu einem Paradoxon der Balanced Scorecard. Sie ist ja erfunden worden, um die operative Umsetzung von Strategien sicherzustellen. Allerdings bewegt sich die Scorecard im operativen Umfeld. Die Zielwerte der Kennzahlen sind gegeben und im Rahmen der Abweichungsanalyse werden die aktuellen Zielwerte zunächst als gegeben hingenommen.

Die Kopplung zwischen strategischer und operativer Ebene erfolgt im Hintergrund, wenn die strategischen Zielsetzungen auf Periodenziele heruntergebrochen und zur Grundlage der Periodenplanung werden. Sie erscheinen dann statisch und auf der Ebene der Planungsperiode nicht veränderbar.

Will man die Herausforderung der strategischen Steuerung, also den periodenübergreifenden Charakter und die Variabilität der Zielsetzung sichtbar machen, dann wird man nicht umhin kommen, die Balanced Scorecard entsprechend zu einem strategischen Cockpit zu erweitern. Das könnte so erfolgen, dass man einerseits jeder Perspektive die periodenübergreifenden Zielsetzungen zuordnet, also praktisch neben dem operativen Fenster noch ein zweites, strategisches Fenster eröffnet (vgl. Tab. 1), oder dass man andererseits die in Abschnitt 3.2 genannten Felder gewissermaßen als zusätzliche Perspektiven etabliert (vgl. Tab. 2).

Was die bessere Vorgehensweis ist, hängt vom konkreten Kontext ab. Man sollte diejenige Struktur wählen, die aus Sicht der verantwortlichen Manager am besten geeignet ist, die Steuerungsaufgabe zu unterstützen.

Jedenfalls sollte die Balanced Scorecard ihre Einbettung in den strategischen Kontext auch formal zeigen und zu einem strategischen Cockpit erweitert werden. Allerdings wäre dann die Frage nach Größe und Umfang des Kennzahlensystems erneut zu beantworten. Als Praxisregel hat sich für die Balanced Scorecard im Bereich der Unternehmenssteuerung die Regel „Twenty is plenty“ etabliert. Damit ist implizit wohl der Kreis der Steuerungskennzahlen gemeint, auch wenn das in der Regel nicht ausdrücklich unterschieden wird. Beim Einstieg in die kennzahlenbasierte Steuerung tun sich Organisationen mit dieser Begrenzung schwer, erfahrene Kennzahlensteuerer unterschreiten die Grenze allerdings deutlich.

Erweitert man die Balanced Scorecard in der geschilderten Weise zum strategischen Cockpit, muss man erneut nach der sinnvollen Anzahl an Kennzahlen fragen. Die magische Zahl 20 für die Anzahl der Steuerungskennzahlen sollte man auch hier anstreben, eine Anhebung der genannten Grenze wird man – jedenfalls in der Anlaufphase – nicht vermeiden können. Im Sinne einer Selbstdisziplinierung sollte die Grenze aber allenfalls auf 25 angehoben werden, denn ergänzend zu den Steuerungskennzahlen wird man auch eine entsprechende Anzahl von Informationskennzahlen führen müssen. Insgesamt 50 Kennzahlen führen aber

Tab. 1: Struktur eines strategischen IT-Cockpits (Variante 1).

Perspektiven	Periodenspezifische Steuerung		Periodenübergreifende Steuerung	
	Steuerungs-kennzahlen	Informations-kennzahlen	Steuerungs-kennzahlen	Informations-kennzahlen
Finanzen				
Kunden, Märkte und Services				
Prozesse und Organisation				
Lieferanten und Vorprodukte				
Innovation und Technologie				
Mitarbeiter und Wissen				
GRC und Security				
Changes und Projekte				

Tab. 2: Struktur eines strategischen IT-Cockpits (Variante 2).

Periodenspezifische Steuerung		
Perspektiven	**Steuerungskennzahlen**	**Informationskennzahlen**
Finanzen		
Kunden, Märkte und Services		
Prozesse und Organisation		
Lieferanten und Vorprodukte		
Innovation und Technologie		
Mitarbeiter und Wissen		
GRC und Security		
Changes und Projekte		

Periodenübergreifende Steuerung		
Perspektiven	**Steuerungskennzahlen**	**Informationskennzahlen**
Strukturelle Veränderungen		
Strategische Projektprogramme		
Sonstige träge Veränderungen		

eigentlich schon zu einer Situation, dass man „den Wald vor lauter Bäumen nicht mehr sieht". Allerdings bietet sich bei geeigneter Softwareunterstützung die Möglichkeit, zwischen verschiedenen „management levels" hin und her zu schalten und so die Menge der zu einem Zeitpunkt sichtbaren Kennzahlen zu beschränken. Sinnvoll ist in jedem Falle die Zusammenfassung aller Managementinformationen in einem integrierten System.

4.4 Einbeziehung von Umfeldinformationen

Mit der Ausweitung der Balanced Scorecard zu einem strategischen Cockpit wird eine Fragestellung akut, die bei der „normalen" Balanced Scorecard in der Regel nicht thematisiert wird. Wir haben ja erkannt, dass wir zwischen Steuerungs- und Informationskennzahlen unterscheiden müssen. In vielen Fällen wird nicht einmal das explizit unterschieden und alle Kennzahlen einer Balanced Scorecard gelten als gleichwertig.

Auf der operativen Ebene mögen Informationskennzahlen als eher nebensächlich erscheinen, auch wenn das objektiv nicht zutrifft. Auf der strategischen Ebene aber spielen sie eine zentrale Rolle, denn mit ihrer Hilfe sollen ja Erfolgspotenziale wie auch Bedrohungspotenziale erkannt werden.

Man ist geneigt, die Informationskennzahlen auf die verschiedenen Perspektiven aufzuteilen (vgl. Tab. 1 und Tab. 2). Aber das ist möglicherweise einfacher gesagt als getan. Sind die Ziele klar, dann ergeben sich daraus auch die korrespondierenden Informationskennzahlen. Diese kann man den jeweiligen Perspektiven des strategischen Cockpits zuordnen, wenn auch die eindeutige Zuordnung nicht immer ganz leicht ist und manchmal auch ein wenig mutwillig erfolgen muss. Das gilt ja schon für die Steuerungskennzahlen.

Die Erkennung von Erfolgspotenzialen oder Bedrohungspotenzialen erfordert eigenständige Kennzahlen. Hier hat man aber noch keine eigenständige Zielsetzung, denn diese kann sich ja erst nach Identifikation eines Potenzials entwickeln. Insofern macht es Sinn, diese Sensoren zur Potenzialerkennung in einem speziellen Frühwarnbereich zusammenzufassen und das strategische Cockpit entsprechend zu erweitern (vgl. Tab. 3).

Natürlich stellt sich nun die Frage, ob auch hier eine sinnvolle Begrenzung der Anzahl der Kennzahlen möglich ist. In der Beratungsarbeit hat sich als Orientierung immer wieder bewährt, dass zwischen Steuerungskennzahlen und Informati-

Tab. 3: Struktur eines strategischen IT-Cockpits (Variante 3).

Perspektiven	Steuerungskennzahlen	Informationskennzahlen
Periodenspezifische Steuerung		
Periodenübergreifende Steuerung		
Frühwarnbereich		

onskennzahlen ein Verhältnis von etwa 1:1 angemessen ist. Im Frühwarnbereich kann das anders aussehen. Hier wird ein regelmäßiger Austausch von Kennzahlen sinnvoll, ja nachgerade notwendig sein. Allerdings sollte man sich auch hier auf relativ wenige Kennzahlen beschränken. Praktische Erfahrungen sind allerdings für diesen speziellen Bereich (noch) nicht dokumentiert.

Letztlich gibt es jedoch eine sehr wirksame Limitierung, das sind die Kosten. Denn jede zusätzliche Kennzahl muss produziert werden und die Kosten der Kennzahlenproduktion steigen proportional mit der Anzahl der Kennzahlen, die man führt. Der Nutzen der Kennzahlen dürfte aber mit zunehmender Anzahl dem Gesetz des abnehmenden Grenznutzens unterliegen.

5 Typische Kennzahlen in der strategischen IT-Steuerung

Vor dem Hintergrund der bisherigen Überlegungen ist nun zu untersuchen, welche typischen Kennzahlen, seien es Steuerungs- oder Informationskennzahlen, den Bereich der strategischen IT-Steuerung unterstützen. Dabei können wir uns an dieser Stelle auf solche Kennzahlen beschränken, die operativ keine oder nur eine untergeordnete Rolle spielen. Für Kennzahlen zur operativen Steuerung in der IT kann man auf verschiedene Quellen zurückgreifen, z. B. [2], [4]. Wenn wir vom Monat als der typischen Berichtsperiode ausgehen, dann werden wir einerseits solche Kennzahlen betrachten, deren Ermittlung auf Monatsebene keinen Sinn macht, weil sich die Istwerte nur sehr langsam ändern, andererseits solche Kennzahlen, die nur im Umfeld der Erfolgspotenzialermittlung und -bewertung eine Rolle spielen (sogenannte Frühwarn-Indikatoren).

5.1 Die Mathematik der Kennzahlen

Kennzahlenwerte werden nach definierten Regeln gebildet; es muss also gerechnet werden. In der strategischen IT-Steuerung betrachten wir in vielen Fällen komplexe und aus vielen Elementen bestehende Teile unseres Steuerungsobjektes „IT“.

Um die wesentlichen Strategien zur Konstruktion von (strategischen) Kennzahlen zu identifizieren, untersuchen wir ein konkretes Beispiel, den Reifegrad der IT-Prozesse. Zunächst machen wir zwei wesentliche Annahmen. Wir gehen davon aus, dass wir erstens jedem IT-Prozess einen Reifegrad zuordnen können und dieser Reifegrad einen (beliebigen) Wert zwischen 0 und 5 annehmen kann und dass wir zweitens unsere IT-Prozesse vollständig identifiziert haben. Gerade die zweite Annahme ist nicht so leicht zu bewerkstelligen wie es aussieht und viele Organisationen scheitern bereits bei der Erfassung und Dokumentation ihrer Prozesse. In der ersten Annahme ist eine weitere, nicht zu unterschätzende Randbedingung enthalten, dass nämlich die Merkmalsausprägung „Reifegrad" bei allen Prozessen gleich skaliert ist.

Wir haben also annahmegemäß eine Liste unserer IT-Prozesse und kennen zu jedem dort aufgeführten Prozess den lokalen Reifegrad dieses Prozesses. Wie kommen wir nun zu einer Reifegradaussage über die Gesamtheit aller Prozesse?

Eine übliche Vorgehensweise ist die Bildung eines Mittelwertes. Wir repräsentieren den Reifegrad unserer Prozesslandschaft durch den Mittelwert über die Reifegrade der einzelnen Prozesse. Controllingmäßig vorbelastete Leser werden an dieser Stelle einhaken und darauf hinweisen, dass die Prozesse unterschiedlich „groß" sind und man bei der Mittelwertbildung dementsprechend eine Gewichtung einbauen müsse. Wenn wir uns darüber verständigen, wie man die Größe bzw. das „Gewicht" eines Prozesses quantifizieren will, wird man entsprechende Äquivalenzziffern (vgl. [9]) bilden und dann einen gewichteten Mittelwert über die Reifegrade der einzelnen Prozesse bilden. Die Gewichte sind nicht-negativ und man wird sie in diesem Fall so normieren, dass die Summe der Gewichte den Wert 1 ergibt. Das führt zu dem Ergebnis, dass der Gesamtreifegrad, da alle einzelnen Reifegrade einen Wert zwischen 0 und 5 haben, auch einen Wert aus diesem Intervall annimmt.

Die Bildung von gewichteten Mittelwerten ist eine gängige Strategie zur Bildung von Kennzahlen. Hinter Begriffen wie „Scoring" und Nutzwertanalyse (benefit analysis) steckt mathematisch nichts anderes als eine gewichtete Mittelwertbildung. Leider müssen wir mit dieser kleinen babylonischen Sprachverwirrung leben ...

Jedoch hat diese Mittelwertbildung eine Eigenschaft, die uns zum Nachdenken zwingen sollte. Wäre nämlich unsere Erwartung die, dass unsere einzelnen Prozesse einen Reifegrad von 3 erreichen sollen, wir aber aus wirtschaftlichen Gründen keinen höheren Reifegrad anstreben, weil der damit verbundene Mehraufwand aus unserer Sicht keinen Sinn macht, dann würde ein Gesamtreifegrad 3 eine planmäßige Zielerreichung signalisieren. Wenn aber nicht alle einzelnen Prozesse einen Reifegrad von 3 aufweisen, was sehr unwahrscheinlich wäre, belegt ein Mittelwert von 3, dass wir Prozesse haben, die einen geringeren Reifegrad haben als 3, aber eben auch Prozesse, deren Reifegrad höher ist als es unsere Organisation für sinnvoll hält. Dann aber verschwenden wir in unserer Organisation wertvolle Ressourcen für die Realisierung von Reifegraden, die wir gar nicht benötigen.

Lässt sich diese konstruktionsbedingte Schwäche des gewichteten Mittelwertes ausmerzen? Eine erste Strategie wäre die folgende: Wir ordnen jedem Prozess mit der Nummer i und seinem lokalen Reifegrad eine Hilfsvariable b(i) zu, die den Wert 1 annimmt, wenn der Reifegrad dieses Prozesses einen Wert zwischen 2,7 und 3,1 und einen Wert 0 in allen anderen Fällen annimmt. Dabei haben wir angenommen, dass wir zufrieden sind, wenn der Reifegrad des einzelnen Prozesses in dem genannten Intervall liegt; er muss also nicht präzise den Reifegrad 3 annehmen. Nun bilden wir die Kennzahl $\frac{\sum_{i=1}^{n} b(i)}{n}$.

Diese Kennzahl nennt uns den Anteil derjenigen Prozesse, die mit ihrem Reifegrad bereits das Zielintervall erreicht haben. Das Komplement, also der Wert 1 – r ist der Anteil derjenigen Prozesse, deren Reifegrad (noch) nicht im Zielbereich liegt, und genau um diese Prozesse muss sich der zuständige Manager aktiv kümmern. Für die Kennzahl r könnte man nun einen Zielwert von 1 fordern; dann müssten alle Prozesse der Organisation einen Reifegrad im genannten Zielbereich aufweisen. Realistisch wäre es aber vielleicht, einen Zielwert von 0,95 anzusetzen. Das aber muss der zuständige Manager im Rahmen der Zielvereinbarung mit der übergeordneten Instanz klären.

Das hier vorgestellte Konstrukt könnte in der Weise verallgemeinert werden, dass jeder Prozess einen prozessspezifischen Reifegrad zugewiesen bekommt und dann würde b(i) den Wert 1 annehmen, wenn der Prozess i seinen spezifischen Reifegradwert erreicht hat. Damit steht ein sehr flexibles Werkzeug zur Unterstützung der Steuerungsarbeit zur Verfügung.

Da wir es auf der Ebene einer Gesamtsteuerung immer wieder mit Gesamtheiten zu tun haben, über die wir insgesamt eine Aussage machen wollen, können wir das Konstrukt einer **relativen Häufigkeit** immer dann anwenden, wenn wir wissen wollen, ob die Elemente einer Gesamtheit eine bestimmte Eigenschaft erfüllen oder nicht. Diese Eigenschaft kann elementspezifisch variiert werden. Gegenüber der Mittelwertbildung haben sich aber auch die Ansprüche an das Management verstärkt; hier muss eine klare Vorstellung erarbeitet werden, welche Reifegrade (im Beispiel der Reifegradmessung) die einzelnen Prozesse haben sollen, wie also allgemein die elementspezifische Ausprägung des für die Steuerung relevanten Merkmals sein soll.

Das Denken in relativen Häufigkeiten können wir nun weiter ausbauen. Im Fall der Reifegrade einzelner Prozesse könnten wir nun ermitteln, wie viele Prozesse einen Reifegrad von 0, 1, 2, 3, 4, oder 5 haben (wenn die Reifegrade nur diese Ausprägungen annehmen können). Wir hätten dann 6 verschiedene relative Häufigkeiten, die wir als Häufigkeitsvektor H = (h(0), h(1), h(2), h(3), h(4), h(5)) darstellen können. Die Summe dieser Häufigkeiten hätte den Wert 1 und die einzelnen Häufigkeiten lägen demzufolge im Intervall zwischen 0 und 1.

Wenn wir nun eine Vorstellung haben, wie die Häufigkeitsverteilung der Reifegrade in unserer Prozesslandschaft aussehen soll, nämlich G = (g(0), g(1), g(2), g(3), g(4), g(5)), dann können wir die Situation geometrisch betrachten und nach dem Abstand $d(\underline{g}, \underline{h})$ fragen. Als Maß für den Abstand können wir zum Beispiel den euklidischen Abstand wählen (Natürlich könnte man auch andere Abstandsmaße verwenden), dann wäre

$$\mathrm{d(G,H)} = d(G, H) = \sqrt{\textstyle\sum_{i=0}^{5} (g(i) - h(i))^2}$$

Dieses Abstandsmaß integrieren wir nun in die folgende Kennzahl:

$$s = \frac{1}{1 + d(G,H)}$$

Tab. 4: Strategien für Kennzahlen über Grundgesamtheiten.

Kennzahl	**Eigenschaften**
Gewichteter Mittelwert einer Merkmalsausprägung: $z = \sum_{i=1}^{n} g_i \times a_i$	$g_i \geq 0$; $\sum_{i=1}^{n} g_i = 1$; $0 \leq a_i \leq A$ (gleiche Skalierung der Inputwerte). Nachteil: Simultane Überschreitung und Unterschreitung von Zielwerten bei den einzelnen Objekten i werden kompensiert.
Anteil von Objekten mit Erfüllung einer bestimmten Eigenschaft: $r = \frac{1}{n} \times \sum_{i=1}^{n} b_i$	$b_i = 1$, wenn das Objekt i eine bestimmte Eigenschaft erfüllt; $b_i = 0$, wenn es diese Eigenschaft nicht erfüllt. Die Eigenschaft kann objektspezifisch definiert sein.
Struktur der Häufigkeitsverteilung in einer Grundgesamtheit: $s = \frac{1}{1 + d(G,H)}$	Unterteilung der Grundgesamtheit in m disjunkte Klassen; jedes Element kann genau einer Klasse zugeordnet werden; $G = (g_1, g_2, ..., g_m)$ Vektor der Zielstruktur; $\sum_{j=1}^{m} g_j = 1$; $H = (h_1, h_2, ..., h_m)$ Vektor der tatsächlichen Struktur; d ist Abstandsfunktion, z. B. euklidische Metrik. Hier kommt es nur darauf an, wie oft eine bestimmte Eigenschaft oder Merkmalsausprägung auftritt, unabhängig davon, welche Elemente der Grundgesamtheit sie aufweisen.
Struktur der Merkmalsausprägungen in einer Grundgesamtheit: $s = \frac{1}{1 + d(G,H)}$	Betrachtung der Grundgesamtheit mit n Elementen; jedes Element weist eine Ausprägung des betrachteten Merkmals auf; $G = (g_1, g_2, ..., g_n)$ Vektor der Zielstruktur; $\sum_{j=1}^{m} g_j = 1$. $H = (h_1, h_2, ..., h_n)$ Vektor der tatsächlichen Struktur; d ist Abstandsfunktion, z. B. euklidische Metrik. Hier wird jedes Element der Grundgesamtheit geprüft, ob es die angestrebte Ausprägung des betrachteten Merkmals aufweist.

Was haben wir damit gewonnen? s ist ein Maß dafür, wieweit wir von unserer Zielstruktur entfernt sind, sich also die tatsächliche Häufigkeitsverteilung H von der angestrebten Häufigkeitsverteilung G unterscheidet, und nimmt Werte zwischen 0 und 1 an. Ist unsere tatsächliche Häufigkeitsverteilung gleich der Zielstruktur, dann ist d(G,H) = 0 und s = 1. Natürlich können beliebig viele Häufigkeitsverteilungen der Reifegrade zum selben Wert von s führen. Den Wert 1 nimmt diese Kennzahl aber nur genau dann an, wenn wir unsere Zielstruktur getroffen haben. Außerdem wird jede Überschreitung des Zielreifegrades auch als Abweichung registriert und kompensiert nicht die Unterschreitungen anderer Reifegrade. Allerdings kann man diese Konstruktion nur dann anwenden, wenn zuvor eine klare Vorstellung über die angestrebte Häufigkeitsverteilung der Reifegrade der einzelnen Prozesse entwickelt wurde. Hier ist wieder der zuständige Manager in der Phase der Zielvereinbarung gefordert.

Man könnte das „Spiel“ nun noch einen Schritt weitertreiben und jeden Prozess einzeln berücksichtigen. Dann wäre G der Vektor aller Zielreifegrade und jede Koordinate in diesem Vektor würde einen Prozess repräsentieren; H wäre dann der Vektor der tatsächlichen Ausprägungen der Reifegrade.

Es gibt also Alternativen zum Mittelwert bzw. Nutzwert. Diese sind für den Einsatz in der Steuerung besser geeignet als der Mittelwert, da sie präzise die Zielerreichung feststellen können. Zusammenfassend lassen sich die hier gezeigten Ansätze für die Vermessung von Elementen einer Grundgesamtheit in Tab. 4 darstellen.

5.2 Kennzahlen für die periodenübergreifende Steuerung

Steuerungskennzahlen für periodenübergreifende Zielsetzungen befassen sich mit der Erschließung neuer und der Entwicklung bestehender Erfolgspotenziale, im negativen Sinne entsprechend mit der Eliminierung und dem Abbau von vorhandenen Bedrohungs- und Risikopotenzialen. Das hat sowohl mit den internen Strukturen der bestehenden Organisationen als auch mit der Adaptierung neuer Technologien und Verfahren zu tun. Die IT soll in die Lage versetzt werden, das Kerngeschäft der Organisation in der Zukunft noch besser zu unterstützen als in der Gegenwart.

Da wir nicht alle strategischen Ziele von IT-Organisationen kennen (können), macht es wenig Sinn, einen erschöpfenden Katalog von Steuerungskennzahlen für die strategische IT-Steuerung zu formulieren. Er wäre nie vollständig, wahrscheinlich nicht einmal erschöpfend. Wohl aber können wir vielfach diskutierte und aktuelle Zielfelder der strategischen IT-Steuerung diskutieren und für ausgewählte Themen geeignete Kennzahlenkonstrukte vorschlagen. Diese Vorschläge sind natürlich subjektiv und in konkreten Situationen mag man durchaus zu anderen Lösungen kommen.

Zwei wesentliche Forderungen an die IT sind Wertbeitrag und Business Alignment. Sind das realitätsferne Worthülsen oder mittels Kennzahlen operationalisierbare Sachverhalte?

Beginnen wir mit dem Wertbeitrag. Er quantifiziert, wenn man den Begriff wörtlich auffasst, denjenigen (finanziellen) Beitrag, den die IT zum (Verkaufs-) Wert eines Unternehmens leistet. Methodische Ansätze zur Berechnung des Economic Value Added oder Residualgewinns für gesamte Unternehmen liegen seit Langem vor (vgl. [1]) und müssten auf den Teilbereich der IT angepasst werden.

Grundsätzlich muss dabei folgendermaßen vorgegangen werden: Zur Unterstützung seiner Geschäftsprozesse benötigt ein Unternehmen eine bestimmte Menge an IT-Leistungen. Ohne eine eigene IT müsste es diese Leistungen vollständig am externen Markt erwerben. Dazu müsste es finanzielle Mittel in Höhe von K1 aufbringen, verbunden mit einem korrespondierenden Steuerungs- und Koordinationsaufwand (Transaktionskosten) in Höhe von S1. Diese Aktivitäten würden ein bestimmtes Kapital C1 binden und auf dieses Kapital müsste die Organisation den Kapitalgebern aus ihrem Gewinn Zinsen zu einem Zinssatz w (weighted average cost of capital, vgl. [10]) zahlen.

Baut man nun eine eigene IT auf, dann verursacht der laufende Betrieb Kosten in Höhe von K2, verbunden mit Transaktionskosten in Höhe von S2, da ja weiterhin Ressourcen und Leistungen am externen Markt gekauft werden (müssen). Damit wird nun ein Kapital in Höhe von C2 gebunden, auf das natürlich wieder Zinsen an die Kapitalgeber zu zahlen sind. Unter der Annahme, dass der Gewinn der Organisation unverändert bleibt, verursacht die eigene IT einen Effekt, der mit folgender Formel dargestellt werden kann: $R = (K_2 - K_1) + (S_2 - S_1) + w \times (C_2 - C_1)$

Die Größe R ist der originäre Wertbeitrag der IT; er stünde der Organisation nicht zur Verfügung, wenn es die aktuelle IT-Organisation nicht gäbe. Natürlich sollte R > 0 sein. Die Parameter K2 und C2 der aktuellen Situation könnte man ermitteln, wenn man davon ausgeht, dass die IT-Kosten einer Organisation präzise bestimmbar sind. Für die Berechnung des betriebsnotwendigen Kapitals stellt die Betriebswirtschaftslehre entsprechende Werkzeuge zur Verfügung (vgl. [11]). Vor dem Hintergrund von Digitalisierung und Industrie 4.0 mag das aber einfacher scheinen als es tatsächlich ist. Die Ermittlung von Transaktionskosten ist generell schwierig, könnte aber plausibel geschätzt werden. Am schwierigsten dürfte wohl die Abschätzung von Kosten und Kapitalbedarf für den Fall der fiktiven Ausgangssituation sein, dem vollständigen Fremdbezug von IT-Leistungen. Dazu müsste man auf Benchmarks von Organisationen zurückgreifen können, die ein 100 %-Outsourcing praktizieren. Allerdings muss bei der Übertragung solcher Daten auf die eigene Organisation sichergestellt sein, dass auch die Leistungsseite vergleichbar ist.

Für die Berechnung des IT-Wertbeitrages gibt es alternative Ansätze, die über die Projekte einer IT-Organisation gehen und auf der Auswertung des ROI beruhen. Das entsprechende Modell (vgl. [9]) geht davon aus, dass eine aktuelle IT vollständig über Projekte realisiert worden ist. Mittels bestimmter Annahmen über die Verteilung von Projektaufwänden zwischen IT-Organisation und Fachbereichen, Verteilung von Betriebskosten zwischen IT-Organisation und Fachbereichen, der zeitlichen Reichweite von Projekteffekten und der Entwicklung des ROI über alle Projekte hinweg lässt sich dann ein Gewinnbeitrag der IT ermitteln, der um die Zinsen auf das eingesetzte Kapital reduziert werden muss und zu einem anders definierten Wertbeitrag der IT führt.

Während das erste Wertbeitragsmodell ausschließlich den Effekt untersucht, der durch Erhöhung der Fertigungstiefe von 0 auf den aktuellen Wert entsteht, geht der zweite Ansatz davon aus, dass mittels IT geschäftlicher Erfolg erzielt werden kann, der ohne IT nicht möglich wäre. Es steckt im zweiten Ansatz also mehr oder weniger stark die Annahme, dass durch eine eigene IT Organisation auch der Gewinn der Organisation gesteigert werden konnte und die Organisation bei komplettem Fremdbezug der IT diesen Effekt nicht hätte realisieren können. Aus der Sicht der IT ist das eine nachvollziehbare Sicht der Dinge, aber sie ist durchaus kritisch zu sehen.

Betrachten wir nun das **Business Alignment**. Jeder IT-Verantwortliche will ein möglichst gutes Business Alignment der IT nachweisen oder attestiert bekommen, denn schließlich sichert das seinen Arbeitsplatz. Was aber ist das genau? Etablierte Lehrbücher über Informationsmanagement nennen diesen Begriff nicht (vgl. [5], [12]. Resch [13] beschreibt es als „Notwendigkeit der Ausrichtung der IT an den Bedürfnissen des Geschäftes". Allerdings hilft das kaum weiter, wenn man den Grad dieses „alignments" messen will. Vereinzelt haben IT-Verantwortliche, die die IT mittels Balanced Scorecard führen, mit dem übergeordneten Unternehmensmanagement abgesprochen, dass das gewünschte „alignment" vorliege, wenn alle Zielmarken der Balanced Scorecard erreicht worden seien. Dann aber wäre Business Alignment der IT ein Synonym für Zielerreichung und der Begriff wäre eigentlich überflüssig.

Dem Praktiker bleibt eigentlich nur übrig, das Business Alignment nach dem allgemeinen Vorgehen des GQM-Ansatzes aufzubrechen und über die Identifizierung relevanter Merkmale zu konkretisieren. Wenn man sich zwischen den verschiedenen Managementebenen einig ist, welche Merkmale das Business Alignment hinreichend gut beschreiben, dann kann man die einzelnen Merkmale bewerten oder bewerten lassen und erhält dann zunächst einen Alignment-Vektor, dessen Koordinaten die Alignment-Merkmale darstellen. Für die Zusammenfassung dieser Merkmalsausprägungen zu einer einzigen Kennzahl kann man dann auf die Überlegungen im vorangehenden Abschnitt zurückgreifen.

In der strategischen IT-Steuerung geht es immer wieder darum, den **Grad der Zielerreichung** für komplexe Strukturen in einer Kennzahl zusammenzufassen. Das können Altersstrukturen der Mitarbeiter sein, Skillverteilung, Struktur der Berufs- oder Firmenerfahrung. Das kann aber auch die Ermittlung eines allgemeinen Serviceniveaus sein. In allen Fällen kann man die in Abschnitt 5.1 aufgezeigten Vorgehensweisen der Kennzahlenmodellierung nutzen. Bei gleicher Skalierung lassen sich so auch unterschiedlichste Merkmale und ihre Ausprägungen in einer Kennzahl zusammenfassen.

Aber betrachten wir zwei weitere strategische Zielsetzungen einer IT-Organisation, den Digitalisierungsgrad und die Geschäftsprozessdurchdringung mit IT.

In Zeiten der (zunehmenden) Digitalisierung ist die Frage durchaus berechtigt, welchen **Digitalisierungsgrad** die eigene Organisation schon erreicht hat. Dazu müsste allerdings die Frage beantwortet werden (können), was denn Digitalisierung überhaupt ist und wann man von einer vollständigen Digitalisierung der eigenen Organisation oder dem gewünschten Grad an Digitalisierung reden kann. Praktisch wird man diese Frage auf den Grad der Geschäftsprozessdurchdringung mit IT(-Systemen), also den Grad der Automatisierung mit den Mitteln der Informationstechnologie zurückführen.

Eine traditionelle Kennzahl war die IT-Durchdringung der Organisation. In der Regel verstand man darunter den Anteil der Arbeitsplätze mit Zugang zu IT-Systemen. Das erfasste man durch die Anzahl der installierten Desktops oder Terminals, die man dann auf die Anzahl der Mitarbeiter oder Arbeitsplätze der Organisation bezog. Das hat aber in den meisten Organisationen inzwischen den Wert 1 erreicht oder überschritten. Außerdem haben parallele Mehrfachzugänge zu den IT-Systemen (über Desktop, Notebook und Mobile Devices) sowie Systembenutzer, die gar nicht Mitglied der eigenen Organisation sind, z. B. Besucher eines Online Shops, dieses Konstrukt obsolet gemacht.

Jetzt sollten wir fragen, welche Geschäftsprozessdurchdringung mittels IT schon erreicht wurde, welcher Anteil der Geschäftsprozesse also durch Informationstechnologie unterstützt und ausgeführt wird. Hier stoßen wir wieder auf ein Problem, mit dem wir schon beim Reifegrad der IT-Prozesse konfrontiert waren. Wenn man nämlich die IT-Durchdringung jedes einzelnen Geschäftsprozesses quantifizieren könnte, dann müsste man die Ergebnisse geeignet zusammenführen. Der traditionelle Ansatz wäre wieder ein gewichteter Mittelwert, aber das wäre entsprechend den Überlegungen in Abschnitt 5.1 kritisch zu diskutieren. Das Problem wäre schon auf der Ebene der einzelnen Geschäftsprozesse gegeben. Hier haben ja wahrscheinlich verschiedene Prozessschritte eine unterschiedliche Durchdringung mit IT. Schon hier hat man das Aggregationsproblem. Allerdings haben wir in der Praxis ein viel gravierenderes und naheliegenderes Problem, nämlich die detaillierte Dokumentation und Kenntnis der Geschäftsprozesse. Das aber wäre die Voraussetzung, um aussagefähige Kennzahlen bilden zu können.

Generell können wir zur periodenübergreifenden Steuerung in der IT festhalten, dass hier das Konkretisieren der allgemeinen und in dieser Allgemeinheit bei verantwortlichen auch unbestrittenen Zielsetzungen noch schwieriger ist als im normalen operativen Bereich. Wer könnte allgemein etwas gegen ein höheres oder besseres Business Alignment der IT einzuwenden haben? Oder gegen eine optimale Qualifikationsstruktur der IT-Mitarbeiter? Die Schwierigkeit besteht aber darin, dies zu konkretisieren und messbar zu machen.

Das unscharfe globale Ziel muss auf konkrete Merkmale und damit Teilziele heruntergebrochen werden und führt so zwangsläufig zu einer größeren Verbindlichkeit der Zielsetzung. Nun kann man messen, ob man sich der Zielmarke weiter genähert hat oder nicht. Es besteht allerdings dabei die Gefahr, dass die analytische Zerlegung des Gesamtziels die ursprüngliche Zielsetzung nicht mehr vollständig erfasst und das Steuerungssystem in Form der Kennzahlen blinde Flecken hat. Diese Befürchtung ist berechtigt. Ihr kann und muss durch kritische Diskussion und ständiges Hinterfragen begegnet werden. Gerade wer seine Organisation mit Kennzahlen steuert, wird zu der Erkenntnis kommen, dass Management weitaus mehr ist als der Blick auf das Kennzahlensystem. Welcher Autofahrer würde sein Fahrzeug nur mit dem Blick auf das Armaturenbrett steuern?

5.3 Kennzahlen zur Gewinnung von Umfeldinformationen

Bei den Informationskennzahlen geht es darum, das „Wetter“, in dem sich das Steuerungsobjekt bewegt, zu vermessen. In der strategischen Steuerung geht es insbesondere darum, grundlegende „Klimaveränderungen“ zu erkennen, denn es sollen ja neue Erfolgspotenziale identifiziert werden. Um (relevante) Änderungen zu erkennen, muss man ständig, kontinuierlich oder regelmäßig messen. Wenn sich gemessene Werte verändern, weiß man, dass sich im Umfeld etwas bewegt. Ob das für die eigene Organisation, das eigene Steuerungsobjekt Bedeutung hat, muss der zuständige Manager bei der Analyse der Daten entscheiden.

Auch hier ist eine erschöpfende Auflistung von Merkmalen, auf die IT-Verantwortliche achten sollten, nicht möglich. Aber exemplarisch lassen sich typische Ansätze zeigen, die insbesondere, wenn wir die Erschließung neuer Erfolgspotenziale anstreben, die Beobachtung der technologischen Entwicklung unterstützen, und, wenn wir die Stärkung bestehender Erfolgspotenziale anstreben, den Ausbau und die Verbesserung der personellen Basis in der IT sicherstellen sollen.

Bei der Orientierung an den hier eingeführten 8 Perspektiven der Balanced Scorecard für die IT-Steuerung finden sich folgende Ansätze:

- Finanzen
  - Umsatzentwicklung des eigenen Unternehmens
  - Kostenentwicklung des eigenen Unternehmens
  - Volumenentwicklung der relevanten Märkte des eigenen Unternehmens
- Kunden, Märkte und Services
  - Mitarbeiterentwicklung des eigenen Unternehmens
  - Anzahl der Anfragen von IT-Kunden nach neuen Leistungen oder Technologien
- Prozesse und Organisation
  - Abstehender Bedarf für Ersatzinvestitionen (Wiederbeschaffungswert)
  - Anzahl von mitgeteilten organisatorischen Veränderungen
- Lieferanten und Vorprodukte
  - Anzahl potenzielle Lieferanten
  - Anzahl von Kooperationspartnern oder Verträgen oder definierten Vorleistungen (in Form von SLAs der Lieferanten)
- Innovation und Technologie
  - Ankündigungen namhafter Lieferanten in relevanten Bereichen
  - Anzahl Unternehmensgründungen im IT-Umfeld
  - Aktienindex für IT-Firmen
  - Anzahl Publikationen in relevanten Fachgebieten und zu relevanten Themen
- Mitarbeiter und Wissen
  - Absehbarer Personalbedarf aufgrund von altersbedingtem oder sonstigem Ausscheiden oder vorübergehender Abwesenheit (Familienpause, Sabbatical)

  - Anzahl Studierender relevanter Fachrichtungen an umliegenden Hochschulen
  - Anzahl Auszubildende (IHK) relevanter Fachrichtungen in umliegenden Kammerbezirken
  - Anzahl Initiativbewerbungen für Tätigkeiten in der IT
  - Anzahl von internen Ausbildungs- und Qualifizierungsanfragen
- GRC und Security
  - Allgemeiner IT-Risikoindex
  - Menge des identifizierten Regelungsbedarfs (Governance)
  - Anzahl neuer (relevanter) Gesetze und Verordnungen
  - Anzahl neuer Compliance-Lücken
- Changes und Projekte
  - Anzahl Voranfragen von internen IT-Kunden
  - Anzahl Anfragen nach neuen oder geänderten IT-Services
  - Anzahl nicht mehr oder nur noch geringfügig nachgefragter Services

Bei der Festlegung von Informationskennzahlen muss der zuständige Manager (selbst-)kritisch bleiben und sich routinemäßig die folgenden Fragen stellen:
- Wo bin ich „blind“ und erkenne aufgrund fehlender Informationskennzahlen möglicherweise relevante Erfolgspotenziale nicht oder nicht rechtzeitig?
- Welche Informationskennzahlen sind eventuell verzichtbar, weil sie redundante Informationen liefern, ein schlechtes Nutzen-Kosten-Verhältnis aufweisen, nicht mehr relevant sind oder durch eine bessere Kennzahl ersetzt werden können?

6 Fazit

Kennzahlen und Kennzahlensysteme unterstützen das IT-Management bei seiner Steuerungsaufgabe. Die IT einer Organisation wird als komplexes, mehrdimensionales Steuerungsobjekt aufgefasst. Die vielfältigen und zum Teil widersprüchlichen Ziele müssen simultan erreicht werden. Die Messung des Zielerreichungsgrades mithilfe von Kennzahlen setzt die Messbarkeit der Zielsetzungen voraus. Das gilt auch für den Bereich der periodenübergreifenden strategischen IT-Steuerung. Die besonderen Herausforderungen der strategischen IT-Steuerung liegen in der ständigen Veränderbarkeit der Zielsetzungen und der Identifizierung von neuen Erfolgs- oder Bedrohungspotenzialen.

Damit aber gewinnt die Metaebene der kennzahlenbasierten Steuerung für die strategische IT-Steuerung stark an Bedeutung. Denn sie hinterfragt das aktuelle Steuerungswerkzeug im Rahmen des Regelkreisdurchlaufs ständig daraufhin, ob die eingesetzten Kennzahlen die sich ändernden Ziele noch adäquat und erschöpfend abbilden und ob neue Erfolgs- oder Bedrohungspotenziale noch hinreichend gut erkannt werden können.

Die zur kennzahlenbasierten Steuerung erforderliche Quantifizierung zwingt das IT-Management, sich aktiv und regelmäßig mit den strategischen Zielen der IT auseinanderzusetzen und darüber mit der übergeordneten Organisation in einem entsprechenden Dialog zu bleiben. Dieser Dialog und die inhaltliche Auseinandersetzung sind letztlich das eigentliche Argument für den Einsatz von Kennzahlen in der strategischen IT-Steuerung. Denn wenn die strategischen Ziele einer IT nicht so weit konkretisiert werden können, dass sie über Kennzahlen messbar werden, dann bleiben diese Ziele inhaltsleere Phrasen.

7 Literatur

[1] Horváth, Peter. 2011. Controlling. 12., vollständig überarbeitete Auflage. München: Verlag Franz Vahlen.
[2] Kütz, Martin. 2006. IT-Steuerung mit Kennzahlensystemen. Heidelberg: dpunkt.verlag.
[3] Wallmüller, Ernest. 2001. Software-Qualitätsmanagement in der Praxis. 2., völlig überarbeitete Auflage München/Wien: Carl Hanser Verlag.
[4] Kütz, Martin. 2011. Kennzahlen in der IT. 4., überarbeitete und erweiterte Auflage. Heidelberg: dpunkt.verlag.
[5] Krcmar, Helmut. 2010. Informationsmanagement. 5., vollständig überarbeitete und erweiterte Auflage. Heidelberg: Springer-Verlag Berlin.
[6] Dillerup, Ralf, Stoi, Roman. 2008. Unternehmensführung. 2., überarbeitete Auflage. München: Verlag Franz Vahlen.
[7] Buchta, Dirk, Eul, Marcus, Schulte-Croonenberg, Helmut. 2004. Strategisches IT-Management. Wiesbaden: Gabler Verlag.
[8] Kaplan, Robert S., Norton, David P. 1997. Balanced Scorecard. Deutsche Übersetzung. Stuttgart: Schäffer-Poeschel Verlag.
[9] Kütz, Martin. 2013. IT-Controlling für die Praxis. 2., überarbeitete und erweiterte Auflage. Heidelberg: dpunkt.verlag.
[10] Stiefl, Jürgen, von Westerholt, Kolja. 2008. Wertorientiertes Management. München/Wien: Oldenbourg Verlag.
[11] Tommen, Jean-Paul. 2007. Betriebswirtschaftslehre. 7., überarbeitete Auflage. Zürich: Versus Verlag.
[12] Heinrich, Lutz. J., Riedl, René; Stelzer, Dirk. 2014. Informationsmanagement. 11., vollständig überarbeitete Auflage. München: Oldenbourg Wissenschaftsverlag.
[13] Resch, Olaf. 2009. Einführung in das IT-Management. Berlin: Erich Schmidt Verlag.

Jörg Thamm

2 Target Operating Model der IT – Ansätze zur effektiven Steuerung der IT

Durch die digitale Transformation entstehen neue Anforderungen an die IT wie etwa höhere Geschwindigkeit, Flexibilität und Kosteneffizienz. Diese Anforderungen können nur durch eine stärkere Einbindung der IT in die strategische Steuerung des Unternehmens erfüllt werden. Bestehende IT-Referenzframeworks wie COBIT und ITIL fokussieren hauptsächlich auf Aspekte wie Governance und Prozesse, adressieren allerdings weniger eine ganzheitliche Unternehmenssteuerung. Das hier beschriebene Target Operating Model für die IT, bestehend aus Elementen zur IT-Steuerung, digitalen Plattform und IT-Fähigkeiten, beschreibt einen dreiteiligen Ansatz, der eine optimale Integration der IT in die Gesamtsteuerung des Unternehmens sicherstellt.

1 Was ist ein Target Operating Model und warum benötigt die moderne IT eines?

Die IT ist seit jeher darauf eingestellt, Anforderungen schnell aber dennoch professionell, sicher und gleichzeitig kosteneffizient umzusetzen. Die letzten Jahre zeichnen sich allerdings durch einen insgesamt höheren Anspruch an Geschwindigkeit, Innovationsfähigkeit und Qualität aus.

Je nach Branche zeigt sich eine erhöhte Komplexität etwa durch verschärfte gesetzliche oder regulatorische Anforderungen, verstärkte Standardisierung und Modularisierung, erhöhte Sicherheits- und Schutzbedarfe oder eine erhöhte Volatilität der IT durch Robotics, künstlicher Intelligenz, Digitalisierung oder Automatisierung.

Um den neuen Anforderungen bestmöglich zu begegnen, muss sich die IT auf die Kernkompetenzen und -leistungen zurückbesinnen und Basisdienstleistungen (Commodity) extern beziehen. Nur so kann ausreichender Raum für Veränderung, Innovation und performantere Lösungen geschaffen werden.

In der IT sind zudem transparente Strukturen zu schaffen, die Klarheit über Aufbau und Abläufe schaffen, die eine hohe Geschwindigkeit ermöglichen, aber gleichzeitig nachhaltig sind und insbesondere zukunftssicheres Wirtschaften ermöglichen. Insbesondere sind dabei die An- und Einbindung in die Unternehmensstrategie sowie die Arbeitsstrukturen der IT(-Organisation, -Prozesse, -Plattform) zu optimieren.

Für eine flexible, effektive und effiziente IT im Kontext der Digitalisierung ist es also notwendig, eine umfassende Antwort auf die oben angeführten Herausfor-

https://doi.org/10.1515/9783110545395-002

derungen zu finden. Die IT ist in ihrer Gesamtheit neu auf die Anforderungen auszurichten. Nur ein optimales Zusammenspiel aller Komponenten untereinander ermöglicht die notwendige Schlagkraft der IT und sichert so einen effizienten Ressourceneinsatz und eine hohe Geschwindigkeit.

In der Organisationstheorie ist für eine gesamtheitliche Ausrichtung einer Organisation auf ein neues Ziel der Oberbegriff Target Operating Model etabliert. In der Literatur gibt es unterschiedliche Definitionen für ein solches Modell (vgl. [1], [2], [3], [4], [5]).

Alle Definitionen haben gemein, dass ein Zielzustand und eine Roadmap zur Erreichung desselben definiert wird. Eine Betrachtung für den Unternehmensbereich IT ist bisher nicht verfügbar.

Um diese Lücke zu schließen hat Horváth & Partners in der Projektarbeit **ein spezifisches Target Operating Model für die IT** entwickelt, dass die Aspekte definiert, die für eine moderne IT erfolgskritisch sind. Es umfasst als ganzheitliches Modell die strategische Anbindung, den Auftrag und das Geschäftsmodell der IT, die Governance im Sinne der Entscheidungsgremien und -prozesse in Bezug auf die IT, die IT-Organisation, die IT-Prozesse, die IT-Systeme, die Mitarbeiter, die Lieferanten und die Kunden.

Kern des Lösungsansatzes ist es, die IT direkt an die Unternehmensführung und -steuerung anzubinden. Dies gelingt, indem mit der Geschäftsführung beziehungsweise dem Vorstand die strategischen Anforderungen an die IT spezifiziert werden und daraus die Top Level Steuerungsaspekte (= strategischer Überbau) der IT abgeleitet und definiert werden:

1. Welchen **Auftrag** hat die IT?
2. Was ist die **Kerneigenleistung** der internen IT?
3. Welche **Gremien** im Unternehmen befassen sich mit Entscheidungen in Bezug auf die IT?
4. Wie ist die **Besetzung** der **Gremien** und welche **Mandate** haben diese?

Diese Aspekte müssen im **Top Management** definiert und entschieden werden.

Aus diesen Aspekten lässt sich dann der strategische Überbau der IT weiter präzisieren durch

1. Ableitung des **Geschäftsmodells** der IT
2. Formulierung der **IT-Strategie** und
3. Festlegung der **IT-Governance**

Ist der strategische Überbau der IT definiert und entschieden, sind die „Fundamente" der IT zu gestalten. Wir unterscheiden dabei die drei Bereiche IT-Steuerung, digitale Plattform und IT-Fähigkeiten beziehungsweise Organisation. Der ganzheitliche Ansatz ist in Abbildung 1 dargestellt.

Der Bereich IT-Steuerung umfasst die Erfassung und Etablierung eines betriebswirtschaftlichen Steuerungsanspruchs, die Projektportfoliosteuerung, die

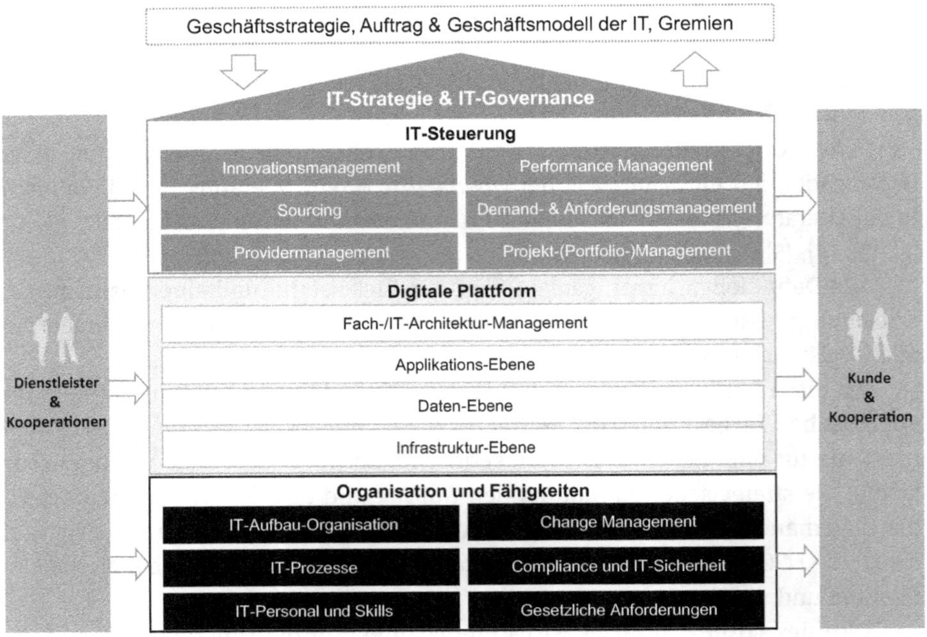

Abb. 1: Target Operating Model der IT.

Auswahl und Steuerung von externen Providern sowie die Harmonisierung mit einem geeigneten Innovationsmanagement. Zusätzlich werden die notwendigen Schnittstellen (Anforderungsmanagement) zwischen Organisation und IT beschrieben.

Der darunterliegende Bereich Digitale Plattform beschreibt die technologische Ebene, bestehend aus Infrastruktur, Applikationen, Daten und die Infrastruktur. Ein übergeordnetes Fach-/IT-Architektur-Management sorgt dafür, diese Ebenen optimal an den Anforderungen der Digitalisierung auszurichten.

Der unterste Bereich Organisation und Fähigkeiten beinhaltet alle Aspekte, die die IT operativ ausgestalten. Hierzu zählen die IT-Aufbau-Organisation, das IT-Personal, die IT-Prozesse aber auch die gesetzlichen und regulatorischen Anforderungen.

Im folgenden Kapitel 2 werden Gegenstand, Nutzen und Erfolgsfaktoren der einzelnen Bereiche im Detail erläutert.

Im Kapitel 3 werden typische Auslöser und die Vorgehensweise zur Optimierung des Operating Models der IT vorgestellt.

2 Elemente eines IT Target Operating Models

2.1 IT-Steuerung

2.1.1 Performance Management

Gegenstand

Ein effektives und effizientes Performance Management für die IT definiert die Instrumente und Prozesse für die Steuerung und Messung der Leistungserbringung der IT. Dadurch kann der Wertbeitrag der IT in den Kontext des Gesamtunternehmens gestellt werden. Ziel eines IT Performance Managements ist die Beantwortung der Frage, inwiefern sich Projekte und Technologien wirtschaftlich auf die IT auswirken und wie die IT zum Unternehmenserfolg beitragen kann. Dazu bedarf es neben der Transparenz der IT-Kosten in Bezug auf die Business-Wertschöpfungskette einer logischen Korrelation zwischen Aufwand für IT-Ressourcen und dem Business-Bedarf.

Ein optimales IT Performance Management behandelt und steuert die IT wie eine Fabrik, um bewährte Steuerungsinstrumente aus der diskreten Fertigung auf die IT zu übertragen. Dies bedeutet, dass die Gesamtleistung der IT-Organisation in Fertigungselemente zerlegt wird und dass wie bei produzierenden Unternehmen die Nachfrage einzelner Fertigungselemente geplant und gesteuert wird.

Elemente und Nutzen

Damit bewährte Steuerungsinstrumente aus der Fertigungsindustrie auf die IT übertragen werden können, müssen mehrere Aspekte beachtet werden. Zum einen benötigt es eine integrierte Steuerungslogik, welche die Auswertbarkeit relevanter Steuerungssichten über die gesamte Wertschöpfungskette sicherstellt. In der IT sind meist drei Steuerungssichten relevant. Dazu gehört die Optimierung des Produktportfolios (Produktsicht), die aktive Steuerung der Kundennachfrage (Kundensicht) und die Analyse und Steuerung der internen Effizienzpotentiale. Neben der integrierten Steuerungslogik ist ein IT-Produktkatalog als Basis für die verursachungsgerechte Zuordnung von Aufwänden und Kosten der IT, Leistungen und Produkten elementar. Zur Sicherstellung dieser verursachungsgerechten Zuordnung ist die Stückliste ein wichtiges Instrument zur Verzahnung von zu definierenden Produktkatalogebenen. So kann die Entnahme von Produkten auf den Verbrauch einzelner Leistungen bzw. Kostenblöcke geschlüsselt werden.

Um einen optimalen Steuerungseffekt der IT-Kosten zu erzielen, muss eine angemessene Kosten-/Leistungsrechnung zur transparenten Allokation von IT-Kosten auf Businessprozesse oder kundensichtbare IT-Produkte umgesetzt werden. Kernaufgabe ist hierbei die Verzahnung von Kostenarten-, Kostenstellen- und Kostenträgerrechnung. Zur effektiven Steuerung sollte darüber hinaus die Kosten-/

Leistungsrechnung mit Planungs- und Forecastprozessen harmonisiert werden. So kann eine enge Bindung zwischen strategischen Zielvorgaben und operativer Planung gewährleistet werden.

Neben der systemisch umgesetzten Kosten-/Leistungsrechnung und einem abgestimmten Produktkatalog hilft ein zielgruppengerechtes Reporting, um Steuerungsaufgaben je Steuerungssicht bestmöglich zu adressieren.

Zur Ausschöpfung des vollen Potentials von Methodik und Systemen ist die Befähigung der Controlling-Organisation ein priorisiertes Element des IT Performance Managements. Die Anforderungen des Unternehmens an eine effektive IT-Steuerung können nur durch geschärfte Skill-Profile und regelmäßig abgestimmte Schulungen erfüllt werden.

Zur prozessualen Verankerung von Produktkatalog, Steuerungssichten, Kosten-/Leistungsrechnung, Reporting und Planungsprozessen sind integrierte Nachfrage- und Kalkulationsprozesse im Unternehmen nicht zu vernachlässigen. Nur so kann sichergestellt werden, dass neue Produkte, veränderte Nachfragebedingungen etc. mit den definierten Rahmenbedingungen der Steuerungslogik harmonisieren.

Erfolgsfaktoren

Die Etablierung eines IT Performance Managements lässt sich durch Konzentration auf drei wesentliche Erfolgsfaktoren positiv beeinflussen.

Die Abstraktion der IT als produzierende Fabrik mit definierten Produktkatalogebenen (bspw. kundensichtbare Produkte und Leistungselemente zur Bündelung von messbaren Produktionserzeugnissen) ist für eine betriebswirtschaftliche Betrachtung elementar.

Für eine solche Abstraktion ist die Befähigung der Produktion für betriebswirtschaftliches Denken und Handeln erforderlich. Das Verständnis der betriebswirtschaftlichen Steuerung der IT als vereinfachte, realitätsnahe Abbildung der tatsächlichen technischen (teils hochindividualisierten) Zusammensetzung hilft bei der Kommunikation zwischen Produktion und Controlling.

Zuletzt ist die richtige Granularität für die Abbildung der Leistungserbringung ein wichtiger Erfolgsfaktor für die Umsetzung. Höchstes Ziel sollte immer die Durchgängigkeit eines Werteflusses und nicht die Tiefe bzw. der Detailgrad sein. Ist eine Durchgängigkeit über die gesamte Wertschöpfungskette hergestellt, kann im zweiten Schritt bei Bedarf die Granularität gesamtheitlich Schritt für Schritt verfeinert werden.

2.1.2 Demand & Anforderungsmanagement

Gegenstand

Ziel des Demand- und Anforderungsmanagements ist die Kategorisierung, die Priorisierung (wirtschaftlich, zeitlich, strategisch), die Entscheidungsfindung sowie die laufende Steuerung in Bezug auf sämtliche Anforderungen, die an die IT gerichtet werden. Dies umfasst zum einen die Anforderungen der Fachbereiche, aber auch die Anforderungen der IT selbst.

Man unterscheidet dabei zwischen Themen mit einem kurzfristigen und unterjährigen Zeithorizont, die im Rahmen eines geregelten Prozesses über ein Change Advisory Board diskutiert und entschieden werden (= Anforderungsmanagement), und Themen mit mittel- bis langfristigen Zeithorizont, die typischerweise im Rahmen der Jahresplanung bzw. der strategischen Planung zur Entscheidung stehen (= Demand-Management). Das Demand-Management sollte intensiv mit dem Projektportfolio-Management verzahnt werden, bei dem üblicherweise Entscheidungen zum IT-Bedarf getroffen werden.

Elemente und Nutzen

Das **Anforderungsmanagement** ruht typischerweise auf einem toolgestützten Prozess, bei dem ein Anforderer ein Ticket einstellt und eine zentrale Funktion die Anforderungen annimmt und priorisiert. Das Ticket wird folgend im Rahmen der in der Planung definierten (Fachbereichs-)Budgets bzw. Kontingente sowie der IT-Architektur, dem Architekturentwicklungsplan und den verfügbaren Ressourcen entschieden und zeitlich eingeplant. Nach unserer Ansicht sind auch agile Projekte bzw. Vorhaben über diesen Prozess anzumelden, da auch über diese unternehmensweite Transparenz herrschen sollte und die Auslastung der Ressourcen in der IT so effizient bemessen werden kann.

Das **Demand-Management** ist strategischer Natur und definiert die lang- und mittelfristigen Anforderungen an die IT. Typischerweise erfolgt die Klärung in individuellen Gesprächen mit Geschäftsbereichs- oder Bereichsleitern und Vorständen beziehungsweise der Geschäftsführung. Gegenstand sind hier vornehmlich globale Richtungsentscheidungen in Bezug auf Applikationen, Architekturen, Mengenentwicklungen, Geschäftsfeldentwicklungen, Dienstleistungen oder Sourcing Aktivitäten, die im Rahmen von Strategie- oder Richtungspapieren festgehalten und dokumentiert werden.

Der Hauptnutzen dieser beiden Prozesse liegt – neben der teilweise regulatorisch notwendigen Dokumentation von Anforderungen – in der Explikation der durch das Business gewünschten IT-Entwicklung, Budgetaussagen, aber auch verstärkt auf Transparenz und Klarheit über interne Ressourcen.

Erfolgsfaktoren

Für ein effektives Demand- und Anforderungsmanagement ist eine Funktion in der IT aufzubauen, die über eine ausreichende Befähigung und Fachkenntnis verfügt, um einerseits Anforderungen der Fachbereiche verstehen zu können (Business Analysten Funktion) und andererseits auch robust gegenüber Forderungen der Fachbereiche auftreten zu können.

Die Priorisierung muss zentral nach abgestimmten und transparenten Regeln erfolgen. Dabei muss aus Gründen der Fairness und der Zustimmung zu diesem

Prozess darauf geachtet werden, dass für alle Fachbereiche Grund-Kontingente zugesichert werden. Somit wird abgesichert, dass neben der Umsetzung von gesetzlichen Anforderungen auch weitere Themen durchführbar bleiben. Grundsätzlich muss sichergestellt werden, dass keine Umgehungen oder Ausnahmen zugelassen werden. Daher bedarf es eines hohen Commitments in der Geschäftsführung und dem Vorstand zu den assoziierten Verfahren und Regeln.

2.1.3 Providermanagement

Gegenstand

Der Einkauf von IT-Leistungen von Fremddienstleistern resultiert für den Leistungsnehmer in der erfolgskritischen Aufgabe der effektiven Steuerung des Providers. Die Providersteuerung bzw. das Providermanagement ist deshalb erfolgskritisch, da diese den grundsätzlichen Interessenskonflikt zwischen Outsourcing-Geber und -Nehmer adressiert: Profitmaximierung auf Seiten des Outsourcing-Nehmers und Nutzenmaximierung auf Seiten des Outsourcing-Gebers.

Um eine nachhaltige Providersteuerung zu etablieren sind bereits im Vertrag effektive Steuerungsmechanismen sicherzustellen. Um solche Vertragsinhalte federführend mitgestalten zu können, ist die Auswahl eines Leistungsgebers auf Augenhöhe wichtig.

Der Einkauf von IT-Leistungen bedeutet auch, dass der Outsourcing-Geber bestimmte Fähigkeiten für die verbleibenden internen Leistungen sowie die Aussteuerung der externen Leistungen ausbilden bzw. behalten muss. Diese werden in einer sogenannten Retained Organisation gebündelt. Die Auswahl der richtigen Prozesse für diese ist kritisch für die effektive Gestaltung des Providermanagements. Neben Vertragsgestaltung und Aufbau einer Retained Organisation ist zudem die Befähigung der Mitarbeiter in den vorgesehenen Aufgaben zu berücksichtigen.

Elemente und Nutzen

Für die Etablierung eines nachhaltigen Providermanagements ist eine integrierte, möglichst zentralisierte und automatisierte Leistungsmessung der Leistungserbringung des Dienstleisters erforderlich. Auch die Berücksichtigung von vereinbarten Datenschutzrichtlinien und Zugriffsrichtlinien gilt es in der Leistungsmessung abzubilden. Grundlage hierfür sind Service Level Agreements (SLAs). Um die Einhaltung dieser SLAs messbar zu gestalten, sind quantifizierbare Key Performance Indicators (KPIs) zu definieren, die verständlich, erreichbar, relevant und den vertraglichen Rahmenbedingungen angemessen sind. Mittels der regelmäßig erhobenen KPIs ist die Erfüllung der SLAs zu prüfen und zu hinterfragen. Dokumentierte Abweichungen können insbesondere für Nachverhandlungen, Vertragsbeendigungen oder Strafzahlungen verwendet werden.

Neben der Prüfung der vereinbarten Leistungserbringung ist der zugrundeliegende Business Case regelmäßig zu prüfen. Der angestrebte Nutzen durch den Einkauf von IT-Leistungen muss laufend in Bezug auf sich verändernde Rahmenbedingungen im Unternehmen reflektiert werden. So kann gewährleistet werden, dass nicht nur die Einhaltung eines vereinbarten Vertrags abgesichert wird, sondern auch, dass der Vertragsgegenstand dem aus der IT-Strategie abgeleiteten Geschäftsauftrag der IT genüge tut. Für die kostenseitige Evaluierung bieten sich interne als auch externe Benchmarks an. Für das interne Benchmarking werden die eingekauften Leistungen mit der Leistungserbringung der eigenen Organisation gegenübergestellt, um den Mehrwert des Einkaufs abzuschätzen. Bei einem externen Benchmarking werden Inhalt und Qualität des Vertragsgegenstands mit anderen Angeboten am Markt verglichen.

Erfolgsfaktoren

Für die effiziente Ausrichtung eines Providermanagements ist die enge Verzahnung von Dienstleister und Unternehmen sicherzustellen. Dies gilt besonders bei großen Dienstleisterverträgen, welche tiefgreifend in die Wertschöpfungskette des Unternehmens eingebunden sind. Eine enge Verzahnung ist insbesondere durch den Aufbau partnerschaftlicher und vor allem vertrauensvoller Zusammenarbeit realisierbar.

Der Einkauf von IT-Leistungen bei unterschiedlichen Dienstleistern erhöht die Flexibilität in der Strukturierung der Wertschöpfungskette. Die Ausrichtung des Providermanagements für eine Multi-Provider-Steuerung ist deshalb besonders empfehlenswert. Eine ABC-Clusterung zur Priorisierung der Leistungsgeber hat sich dabei bei Projekten als Erfolgsfaktor bewiesen. Die ABC-Clusterung dient dabei zur Festlegung in welcher Intensität ein A-, B- oder C-Dienstleister gesteuert wird. Beispielsweise werden dort die relevanten Vertragskonstrukte, Steuerungsinstrumente, Ansprechpartnerstrukturen, Gremien und Prozesse zur Dienstleistersteuerung je Cluster festgelegt und priorisiert.

Um die Innovationsfähigkeit der IT-Organisation nachhaltig gewährleisten zu können, ist das Einfordern und Steuern von Innovation als Aufgabe im Providermanagement zu positionieren. Wichtig ist hierbei das Bewusstsein, dass Innovation nur von innen getrieben, aber durchaus von extern operationalisiert werden kann. So kann der Leistungsnehmer bereits in der Vertragsentwicklung Innovationsfelder definieren, welche der jeweilige Dienstleister berücksichtigen soll. Die Steuerung dient dann der Einholung und Priorisierung von Vorschlägen zur Operationalisierung.

2.1.4 Sourcing

Gegenstand

Die Volatilität des Business sorgt für neue Herausforderungen und Veränderungen in der IT. Gleichzeitig ist es immer schwieriger ausreichend qualifiziertes bzw. qualifizierbares Personal für neue Technologien schnell aufzubauen und an das eigene Unternehmen zu binden. Ein Hebel um in diesem volatilen, durch Ressourcenknappheit geprägten Umfeld erfolgreich zu agieren, ist ein optimaler Mix aus intern erstellten und extern zugekauften Leistungen. Hierdurch ergibt sich eine individuelle Sourcing-Landschaft im Unternehmen. IT-Sourcing ist dabei heute in vielen Unternehmen ein integraler Bestandteil des IT-Betriebsmodells und folglich kritisch für die Arbeitsfähigkeit der gesamtem Organisation.

Erfolgreiches Outsourcing basiert auf dem abgestimmten Zusammenspiel der Bausteine Vertrag, Provider und Retained Organisation, die alle an den übergeordneten Steuerungszielen der Organisation ausgerichtet sein müssen. Ein vollständiger und flexibler Vertrag ist ohne entsprechende Anwendung seiner Mechanismen durch die Retained Organisation ineffektiv. Vice Versa fällt der Retained Organisation eine effektive Steuerung schwer, wenn der Vertrag keine entsprechenden Steuerungsmechanismen vorsieht. Allerdings ist zu beachten, dass es kaum möglich ist, einen unpassenden Dienstleister durch einen guten Vertrag und klare Steuerungsmechanismen nachhaltig zu einer partnerschaftlichen Zusammenarbeit zu motivieren (siehe auch 2.1.3).

Elemente und Nutzen

Eine ordnungsgemäße IT sollte im Rahmen des IT-Strategieprozesses regelmäßig den Auftrag der IT prüfen und daraus die Sourcing-Strategie ableiten und definieren. Inhalte einer Sourcing-Strategie sind grundlegende Prinzipien, wie etwa die Zusammenarbeit mit internen und externen Dienstleistern. Eine Sourcing-Vision sollte die Treiber und Restriktionen für Sourcing-Entscheidungen ummanteln. Sourcing-Ziele müssen die abgeleiteten Rahmenbedingungen aus dem Geschäftsmodell der IT berücksichtigen. Basierend auf der Sourcing-Strategie kann das interne Leistungsportfolio in Cluster aufgeteilt werden. Ziel der Clusterung ist die inhaltliche Überführung auf Sourcing-Szenarien. Diese Clusterung kann beispielsweise nach Technologien, Prozessen oder strategischer Relevanz vorgenommen werden. Je Cluster können dann individuelle Sourcing-Szenarien erarbeitet werden, die mit einem Business Case untermauert werden, um je Cluster die Entscheidung für eine Auslagerung oder den Eigenbetrieb zu treffen.

Im Falle einer Entscheidung für Szenarien mit Auslagerungsanteilen erfolgt im nächsten Schritt die Dienstleisterauswahl. Die ausführliche Vorbereitung der Dienstleisterauswahl ist erfolgskritisch für die spätere Zusammenarbeit. Für die Vorbereitung ist eine Roadmap von der Initiierung, des Request for Proposal (RfP), über die Verhandlung bis zur finalen Auswahl eines oder mehrerer Dienstleister zu definieren. Eine ausführliche und detaillierte Verhandlungsphase und Vertragsgestaltung beschleunigt und erleichtert die zukünftige Zusammenarbeit sowie den Aufbau eines nachhaltigen Providermanagements.

Zur Befähigung eines oder mehrerer Dienstleister ist eine erfolgreiche Transition notwendig. Diese muss sich neben dem Aufbau und Aufnahme der Services auch der Integration des Dienstleisters in die IT-Organisation annehmen. Ein effizientes Transition Management, Change Management und intelligentes Project Management Office (PMO) begleitet dies durch individuelle Transferleistungen, wie beispielsweise Work Shadowing oder Knowledge Transfer Sessions. Die Form und Art der Kommunikation während der Transition bestimmt nachhaltig die spätere Zusammenarbeit mit dem Dienstleister in der Betriebsphase. Deshalb ist die Auswahl und Steuerung technischer Spezialisten während der Transition elementar.

Sourcing-Erfolg lässt sich allerdings nicht allein durch eine erfolgreiche Transition erzielen. Erst der Aufbau einer fähigen Retained Organisation (siehe auch 2.1.3) sichert die nachhaltige Zufriedenheit mit einem ausgewählten Sourcing-Szenario ab. Die vereinbarte Leistung kann somit regelmäßig überprüft, gesteuert und gewährleistet werden.

Erfolgsfaktoren

Für den nachhaltigen Sourcing-Erfolg ist die Einheitlichkeit des Leistungsportfolio sowie der Verträge elementar. Ein standardisiertes Leistungsportfolio ist einfacher und transparenter an einen Dienstleister zu vergeben und die Nutzung standardisierter Vertragswerke ist Grundvoraussetzung für das Einholen externer Benchmarks sowie die Etablierung eines effektiven Providermanagements.

Neben der Einheitlichkeit und Standardisierung des Portfolios sind die Beschreibungen der Leistungen wichtig für die spätere Leistungsüberprüfung. Nur eine ausreichend detaillierte Beschreibung einer zu erbringenden Leistung kann verantwortungsvoll in die Hände eines neuen Dienstleisters gegeben werden.

Auch ist die Verankerung und regelmäßige Prüfung der Dienstleistungserbringung in die verbleibende IT-Organisation sicherzustellen, um die im Vertrag verankerten Steuerungsmöglichkeiten aktiv zu nutzen.

2.1.5 Innovationsmanagement

Gegenstand

Innovation ist ein essentieller Wettbewerbstreiber, um nachhaltig die Wettbewerbsposition des Unternehmens auf dem Markt zu sichern und gleichermaßen auszubauen. Ziel des Innovationsmanagements in der IT ist die Organisation und Befähigung des Innovationsgeschehens. Hier stehen Entscheider vor der großen Herausforderung der Systematisierung des Innovationsgeschehens, sodass Innovationen zielgerichtet das Geschäftsmodell unterstützen und gleichermaßen kosteneffizient sind.

Elemente und Nutzen

Ein strukturierter und klar definierter Innovationsprozess ist unabdingbar für die kosteneffiziente Realisierung von Innovationen. Hierbei muss der Innovationsprozess eng mit dem Strategieprozess des Unternehmens verzahnt sein, sodass das Innovationsgeschehen zielgerichtet aus der Unternehmensstrategie abgeleitet wird. Entscheider müssen hierbei genau verstehen, wie sich die Rollen in Ihrem Markt verändern und wie dadurch das Geschäftsmodell beeinflusst wird. Auch unternehmensintern ist zu bewerten, ob die laufenden Innovationsprojekte ausreichend sind und ob weniger geeignete Innovationsprojekte gestoppt werden müssen. Erst danach kann zielgerichtet und kosteneffizient abgeleitet werden, welches Maß an Innovation im Unternehmen nötig ist, um die Innovationslücke zu schließen.

In **Innovationsclustern und Innovationsfeldern** werden die strategischen Vorgaben mit Budgets sowie klaren Verantwortlichkeiten festgelegt. Zur nachhaltigen Operationalisierung von Innovationen bildet ein Unternehmen in der Regel drei bis fünf Innovationscluster. Im nächsten Schritt werden pro Cluster zwei bis drei Innovationsfelder definiert, die das Innovationsgeschehen ausgestalten (beispielsweise der Ausbau von mobilen Applikationen oder Einsatz von Predictive Maintenance).

Erfolgsfaktoren

Die Etablierung eines erfolgreichen Innovationsmanagements setzt die enge Verzahnung mit dem Unternehmensstrategieprozess voraus. Innovationen müssen immer im Sinne des Gesamtunternehmens stehen und die Unternehmensstrategie ganzheitlich unterstützen. Hier ist ein gerichteter Top-Down-Prozess essentiell, um im ersten Schritt aus der Unternehmensstrategie zielgerichtet die richtigen Innovationsbereiche abzuleiten, sodass sichergestellt werden kann, dass die richtigen IT-Maßnahmen und Projekte aufgesetzt werden.

2.1.6 Projekt- und Portfoliomanagement

Gegenstand

Die Diversifikation von Projekten in Unternehmen hat stark zugenommen. Klassische, agile und hybride Ansätze schränken die Abstimmung untereinander ein und erschweren die Vergleichbarkeit hinsichtlich der tatsächlichen Nutzenerzielung der einzelnen Projekte. Das Ziel des Projekt- und Portfoliomanagements **muss also sein**, Transparenz zu schaffen, sodass eine übergreifende Überwachung und Steuerung des gesamten Projektportfolios ermöglicht wird. Im Rahmen der mehrjährigen und unterjährigen Unternehmens- und IT-Planung ist es die Aufgabe des Projekt- und Portfoliomanagements, die richtigen Projekte im Sinne der Unternehmensstrategie zu identifizieren und voranzutreiben. Neben der Auswahl von neuen strategisch orientierten Projekten hat das Projekt- und Projektportfoliomanagement auch die Aufgabe der Priorisierung der bestehenden Projekte im Gesamt-Portfolio, sodass Ressourcen zielgerichtet investiert werden.

Elemente und Nutzen

Eine Kernvoraussetzung zur erfolgreichen Umsetzung ist die enge Verzahnung mit dem zentralen **Planungs- und Budgetierungsprozess**, sodass das Projekt- und Portfoliomanagement im Gesamtunternehmen verankert ist. Dies ermöglicht ein laufend aktuelles Portfolio mit durchgängigem Bezug zur Unternehmensstrategie.

Basis der zielgerichteten **Portfolioentwicklung** ist ein schlanker Prozess für die Auswahl und Bewertung von Projektanträgen. Zudem müssen Projekte zu jeder Zeit messbar sein. Jedem Projekt muss ein entsprechender Business Case zugrunde liegen, der es ermöglicht, die richtigen Projekte im Sinne der strategischen Vorgaben auszuwählen und im Falle von Ressourcenengpässen im Gesamtportfolio zu priorisieren. Dieser Business Case ist nach Projektabschluss auf Zielerreichung zu prüfen. Wichtig ist hier, dass die Verantwortung zur Einhaltung und Erreichung des Business Cases klar definiert ist.

Ein übergreifendes **Steuerung & Reporting des Portfolios** setzt einheitliche Reporting-Standards voraus, die die Vergleichbarkeit zwischen einzelnen Projekten sicherstellt und Abhängigkeiten aufzeigt. Durch ein zentrales Business Case Tracking ist es zudem möglich, Projekte, die ihren ursprünglich geplanten Nutzen nicht erreichen, frühzeitig zu stoppen und somit Ressourcen für andere Projekte freizustellen. Die Transparenz über Kosten und relevante Daten auf Projektebene erlaubt somit eine optimale Steuerung des Gesamtportfolios.

Durch die Definition und Einführung einer klaren **Projekt-Methodik** wird organisatorische Exzellenz erreicht. Die Vorgabe einer einheitlichen Methodik ermöglicht die enge Verzahnung von Portfolio- und Einzelprojektsteuerung und bildet das Fundament für Projektentscheidungen und -ergebnisse. Die Etablierung von schlanken Prozessen mit Fokus auf den Hauptaktivitäten, Deliverables und Verantwortlichkeiten schafft Verbindlichkeiten und ein harmonisiertes Vorgehen über einzelne Projekte hinweg. Der Einsatz von Templates und Tools sollte mit dem Gedanken der Benutzerfreundlichkeit einhergehen. Der Fokus auf wenige und pragmatische Tools, die einfach zu bedienen sind, erhöht die Akzeptanz der Nutzung und führt wiederum zur erhöhten Vergleichbarkeit über alle Projekte hinweg.

Erfolgsfaktoren

Die Durchsetzung eines erfolgreichen Projekt- und Portfoliomanagements beginnt bereits im Planungs- und Budgetierungsprozess. Schon hier muss die Verfügbarkeit der Kernressourcen geklärt und bei Bedarf nutzenorientiert priorisiert werden. Bei laufenden Projekten muss ein monatliches oder mindestens quartalsweises Projektcontrolling durchgeführt werden, um die Nutzenerzielung nachzuhalten und bei Nichteinhaltung früh genug eingreifen zu können.

Entscheidend für die Schaffung von Transparenz und Vergleichbarkeit ist eine durchgängige Etablierung einer einfachen Projektmethodik, die von der Gesamtorganisation verstanden, akzeptiert und eingehalten wird. Insbesondere muss die

Methodik auch vom Top-Management eingehalten werden. Entsprechend muss die Projektleitung durch zielgerichtetes Coaching befähigt werden, die Methoden nicht nur anzuwenden, sondern diese auch an Mitarbeiter weiterzugeben.

2.2 Digitale Plattform

2.2.1 Fach- und IT-Architektur-Management

Gegenstand

Das Fach- und IT-Architektur-Management hat das Ziel das Zusammenspiel von IT und der geschäftlichen Tätigkeit im Unternehmen optimal zu gestalten und in Einklang zu bringen. Auch ist es zentrale Anlaufstelle, Transparenz über Zusammenhänge und Komplexität der einzelnen Architekturen darzustellen und verständlicher zu gestalten. Mit diesem Verständnis können Investitionen besser bewertet und zielgerichteter getätigt werden.

Aufgabe des Fach- und IT-Architektur-Managements ist es, ausgehend von den Geschäftsprozessen des Unternehmens die IT-Architektur bestmöglich aufzustellen und Entwicklungs-, Optimierungs- und Konsolidierungspotentiale aufzuzeigen. Deshalb muss diese Aufgabe als strategische Funktion etabliert und vom Management initiiert werden. Nur so kann die bestmögliche Unterstützung der Geschäftsprozesse und Geschäftsobjekte sichergestellt werden.

Elemente und Nutzen

Für die Etablierung eines Fach- und IT-Architektur-Managements hat sich die Anwendung eines Geschäftsprozess- und Applikations-Mapping als zielführend erwiesen (vgl. Abb. 2). Dabei werden die bestehenden Applikationen bzw. Systeme in Bezug auf Geschäftsbereich/-sparte und Teilprozesse zugeordnet. So entsteht eine übersichtliche Darstellung, die sehr gut im Management diskutiert werden kann, die einfach analysierbar ist und sich gut für die IT-Planung eignet. In dieser Darstellung wird z. B. eine fehlendende prozessuale Durchgängigkeit der Systeme, eine zu große Vielfalt in der Gesamtarchitektur oder auch eine mehrfache Ausprägung von Systemen im selben Geschäftsbereich transparent. Auf dieser Basis können Entscheidungen für die Weiterentwicklung, die Stilllegung oder die Erneuerung von Systemen herbeigeführt werden.

Erfolgsfaktoren

Für den Aufbau eines Fach- und IT-Architektur-Managements ist eine geeignete Granularität zu definieren. Das Ziel einer vollständigen und detaillieren Betrachtung, die gleichzeitig einheitlich, durchgängig und standardisiert ist, ist sehr

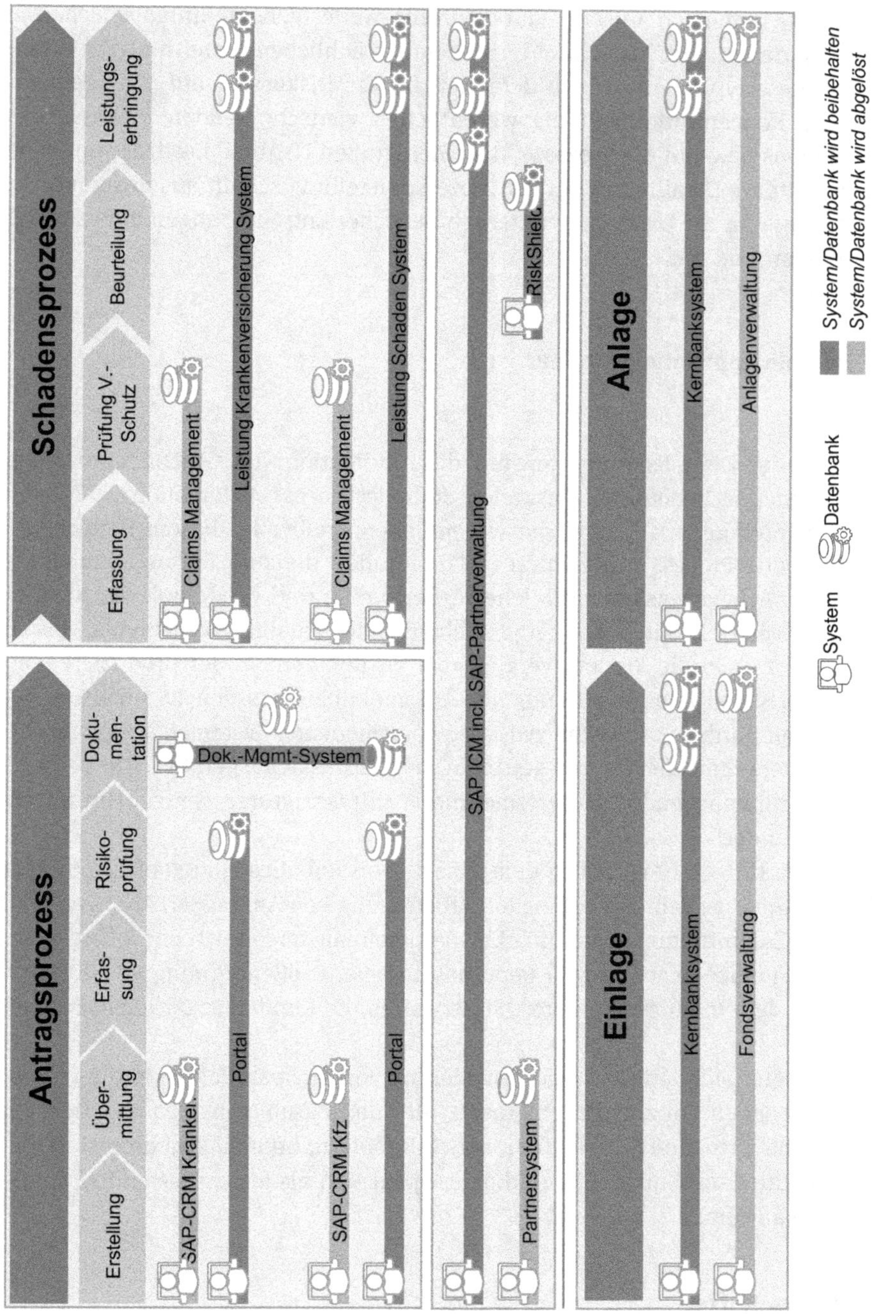

Abb. 2: Fach- und IT-Architektur.

ambitioniert, und nach unserer Markkenntnis weitestgehend unrealistisch. Die Etablierung dauert sehr lange und hinkt dem tatsächlichen Stand hinterher; weiterhin ist diese typischerweise zu detailliert für die Diskussion auf Management-Ebene. Die Konzentration auf die wesentlichen wertschöpfenden Prozesse des Unternehmens bzw. auf die Prozesse, die einen großen IT-Anteil besitzen, und eine grobe bis mittlere Detaillierung in der Prozessdarstellung schafft aus unserer Sicht die beste Basis für die Diskussion unternehmerischer Entscheidungen in Bezug auf Applikationen und IT-Systeme

2.2.2 Digitale Applikationsstruktur

Gegenstand

Im Kontext der Digitalisierung gewinnt die Automation von Geschäftsprozessen eine zunehmende Bedeutung. Besonders Robotic Process Automation (RPA) und künstliche Intelligenz (AI) sind die wesentlichen Treiber in diesem Bereich. Im Bereich Robotic Process Automation (RPA) simuliert die zum Einsatz kommende Software die Arbeitsweise menschlicher Arbeitskräfte und wiederholt die Ausführung repetitiver Tätigkeiten in einer gleichbleibenden Qualität im Extremfall bis zu 24 Stunden, 7 Tage die Woche. Vergleichbar zu Robotern in der produzierenden Industrie (z. B. Karosserie-Fertigung im Automobilbau) werden in höchster Geschwindigkeit punktgenau Daten zwischen verschiedenen Systemen ausgetauscht, regelgebundene Entscheidungen getroffen und Prozesse ausgeführt. Hierbei werden die zugrundeliegenden IT-Systeme und IT-Infrastrukturen weitgehend unverändert verwendet.

Die Erwartungen hinsichtlich dem Einsatz von Robotics sind gemäß aktueller Studie und Umfrage sehr hoch. Eine Marktbefragung von Anfang 2017 hat ergeben, dass für die Zukunft durchschnittlich Einsparpotentiale im Bereich Backoffice Operations und Finance Accounting & Reporting in einer Größenordnung von 20–30 % erwartet werden. In einzelnen Bereichen erwarten die Kunden sogar Einsparungen bis zu 50 %.

Aus unserer Sicht erfordert die Realisierung von Einspareffekten in dieser Größenordnung einen ganzheitlichen Ansatz, der das Zusammenspiel von Mensch, Maschine und virtuellen Mitarbeitern, sprich Robotern, optimal synchronisiert, die Prozessabläufe darauf ausrichtet und den Aspekt RPA als festen Bestandteil in die IT-Strategie aufnimmt.

Elemente und Nutzen

Für den optimierten Einsatz von RPA in Serviceprozessen dient die Industrie als Vorbild. Neue und veränderte Anforderungen von Kunden, die vor dem Hintergrund digitaler Kontaktkanäle oftmals sofortige Reaktionen von Service Centern erwarten, sowie ein steigender Kosten- und Wettbewerbsdruck setzen den Organisationen zu. Um Dienstleistungen effizienter und effektiver zu erbringen, reichen digitale Technologien allein nicht aus. Der entscheidende Erfolgsfaktor für Unternehmen ist es, die Steuerung ihrer Serviceproduktion umfassend weiterzuentwickeln. Dabei unterstützt ein Operations Performance Management Ansatz.

Dieser Ansatz umfasst alle wesentlichen Aufgaben der Dienstleistungserbringung mit dem Ziel, die Anforderung von Kunden und unternehmensinternen Auftraggebern bezüglich Service Levels und Begeisterung zu erfüllen. Dabei geht es sowohl um den Prozess der Serviceproduktion, als auch um dessen Planung und Steuerung. Nach dem Vorbild von Industrie 4.0 passt das Konzept Planungs- und Steuerungsansätze aus der industriellen Produktion an die spezifischen Anforderungen von Robotern in Dienstleistungseinheiten an. Die neuen technischen Möglichkeiten dienen dazu, die Erstellung und Steuerung von Services umfassend zu digitalisieren.

Eine **digitale Prozess- und Servicearchitektur** spielt dabei eine Schlüsselrolle. Sie ermöglicht es, Produkte, Services, Prozessschritte, die zugrunde liegende IT sowie die benötigten Kenntnisse der Mitarbeiter und Einheiten integriert zu betrachten. Sie dient als Grundlage für die planenden, transaktionalen und steuernden Komponenten von RPA. Dabei ist die durchgängige End-To-End-Sicht auf Prozesse entscheidend, um alle notwendigen Abläufe funktionseinheitsübergreifend optimal zu gestalten und sie auch aus Kundenperspektive bestmöglich zu digitalisieren. Entsprechend dem Arbeitsplan in der industriellen Produktion werden des Weiteren die Prozessschritte aller beteiligten Einheiten, einschließlich der Robotertechnologien, detailliert beschrieben und mit dem jeweils erforderlichen Kompetenzniveau und Zeitbedarf hinterlegt.

Eine Kernaufgabe hierbei ist die enge Verknüpfung der Prozess- und der IT-Architektur – analog zu etablierten Plattformstrategien in der Industrie. Dabei werden relevante, standardisierte Prozessbausteine nach dem „Lego-Prinzip“ als wiederverwendbare IT-Komponenten in einer integrierten Plattform abgebildet. Sie fungiert als **virtuelles Fließband**, um beliebige Prozesse, Mitarbeiter und Kundenanliegen zeitgleich zu bedienen und den Roboter passgenau einzusetzen.

Erfolgsfaktoren

Eine nachhaltige Erhöhung der Prozessautomation durch RPA setzt eine ganzheitliche Vorgehensweise voraus. Ein großflächiger Einsatz von Robotern induziert Veränderungen in zahlreichen Bereichen des Unternehmens. So müssen Legitimationsverfahren und Prozesse aktualisiert, Mitarbeiter für den Run- und Change-Betrieb geschult und die Steuerungssystematik in den Operationseinheiten, und der IT angepasst werden. Diese Veränderungen müssen erhoben und die resultierenden Anforderungen in ein strategisches Zielbild überführt. Dieses Zielbild dient dann als Kompass für die Bewertung einzelner RPA Use Case Kandidaten und legt die Kriterien für die Umsetzungsplanung fest. Entlang dieses strukturierten Bewertungsschemas wird der Wertbeitrag der einzelnen Use Cases ermittelt, die technologische Umsetzbarkeit geprüft und die Umsetzungsreihenfolge festgeschrieben.

2.2.3 Daten

Gegenstand

Ziel des Datenmanagements ist es unternehmensrelevante Daten zu identifizieren, zu kategorisieren und möglichst überschneidungsfrei und in hoher Qualität zur Verfügung zu stellen, damit ein sinnvoller und wertstiftender Einsatz dieser Daten erfolgen kann. Datenmanagement ist dabei als kontinuierlicher Prozess zu verstehen. Daten und deren Aktualität und Wert verändern sich in hoher Geschwindigkeit. Kategorisierungen müssen demnach kontinuierlich an neue Anforderungen angepasst werden. Hieraus resultiert die Anforderung der permanenten Pflege der Daten („data grooming").

Unternehmenskritische Daten wie Kunden-, Rechnungs- oder Produktionsdaten sind idealerweise zentral in einem „Single Point of Truth" zur Verfügung zu stellen. Spezifische Daten, die für einzelne Organisationseinheiten relevant sind, können entweder dezentral oder zentral zur Verfügung gestellt werden. Die zentrale Datenhaltung erfolgt typischerweise in einem Data Lake, wohingegen die dezentrale Datenhaltung über Data Warehouses abgewickelt werden. In diesem Zusammenhang spricht man dann auch von „Multiple Versions of Truth", da die Daten nicht harmonisiert sind. Damit ergibt sich ein föderales Modell der Datenhaltung.

Elemente und Nutzen

Ein Datenmanagement setzt eine vollwertige Logik von Governance über Rollen, Verantwortlichkeiten und Prozessen bis hin zu Systemen voraus. Sinn und Nutzen des Datenmanagements liegen in den Daten selbst. Über die Verwendung von Data Analytics oder auch Predictive Analytics Ansätzen kann ein nachhaltiger Wert aus Daten gewonnen werden, sodass bestehende Geschäftsmodelle effizienter gestaltet werden können oder sich gar neue Geschäftsansätze bilden.

Als Nebennutzen werden regulatorische und gesetzliche Anforderungen zum Umgang mit Daten erfüllt (EU-DSG, BDSG, BCBS239 und weitere).

Erfolgsfaktoren

Die Etablierung eines Datenmanagements erfordert die Etablierung einer Chief Data Officer Rolle sowie dezentraler Data Officers/Data Stewarts. Diese Rollen müssen zum einen mit entsprechenden Kompetenzen bestückt und zum anderen auch mit ausreichenden Ressourcen für diese Aufgabe ausgestattet werden.

Aus unserer Erfahrung fängt ein erfolgreiches Datenmanagement in der Software-Entwicklung an und erfordert eine rigide Dokumentation. Bereits bei Anlage eines Datenfeldes in einer Tabelle muss der Datenowner und der Zweck der Speicherung definiert werden. Neue Datenfelder sind auch im Rahmen von Freigabeprozessen zu entscheiden.

Daten sind heutzutage kritische Erfolgsfaktoren für Unternehmen und entscheiden zunehmend über die Wettbewerbsfähigkeit und Zukunft von Geschäftsmodellen. Somit stellen Daten unternehmenskritisches Know-How dar, das nicht externalisiert werden kann und darf.

Ein wichtiger Faktor für den Erfolg ist die Bonifikation für das Teilen von Daten. In vielen Unternehmen werden Daten beispielsweise in der Entwicklung als „geheim" eingestuft. Geheime Dokumente sollten aber mindestens um die Attribute „für wen" und „bis wann" ergänzt werden, damit ein späterer Austausch dieser Informationen dennoch möglich ist. Ein Unternehmen kann nur dann von den eigenen Daten profitieren, wenn diese auch genutzt werden.

2.2.4 Infrastruktur

Gegenstand

Die IT-Infrastruktur bildet die unterste Ebene des System- und Netzbetriebes. Sie gewährleistet den Betrieb von Anwendungen und unterstützt damit die Ausführung von Unternehmensaufgaben. Während Anwendungen und Anwendungsentwicklung oft Kernkompetenzen einer Unternehmens-IT abbilden, sind Infrastrukturleistungen in der Regel standardisierbar und marktweit als Commodity-Dienstleistung verfügbar. Trotz fortschreitender Digitalisierung und Cloud-Computing gibt es für das Vorhalten eigener Infrastruktur dennoch gute Gründe. Hier können beispielsweise besondere Geschwindigkeitsanforderungen, außerordentliche Sicherheitsansprüche oder gesetzliche und regulatorische Vorgaben durch den Aufbau, beziehungsweise das Beibehalten eigener Infrastrukturleistungen besser abgedeckt oder überhaupt möglich gemacht werden.

Elemente und Nutzen

Um die Infrastruktur optimal zu gestalten, gilt es die drei Aspekte Standardisierung, Modularisierung und Virtualisierung bestmöglich zu harmonisieren.

Unternehmen müssen heute möglichst schnell auf neue Kunden- und Marktanforderungen eingehen können. Die IT-Infrastruktur bildet dabei den Maschinenraum für neue Business-Trends. Agilität auf der Business-Seite erfordert gleichzeitig eine dynamische IT-Infrastruktur. Diese kann allerdings nur durch standardisierte Technologien im Infrastrukturbereich realisiert werden, sodass durch diese langfristige Kompatibilität sichergestellt werden kann und so die Integrierbarkeit neuer Anforderungen schnell und effizient realisiert werden. Die Standardisierung der IT-Infrastruktur befähigt nicht nur die Agilität auf der Business-Seite, sondern reduziert auch die Fehleranfälligkeit und erhöht zudem die Qualität durch eine einheitliche Orchestration. Ein weiterer Vorteil der Standardisierung ist die drastische Senkung der Herstellkosten der von der IT produzierten Dienstleistungen und Services. Dies wird einerseits durch die leichte Austauschbarkeit bei offenen Standards, aber auch durch den steigenden Preisdruck am Markt für Comodity-Dienstleistungen ermöglicht.

Neben der Standardisierung ist die Modularisierung der IT-Infrastruktur der zweite Eckpfeiler, um dynamisch auf neue Anforderungen reagieren zu können. Die komponentenorientierte Produktion von IT-Dienstleistungen bzw. IT-Produkten erlaubt die Realisierung individueller Merkmale auf Basis von standardisierten und austauschbaren Modulen. Hierfür hat sich die Trennung in Technologie-Cluster bewährt, um die aus den Clustern resultierenden Einzelleistungen wiederverwertbar und kombinierbar zu gestalten.

Neben Standardisierung und Modularisierung ist die Virtualisierung ein wichtiger Bereich für die optimale Gestaltung der IT-Infrastruktur. Als Basistechnologie aller Cloud-Technologien bietet die Virtualisierung die Möglichkeit eines dynamischen Pools für Rechnerleistung, Speicherplatz und Netzwerklösungen. Je nach Bedarf kann eine Kombination daraus schnell und effizient bereitgestellt werden und erfordert keinen physischen Eingriff in die IT-Infrastruktur. Neben der schnelleren Bereitstellung und Vermeidung von physischen Eingriffen erleichtert Virtualisierung die Lastverteilung. So kann eine optimale Auslastung der vorhandenen Ressourcen erzielt und bei Bedarf ausgebaut werden, ohne die Architektur gesamtheitlich in Frage zu stellen.

Erfolgsfaktoren

Viele Infrastrukturleistungen bieten heutzutage kaum Alleinstellungsmerkmale. Deshalb ist bei etabliertem Eigenbetrieb das Sourcing-Potential ständig zu überprüfen. Grundlage und Erfolgsgarant für die Hebung des Sourcing-Potentials der IT-Infrastruktur ist der Standardisierungsgrad. Grundvoraussetzung für Standardisierungs- und Sourcing-Maßnahmen sind hier ausführliche und vor allem aktuelle Dokumentationen.

Damit das Business die Vorteile einer dynamischen IT-Infrastruktur nutzen kann, müssen neben der fachlichen bzw. operativen Auseinandersetzung mit der Infrastruktur auch klare Schnittstellen definiert werden. Eine passende Aufbauorganisation kann durch optimale Bündelung von Entscheidungskompetenzen die Brücke zwischen (internen) Kunden und der Leistungserbringung schlagen.

2.3 Organisation und Fähigkeiten

2.3.1 Aufbau-Organisation

Gegenstand

Die IT war schon immer sehr flexibel und musste kurzfristige Anforderungen umsetzen. Mit der Digitalisierung hat sich allerdings der Bedarf zur Institutionalisierung unterschiedlicher Geschwindigkeiten ergeben. Die klassische Teilung der IT in Stab, Anwendungsentwicklung, Anwendungsbetrieb, Infrastrukturbetrieb und Helpdesk wird der Anforderung nicht mehr vollständig gerecht, beziehungsweise erfordern die multimodalen Anforderungen ein „Tieferlegen" von agilen und klassischen Strukturen in der IT-Organisation. Eine allgemeingültige Antwort hinsichtlich der Teilung der IT kann pauschal nicht gegeben werden. So kann man vor dem Hintergrund von Methoden wie SCRUM und DevOps nicht davon ausgehen, dass eine klassische Aufstellung für Back-End und Datenmanagement, sowie agil für Front-End und insbesondere Internet-Lösungen gilt. Die Aufbau-Organisation muss vor diesem Hintergrund grundlegend neu betrachtet werden.

Elemente und Nutzen

In der klassischen IT wird oft in Applikations- und Technologiespezialisten unterteilt. Bei agilen Methoden entsteht die Notwendigkeit agile Teams aufzubauen, die sich typischerweise an Fachbereichs- oder Applikationsstrukturen orientieren. Das Anforderungsmanagement muss dabei insbesondere die Dokumentation und Zuweisung aller Anforderungen übernehmen und bildet so die Klammer für die Steuerung aller Anforderungen. Eine beispielhafte Struktur für Financial Services ist in Abbildung 3 dargestellt. Die für DevOps relevanten Verantwortungen werden in dieser Struktur in den Applikations-Teams hinterlegt.

Durch diese Struktur wird das Steuerungs- und Organisationsmodell optimal aufeinander ausgerichtet und verankert.

Erfolgsfaktoren

Die Einführung von agilen Methoden und Organisationsstrukturen setzt voraus, dass im Unternehmen bereits gut aufeinander abgestimmte Strukturen und Prozesse existieren. Ohne strukturierte, dokumentierte und geregelte Prozesse führen agile Methoden schnell zu chaotischen Zuständen. Deshalb sind klare Entwicklungs-Roadmaps und Architektur-Richtlinien wichtige Voraussetzungen für die optimale Nutzung und Integration agiler Methoden. Gleichzeitig bringen die dargestellten Strukturen aus unserer Sicht nur ab einer kritischen Team-Größe den gewünschten Erfolg. Eine exakte Größe kann hier nicht genannt werden, allerdings zeigen sich erfahrungsgemäß erst ab 30–40 Mitarbeitern positive Effekte bzw. wird erst ab dieser Größe eine Implementierung möglich. Einige Erfolgsfaktoren und Voraussetzungen sind in Abbildung 4 aufgeführt. Ein besonderer Fokus bei der Gestaltung einer multimodalen IT sollte den Mitarbeitern gelten. Agile und klassische Gruppierungen dürfen nicht unterschiedlich wertgeschätzt werden. Jedes Team benötigt seine klare Aufgabe und seinen optimalen Platz in der Wertschöpfungskette der IT.

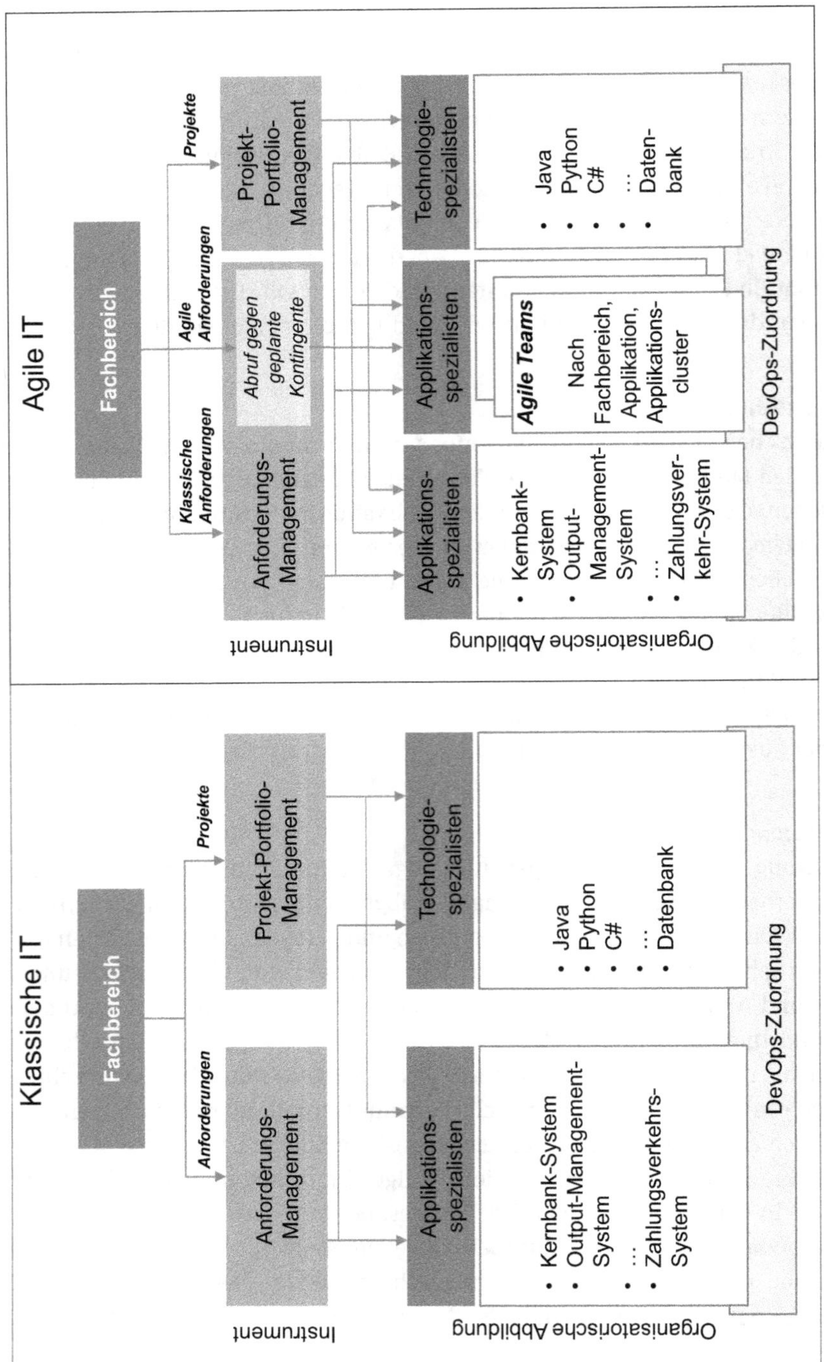

Abb. 3: Klassische und agile Strukturen.

	Klassische IT	Multimodale IT
Planung	• Über Projekte & Projektressourcen • Über Standard-Produktentwicklung & -Betrieb a) Produkt-Support & -Betrieb b) Standard-Abfragen	• Über Projekte & Projektressourcen (klassisch oder agil) • Über Standard-Produktentwicklung & -Betrieb • Über Kontingente für agile Umsetzung
Abruf	• Über Anforderungsprozess • Über Projekte	• Über Anforderungsprozess gesteuert (über Kontingent-Abrufe) • Über Projekte
Agilität	• Über Fast-Track-Anforderungen sowie regelmäßige Change Advisory Boards (inkl. Neupriorisierung)	• Über Methoden wie DevOps und SCRUM • Sprints im Rahmen geplanter Kontingente (und vorgezeichneter Produkt-Roadmap), gesteuert durch das Anforderungsmanagement
Inno-vation	• Über Projekte	• Über Projekte • Über interne oder externe Innovation-"Prototyping" nach agilen Methoden im Rahmen geplanter Innovationsfelder
Voraus-setzung	• Klare Richtlinien • Klare Prozesse	• Ausreichende IT-Kompetenz im Fachbereich • Klare Richtlinien (Prozess, IT-Architektur) • Kritische Masse an Entwicklungs-Ressourcen in der IT • Reife IT-Prozesse für Anwendungsentwicklung und Produktionsübergabe • Praktiken und Technologien, wie (ggf. externe entwickelte) Prototypen in Produktion gehoben werden • Verankerung Innovationsmanagement in Unternehmens-strategie-Prozess, daraus jährliche Definition von Innovationsfeldern und Ableitung Produkt-Roadmap

Abb. 4: Klassische IT vs. multimodale IT.

2.3.2 IT-Prozesse und IT-Standards

Gegenstand

Effektive und effiziente IT-Prozesse und -Standards bilden das Fundament der IT. Hier haben sich in der Praxis ITIL und COBIT als übergreifende Frameworks etabliert. Im Bereich der Anwendungsentwicklung hat sich CMMI beziehungsweise SCRUM für agile Methoden etabliert. Im Projektmanagement haben sich Modelle wie Prince2 oder PMI gefestigt. In Bezug auf die IT-Sicherheit sind die ISO 27001 oder der IT Grundschutz als führend zu nennen.

Elemente und Nutzen

Unternehmen haben heute die Wahl sich an einer Vielzahl von Modellen auszurichten. Der Ansatz „one-size-fits-all" ist in der heutigen komplexen Welt nicht mehr umzusetzen. Vielmehr gilt es, sich bewusst für einen Satz von Standards und Prozessmodellen zu entscheiden und diesen durchgängig in der Organisation zu etablieren. Der sich einstellende Nutzen liegt primär in der ordnungsgemäßen Durchführung von IT-Aktivitäten und sekundär wird die IT damit stabiler und robuster. Durch die notwendige Formalisierung wird die IT allerdings gleichzeitig inflexibler und langsamer.

Erfolgsfaktoren

In der Praxis zeigt ein Blick nach Übersee einen extrem hohen Grad an Einsatz solcher Referenz-Modelle bei Unternehmen. Aus amerikanischer Sicht ist die Einhaltung von Standards unabdingbar und notwendig. Dies gilt auch oder explizit im Sinne der Außenwirkung von Unternehmen. Die interne Umsetzung der Standards erfolgt aber pragmatisch. Die Standards werden auf die jeweiligen Unternehmen handhabbar angepasst und implementiert.

Dies ist auch der Weg, den wir empfehlen. Ein Framework für die IT darf niemals Mittel zum Zweck sein. Es ist an die jeweilige Unternehmenssituation anzupassen. Ziel ist es nicht, Prozesse möglichst akribisch und detailliert für alle Eventualitäten zu erarbeiten, sondern knappe und präzise Arbeitsanweisungen für 80 Prozent der Fälle zu entwickeln, die effektiv und pragmatisch sind. Ein Prozessmodell mit einer unüberschaubaren Anzahl an Seiten hat seinen Zweck schon verfehlt, da es nicht handhabbar ist und nach typischer Erfahrung auch nicht angewendet wird. Effektive Projektmanagementmethoden lassen sich beispielsweise auf einer DIN A4-Seite zusammenfassen.

2.3.3 IT-Personal und Skills

Gegenstand

Das primäre Rückgrat der IT-Organisation bildet das Personal. Gleichzeitig stellt das Personal aber auch einen hohen Kostenblock dar und muss deshalb effektiv und effizient eingesetzt werden. Die eigenen Ressourcen effizient und effektiv einzusetzen schafft bei ausreichender Befähigung Innovationsfähigkeit für das Unternehmen und bietet Fachkräften Raum für Entwicklung.

Elemente und Nutzen

Wichtigstes Instrument für den zielgerichteten Einsatz von IT-Personal ist ein balanciertes und hochprofessionelles Skill-Management. Das Skill-Management muss in der Lage sein, die Fähigkeiten der Mitarbeiter gesamtheitlich in Bezug auf die aktuell und künftig anstehenden Anforderungen an die IT zu steuern. Dies gelingt über die Ableitung der Skill-Anforderung aus der IT-Strategie und der langfristigen Planung des IT-Demands. Diese ist in eine Personal- und Skill-Planung zu überführen. Die Planung ermöglicht eine klare Stellenplanung und eine transparente interne Kommunikation an die Mitarbeiter bzw. an Bewerber. Gleichzeitig können externe Benchmarks durch Leistungsvergleichbarkeit in Bezug auf die Kosten schneller und effizienter durchgeführt werden.

Durch quantifizierbare Skill-Bedarfe und standardisierte Anforderungen wird eine Personalstrategie planbar und handhabbar. Qualifikationen werden nicht mehr nur vom nächsten Abteilungsleiter überblickt, sondern können in der gesamten Organisation erfasst, berücksichtigt und so gewürdigt werden. Auch der Umgang mit externem Personal kann effizient aus dem Skill-Management in Zusammenarbeit mit dem Einkauf und dem Providermanagement strategisch gesteuert werden. Standardisierte und zentralisierte Personalanforderungen unterstützen dabei, den externen Personalbedarf für die gesamte IT-Organisation zu bemessen. Gleichzeitig erhöht sich die Vergleichbarkeit der Tagessätze durch einheitliche Skill-Profile.

Neben der Erfassung und Bewertung von Skill-Profilen hat das Skill-Management auch die Aufgabe bestehende Skill-Profile weiterzuentwickeln. Dies wird einerseits durch die inhaltliche Weiterentwicklung der Mitarbeiter zum Beispiel durch Schulungen und andererseits durch die individuelle Positionierung der Mitarbeiter auf Entwicklungs- und Betätigungsfelder ermöglicht. So kann der Bildung von Inselskills oder abfallender Motivation proaktiv entgegengewirkt werden.

Erfolgsfaktoren

Um die organisationsweiten Personalanforderungen in der IT bestmöglich zu adressieren und zu steuern, ist die regional sowie funktional übergreifende Positionierung eines Skill-Managements empfehlenswert. So kann das bestehende Personal zielführend und zielgerecht eingesetzt und gleichzeitig der Bedarf an externer Expertise, gemäß dem internen Qualifikationsbild, angepasst werden.

Neben der qualitativen Verbesserung durch die organisatorische Aufstellung eines Skill-Managements ist der korrekte Umgang mit Tagessätzen und Gehältern ein weiterer Erfolgsfaktor zur effektiven Steuerung der IT-Skills. So ist eine organisationsweite Senkung oder Erhöhung des Personals selten ohne Folgekosten zu realisieren. Dann kann es sinnvoller sein, die Ausgaben für die Neurekrutierung von Mitarbeitern und Beauftragung von externer Expertise zu mindern und stattdessen in die Befähigung und Weiterentwicklung bestehender Skill-Profile zu investieren.

2.3.4 Change

Gegenstand

Organisationen stehen durch ein Target Operating Model Projekt vor vielfältigen Veränderungen. Siloartige Organisationseinheiten werden nach und nach aufgebrochen, Arbeitsansätze verändern sich zum Beispiel hin zu agilen Methoden. Vor allem die Digitalisierung ist – wie in den vorgehenden Kapiteln dargestellt – ein Treiber für steigenden Druck auf bestehende Strukturen, die Organisation und Prozesse. Parallele Belastungen von Mitarbeitern durch resultierende Transformationsprojekte und das Tagesgeschäft fördern zwar die Verbesserung der Zusammenarbeit mit anderen Unternehmensteilen, nehmen aber selten Rücksicht auf die individuelle Veränderungsbereitschaft. Oft wiedersprechen die neuen, notwendigen Kompetenzen der eigenen Kultur. Hierzu gehören auch der Umgang mit neuen Technologien, die Digitalisierung von Services und tiefgreifende Änderungen von IT-Systemen.

Aus diesen Problemstellungen ergeben sich klare Herausforderungen an ein Change Management, welches vor allem die Veränderungen in der IT-Organisation berücksichtigt.

Elemente und Nutzen

Veränderungsbewusstsein bzw. eine Veränderungsbereitschaft kann durch ein professionelles Change Management effektiv gefördert werden. Ein dreistufiges Vorgehen bestehend aus Diagnostik, Design und Umsetzung hat sich dabei bewährt.

Im Rahmen der Diagnostik hat das Change Management die Aufgabe frühzeitig Widerstände in jeder Phase von Veränderung zu erkennen. Bestenfalls geschieht dies bereits während der Konzeptionsphase eines Vorhabens, welches Veränderungen mit sich bringt.

Die Design-Phase wird zur proaktiven Begegnung identifizierter Widerstände genutzt. Es werden Maßnahmen konzipiert, welche Widerstände mildern, umkehren oder verhindern. Solche Maßnahmen können entlang der vier Change-Hebel erarbeitet werden: Einsicht & Motivation, Fähigkeiten & Kompetenzen, Vorbilder & Kultur und Strukturen & Prozesse.

Die konzipierten Maßnahmen werden dann in der Umsetzungsphase implementiert und nachhaltig überwacht. Für die Überwachung ist die Definition von Kennzahlen elementar. Diese können quantitativer Natur sein (bspw. Produktivität, SLA-Einhaltung, Anzahl eingereichter Ideen), aber auch qualitativ bewertet werden (bspw. Führungsverhalten, Prozesstreue, Akzeptanz). Eine regelmäßige Bewertung der definierten KPIs erlaubt so Rückschlüsse auf die Umsetzung einer konzipierten Change-Methode.

Erfolgsfaktoren

Der Reifegrad divergiert von Unternehmen zu Unternehmen. Ein Verständnis für die individuellen Steuerungsmodelle und Führungsebenen des Unternehmens unterstützt beim Aufbau des Change-Managements und einer Change-Kultur, welche Mitarbeiter weder über- noch unterfordern.

Darüber hinaus gilt es das Management in die Verantwortung für Veränderungsprozesse zu nehmen. Besonders bei weitreichenden Digitalisierungsprojekten dürfen durch das Management nicht nur die Pläne und Zielsetzung formuliert werden, vielmehr müssen auch relevante Entscheidungen im Verlauf der Umsetzung durch die ursprünglichen Planer getroffen werden. Auf diesem Weg kann die Unterstützung in der gesamten Organisation abgesichert werden.

2.3.5 Compliance und IT-Sicherheit

Gegenstand

Im Zuge der Digitalisierung werden Geschäftsprozesse fortschreitend automatisiert und unternehmenskritische Daten virtuell nachgehalten. Dies hat als Folge, dass Informationsinfrastrukturen besonders geschützt werden müssen, da bei deren Ausfall oder Kompromittierung der Geschäftsbetrieb maßgeblich beeinträchtigt wird. Auf diesen Sachverhalt hat der Gesetzgeber konsequent reagiert und die Anforderungen an eine unternehmensweite Informations- und Infrastruktursicherheit deutlich verschärft. Hier ist die IT-Compliance in der Verantwortung, dass alle für die IT des Unternehmens relevanten Vorgaben nachweislich eingehalten werden. So soll durch die IT-Compliance das Unternehmen vor wirtschaftlichen und Imageschäden bewahrt werden, die beispielsweise durch Sicherheitslücken in IT-Systemen entstehen können. Als relevante Maßgabe auf EU-Ebene ist beispielhaft die Datenschutz-Grundverordnung (DSGVO) der Europäischen Union zu nennen, die die Regeln für die Verarbeitung von personenbezogenen Daten EU-weit vereinheitlich. Weiterhin widmet sich das Bundesamt für Sicherheit in der Informationstechnik (BSI) durch die KRITIS-Thematik insbesondere den IT-Bedrohungen hinsichtlich kritischen Informationsinfrastrukturen. Unternehmen sind gefordert diese Vorgaben sicher abzubilden. Investitionen in die Erfüllung rechtfertigen sich alleine schon deshalb, sowie ein potentieller Schaden bei einem erfolgreichen Angriff auf Infrastruktur und Daten die Investitionen bei weiten übersteigen können.

Die Kunst besteht hierbei, die Vorgaben möglichst effizient durch Erreichen eines angemessenen und ausreichenden, aber auch nicht überbordenden Schutzniveaus im Rahmen der **IT-Sicherheit** sicherzustellen. Aus unserer Sicht sollten hier die Verantwortungen auf Abteilungsebene verankert sein, sodass die übergeordneten Compliance-Funktionen und Revision nur als Kontrollorgane fungieren.

Elemente und Nutzen

Die Gewährleistung der IT-Compliance und der IT-Sicherheit setzt die grundlegende Zuweisung von **Rollen und Verantwortlichkeiten** voraus. Als bekannteste Rollen sind hier der Datenschutzbeauftragte und der IT-Sicherheitsbeauftragte zu nennen. Während der Gesetzgeber explizit einen Datenschutzbeauftragten vorschreibt, der die Einhaltung der Datenschutzbestimmungen im Unternehmen überwachen soll, beschäftigt sich der IT-Sicherheitsbeauftragte mit der gesamten IT-Sicherheit und ist somit ganzheitlicher als der Datenschutzbeauftragte. Diese beispielhaften Rollen sorgen für Verantwortlichkeit der Überwachung und Einhaltung von Vorgaben im Unternehmen.

Richtlinien umfassen eine Vielzahl von internen und externen Vorgaben. Unternehmensexterne Vorgaben beziehen sich neben Gesetzen auf DIN- und ISO-Normen sowie Standards. In Bezug auf die IT sind beispielhafte Standards wie ITIL und COBIT zu nennen. Auch etablierte Standards in Branchen gelten als Grundvoraussetzung für die Geschäftstätigkeit. Unternehmensinterne Vorgaben aus dem IT-Bereich können IT-Sicherheitsvorschriften hinsichtlich unternehmenskritischer Daten, aber auch SLAs zwischen IT- und Fachabteilungen sein. Solche internen Richtlinien schreiben konkrete Handlungsanweisungen für alle Mitarbeiter vor und dokumentieren die vorherrschenden Sicherheitsmaßnahmen nach außen.

Die Durchsetzung und Einhaltung von externen und internen Vorgaben ist durch Kontrollen zu gewährleisten. Hier hat sich zum Beispiel in den letzten Jahren in der Finanzdienstleistungsbranche das Three-Lines-of-Defence Model (vgl. [6], [7]) durchgesetzt, bei dem das operative Management als erste Verteidigungslinie die Verantwortung für die Beurteilung, Steuerung, Überwachung und Reduktion von Risiken bildet. Die zweite Verteidigungslinie dient der Überwachung und Unterstützung der Ersten und definiert interne Regeln, um zusätzlich die Konformität mit Gesetzen und Regeln des Unternehmens sicherzustellen. Sie ist typischerweise im operativen Tagesgeschäft verankert. Die dritte Verteidigungslinie wird durch die interne Revision vertreten und betrachtet von einer unabhängigen und objektiven Seite die Effektivität interner Kontrollmechanismen.

Unternehmen sind gesetzlich in der Verantwortung im Rahmen von **Kontrolldokumentationen** die Rollen, Sicherheitsvorkehrungen und Kontrollmechanismen nachzuhalten, sodass diese jederzeit von externen Prüfinstanzen eingesehen werden können.

Erfolgsfaktoren

Maßgebliche Guidance für eine effiziente Erfüllung der IT-Sicherheit bietet der IT-Grundschutz. Dieses vom BSI entwickelte Vorgehensmodell hilft bei der schrittweisen Implementierung eines angemessenen und ausreichenden Schutzniveaus der IT, welches die Basis für weitere Spezifikationen ermöglicht. Durch Verankerung der notwendigen Rollen im Stab wird die Sicherung der Neutralität gewährleistet. Hierbei ist technisches und juristisches Know-How zu kombinieren, sodass Sicherheitsthemen aus allen Blickwinkeln bewertet werden. Hier helfen Mehrebenen-Modelle wie das Three-Lines-of-Defence Modell, um Risiken auf unterschiedlichen Ebenen zu überwachen. Zudem muss die Durchgängigkeit der IT-Sicherheit bis in die IT-Infrastruktur etwa durch Identity Management regelmäßig sichergestellt werden. User müssen hierbei durch geeignete IT-Systeme und Verfahren daran gehindert werden, Sicherheitsvorgaben und Berechtigungen zu umgehen.

2.3.6 Gesetzliche und regulatorische Anforderungen

Gegenstand

Unternehmen unterliegen in immer steigendem Maße umfangreichen regulatorischen und gesetzlichen Vorgaben hinsichtlich der Einhaltung und Gewährleistung von sicheren IT-Prozessen und IT-Systemen. Generell ist ein zunehmender Wandel hin zu einem Wirtschaftsprüfer-geprägten Umfeld zu beobachten, da aufgrund der Finanzkrise in den letzten Jahren, die Vorgaben nochmals verschärft wurden. Beispielsweise hat die Veröffentlichung des Rundschreibens zu den Mindestanforderungen an das Risikomanagement (MaRisk) eine Welle von Maßnahmen in der Banken-IT losgetreten. Hier ist es wichtig, frühzeitig alle nötigen Voraussetzungen zu schaffen, die eine nachhaltige und effiziente Erfüllung aller Vorgaben und Regularien ermöglicht, denn die Nichteinhaltung ist gekoppelt mit drastischen Strafen. Ausschlaggebend hier ist die „richtige“ Interpretation der regulatorischen und gesetzlichen Vorgaben, um eine (kosten-)effiziente Implementierung zu ermöglichen.

Elemente und Nutzen

Durch gesetzliche und regulatorische Vorgaben nimmt der Gesetzgeber IT-Verantwortliche in die Pflicht, Maßnahmen zur Sicherstellung der Funktionsfähigkeit von IT-Prozessen und IT-Systeme nachvollziehbar zu dokumentieren. Die Liste der **Vorgaben und Richtlinien** ist lang. So ist zum Beispiel nach dem Gesetz zur Kontrolle und Transparenz im Unternehmensbereich (KonTraG) die Unternehmensleitung verantwortlich, ein System zur Früherkennung von Risiken zu implementieren. Weiterhin fordert die MaRisk Finanzdienstleister unter anderem dazu auf, in Bezug auf die IT-Organisation ein umfassendes Notfallhandbuch vorzuweisen, welches die Geschäftsfortführung durch Wiederanlaufpläne sicherstellt. Die Einhaltung der Vorgaben und Richtlinien wird durch die regelmäßige **Kontrolle** durch unabhängige Unternehmensprüfer sichergestellt. In Prüfungen ist die Sicherheit des IT-Betriebs mittlerweile elementarer Gegenstand und wird auch bei den Jahresabschlussprüfungen sowie bei den Prüfungsaktivitäten der internen Revision avisiert. Im Rahmen der Kontrollen wird die Nachhaltung umfassender **Kontrolldokumentationen** verlangt. Unternehmen müssen hier unter anderem Leitlinien zum Notfallmanagement, Berichte zur Risikoanalyse, Notfallkonzepte inkl. Notfallhandbuch, Handhabung von und Zugriff auf sensiblen Daten, aber auch Melde- und Eskalationswege vorlegen können.

Erfolgsfaktoren

Um die Einhaltung von regulatorischen und gesetzlichen Vorgaben im Unternehmen zu gewährleisten, muss Bewusstsein seitens der Manager geschaffen werden. Diese müssen durch entsprechende externe Weiterbildungen und interne Schulungen befähigt werden, den Gesamtkontext der Vorgaben zu verstehen, um so die zielgerichtete Umsetzung der Vorgaben zu definieren.

Die Etablierung eines internen Kontrollsystems ist maßgeblich zur Überwachung und Einhaltung der gesetzlichen und regulatorischen Vorgaben hinsichtlich der Ordnungsmäßigkeit der IT-Prozesse und IT-Systeme. Wichtig hierbei ist ein kostengesteuerter Ansatz durch die optimale Kombination aus Rechts- und IT-Verständnis, da ein rein juristisch getriebener Ansatz in der Regel durch eine Maximalabsicherung zu hohen Kosten führt.

3 Auslöser und Vorgehen zur Optimierung des Operating Models der IT

Jede IT-Organisation weist unterschiedliche Reifegrade auf, die Ausgangspunkt für Optimierungen sind. Im Folgenden werden drei typische Szenarien dargestellt, die typische Ausgangspunkte und Ansätze für die Optimierung des Operating Modells der IT sind.

Nicht immer müssen dabei alle Elemente der IT betrachtet werden, wichtiger ist, dass der strategische Überbau der IT klar definiert ist und die Integration der Elemente untereinander sichergestellt wird, damit die Durchgängigkeit erreicht ist.

Der zu definierende Zielzustand der IT wird dann durch das Target Operating Model der IT bezeichnet.

3.1 Nicht erfüllte Erwartungen in Bezug auf die IT

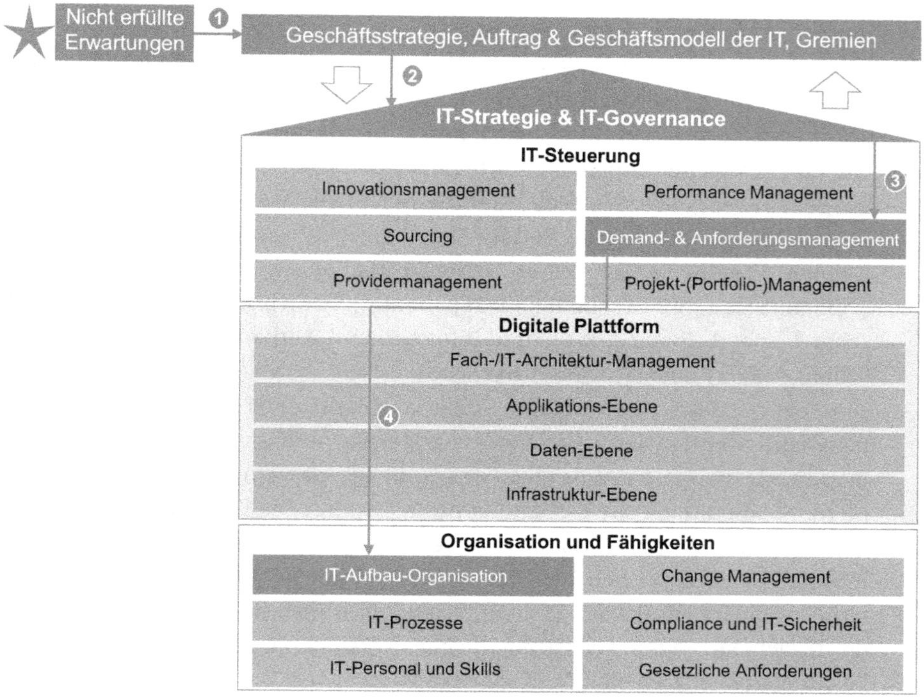

Abb. 5: Szenario 1 – Nicht erfüllte Erwartungen.

Aus unserer Beratungserfahrung sehen wir in Unternehmen unterschiedlicher Größe regelmäßig eine Unzufriedenheit der internen Kunden beziehungsweise des Managements mit der Leistungserbringung der IT. Das macht sich im Kleinen beispielsweise durch einen Help Desk bemerkbar, der hinsichtlich einer Erstlösungsquote, aber auch einer durchschnittlichen Zeit zur Störungsbehebung nicht die Erwartungen erfüllt. Weitere Beispiele sind eine veraltete oder schwerfällige Infrastruktur- und Applikationslandschaft, die keine effiziente bzw. State-of-the-Art-Unterstützung der Geschäftsprozesse oder Unterstützung von Digitalisierungsinitiativen ermöglicht. Weitere Beispiele sind eine ungenügende Umsetzungsgeschwindigkeit oder eine generell schlechte Lieferfähigkeit von Projekten oder Change Requests aus dem operativen Geschäft.

All die oben genannten Beispiele haben gemein, dass bei längerem Anhalten dieses Zustands aus einer gefühlt schlechten Leistungserbringung und der nicht erfüllten Erwartung das Unternehmen als Ganzes geschwächt wird. Zudem erhöht sich der Druck auf das IT-Management und die Gefahr, dass Fachbereiche an der IT vorbei IT-Leistungen einkaufen. Dies führt zu einer wachsenden Schatten-IT und in weiterer Folge wird so die IT aufgrund der mangelnden Geschäftsunterstützung als reiner Kostenfaktor gesehen.

Wir empfehlen folgende Vorgehensweise:
1. Im ersten Schritt ist mit dem Top Management – basierend auf der Unternehmensstrategie und ggf. der Digitalisierungsstrategie – der Auftrag der IT und deren Kerneigenleistung festzulegen. Im gleichen Schritt wird definiert, wie und in welchen Gremien künftig Entscheidungen in Bezug auf IT getroffen werden. Dazu gehört auch die Klärung der Frage, welches Gremium welche Entscheidung trifft, welche Beträge dort freigeben werden und wer dort über welches Mandat verfügt. Typischerweise können Gremien auf strategischer (Vorstandssitzung, Geschäftsführungssitzung, IT-Steering Committee), taktischer (Projekte, Service, Risko und Information Governance) und operationaler (Change, Risk) Ebene definiert werden.
2. Dies legt die Basis zur Erarbeitung einer nachhaltigen IT-Strategie. Die IT-Strategie wird von der Geschäftsstrategie abgeleitet und enthält eine klare Roadmap, auch in Bezug auf Applikations- und Infrastruktur-Landschaft mit definierten Maßnahmen zur Erreichung des Zielbildes. Die IT-Strategie kann auch zu Anpassungen der IT-Organisation beziehungsweise der erforderlichen Skills führen. Zur erfolgreichen Umsetzung der IT-Strategie ist es wichtig, die Kommunikation innerhalb der IT-Organisation und insbesondere an die Kunden der IT sicherzustellen, sodass ein gleiches Verständnis über die zu erreichende Leistungsreferenz entsteht.
3. Auf dieser Basis kann ein durchgängiger Demand-Prozess etabliert werden. Nachdem Entscheidungsgremien und Kriterien zur Bewertung von Demands definiert sind, können diese auch effizient abgearbeitet werden. Durch die Transparenz des Entscheidungsprozesses wird ebenso die Kundenzufriedenheit erhöht.

Diese Schritte führen typischerweise zu einem besseren IT-Business-Alignment, da ein gegenseitiges Verständnis über Auftrag und Leistungsfähigkeit der IT geschaffen wird.

3.2 Ausrichtung der IT als Innovator

Um nachhaltig die Wettbewerbsposition des Unternehmens auf dem Markt zu sichern und gleichermaßen auszubauen, müssen Unternehmen Innovationen zielorientiert vorantreiben. Dabei ist es wichtig, neue technologische Möglichkeiten und Trends auf dem Markt kritisch zu hinterfragen, denn nicht jede Innovation passt zum Geschäftsmodell und der strategischen Ausrichtung des Unternehmens. Das Innovationsgeschehen muss daher systematisch geplant, gesteuert und kont-

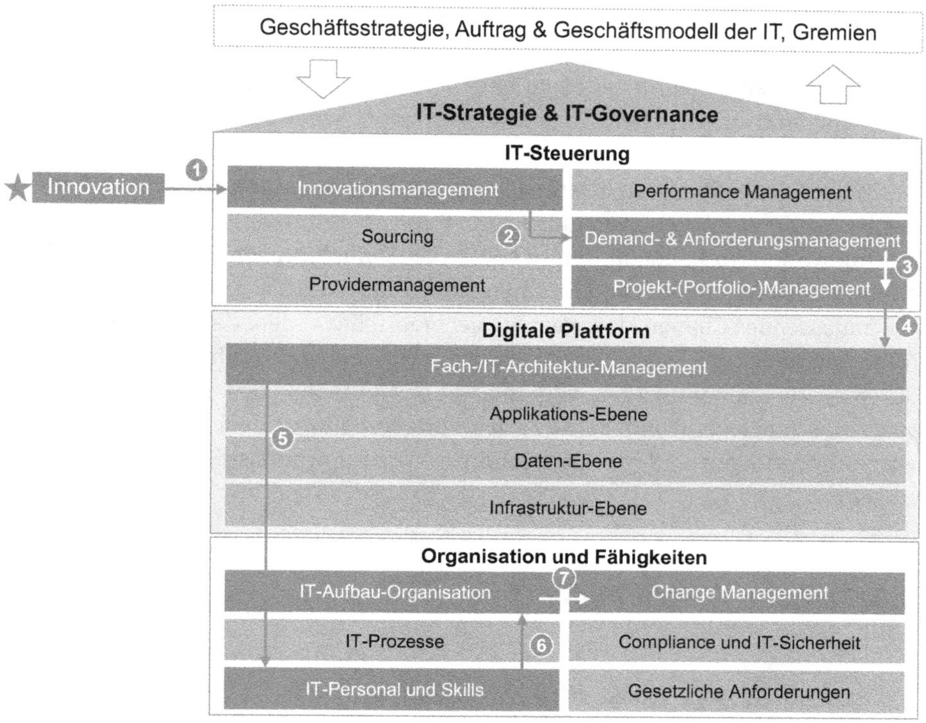

Abb. 6: Szenario 2 – IT als Innovator.

rolliert werden. Hieraus ergibt sich eine wechselseitige Notwendigkeit der Verzahnung des Innovationsmanagements mit dem Strategieprozess des Unternehmens und vice versa. Hierbei ist konkret der Unternehmensinnovationsprozess gemeint und nicht nur ein IT-Innovationsprozess.

Für ein gut definiertes und strukturiertes Innovationsmanagement spielen im Rahmen der strategischen Planung das Demand- und Anforderungsmanagements eine wichtige Rolle, da diese entscheidenden Input im Innovationsprozess bezüglich der Anforderungen der Fachbereiche und der IT selbst liefern. Das Demand- und Anforderungsmanagement definiert die lang- und mittelfristigen Anforderungen an die IT, in Bezug auf Applikationen, Architekturen, Mengenentwicklungen, Geschäftsfeldentwicklungen, Dienstleistungen oder Sourcing.

Durch die Definition von Innovationsbedarfen und Innovationsfeldern, in denen grundsätzlich Innovation betrieben wird, ergeben sich (IT-)Initiativen, die im Rahmen von Projekten umgesetzt werden müssen. Diese werden in das Projekt- und Portfoliomanagement eingebracht, das die neuen Projekte in das bestehende Portfolio gemäß strategischer Priorität eingegliedert und gegebenenfalls auch Repriorisierungen vornimmt sowie personelle oder finanzielle Ressourcen umschichtet.

Insbesondere technologische Innovationen müssen dabei in die bestehende Fach- und IT-Architektur nahtlos integriert werden. Dies setzt voraus, dass bestehende IT-Systeme Schnittstellen zu neuen Technologien bereitstellen, sodass das volle Potential dieser Technologien ausgeschöpft werden kann. Dies setzt allerdings auch entsprechendes Know-How auf Personalebene voraus. Hier muss frühzeitig über das Skill-Management sichergestellt werden, dass die richtige Fachexpertise im Unternehmen vorhanden ist.

Innovationsvorhaben führen zu spürbaren Veränderungen in der IT-Organisation und tangieren immer den einzelnen Mitarbeiter. Aus diesem Grund muss durch ein umfassendes Change Management sichergestellt werden, dass jeder Mitarbeiter frühzeitig in den Veränderungsprozess eingebunden wird. Frühzeitige Einbindung durch klare Kommunikation von Innovationsvorhaben, den Gründen für diese sowie das Aufzeigen von resultierenden Vorteilen, nimmt dem Personal die Angst vor Veränderungen und gibt das Gefühl in den Innovationsprozess eingebunden zu sein.

3.3 Zu hohe Kosten in der IT

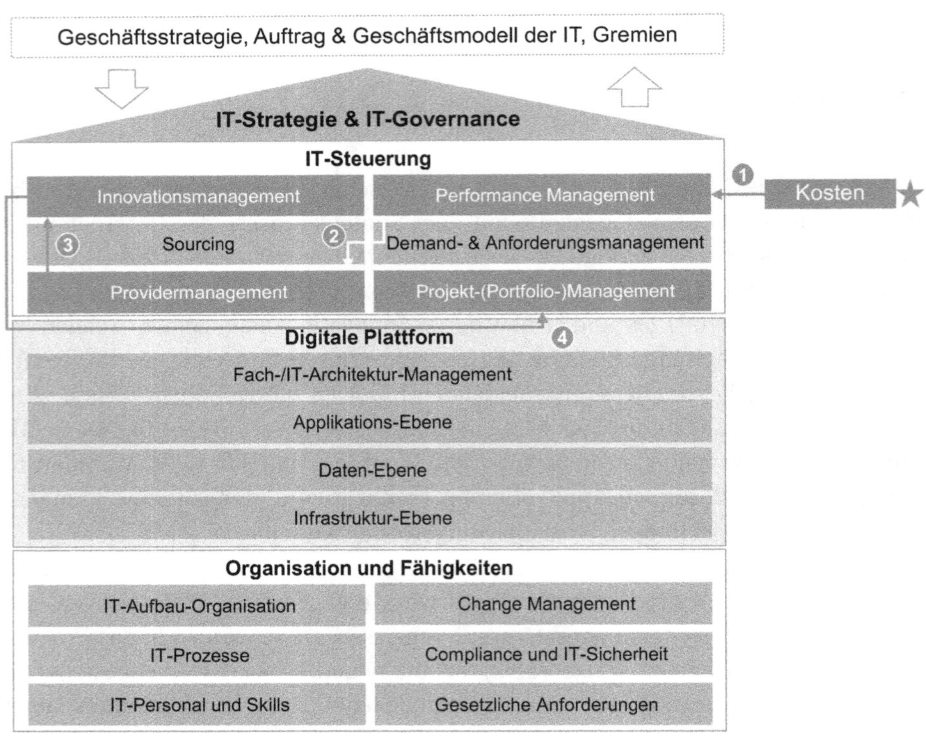

Abb. 7: Szenario 3 – Kosten.

Ein weiterer Ausgangspunkt für die Optimierung des Target Operating Models der IT ist die Höhe der IT-Kosten. In der Wahrnehmung der internen Kunden der IT verschlingt die IT Jahr für Jahr Budgets ohne einen ersichtlichen Mehrwert innerhalb der Wertschöpfungskette beizutragen. Diese Wahrnehmung führt aus unserer Sicht oft zu einem dogmatischen Kostendruck auf die IT, welcher mittelfristig zu Stagnation in der IT und später auch im Unternehmen führt. Die Unterstützung der Geschäftsprozesse und die Unterstützung von Digitalisierungsinitiativen verringert sich und die initiale Wahrnehmung wird ohne weitere Detailprüfung bestätigt. Die Folge ist ein negativer Kreislauf, der die IT-Organisation langfristig aus der Wertschöpfung ausblendet und dem Unternehmen als Ganzes schadet.

Wir empfehlen Unternehmen an dieser Stelle Transparenz über die Kosten der IT zu schaffen und diese dem Kunden offenzulegen. Gleichzeitig sind Kostenoptimierungsmaßnahmen aufzusetzen und dann, leicht nachlaufend, die strategische Ausrichtung der IT zu verbessern. Der Fokus der Diskussion muss auf die transparente Darstellung des Wertbeitrags der IT gelegt werden, um Kernkompetenzen zu identifizieren und zu priorisieren, sowie wertschöpfungsferne Teile der IT zu reduzieren, zu optimieren oder komplett neu zu organisieren:

1. Zur transparenten Darstellung des Wertbeitrags der IT ist ein Produktkatalog notwendig, der die Dienstleistungen bzw. Produkte der IT ganzheitlich betrachtet und die Herstellkosten vollständig zuordnet. Der Produktkatalog ermöglicht die individuelle Betrachtung einzelner Leistungen der IT und deren Kosten.
2. Um eine schnelle Entlastung des IT-Budgets zu realisieren, sind anschließend die einzelnen Leistungen innerhalb des Produktkatalogs in Bezug auf Notwendigkeit, ihr Sourcing-Potential und auf ihre Effizienz in der Leistungserbringung zu überprüfen.
3. Um auslagerbare Leistungen optimal zu steuern, ist ein effektives Providermanagements zu etablieren. Kosteneffiziente, externe Leistungen können so optimal in die Organisation und die bestehende IT-Infrastruktur eingebettet werden, ohne dass der Interessenskonflikt zwischen Dienstleistungsgeber und Dienstleistungsnehmer zu Problemen hinsichtlich der Lieferqualität führt.
4. Abschließend muss der Wertbeitrag der IT-Organisation im Gesamtunternehmen proaktiv gefördert werden. Hierfür wird neben dem Providermanagement die Kombination aus Innovations-, Projekt- und Portfoliomanagement optimal harmonisiert. So kann sich die IT-Organisation durch Entschlackung der Commodity-Leistungen auf die eigentlichen Kernkompetenzen zurückbesinnen und Innovationen von innen heraus treiben.

Das Ergebnis dieses Vorgehens ist eine komprimierte IT-Organisation mit entschlacktem und kosteneffizientem Leistungsportfolio, welche sich auf die Alleinstellungsmerkmale konzentriert und dynamisch auf sich verändernde Markt- und Kundenanforderungen reagieren kann.

4 Fazit

Die etablierten Prozessmodelle wie COBIT und ITIL oder die Frameworks ISO 27001 und der IT-Grundschutz gewährleisten Professionalität und Ordnungsmäßigkeit in der IT und stellen unter anderem über Zielkaskaden das Alignment der IT zum Business sicher, lassen jedoch die Frage offen, wie konkret die optimale Verzahnung mit dem Business erfolgen soll. Aktuell stehen immer noch Nachvollziehbarkeit und Dokumentation sowie Sicherheit oder auch branchenbezogen die regulatorische und gesetzliche Komponente in der IT-Steuerung im Vordergrund. Erfolgreiche Unternehmen müssen aber die Anforderungen des Marktes, Innovation und Unternehmertum in das Zentrum der Unternehmensaktivitäten stellen. Resultierend daraus muss auch die IT und insbesondere deren Steuerung auf solche Prinzipien ausgerichtet werden.

Der hier vorgestellte Target Operating Modell-Ansatz für die IT gewährleistet eine durchgängige, effektive und unternehmerische Steuerung der IT und definiert die notwendigen Instrumente dafür. Als solcher konzentriert er sich auf steuernde und strukturgebende Elemente in der IT. Er definiert damit einen rahmengebenden Überbau für alle Aktivitäten in Bezug auf IT und setzt dabei auf die gängigen IT-Standards, erweitertet diese aber insbesondere um die Aspekte zur Unternehmenssteuerung.

Der Ansatz ist streng Top-Down strukturiert, indem dieser aus Anforderungen des Marktes und Vorstandes – beziehungsweise der Geschäftsführung – die Anforderungen an die IT ableitet und daraus ein Zielbild für die IT definiert. Nur so kann gewährleistet werden, dass die unternehmerischen Herausforderungen, wie beispielsweise Industrie 4.0, Internet of Things (IoT) oder die Digitalisierung, nachhaltig in der IT verankert werden.

Aus unserer Beratungserfahrung zeigt sich, dass Ganzheitlichkeit und Durchgängigkeit bei der Definition und Implementierung den höchsten Nutzen vor der Erzielung eines hohen Detailgrades in allen Elementen erbringt.

Der Impuls zur Definition eines Target Operating Models für die IT kann aus mehreren Stoßrichtungen resultieren. Dies können Dysfunktionen der IT, gesetzliche Anforderungen, externe Marktanforderungen oder auch die Notwendigkeit der Kosteneinsparung in der IT sein. Hierzu wurde in Kapitel 3 dargestellt, welche typischen Ausgangspunkte zur Optimierung eines Target Operating Models existieren und wie man exemplarisch vorgehen kann.

Soll ein komplett neues Target Operating Model implementiert werden, so sollte immer eine Auftragsklärung und eine genaue Ziel-Definition auf Top-Management-Ebene der Ausgangspunkt sein, idealerweise im Kontext der Strategiedefinition des Unternehmens. Im nächsten Schritt erfolgen eine klassische Gap-Analyse (bspw. im Rahmen eines Assessments) und die Erarbeitung eines Umsetzungsfahrplanes, der eine ausreichende zeitliche Perspektive aufweisen sollte, insbesondere vor dem Hintergrund des enormen Changes der resultierend in der IT entsteht.

Zur Implementierung eines neuen Target Operating Models müssen dabei nicht dogmatisch alle oben angeführten Elemente bearbeitet werden. Wichtiger ist die Durchgängigkeit und Integration der einzelnen Elemente im Zusammenspiel untereinander, sowie die Orientierung im Design an der Geschäftsstrategie und deren Zielsetzung sowie die transparente Einbindung der IT in die Entscheidungsgremien des Unternehmens.

Sind der strategische Überbau der IT definiert und die strukturgebenden und ablauforientierten Elemente der IT daraus abgeleitet, so steigt das Alignment der IT auf die Geschäftsanforderungen. Im Ergebnis wird die IT kosteneffizienter, schneller und zielgerichteter agieren sowie die Anforderungen des Unternehmens besser erfüllen. Der Wertbeitrag der IT und die Zufriedenheit mit der IT steigen dann stetig. Das Unternehmen wird durch die Optimierung des Target Operating Models der IT nachhaltig für die aktuellen und zukünftigen Herausforderungen des Markts, wie Robotics, künstlicher Intelligenz, Digitalisierung oder Automatisierung befähigt.

5 Literatur

[1] Selig, Gad J., Newton, Steve. 2015. Implementing Effective IT Governance and IT Management. S. 150. Zaltbommel, Netherlands: Van Haren.

[2] Foth, Egmont. 2017. Erfolgsfaktoren für eine digitale Zukunft. IT-Management in Zeiten der Digitalisierung und Industrie 4.0. S. 34. Berlin/Heidelberg/New York: Springer-Verlag.

[3] Publishing, Van Haren. 2017. Operating Model Canvas. S. 3. Zaltbommel: Van Haren Publishing.

[4] Fröhlich, Martin, Glasner, Kurt. 2007. IT Governance. S. 227 ff. Berlin/Heidelberg/New York: Springer-Verlag.

[5] Holtschke, Bernhard, Heier, et al. 2008. Quo vadis CIO?. Berlin/Heidelberg: Springer Science & Business Media.

[6] ECIIA, FERMA. 2010. Guidance on the 8th EU Company Law Directive – article 41 [online]. S. 9 ff. http://www.ferma.eu/sites/default/files/inline-files/eciia-ferma-guidance-on-the-8th-eu-company-law-directive.pdf

[7] Institute of Internal Auditors. 2013. IIA Position Paper: THE THREE LINES OF DEFENSE IN EFFECTIVE RISK MANAGEMENT AND CONTROL [online]. S. 2 ff. https://na.theiia.org/standards-guidance/Public%20Documents/PP%20The%20Three%20Lines%20of%20Defense%20in%20Effective%20Risk%20Management%20and%20Control.pdf (letzter Zugriff: 12. 03. 2018).

Stefan Pechardscheck

3 IT Capability Maturity Framework: Ein Ansatz zur Steigerung von Agilität, Innovation und Business Value

1 Einleitung

Chief Information Officer (CIO) stehen heute vor der Beantwortung vieler Fragen:

- Welche Form der Organisation ist die Beste? Macht eine bimodale IT für unsere Organisation Sinn?
- Kann unsere Organisation agile Elemente integrieren?
- Welche Leistungen können wir sinnvoll von außen zukaufen? Welche Leistungen müssen wir selbst erbringen?
- Wie können wir Cloud Computing sinnvoll nutzen und was sind die Vor- und Nachteile von privater, hybrider oder Public Cloud?
- Wie können wir Innovation verankern und den Fachbereichen auf Augenhöhe begegnen?
- Wie können wir die Transformation in die digitale Welt gestalten und als Treiber dafür agieren?
- Wie können wir bei gleichbleibenden Kosten unsere IT verbessern?
- Und was ist mit der Informationssicherheit?

Diese Liste ließe sich sicherlich beliebig fortsetzen. Gleichzeitig verändert die oftmals von den Fachbereichen getriebene Digitalisierung die Art und Weise, wie wir Dinge wahrnehmen und mit ihnen interagieren. Neue technologische Errungenschaften wie die zunehmende Verbreiterung des Internetzugangs durch mobile Endgeräte, der Zuwachs an Daten und ihrer Qualität innerhalb sozialer Netzwerke sowie die Speicherung und Nutzung von immateriellen und somit digitalen Informationsgütern erhöhen nicht nur die Transparenz im Transaktionsprozess. Sie verringern auch notwendige Kosten hinsichtlich der Unternehmensinfrastruktur und bauen somit Eintrittsbarrieren für neue Akteure in den digitalen Markt ab. CIOs aller Industrien sehen sich mit dem Paradox konfrontiert, dass Technologie auf der einen Seite allgegenwärtig ist und strategisch wichtig wird, jedoch auf der anderen Seite von Natur aus komplexe IT-Legacy-Systeme innovationshemmend wirken [1].

Fakt ist, das CIOs permanent herausgefordert sind, mehr Innovation zu erbringen und einen hohen Beitrag zum „Business Value“ zu leisten.

CIOs müssen managen – jedoch interdisziplinär. Das erfordert eine neue Generation von IT-ermöglichter Innovation, Agilität und Business Value.

https://doi.org/10.1515/9783110545395-003

2 Grundlagen des IT Capability Maturity Framework (IT-CMF)

Um dies zu erreichen, bietet sich eine Komplettdiagnostik des IT-Leistungsvermögens (IT capability) an. Das bedeutet, jeden Aspekt der IT-Organisation anhand seiner Schlüsselfunktionen (key capabilities) zu vergleichen und mittels eines Reifegradmodells zu messen. Dies ist unseres Erachtens nach wichtig, weil Schlüsselfunktionen der IT für uns stabile und wiederholbare Muster aller IT-Management-Funktionen bilden und damit Business Value generieren können. Wir verstehen dabei Business Value als den Beitrag, den IT-basierte Ressourcen und Funktionen leisten, um einer Organisation bei der Erreichung ihrer Ziele zu helfen.

In der Praxis haben wir sehr gute Erfahrungen mit dem „IT Capability Maturity Framework (IT-CMF)™" machen können. Das IT-CMF wurde vom Innovation Value Institute (IVI) entwickelt – einem globalen Konsortium aus führenden Industrieunternehmen, Regierungs- und Non-Profit- sowie akademischen Organisationen. Gegründet in 2006 als Joint Venture von Intel, The Boston Consulting Group und der National University of Ireland hat es nun über 50 Mitglieder, u. a. AXA, Chevron, Microsoft, Google und BearingPoint.

Das IT-CMF baut auf bekannten Frameworks wie CMMI (Capability Maturity Model Integration), COBIT (Control Objectives for Information and related Technology) und ITIL (Information technology Infrastructure Library) auf, verfolgt aber einen ganzheitlichen Ansatz und deckt alle IT Aktivitäten in einem einzigen Framework-Ansatz ab.

Eine Analyse von über 150 IT-Management-Tools und Frameworks, die das IVI in 2011 durchgeführt hat, zeigt eine signifikante Lücke der bereits verfügbaren Ansätze und die Erkenntnis, dass keines der bisherigen Industrie-Frameworks alle IT-Domänen abdeckt und einen Value-basierten Ansatz aufzeigt [2]. Nachfolgende Grafik verdeutlicht diesen Zusammenhang.

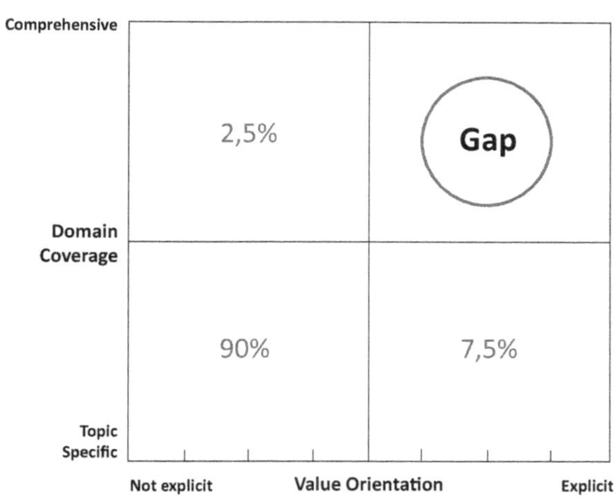

Abb. 1: IT-Management-Tools: Werteorientierung und Domänenabdeckung.

IT-CMF wurde daher so entwickelt, dass eine möglichst hohe Spannbreite des IT-Leistungsvermögens beschrieben wird. Die Anwendung des Frameworks soll dazu führen, dass die IT-Funktion Agilität, Innovation und Value für die Gesamtorganisation bilden kann.

Damit bietet das IT-CMF:

- einen ganzheitlichen, fachlich getriebenen Ansatz, die Leistung der IT-Funktion so zu verbessern, dass sie konsistent und umfassend gemanagt werden kann.
- die Entwicklung des IT-Leistungsvermögens mit einem primären Fokus auf Agilität, Innovation und Value nachhaltig zu verbessern.
- eine Plattform und einheitliche Sprache für einen Informationsaustausch zwischen verschiedenen Stakeholdern, um Ziele zu setzen, Maßnahmen zu ergreifen und Verbesserungen zu evaluieren.
- ein übergreifendes Framework, welches andere Frameworks, die bereits in der Organisation genutzt werden, vervollständigt, um eine gesamtheitliche Leistungsverbesserung zu erreichen.

Dieses Framework (vgl. [3]) wird nachfolgend vorgestellt.

3 Architektur des IT-CMF

IT-CMF ist um vier Makro-Funktionen (macro-capabilities) herum strukturiert. Jede von ihnen umfasst mehrere kritische IT-Funktionen (critical capabilities), die jeweils zu Agilität, Innovation und Value beitragen. Jeder dieser Prozesse wird in eine Anzahl „capability building blocks (CBB)" heruntergebrochen. Innerhalb des Frameworks werden Reifegrade für jeden dieser CBBs definiert sowie für jeden Reifegrad eine repräsentative Handlungsempfehlung gegeben, um den Reifegrad zu verbessern.

Die vier strategischen Makro-Funktionen der IT sind:

- Managing IT like a Business,
- Managing the IT Budget,
- Managing the IT Capability,
- Managing IT for Business Value.

Die Makro-Funktionen werden nachfolgend skizziert.

Managing IT like a Business

Um den Beitrag der Technologie für die Organisation als Ganzes zu optimieren, muss die IT unter Zuhilfenahme professioneller Business-Praktiken gemanagt werden. Dies beinhaltet einen Wechsel des Fokus weg von der reinen Technologie hin zu einer Problemlösung bei Kunden und dem Business, zu dem IT-Lösungen beitragen können.

Managing the IT Budget

Verfügbare und benötigte IT-Budgets zu managen, stellt viele IT-Bereiche vor große Herausforderungen. Permanenter Kostendruck in Organisationen wird an die IT-Bereiche weitergegeben, und zwar unabhängig von deren Wertbeitrag. Parallel steigen die Anforderungen an die Leistung der IT, sowohl in der Anforderung an einen fehlerfreien Betrieb, als auch als aktiver Part für die Digitalisierung der Organisation. Innerhalb dieser Makro-Funktion werden Praktiken und Tools gesucht, um in der IT ein nachhaltiges ökonomisches Finanzierungsmodell für IT-Services und -Lösungen zu etablieren.

Managing the IT Capability

Traditionell wird die IT-Funktion als Anbieter einmaliger oder wiederkehrender IT-Services und -Lösungen gesehen. Die klassische Wirkungskette in Unternehmen verläuft nach dem Muster „Strategie impliziert die Aufgaben des Business, die Aufgaben des Business implizieren eine Organisation, und eine Organisation impliziert eingesetzte Technik“. Der Einsatz moderner IT kann diese Wirkungskette umkehren und selbst Impulse zu neuen Geschäftsmodellen oder der Adaption bestehender Geschäftsmodelle liefern.

Die IT entwickelt sich hin zu einem Initiator von Innovation und kontinuierlicher Verbesserung – sie muss die Lieferung von IT-Services und IT-Lösungen permanent einem Verbesserungsprozess unterwerfen. Durch die oftmals praktizierte Trennung der IT-Organisationen in eine Demand- und eine Supply-Seite wird dieser Prozess verstärkt. Das Management der Capabilities gibt somit einen systematischen Ansatz, um existierende Services und IT-Lösungen effektiv und effizient zu warten und neue zu entwickeln.

Managing IT for Business Value

Investitionen in die IT müssen klar den Geschäftsnutzen (Business Value) adressieren. Dazu dürfen IT-Projekte nicht länger als reine Technologieprojekte gesehen werden, sondern als Projekte, die einen Mehrwert für das Business schaffen und Innovationstreiber innerhalb der Organisation sind. IT für den Business Value zu managen, liefert durch die Messung des Nutzens die Begründung für IT-Investments.

4 Kritische IT-Funktionen des IT-CMF

Zusammen unterstützen die vier kritischen Makro-Funktionen eine kontinuierliche Verbesserung im Management der IT:

- Durch **Managing IT like a Business** wird die Zielrichtung für die übergreifenden Funktionen der IT gesetzt.
- In **Managing the IT Budget** wird die strategische Zielrichtung in ein IT-Budget übersetzt, mit dem Aktivitäten, Projekte und Programme gestartet werden können.
- **Managing the IT Capability** ist die Produktionsmaschine, die zwei wesentliche Aktivitäten unterstützt: die Wartung der existierenden IT-Services und die Entwicklung neuer IT-Lösungen.
- Durch **Managing IT for Business Value** wird sichergestellt, dass die Aktivitäten, Projekte und Programme der IT einen Wertbeitrag für das Business liefern.

IT-CMFs vier kritische Makro-Funktionen umfassen eine Bibliothek von 35 kritischen IT-Funktionen. Unter kritischen IT-Funktionen verstehen wir zentrale Managementbereiche (sogenannte Key Management Domains), die betrachtet werden müssen, wenn eine Organisation durch IT ermöglichte Innovation sowie Business Value plant und liefert. Nachfolgende Abbildung gibt einen Überblick über diese kritischen IT-Funktionen [4].

Die Bedeutung der kritischen Funktionen wird nachfolgend überblicksmäßig dargestellt [3].

Abb. 2: IT-CMFs Makro-Funktionen und kritische IT-Funktionen.

4.1 Managing IT like a Business

Die Nutzung der Makro-Funktion **Managing IT like a Business** hilft Strukturen aufzubauen, mit denen die IT zukünftig nicht als Cost Center, sondern als Value Center gemanagt werden kann.

Durch die **Accounting und Allocation**-Funktion wird der Verbrauch von IT-Services an Geschäftseinheiten allokiert und Kosten für mögliche Rückerstattungen kalkuliert. Diese Funktion hilft insbesondere technologisch orientierten IT-Einheiten ökonomisch fundierte Entscheidungen zu treffen. Die Funktion ist sehr eng mit dem Total Cost of Ownership verwandt, oft nehmen kleinere Organisationseinheiten beide Funktionen zusammen wahr.

Die IT-Funktion des **Business Planning** hilft, die IT-Strategie mit der operativen IT-Planung zu verbinden. Durch sie wird sichergestellt, dass die notwendigen finanziellen und anderen Ressourcen für die Strategieimplementierung zur Verfügung stehen. Dies muss in einem stabilen Prozess abgebildet werden, der Verantwortlichkeiten klar definiert und Stakeholder benennt.

Durch die **Business Process Management**-Funktion wird ein Verständnis über Business Workflows erzielt, so dass relevante IT-Entwicklungen besser verstanden, Fehler reduziert und Risiken minimiert werden. Die Funktion unterstützt auch ein tieferes Verständnis der Geschäftsprozesse und ihrer Ziele.

Durch das **Capacity Forecasting and Planning** wird die Funktion der Ressourcenkapazitätsplanung abgebildet. Dies bezieht sich auf gegenwärtige und projektierte Nachfragen der Organisation. Szenario-Modelle helfen, die Einflüsse auf Geschäftsstrategien und -planungen vorherzusagen, um Über- oder Unterkapazitäten zu vermeiden.

Das **Demand and Supply Management** stellt die Balance zwischen der Business-Nachfrage nach IT-Services und dem Angebot dieser Services sicher. Dazu muss die Nachfrage der Geschäftsbereiche auch mittel- und langfristig verstanden werden, um die IT in diesen Zeiträumen ebenfalls auf die Belange der Geschäftsbereiche auszurichten – fachlich und organisatorisch. Dies erfordert sowohl ein Verständnis für die Geschäftsprozesse der Organisation, als auch ein Verständnis neuer Technologien, die eine zukünftige Relevanz für die Organisation haben können.

Relevante Informationen aus immer größeren Datenmengen zu extrahieren, ist eine der Hauptherausforderungen heutiger Organisationen. Durch das **Enterprise Information Management** wird die Qualität der Daten so sichergestellt, dass die Business-Aktivitäten der Organisation optimal unterstützt werden können. Neue und insbesondere externe Datenformen, zum Beispiel Social Media Daten oder externe Geodaten, müssen in die bestehenden Datenstrukturen integriert werden.

Durch die **Green IT**-Funktion werden zwei Ziele sichergestellt: erstens der nachhaltige Einsatz der IT unter minimalem Ressourcenverbrauch (und damit als Kosteneinsparungspotential) und zweitens die Unterstützung des Business bei nachhaltigen Geschäftsaktivitäten, die erst durch den Einsatz der Informationstechnik möglich werden (Green by IT).

Das **Innovation Management** hilft der IT-Funktion einerseits durch neue Wege zur Erreichung der Business-Ziele beizutragen, zum anderen aber durch den Einsatz neuer Technologien dem Business neue Geschäftsmodelle zu ermöglichen oder bestehende zu adaptieren. Dabei darf der Fokus nicht nur auf der Technologie liegen, sondern muss auch Kosten- und Prozessinnovationen berücksichtigen.

Durch die **IT Leadership und Governance**-Funktion wird ein Führungsstil ermöglicht, durch den sichergestellt wird, dass die Entscheidungen der IT-Funktion die strategischen Organisationsziele unterstützen. Fragestellungen aus den Bereichen Compliance, Governance, IT Accountability, Transparenz bei Entscheidungen etc. werden ebenfalls durch die Funktion unterstützt.

Die Funktion des **Organization Design and Planning** hilft der IT bei der Definition der Auf- und Ablauforganisation, von Rollen und Funktionen und spezifiziert deren Beziehungen zueinander.

Die **Risk Management**-Funktion erleichtert der Gesamtorganisation, sich vor Risiken zu schützen, die durch IT verursacht werden. Diese Funktion ist von der weiter unten beschriebenen Information Security Funktion zu unterscheiden, durch die detaillierte technische Risikominimierung unterstützt wird.

Der End-to-End-Blick auf die angebotenen IT-Services wird durch die Funktion **Service Analytics and Intelligence** erreicht. Sie stellt eine Verbindung zwischen der Performance der Geschäftsprozesse und der Performance der zugrundeliegenden IT-Infrastruktur und -Services her.

Die **Sourcing**-Funktion hilft bei der Ausrichtung des IT-Angebots an der strategischen Planung und Entwicklung. Beim Einsatz von Dienstleistern ist unter anderem ein Augenmerk auf die Kontinuität des Service zu richten. Dies gilt insbesondere dann, wenn mehrere Dienstleister eingebunden sind – transparente Verantwortlichkeiten, Steuerungs- und Eskalationsmechanismen sind ein Muss.

Die Funktion des **Strategic Planning** dient dazu, Wege aufzuzeigen, mit denen Technologie die Geschäftsstrategie beeinflussen und ermöglichen kann. Dazu muss die Geschäftsstrategie für die IT übersetzt werden und innerhalb der IT klar und transparent kommuniziert und erklärt werden.

4.2 Managing the IT Budget

Durch die vorliegende Makro-Funktion wird ein nachhaltiges ökonomisches Finanzierungsmodell für IT-Services und IT-Lösungen vorgestellt. Dies geschieht durch die nachfolgend dargestellten Funktionen.

Durch das **Budget Management** wird sichergestellt, dass die allokierten IT-Budgets angemessen und gemäß der Erwartungshaltung des Unternehmens verwendet werden.

Im Gegensatz dazu stellt die **Budget Oversight and Performance Analysis** sicher, dass die aktuellen mit den geplanten IT-Ausgaben in der jeweiligen Periode übereinstimmen. Damit kann dem IT-Management eine Steuerungsfunktion angeboten werden– zur Stimulanz strategischer oder operativer Ziele oder zu gezielten Budgetkürzungen.

Damit adäquate Investments getätigt werden können und die IT in die Lage versetzt werden kann, Services und IT-Lösungen zu liefern, unterstützt das **Funding and Financing** bei der sicheren und flexiblen Beschaffung der benötigten Finanzmittel.

Die Planung und Priorisierung der von den Fachbereichen und der IT benötigten Projekte und Programme sowie deren bewusste Steuerung während ihres Lebenszyklus wird dagegen von der **Portfolio Planning and Prioritization** Funktion ermöglicht.

4.3 Managing the IT Capability

Um dieser angestrebten Rolle als Treiber von Innovation und fortlaufender Verbesserung im Business gerecht zu werden, muss die IT proaktiv liefern – und das erfordert neue und verbesserte IT-Services und -Lösungen. Die Makro-Funktion und die nachfolgend beschriebenen kritischen Funktionen bieten einen systematischen Ansatz zur Adaption bestehender Rollen sowie zur Anpassung existierender und Entwicklung neuer IT-Services und -Lösungen.

Durch das **Capability Assessment Management** wird ein genaues „Bild" der gegenwärtigen IT Management-Leistungsfähigkeit entwickelt. Dies hilft, rechtzeitig Bereiche zu identifizieren, die Verbesserungspotential aufweisen.

Das **Enterprise Architecture Management** beschreibt das Zusammenspiel von Elementen der Informationstechnologie und der Geschäftstätigkeit der Organisation. Es liefert damit einen ganzheitlichen Blick auf die Rolle der Informationstechnologie.

Weltweit nehmen Cyberangriffe zu. Die Funktion des **Information Security Managements** ist daher unverzichtbar, um Informationen der Organisation vor Gefahren zu schützen. Durch diese Funktion werden Verfahren und Regeln innerhalb einer Organisation aufgestellt, welche dazu dienen, die Informationssicherheit dauerhaft zu definieren, zu steuern, zu kontrollieren, aufrechtzuerhalten und fortlaufend zu verbessern.

Durch das **Knowledge Asset Management** wird sichergestellt, dass Mitarbeiter ihr Wissen strukturiert erfassen, teilen und weiterentwickeln sowie ihr kollektives Wissen so verbessern, dass wissensbasierte Aktivitäten optimal unterstützt und Geschäftsentscheidungen schneller getroffen werden können.

Mitarbeiter sind zweifelsfrei die wichtigsten Ressourcen der IT. Durch das **People Asset Management** werden die richtigen Methoden und Werkzeuge bereitgestellt, die das Management der IT-Mitarbeiter über den gesamten Lebenszyklus ermöglichen. Dazu zählen Programme zur Mitarbeitermotivation genauso wie eine gezielte Karriereentwicklung.

Die Grundlage jedes IT-Bereiches ist die Arbeit an Programmen und Projekten. Frameworks und benötigte Werkzeuge zur Planung, Durchführung und Beendigung von Programmen und Projekten werden im Rahmen des **Programme and Project Managements** bereitgestellt.

Durch die Funktion des **Relationship Managements** werden die Beziehungen zwischen IT und den einzelnen Geschäftsbereichen, aber auch zwischen Demand und Supply sichergestellt. Dazu zählen das Angleichen unterschiedlicher Interessenlagen, um das Risiko potentieller Interessenskonflikte zwischen Fachbereichen und IT auf ein Minimum zu reduzieren. Sollten sie dennoch auftreten, müssen sie nachhaltig gelöst werden.

Die erforderliche Technologieinitialisierungs- und Innovationsfunktion der IT erfordert ein **Research, Development and Engineering**. Damit wird nicht nur die Identifikation neuer Technologien mit Einfluss auf die Geschäftsentwicklung der Organisation sichergestellt, sondern auch die notwendige organisatorische Anpassung zur schnellen Einführung neuer oder die Adaption bestehender Technologien.

Das **Service Provisioning** hilft beim Identifizieren, Liefern und Managen von IT Services. Dies ist die Grundlage für ein aktives Managen des Service Portfolios.

Mithilfe der **Solution Delivery** Funktion werden IT-Lösungen entwickelt. Dazu gehört sowohl das Managen von Anforderungen der Geschäftsbereiche als auch der nachhaltige Einsatz von Entwicklungsmethoden.

Interaktionen mit verschiedenen Dienstleistern werden im **Supplier Management** gesteuert, oft auch Provider Management genannt. Dazu zählen der Aufbau entsprechender Governance Strukturen sowie die partnerschaftliche Einbeziehung der verschiedenen Dienstleister in IT-strategische Überlegungen. Eine besondere Herausforderung bildet die Nutzung der Innovationsfähigkeit der Dienstleister – nicht nur aus technologischer, sondern auch aus Kosten- und Prozesssicht.

Das **Technical Infrastructure Management** ermöglicht es, die technologischen Innovationen der Dienstleister und des Marktes adäquat in der Organisation einsetzen zu können. Es managt ganzheitlich physische, virtuelle und cloudbasierte Komponenten der IT-Infrastruktur und unterstützt die Einführung, Wartung und Stilllegung von IT-Services.

Die Zufriedenheit mit einem IT-Bereich steht und fällt mit der Benutzererfahrung und -zufriedenheit. Daraus resultierende wichtige Kriterien sind Usability und empfundene Nützlichkeit von IT-Services. Die Funktion des **User Experience Designs** unterstützt die IT in der Erstellung einfacher, ergonomischer sowie die Fachaufgabe unterstützender Funktionen aus Benutzersicht.

Ein weiterer wichtigerer Bestandteil der Benutzerzufriedenheit ist die gefühlte Fähigkeit der Benutzer, die IT-Services adäquat zu nutzen. Dem Training kommt daher eine steigende Bedeutung zu, gerade im Zuge der zunehmenden Digitalisierung von Arbeitsabläufen. Die Funktion des **User Training Management** unterstützt die Benutzer im Skill-Aufbau zur Nutzung von Geschäftsanwendungen und weiteren IT-Services. Damit wird nicht nur die Benutzerzufriedenheit gestärkt, sondern auch Support-Kosten, beispielsweise für den Help Desk, reduziert.

4.4 Managing IT for Business Value

Innerhalb dieser Makro-Funktion wird eine Struktur für IT-Investmentbegründungen und Messungen des Geschäftsnutzens entwickelt.

Die IT-Funktion, die dies hauptsächlich sicherstellt, wird **Benefits Assessment and Realization** genannt. Durch sie wird der Geschäftsnutzen prognostiziert, begründet und im Nachgang des Projektes evaluiert. Die Funktion managt ebenfalls organisatorische Auswirkungen der IT-Maßnahmen, von Organisationsänderungen bis zum Training der Benutzer im Rahmen von Change Programmen.

Da die Kapazitäten von IT-Bereichen begrenzt sind, muss das Projekt- und Programmportfolio aktiv gemanagt werden. Dies geschieht mit der Funktion des **Portfolio Managements**. Das Portfolio muss über den gesamten Lebenszyklus gesteuert werden. Portfolios müssen dazu für das Folgejahr vorbereitet und genehmigt, Risiken und Projekt-/Programmfortschritte permanent überwacht werden. Ebenso müssen Maßnahmen zur Bereinigung des Portfolios, inkl. des Stoppens von Projekten und Programmen, vorbereitet werden.

Um fundierte Entscheidungen treffen zu können, hat sich das Prinzip der **Total Cost of Ownership** (TCO) durchgesetzt. Dazu werden alle Kostendaten gesammelt, analysiert und verteilt, die mit einem IT Asset und/oder einer IT getriebenen Geschäftsfunktion assoziiert werden. Das betrifft alle Kosten während des gesamten Lebenszyklus. Die Funktion ist sehr eng mit dem Accounting and Allocation verwandt, oft nehmen kleinere Organisationseinheiten beide Funktionen zusammen wahr.

5 Vorgehensweise im Assessment

Durch das IVI-CMF wird nun der Reifegrad jeder dieser Funktionen untersucht. Der ermittelte Reifegrad kann im Rahmen eines Benchmarks verglichen werden und dient als Ausgangsbasis für die zukünftige Strategie. Die Vorgehensweise in einem solchen Assessment wird nachfolgend beschrieben.

Das Assessment wird in einem Mix aus Interviews und (begleiteten) Self-Assessments der Organisation durchgeführt. Die strukturierten Fragebögen können online ausgefüllt werden. Ein Zeitraum aus 4–6 Wochen hat sich nach unserer Erfahrung als praxistauglich herausgestellt. Es sind unterschiedliche Detaillierungsgrade des Assessments möglich:

- Executive Assessments mit einem High-Level-Blick auf die IT als Online-Assessment mit begleiteten Interviews
- Single CC (critical capability) Assessments mit einem konzentrierten Assessment in einem bestimmten Bereich von besonderem Interesse als Online-Assessment mit begleiteten Interviews in der IT und mit den Fachbereichen

- CC Cluster Assessments mit einem Assessment einer Anzahl CCs zum Adressieren typischer (Business-/IT-)Fragestellungen als Online-Assessment mit begleiteten Interviews und einer Konsolidierung von Fragebögen und Interviews
- Industrie-Benchmark mit einem Assessment von 3–6 IT-Funktionen, ausgewählt von Industrievertretern als Fokusbereiche, als Online-Assessment mit begleiteten Interviews und Workshops.

Wie funktioniert das in der Praxis?

Das CMF ermöglicht sowohl ein überblicksartiges Assessment, als auch eine detaillierte Analyse individueller Prozesse. Mit ihm können Performance-Lücken identifiziert und IT-Managern eine Hilfestellung gegeben werden, bei welchen IT-Prozessen eine tiefergehende Betrachtung notwendig ist.

Das IT-CMF kann für zahlreiche Fragestellungen eingesetzt werden. Aus unserer Erfahrung sind das hauptsächlich:

- IT Assessment und Benchmarking,
- Assessment einzelner kritischer Fähigkeiten im Rahmen einer IT Due Diligence, z. B. in M&A Aktivitäten,
- Mapping der kritischen Fähigkeiten auf das gegenwärtige IT Operating Model,
- Mapping der kritischen Fähigkeiten auf gegenwärtige Managementrollen,
- Mapping zu genutzten Frameworks,
- als Plattform für die Ziel-IT und Geschäftsherausforderungen bzw. Opportunities,
- als Plattform für Mitarbeitertraining und Weiterentwicklung gegenwärtiger Fähigkeiten.

Intel, einer der ersten Nutzer dieses Frameworks, nutzte die Methodik, um den Reifegrad ihres Enterprise Architecture Managements (EAM) näher zu untersuchen. Mittels des Assessments wurden spezifische Stärken, aber auch Verbesserungspotentiale identifiziert. Die IT-Manager konnten relevante Handlungsfelder identifizieren und Maßnahmen zur Verbesserung priorisieren.

Denn: Ein Assessment ist wenig wert, wenn es keine Handlungsstrategien zur Erhöhung des Reifegrades aufweist. Das CMF weist für jeden Reifegrad eines jeden Prozesses individuelle Handlungsempfehlungen aus, um den Reifegrad nachhaltig zu verbessern.

In der Praxis empfiehlt es sich, eine konkrete Roadmap zu erstellen, durch die ein Entwicklungsweg von der Ist-Situation, über ein 12-Monatsziel hin zu einem zwei- bis dreijährigen Zielzustand beschrieben wird.

Das CMF wird durch eine breite Community ständig weiterentwickelt. Kürzlich wurden ein Data Privacy Assessment (unverzichtbar im Rahmen von GDPR-Aktivitäten) sowie ein Digital Assessment veröffentlicht. Ein Assessment für Fragestellungen des Cloud Computings wurde noch in 2017 veröffentlicht.

6 Fazit

Das IT-CMF ist nicht disruptiv. Es gibt Assessments, die eine Vielzahl von Consultants benötigen – die wirken sich dann disruptiv auf das tägliche Geschäft aus. Das IT-CMF ist hier erfrischend anders. Es liefert die notwendigen Informationen in der erforderlichen Exaktheit und je nach Reifegrad erforderliche Handlungsanweisungen zur Verbesserung der IT. Dabei liefert es im Gegensatz zu anderen Frameworks einen ganzheitlichen Ansatz. Die Einsatzgebiete sind daher breit gefächert: vom fachlichen Digital-Assessment, über Cloud Assessments bis zur EAM-Strategie. Das IT-CMF liefert daher einen bewährten Handlungsrahmen, um die eingangs skizzierten Herausforderungen der CIOs zu lösen und damit die IT auf Augenhöhe mit dem Business zu halten – auch in Zeiten der Digitalisierung.

7 Literatur

[1] Pechardscheck. 2016. Digitale Transformation – quo vadis? In: Lang (Hrsg). CIO-Handbuch, Band IV. S. 241–258. Düsseldorf: Symposium Publishing.

[2] Curley, Kenneally, Dreischmeier. 2012. Creating a new IT management framework using design science: a rationale for action and for using design science. In: Practical aspects of design science (Communications in Computer and Information Science Series). Volume 286. Berlin: Springer.

[3] Curley, Kenneally, Carcary. 2015. IT-Capability Maturity FrameworkTM – The Body of Knowledge Guide. Maynooth: Van Haren Publishing.

[4] IVI. https://ivi.ie/it-capability-maturity-framework/ (letzter Zugriff: 12. 03. 2018).

Martina Stauch

4 CIO-Leadership in Zeiten der Disruption: Herausforderungen und Chancen für CIOs und ihre Teams

1 Einleitung

Im Gegensatz zu vielen etablierten Positionen des Top-Managements ist die des Chief Information Officer (CIO) die wohl am meist kontrovers diskutierteste in den letzten Jahren. Dies liegt nicht nur an der Position, sondern vielmehr auch an der extrem hohen Dynamik, die dieser Leadership-Rolle in den letzten Jahren zu Teil wurde in Verbindung mit der eigentlich noch recht kurzen Historie dieser Position.

Während nahezu jede Branche und jedes größere Unternehmen seit Anbeginn der Industrialisierung Management-Positionen im Bereich Finanzen, Marketing, Vertrieb, Q&E, Produktion, Logistik, Personalwesen etc. über Jahrzehnte aufbauen und entwickeln konnte, ist die Position des CIOs vergleichsweise jung. Meist aus einem erweiterten Aufgabenbereich aus der IT-Leitung entstanden, gibt es CIOs je nach Unternehmensgröße und Ausrichtung im eigentlichen Sinne erst seit etwas mehr als 20 Jahren. Trotz dieser kurzen Zeit haben sich die Aufgabengebiete und die Rolle des CIOs in dieser Zeit zum Teil mehrfach radikal gewandelt.

Standen zu Anfang die Ausstattung von Arbeitsplätzen mit PCs und deren Vernetzung noch im Vordergrund, sind heute nahezu sämtliche Abteilungen auf digitale Prozesse und Tools angewiesen, die technisch begleitet werden müssen. Immer wieder kam es während dieser Evolution zu Diskussionen über Themen und Aufgaben von CIOs. Ist er wirklich verantwortlich für die Digitalisierung von Prozessen, Unterstützung der Fachabteilungen bei der Gestaltung digitaler Prozesse, der Konsolidierung von IT-Systemen und der Standardisierung der IT-Systemlandschaft u. v. m.? Mit dem Aufkommen einer weiteren neuen Position, der des CDOs (Chief Digital Officer), war die Rollenverteilung bezüglich einiger Verantwortungsbereiche oftmals nicht mehr eindeutig. Es wurde teilweise sogar die Position des CIOs in Frage gestellt [1].

2 Enabler oder visionärer (Mit-)Gestalter?

In Zeiten neuer, globaler disruptiver Mitbewerber und Geschäftsmodelle sind die technischen Einheiten in den Unternehmen mehr denn je gefordert mit den Marktentwicklungen Schritt zu halten. Es stellt sich daher die Frage, ob der CIO und sein

https://doi.org/10.1515/9783110545395-004

Team nur ausführende Organe sind oder ob er auch für neue Geschäftsfelder der Organisation eine strategisch wichtige Rolle einnehmen kann, wie dies zum Teil von den CDOs gefordert wird. Letzteres ist meiner Meinung nach eine klare Aufgabe und auch eine große Chance, die Rolle des CIOs weiter zu entwickeln und auch neu zu definieren. Auch wenn sich CIOs oftmals dem Vorwurf stellen mussten, sie seien zu technisch unterwegs, sind es doch die Technik und die technische Integration, die heute unabdingbar sind und vieles treiben. Von daher sind CIOs extrem gefordert, sich nicht nur technisch den Herausforderungen zu stellen, sondern sich selber auch viel mehr mit strategischen und visionären Themen wie Internet of Things (IoT) und Industrie 4.0 zu beschäftigen und sich damit auch im Bereich Leadership unternehmensübergreifend weiter zu entwickeln. Mit den Möglichkeiten, die die Technik heute bietet, verbunden mit der strategischen Weitsicht und den Projekt- und Planungserfahrungen eines CIOs, aber auch der Experimentierfreude der technischen Mitarbeiter kann sich in Zusammenarbeit mit der Geschäftsführung ein extrem schlagkräftiges Team ergeben. So können nicht nur die technische Infrastruktur auf einem dem Markt erforderlichen Stand gehalten werden, es können sich auch komplett neue Geschäftsfelder/-modelle ergeben, die einem Unternehmen auch langfristiges Wachstum garantieren.

Heute sind CIOs innerhalb eines Unternehmens als Vermittler, Dolmetscher und technisch-orientierte Denker gefragt, die die Unternehmensstrategie technisch in die einzelnen Unternehmensbereiche überführen und individuell ausgestalten. Eine große Aufgabe, die viel fordert und viel Engagement im Bereich Leadership erfordert. Aus meiner täglichen Arbeit mit diesen Führungskräften kann ich dies nur bestätigen und auch die zu diesem Artikel von mir interviewten CIOs stützen die Herausforderungen und Vorgehensweisen der im nächsten Absatz aufgeführten Kernthemen.

3 Wie kann der CIO die Transformation des Business aktiv vorantreiben und gestalten?

Möchte der CIO nicht nur als Enabler, sondern auch als Gestalter im Unternehmen mitwirken, muss er seine Leadership-Rolle übergreifend einbringen. Nicht nur für sein Team, sondern für das gesamte Unternehmen in Form einer strategischen Schlüsselrolle. Dazu muss er seine IT-Strategie bzw. Organisation so aufstellen, dass sie als Treiber in der Business Transformation von Bedeutung wird.

Natürlich muss dafür auch ein entsprechender Rahmen in der Organisation vorhanden sein. Dabei gibt es folgende drei Herausforderungen, bestehend aus Ängsten, Hürden und Hindernissen zu bewältigen, damit ein CIO überhaupt eine solche Rolle innerhalb seines Unternehmens übernehmen kann:

- Organisatorische Ignoranz
- Organisatorische Disruption
- Organisatorisches Talent Development

Im Folgenden möchte ich diese Punkte anhand von einigen Beispielen verdeutlichen und lasse dabei auch einige CIOs zu Wort kommen. Einige der Beispiele kommen nicht klassisch aus dem IT-Umfeld, allen ist aber gemein, dass sie mit IT bzw. Digitalisierung zu tun haben. Sie zeigen zum Teil deutlich, dass sich viele Unternehmen durch eine Ignoranz und auch Arroganz vom heutigen Marktgeschehen entfernen und sich damit die Grundlage für ein langfristiges Wachstum entziehen.

3.1 Organisatorische Ignoranz

Problematisch kann es für ein Unternehmen werden, wenn Trends verschlafen, oder noch schlimmer nicht ernst genommen werden. Gerade die letzten 15 Jahre haben gezeigt, dass nicht die in ihren Branchen etablierten Unternehmen die Chancen der Digitalisierung genutzt haben, sondern vielmehr Firmen, die zum Teil auf der grünen Wiese voll auf digitale Technologien gesetzt haben. Diese Firmen haben dabei in den seltensten Fällen eigene Produkte oder Hardware. Vielmehr setzen die neuen Mitbewerber auf digitale Plattformen. In der aktuellen Diskussion um den Dieselskandal oder auch den Vorwurf, dass die deutsche Automobilindustrie die Elektromobilität verschlafen habe, zeigt sich, dass die organisatorische Ignoranz selbst vor deutschen Schlüsselbranchen nicht halt macht.

Dass Mercedes Chef Zetsche 2015 noch keine Angst vor Facebook oder Google hatte (vgl. [2], [3]), kann sich bezüglich der Technologie des autonomen Fahrens schon bald als Boomerrang erweisen. Jeden Tag sammeln diese Firmen immense Mengen an Daten, die helfen diese Technologie zur Marktreife zu bringen. Das macht im Übrigen auch Tesla. Die Fahrzeuge, quasi Smartphones auf vier Rädern, sammeln mit jeder Fahrt neue Daten, die in die Rechenzentren von Tesla einfließen. So kommt die Firma nicht nur an wertvolle Daten bezüglich des autonomen Fahrens, sondern jeder gefahrene Kilometer mit allen Vorkommnissen hilft dem Unternehmen die Elektromobilität weiter zu optimieren. Des Weiteren sind die Fahrzeuge von Tesla mehr Software als Hardware und Tesla beweist zudem, dass man nicht notwendigerweise ein langjährig etablierter Automobilhersteller sein muss, um fortschrittliche Autos zu bauen.

Neue Funktionen und Erweiterungen kommen als Software-Update (siehe Reichweiten-Vergrößerung beim Hurrikan Irma durch ein Over-the-Air-Update) und nicht als mechanische Erweiterung. Ähnlich wie bei einem Smartphone, wo pfiffige Entwickler durch das Zusammenspiel der verbauten Hardware und der vielen Sensoren komplett neue Funktionen kreieren (Software enabled Hardware).

Ein Status, den deutsche Hersteller so noch nicht in Gänze erreicht haben. Und selbst Chancen im eigenen Lande prallen an den deutschen Herstellern ab. So wollte die Post ein Elektrofahrzeug für die Zustellung gerne gemeinsam mit der deutschen Autoindustrie entwickeln, doch die zog nicht mit (vgl. [4]).

Die Entwicklung eines solchen Fahrzeugs begann 2010 durch ein Startup aus dem Umfeld der RWTH Aachen. Der Caddy wurde 2012 vorgestellt und seit 2014 hält die Post alle Anteile der damaligen StreetScooter GmbH. Auch außerhalb des Einsatzes bei der Post gibt es eine rege Nachfrage nach dem Nutzfahrzeug. Heute ist laut dem Bericht des Manager Magazins die Post zu einem führenden Hersteller von Elektro-Transportern aufgestiegen.

Die organisatorische Ignoranz in einem Unternehmen bietet dem CIO jedoch die Chance, sich als wichtiger Player im Executive Level zu positionieren, da ein Großteil der in Zukunft angebotenen Produkte und Services in nahezu jedem Industriezweig von der IT beziehungsweise skalierbaren Plattformen abhängig sein wird. So werden heute für strategische Entscheidungen vermehrt auch die CIOs mit ins Boot geholt.

Äußerst fortschrittlich stellt sich diesbezüglich der Fachbereich Fahrzeuginstandhaltung der Deutschen Bahn dar. Dies zeigte sich insbesondere im Interview mit Dr. Dominik Deschner, der sehr eindrucksvoll dargestellt hat, wie schnell seine Organisation heute auf Veränderungen reagieren kann.

Es muss jedoch nicht immer eine großartige Technologie oder Innovation sein, die in einem Unternehmen unterschätzt wird. Es kann auch so etwas wie eine „kleine Gesetzesänderung“ sein, die große Auswirkungen haben kann.

So hat Dr. Dominik Deschner, CIO der DB Fahrzeuginstandhaltung, einem Geschäftsfeld der Deutschen Bahn, in dem von mir zu diesem Beitrag geführten Interview geantwortet: „Vor ein paar Jahren hätte ich vielleicht noch zugestimmt, dass die Digitalisierung nicht den notwendigen Stellenwert in der Organisation hat. Heute jedoch nicht mehr, im Gegenteil.“ Als Beispiel nannte Deschner unter anderem, dass der Bund zum 1. Januar 2013 im Rahmen der Liberalisierung des Fernbusverkehrs in Deutschland und einer Novellierung des Personenbeförderungsgesetzes die Regularien für diesen Geschäftszweig geändert hatte und es plötzlich private Fernbus-Anbieter gab. Die neuen Mitbewerber hätten über digitale Vertriebskanäle unerwartet viele Kunden angezogen. In großer Zahl seien insbesondere Studenten und ältere Personen auf den Fernbus umgestiegen. Unter anderem aus dieser Erfahrung heraus wachse der Stellenwert der IT im Unternehmen kontinuierlich weiter. Digitale Innovationen würden in unterschiedlicher Art und Weise gefördert werden und bekämen eine immer höhere Bedeutung.

Sieht man heute hinter die Kulissen der DB Fahrzeuginstandhaltung, präsentiert sich das Unternehmen beispielsweise mit der digitalen Unterstützung der Instandhaltung von Fahrzeugen und Komponenten für verschiedene Bahnanbieter und mit digitalen Innovationen, wie etwa der Herstellung von Ersatzteilen für Züge im 3D-Druck-Verfahren und WLAN-Lösungen für Reisende.

Ähnliches berichtet auch Stephan Kaulbach, CTO bei DB Systel. Noch bis vor wenigen Jahren war DB Systel als reiner IT-Dienstleister im Konzern positioniert und auch der damalige Bahn-Chef Herr Dr. Grube hatte bei strategischen Digitalisierungsthemen die DB Systel nicht mit einbezogen. Die DB Systel hat sich daraufhin Bottom-Up neu aufgestellt, um nicht nur intern, sondern auch im direkten Wettbewerb zum „freien Markt" bestehen zu können. „Wir sind nun KEIN reiner Service Provider mehr, sondern Service Integrator, Business Enabler und Digital Innovator und haben dies im Konzern auch so positioniert", so Stephan Kaulbach.

In diesem Zuge wurde beispielsweise mit dem SKYDECK ein Innovationslabor geschaffen, in dem mit den DB-internen Kunden in Design-Thinking-Prozessen oder mit agilen Methoden über neue innovative Lösungen diskutiert wird. Dazu wurden Silos aufgebrochen und ein konzernübergreifendes Denken gefördert. Auch wird in diesen Workshops das Bewusstsein für die jeweiligen Geschäftsmodelle in allen Bereichen geschärft. Hierzu gehört beispielweise die Sensibilisierung, welche Auswirkungen Software-Bugs auf den Ticketverkauf und damit auf das Geschäft der Deutschen Bahn haben können.

Daraus entstand eine ganz neue Art und Weise wie DB Systel mit ihren Kunden im Konzern spricht und auch für welche Themen die DB Systel steht.

Die Deutung der „organisatorische Ignoranz" im Sinne des Nicht-Wahrhaben-Wollens oder der Nichtanerkennung von Tatsachen ist für Swisslog unzulänglich. Für Swisslog trifft es die Auslegung als „organisatorische Unkenntnis" oder „unternehmerische Unwissenheit" wesentlich besser.

Als Anbieter von automatisierten Logistiklösungen mit dem Anspruch, Vorreiter bei digitalen Lösungen zu sein, sind wir uns der Tatsache durchaus bewusst, dass auch wir nicht alles wissen können. Wir erkennen eine „organisatorische Unkenntnis" somit durchaus an, denn das Handling von Big Data in einer äußerst schnelllebigen Welt ist komplex und stellt uns vor immer neue Herausforderungen. Viel wichtiger ist nun die Frage: Wie gehen wir mit dieser Erkenntnis um? „Indem wir stets ein Ohr am Markt haben", unterstreicht der Chief Technology Officer (CTO) von Swisslog, Tony Buckley: „Indem wir Trends beobachten und vor allem eine enge und offene Kundenkommunikation pflegen." Swisslog setzt auf noch mehr Flexibilität in der Reaktion auf Unvorhergesehenes. Wir adaptieren Technologien, Geschäftsmodelle und, wenn zielführend, unsere Unternehmensorganisation. Wir führen unsere Erkenntnisse themenspezifischen Experten zu, die diese filtern und bestmöglich verwerten. Dabei kann die konstruktive Vorgehensweise durchaus disruptive Elemente aufweisen: Innovationen ersetzen dann zuvor bewährte Lösungen.

3.2 Organisatorischer Ignoranz im Vorfeld begegnen

In Fall der deutschen Bahn wurde Verantwortung übernommen und eine Veränderung der Führungskultur eingeleitet. Es stellt sich aber die Frage, wie ein CIO heute und in Zukunft einer möglichen Ignoranz begegnen kann. Hierzu muss innerhalb der Unternehmen ein Umdenken stattfinden, hin zu einer offenen, von Vertrauen geprägten Führungskultur auf C-Level. Eine Führungskultur, die die Zukunft des Unternehmens und nicht die eigenen Vorteile in den Vordergrund stellt und das Wachstum der einzelnen Mitarbeiter fördert, damit Transformationsprozesse überhaupt stattfinden können. Ich nenne das Organizational Leadership. Ziel ist dabei, dass sich eine agile, selbstlernende Organisation entwickelt, die sich auf allen Ebenen stets aufs Neue kritisch hinterfragt und dynamisch auf Marktveränderungen reagiert.

Die Organizational-Leadership-Kultur ist durch Vertrauen geprägt. Im Gegensatz dazu stehen politische Spielchen und das Herausschlagen eigener Vorteile für sich selbst oder die eigene Abteilung. Ein solches Verhalten resultiert oft aus ungelösten Problemen in der obersten Führungsriege und zieht sich dann durch die gesamte Organisation. Werden diese Probleme nicht auf der Ebene des Top-Managements gelöst, verliert die Organisation an Effektivität und Effizienz. Oft ist es die Angst vor Konflikten im Leadership-Team, die aufgrund von mangelndem Vertrauen nicht angegangen werden.

Erst mit einer auf Vertrauen fußenden Kultur ist eine offene Kommunikation möglich, die durch konstruktive Kritik und gemeinsame Lösungen geprägt ist. Dabei nimmt sich das Leadership-Team gegenseitig in die Verantwortung bezüglich der getroffenen Entscheidungen und setzt diese auch gemeinsam in der Praxis um. Für einen CIO ist das Alignment mit dem Chief Executive Officer (CEO) und gegebenenfalls auch einem CDO ein Schlüsselfaktor, um erfolgreich seine Organisation im Transformationsprozess zu unterstützen beziehungsweise das Business des Unternehmens zu transformieren.

Um eine solche auf Vertrauen basierende Kultur zu entwickeln arbeite ich in der Praxis mit einem ganzheitlichen Leadership-Modell.

Viele Leadership-Konzepte beschränken sich meist nur auf eine Ebene der Organisation oder sogar nur auf einzelne, individuelle Manager. In den seltensten Fällen wird jedoch die Mitarbeiter-Ebene oder auch die Business-Strategie oder Vision des Unternehmens mit einbezogen. Bei meiner Arbeit verfolge ich ein ganzheitliches Model, welches sowohl die Geschäftsmodelle, das Team und den individuellen Contributor – sei es der Manager oder der Mitarbeiter – mit berücksichtigt. Denn das Zusammenspiel der gesamten Organisation entscheidet schlussendlich darüber, wie eine erfolgreiche Transformation umgesetzt bzw. gelebt werden kann.

Eine erfolgreiche Transformation scheitert zudem oftmals an der Diskrepanz zwischen der Intention zur Veränderung und der Umsetzung dieser Veränderung. In manchen Fällen ist es ein Team-Mitglied und manchmal sind es ganze Teams, die mental oder emotional die Veränderung nicht mitgehen können oder wollen. Auch Konflikte in den strategischen und operativen Zielen können einen solchen Prozess negativ beeinflussen. So kann es sein, dass Innovation zwar gewünscht ist, jedoch Budgets, Ressourcen oder der zeitliche Rahmen nicht zur Verfügung gestellt werden.

Abb. 1: Illustration eines ganzheitlichen Führungskonzepts. Deutlich ist zu erkennen, welche Veränderungen in einer Organisation auf welchem Level umgesetzt werden sollten, um das Unternehmen zu einer selbstlernenden Organisation zu entwickeln.

Nachhaltige Transformation und Veränderung kann nur stattfinden, wenn sowohl die Mitarbeiter auf allen Ebenen mitgenommen werden, als auch eine Integration von Einzelzielen, Teamzielen, Strategie und einer übergeordneten organisatorischen Vision erfolgt. Wenn Ihre Mitarbeiter, egal auf welcher Ebene, nicht wachsen, wie kann dann Ihre Organisation und damit Ihr Business wachsen?

Wichtig sind in diesem Zusammenhang beispielsweise auch Feedback-Prozesse in Ihrer Organisation, also weiter gehende Maßnahmen als wie die üblichen Floskeln in Bezug auf das Erreichen von Zielen wie: „Wo stehen wir im Vergleich zum Ziel und welche Maßnahmen ergreifen wir um das Ziel noch zu erreichen?"

Worauf ich hier hinaus will ist: Nicht nur Fragen wie im obigen Beispiel zu stellen, die das Team erst dann mit einbeziehen, wenn das Kind schon in den Brunnen gefallen ist. Denn in einer solchen Situation unter Druck kann nur in den seltensten Fällen auch etwas Neues und Kreatives entstehen. Ziel sollte es vielmehr sein, Verhaltensweisen zu etablieren, die zu neuen Ideen anregen, die zu einem Miteinander und einem „anders" gestalten führen.

Fragen Sie sich einmal selbst, wie effektiv neue Ideen in Ihrer Organisation kommuniziert werden und welche Kultur in einer Organisation erforderlich wäre um diese Ideen langfristig am Leben zu halten und auch konsequent umzusetzen. Auch die Frage, ob Teamarbeit nicht nur in einer Abteilung/Team oder über die gesamte Organisation gelebt wird, gehört dazu. Und schließlich muss man sich die Frage stellen, ob eine Organisation grundsätzlich offen und sensibel für die Bedürfnisse der anderen Kollegen/Abteilungen ist.

Nur wenn es eine Organisation schafft, sich schnell und flexibel und vor allen Dingen gemeinsam auf sich ankündigende Marktveränderungen einzulassen und einzustellen, kann diese auch im Markt erfolgreich bestehen.

3.3 Organisatorische Disruption

Um in der heutigen globalen, digitalen Welt zu überleben, wo Disruption in allen Branchen alltäglich ist, stellt sich die Frage: Disrupt or be disrupted (vgl. [5])? Dazu müssen interne Denkstrukturen, Verhaltensweisen und Vorurteile („Das haben wir schon immer so gemacht, das funktioniert so nicht."), verändert werden (Change the game internally).

Neben der organisatorischen Ignoranz ist das Thema der organisatorischen Disruption in diesem Zusammenhang ein weiteres Kernthema. So haben nicht die großen Plattenlabels wie Sony, BMC etc. einen wirtschaftlichen digitalen Distributionskanal für Musik aufgebaut, sondern Apple. In diesem Fall war den großen Labels durchaus bewusst, dass sie diesen Kanal aufbauen müssen, doch die üblichen Machtkämpfe um Standards und Preismodelle haben dazu geführt, dass dieser Markt von anderen gekapert wurde. Angefangen mit Napster als Tauschplattform bis hin zu Apple und den aktuellen Streaming-Diensten, die dedizierte Musik nicht mehr verkaufen, sondern die ihren Kunden die ganze Welt der Musik in einem Abomodell bereit stellen.

Zudem hat es Apple verstanden, mit seinen Endgeräten und der installierten Software diese auch noch als Marketing- und Loyalitätsinstrument zu nutzen. Analog Amazon, das den Buchhandel in die Online-Welt geführt und danach auf der bis dahin aufgebauten Plattform(!) den weltweit größten Online-Marktplatz geschaffen hat. Und heute auch mit Hardware (Kindle, Alexa, Dash Button) als Informationsträger und Marketingkanal weltweit präsent ist sowie mit performanten Web- und Cloud-Services in Konkurrenz zu klassischen Hostern und Streaming-Dienstleistern stehend. Und die eigene Logistik schließt Lücken, die etablierte Logistikdienstleister bisher verschlafen haben.

Neben diesen plakativen Beispielen zeigten in der Vergangenheit Plattformen wie ebay und in jüngerer Zeit Anbieter wie Uber und Airbnb, dass nicht einmal eigene physische Produkte erforderlich sind, um ein weltweit skalierbares Business aufzubauen. Dabei ist es nicht unbedingt der Preis der Angebote und der Bedarf an der Dienstleistung (Uber = Mobilität, Airbnb = Travel), die diesen Firmen zum Erfolg verhilft. Es ist die Technik, die Software und das Einstellen auf die Bedürfnisse und das Konsumverhalten der Generation Smartphone, die den Erfolg beflügelt. Wer sich heute nicht technologisch darauf einstellen kann oder will, hat verloren. Solche disruptiven Marktteilnehmer werden auch in anderen Branchen kommen und den etablierten Unternehmen Kunden abgewinnen.

Von daher ist in der heutigen Zeit der CIO in seiner Rolle gefragter denn je. Denn all diese disruptiven Ansätze basieren auf IT-Kompetenzen und resultierenden Plattformen. Ein CIO kann nicht nur den digitalen Wandel begleiten sondern mit seiner Erfahrung, seinem Team und dem Wissen um technische Möglichkeiten (auch die, die bereits vorhanden sind) neue Impulse geben und neue Geschäftsfelder ermöglichen.

Es liegt am CIO, dem CEO und dem Executive Team die „Gefahren", aber auch die Chancen beim Aufkommen solcher digitaler Business-Modelle/-Strategien von Konkurrenten aufzuzeigen, davon zu lernen sowie die richtigen Schlüsse bzw. Entscheidungen für das eigene Unternehmen zu treffen.

Dazu muss eine Organisation ein offenes Mindset für neue potenzielle Geschäftsfelder haben und diese Dinge schnell und agil umsetzen können. Das offene Mindset bedeutet insbesondere, Dinge zu diskutieren die gegebenenfalls gar nicht aus dem klassischen Geschäft entstehen. Diese beiden Fähigkeiten entscheiden, ob sie in ihrem Geschäftsfeld nur überleben oder dem Wettbewerb voraus sind.

Die Chance liegt dabei darin, das Potenzial vorhandener Technologien zu erkennen und daraus schnell und flexibel neue Geschäftsfelder zu entwicklen. So hat Amazon eine so solide Infrastruktur und ausreichend Kapazitäten, so dass diese auch als Services von anderen Unternehmen genutzt werden können. Dieses Business hat nichts mit dem klassischen Buch- oder Marketplace-Geschäft zu tun. Ebenso ist es vorstellbar, dass zum Beispiel Maschinenbauunternehmen Wege finden, aus den vielfach gewonnen Daten ihrer digitalen Produktionsmaschinen Kapital zu schlagen. Im Bereich der Logistik dringt Amazon zudem mit seiner eigenen Warenauslieferung in die etablierten Bereiche von DHL, DPD, Hermes etc ein.

Und auch der Mut zu unorthodoxen Visionen treibt Neuerungen im Markt voran. Swisslog ist zwar ausgewiesener Intralogistikexperte, doch warum sollte unser differenziertes Know-how nicht ebenso außerhalb des Lagers eingesetzt werden können?, so Swisslog-CTO Tony Buckley. Tatsächlich prüfen wir derzeit das Thema „Urban Logistics", der effektiven Warenverteilung in der Stadt mit ihren besonderen Herausforderungen. Hohe Verkehrsdichte, Lärmentwicklung und Umweltverschmutzung stehen konträr zu den Anforderungen der Städte nach Verkehrsberuhigung und sauberer Luft. Hier sind innovative, ganzheitliche Konzepte gefragt. Swisslogs Expertise setzt primär dabei an, manuelle Arbeitsschritte durch roboterbasierte Technologien zu ersetzen. Außerdem ist Software von Swisslog dazu prädestiniert, die automatische Sortierung von Ware zu optimieren. Die Wege innerhalb der digitalisierten Welt sind vielfältig. Je revolutionärer sie sind, desto disruptiver werden sie sein. Swisslog ist darauf vorbereitet.

Die bereits angesprochene, offene Führungskultur ist dabei die Basis für eine mögliche Disruption und Innovationen. Ohne Vertrauen bleibt alles beim Alten, da niemand irgendwelche Risiken eingehen möchte. Innovation kann und wird in so einem Umfeld nicht entstehen. Hilfreich kann es dann sein, Know-How und Innovativen von Außen ins Unternehmen zu holen. Hier kommen wir bereits zum dritten Punkt, der Nachwuchsförderung bzw. der Talentsuche. Hier stecken zum einen weitere Chancen, aber auch Gefahren. Letzteres im Speziellen, wenn sich ein Unternehmen schwer tut, „Neues" von Extern zuzulassen.

4 Organisatorisches Talent Development

Es stellt sich die Frage, welche Führungseigenschaften ein CIO heute für eine innovative, disruptive Organisation mitbringen muss oder wohin er sich entwickeln muss. Grundsätzlich gilt:

Visionär sein, groß denken, anders denken, und vor allen Dingen gehört MUT dazu.

Mut zum Risiko, etwas noch nie Dagewesenes zu schaffen. Die Vision immer im Auge behalten und das Team zu Höchstleistungen anspornen. Hierzu muss der CIO den Sprung schaffen, langfristig, strategisch zu denken und „traditionelle" Denkstrukturen und Verhaltensmuster abzustreifen. Die Persönlichkeit des CIOs muss sich vom Experten-Status, der rein aus der fachlichen, rationalen Denkstruktur arbeitet und handelt, in den Status einer transformationalen Persönlichkeitsstruktur entwickeln, wo die Offenheit für andere Denkweisen, Arbeitsansätze und der Prozess zur Innovation im Vordergrund steht (siehe Abb. 2).

Ich arbeite in solchen Fällen sehr gerne mit dem Persönlichkeitsentwicklungskonzept Global Leader Profil (GLP; vgl. [6]), welches von William R. Torbert und Kollegen in über 30 Jahren entwickelt und verfeinert wurde. Dabei geht es nicht nur um die einzelnen Persönlichkeitsanteile, die wir in uns tragen, unabhängig davon ob diese bereits aktiv sind oder sich latent im Hintergrund halten, also Potentiale die wir in uns tragen und die wir noch einbringen können. Vielmehr geht es um Denkanstöße und Verhaltensweisen, die wir aktivieren können um bestimmte Situationen oder Themen aus anderen Perspektiven und Blickwinkeln betrachten zu können.

Grundsätzlich spricht Torbert von fünf Persönlichkeitstypen, die wir in stärkeren, weniger starken oder auch in keiner Ausprägung in uns haben. Dabei gibt es einen „Typ", den wir meist selbst als dominant herausgearbeitet haben, einen, in den wir unter Stresssituationen „zurückfallen" und einen Typen, in den wir uns entwickeln können, wenn wir dies aktiv angehen.

Bezüglich der fünf im GLP-Konzept enthaltenen Persönlichkeitsprofile zeigt die Statistik, dass ca. 13 % der Leader in die Kategorie Diplomat fallen, 38 % der Kategorie Experte entsprechen und 33 % in der Kategorie Achiever verortet sind. Die restlichen knapp 20 % verteilen sich auf die Typen Redefining und Transforming.

So wird sich eine Führungspersönlichkeit mit einem starken Diplomatenanteil schwer tun, konträre Entscheidungen zu treffen, da dies stark mit seinem Zugehörigkeitsgefühl bzw. Harmoniebedürfnis im Konflikt steht.

Agiert eine Führungskraft aus dem Experten-Status heraus wird er seine Entscheidungen oder auch die Kommunikation auf fachliche Themen/Argumente und Fakten stützen. Damit wird es schwierig, die eingetretenen Pfade zu verlassen und neue, eventuell auch mit Risiko behaftete Wege einzuschlagen und Innovationen zu entwickeln.

Ein Achiever denkt strategisch und langfristig in die Zukunft. Er ist zielorientiert, ehrgeizig und kann fokussiert seine operativen Ziele erreichen. Für ihn ist es

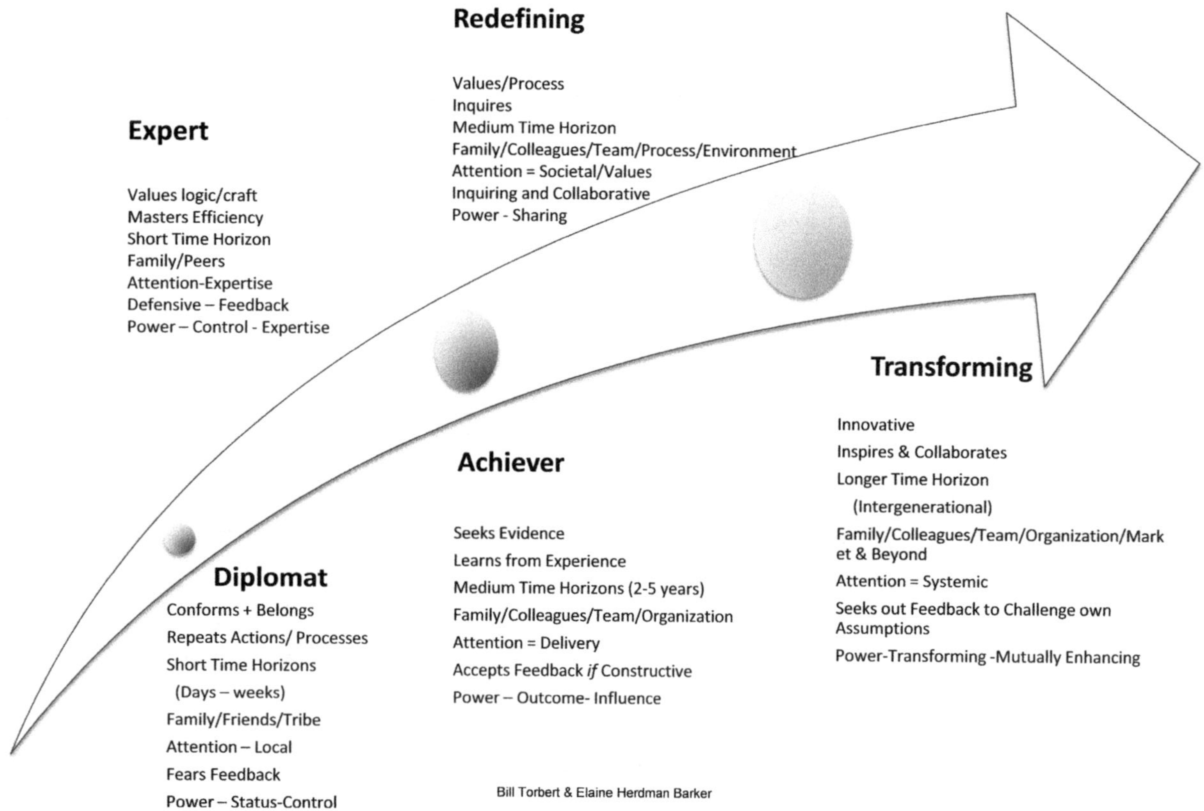

Abb. 2: Unterschiedliche Persönlichkeitstypen des Global Leader Profils nach William R. Torbert. Es zeigt Charakterzüge auf, aber auch wie die Führung (Power) ausgelebt wird. Vertikal von oben nach unten als Command und Control oder horizontal also collaborativer Führungsstil.

aber eine Herausforderung sich neuen Leadership-Methoden und Denkweisen aktiv zu öffnen und den Prozess, der zu den operativen Ergebnissen führt, kreativer zu gestalten. Er muss lernen den Mitarbeitern mehr Freiräume zu geben und darf nicht in einen „Command und Control“-Modus zurückfallen. Solche Muster zu erkennen und aufzuzeigen kann einer Führungskraft helfen, eine agile Organisation zu „bauen“.

Der Redefining Typ hat eher einen collaborativen, sozialen Führungsstil, der gerne individuelle Wege einschlägt, seinem Team die Freiheit gibt, individuelle Wege und Lösungen zu erarbeiten und der auch gerne das Lob mit seinem Team teilt.

Interessant hierbei ist, wenn ein gesamtes Unternehmen z. B. auf einer „Experten-Kultur“ basiert oder sich als Achiever-Organisation darstellt – je nachdem wie hoch der Anteil der einzelnen Persönlichkeiten in den jeweiligen Persönlichkeitsstrukturen ist.

Bei solchen extrem ausgeprägten Kulturen ist dann auch klar, dass sich eine transformationale Persönlichkeit in einer stark geprägten Achiever-Kultur nicht ausleben kann, sich anpasst und das eigentliche Potenzial dieser Person nicht zum Tragen kommen kann. Vielfalt und neue Kreativität in einer Organisation kann aber nur dann entstehen, wenn sowohl in den Teams, als auch in der gesamten Organisation die verschiedensten Ausprägungen an Persönlichkeitsstrukturen zu Wort kommen können und die Prozesse aktiv mitgestalten.

CIOs, die erfolgreich eine Transformation mit Ihrem Team gestalten, verstehen, dass persönlicher und organisatorischer Change nur im gegen- und wechselseitigen Einvernehmen funktioniert. Hinzu kommt, dass Initiativen, die freiwillig aus der Organisation getrieben werden, sehr viel zielführender und kraftvoller sind als solche, die über eine hierarchische Führung Top-down durchgesetzt werden sollen.

CIOs sollten daher Visionen teilen, Team learning und die persönliche Weiterentwicklung der Team-Mitglieder fördern sowie x-funktionale Initiativen über mehrere Funktionsbereiche hinaus anstreben.

So geschehen bei einem meiner Kunden bei einem Vision-Workshop der IT-Abteilung. Hier wurde nochmals das Geschäftsmodell der gesamten Unternehmung beleuchtet und wie die IT-Abteilung das Unternehmen noch besser und aktiv unterstützen kann. Eine Team-Kollegin startete daraufhin eine Initiative mit anderen Abteilungen, unter anderem mit dem Bereich Netzwerk, und gemeinsam entstand ein Geschäftsmodell auf Basis der noch freien Telefonie-Kapazitäten, die an externe Firmen verkauft werden kann. So wurde nicht nur ein neuer Business Case aus der IT-Organisation erarbeitet, dieses Geschäftsmodell hat intern sogar derart an Momentum gewonnen, dass es bis zum CEO und den ausländischen Niederlassungen aufgenommen und umgesetzt wurde.

Der Level und die Geschwindigkeit der Ausführungsstärke einer CIO-Organisation steht und fällt mit der „Maturity“, dem Reifegrad seines Teams. Nicht nur der CIO muss in seiner Persönlichkeit wachsen, er muss auch in der Lage sein, sein

Team weiterzuentwickeln und die richtigen Talente zu finden und an das Unternehmen zu binden (increasing the Level of Organizational Maturity).

Dieses Thema steht und fällt mit dem Leadership-Team, das der CIO sich heranzieht. Hier muss es der CIO schaffen, einen Großteil seiner eigenen Führungskräfte vom Manager zum Leader zu entwickeln. Ein Manager versinkt im operativen Tagesgeschäft und fokussiert sich auf die kurzfristigen Ziele. Ein Leader denkt langfristig und muss sich Themen stellen wie beispielsweise, ob er die richtigen Mitarbeiter für seine Vision hat und welche Themen er priorisieren muss, um in fünf Jahren noch erfolgreich am Markt bestehen zu können. In der Realität stellt sich dies wie folgt dar.

4.1 Talente finden

Hier ist das Mindset des einstellenden Managers gefragt. Ein Manager hat eine Stellenbeschreibung und versucht genau den Menschen zu finden, der in dieses Puzzlestück passt. Dies kann langwierig, schwierig und teuer für die gesamte Organisation sein. Viele Stellen bleiben deswegen über Monate hinweg unbesetzt, wichtige Themen bleiben liegen, die Produktivität leidet und das Erste was außen vor bleibt sind innovative Themen, die zugunsten des operativen Tagesgeschäftes nach hinten geschoben werden. Hinzu kommt, dass viele Manager in den Bewerbungsgesprächen nach Mängeln des Bewerbers suchen, sie fokussieren sich also auf negative Eigenschaften und schon im Interview suchen sie nach Argumenten warum der Bewerber/die Bewerberin gegebenenfalls NICHT geeignet ist.

Ein Leader stellt einen neuen Mitarbeiter nach anderen Kriterien ein bzw. dreht den Prozess um: passt der Mitarbeiter zu meiner langfristigen Vision beziehungsweise welche Persönlichkeit, welchen Skillset muss ich mir einkaufen, um weiterhin innovative Themen im Markt voranzutreiben um meine Vision langsam und langfristig in die Realität umzusetzen. Hier geht der Leader in das Interview mit dem Mindset, was für ein Potential dieser Mitarbeiter für mich und meine Organisation mitbringt. Er stellt sich also auf das Positive im Bewerber ein und eröffnet sich so die Möglichkeiten, sich ein außerordentliches Team von Talenten zusammenzustellen. Also keine 9-to-5-Mitarbeiter, die ihren Job erledigen und auch nicht mehr erreichen wollen. Doch auch diesen Weg so zu gehen erfordert MUT!

Wie ein amerikanisches Sprichwort sagt: „First class Manager hire first class people, second class Manager hire 3rd Class people“

Der Mut ist dahingehend erforderlich, sich auch gewissen Risiken zu stellen. Hoch kreative Köpfe sind meist schwerer zu führen und integrieren sich meist auch nicht so einfach in ein bestehendes Team. Auch streben Talente oftmals schneller in andere (innovativere) Bereiche oder gar nach Höherem als einem lieb ist. So verliert man diese unter Umständen wieder sehr schnell aus dem eigenen Geschäftsbereich. Auf solche Dinge muss man sich als Leader einstellen und auch entsprechend die eigenen Teams umorganisieren, damit diese langfristig harmonieren (siehe nächster Abschnitt).

So sucht und fördert z. B. Swisslog Talente und gestaltet Positionen im Unternehmen, um die besonderen Begabungen der Mitarbeiter herum – damit sie sich voll entfalten können. Die kollaborative Entwicklung von Soft- und Hardware leisten interdisziplinäre Teams in regelmäßig stattfindenden Hackathons. Sie sind zum festen Bestandteil der Swisslog-Firmenkultur geworden und führen zu herausragenden Ergebnissen, sowohl in Bezug auf ihre Kreativität, als auch im Hinblick auf ihren Nutzen.

Und auch neue Formate jenseits der klassischen Stellenanzeige können Unternehmen helfen, innovative und kreative Mitarbeiter sowie Talente zu finden. DB Systel führt beispielsweise seit 2015 mit großem Erfolg regelmäßig Hackathons mit externen Teilnehmern durch. Gestartet wurde die Initiative durch einen Mitarbeiter aus dem Team. Mittlerweile ist dieser Mitarbeiter Hauptorganisator der Hackathons, die zwei Mal im Jahr durchgeführt werden. „Zum Teil werden neue Mitarbeiter aus diesen Veranstaltungen rekrutiert, doch viel wichtiger ist dabei, dass die Generation Y auf uns aufmerksam geworden ist", so Kaulbach. „Hey das ist ja cool was ihr da macht und ich wusste gar nicht, dass die Bahn so ein innovatives Unternehmen ist" so das Feedback einiger Teilnehmer. Employer Branding, ein positives Bahn-externes Image und wahnsinnig gute Ideen, auf die wir selber nicht kommen, sind weitere Benefits aus den Veranstaltungen.

4.2 Talente binden

Wo der Mitarbeiter sich wertgeschätzt fühlt und weiterentwickeln kann, dort bleibt er. Die Kernthemen für einen Leader sind dabei den Mitarbeiter in neue Rollen zu entwickeln und eine Innovationskultur im Team zu schaffen. Ein Manager entwickelt seine Mitarbeiter fachlich weiter, indem er Schulungen zur Verfügung stellt, um gewisse Skillsets zu erweitern und dem Mitarbeiter bei entsprechenden Themen in die Verantwortung nimmt. Ein Leader hingegen entwickelt seine Mitarbeiter in neue Rollen. Beides ist wichtig und je nach Mitarbeiter individuell zu gestalten.

Ein Leader fördert also seine Mitarbeiter, sich persönlich weiterzuentwickeln indem er Mitarbeitern die Verantwortung für strategische Projekte gibt, die weg von fachlichen Kompetenzen gehen. So geschehen auch bei einem meiner Kunden, einem weltweit führenden Telekommunikationsunternehmen.

Hier bekam ein Mitarbeiter zusammen mit seiner Führungskraft die Aufgabe, die gesamte Abteilung neu zu strukturieren. Dabei hat sich der Mitarbeiter nicht nur persönlich im strategischen Denken weiterentwickelt indem er das Geschäftsmodell des Unternehmens und die Abteilungsvision auf das Team und jeden einzelnen Mitarbeiter heruntergebrochen und die erforderlichen zukünftigen Skillsets berücksichtigt hat. Er hat darüber hinaus auch das gesamte Team mitgenommen, quasi als „buy- in" bzw. „da gehen wir mit", da er diese Umstrukturierung (bottom-up) aus dem Team heraus mit dem nächsten Kollegen entwickelt hat. Das Ergebnis dieses „strategischen moves“: Ein enormer Impact auf die Entwicklung des Mitarbeiters, der mittlerweile in einer leitenden Position tätig ist, aber auch das emotionale Abholen der gesamten Abteilung im Veränderungsprozess.

In diesem speziellen Beispiel wurde ein Mitarbeiter vom Spezialisten zum Generalisten ausgebildet mit dem Ziel, Kreativität und innovatives Denken zu fördern. Auch das Mindset des Teams wurde erweitert und sensibilisiert auf das Geschäftsmodell des Unternehmens. Daraus folgte eine Motivationswelle, die zur Folge hatte, dass eine Kollegin ein ganz neues Geschäftsmodell für den Konzern auf Basis der bestehenden Infrastruktur entwickelt hat.

Dort wo der Mitarbeiter wächst, dort bleibt er auch. Unternehmen müssen heute mehr denn je auch spannende/innovative und experimentelle Themen mit Ihren Mitarbeitern angehen, sonst laufen sie Gefahr, die talentierten Mitarbeiter wieder zu verlieren. Zu groß ist die Konkurrenz an hippen Start-Ups oder der Wunsch bei einem der großen US-Konzerne zu arbeiten. Von daher ist es unabdinglich, eine Innovationskultur zu schaffen und diese auch zu fördern.

Auch beim Thema Innovationskultur im Team schaffen, muss das Führungsteam eine zentrale Rolle einnehmen. Denn Innovationen passieren nicht von alleine. Hierzu sind zwei Dinge maßgeblich erforderlich:

1. Die Rahmenbedingungen bereitstellen: Zeit für kreative Freiräume schaffen sowie kreative Initiativen in den Joballtag integrieren. Dies kann von außen nach innen geschehen: Was kann ich von anderen Industrien, Bereichen oder der Natur lernen, (Bsp. Außenfläche von Flugzeugen der Haut eines Haifisches angepasst bzgl. Aeordynamic), aber auch von von Innen nach Außen: Welches sind meine Kernkompetenzen im Unternehmen (Amazon: Online-Retail, Consumer Daten, State of the art IT) und wie kann ich diese Kernkompetenzen in andere Geschäftsbereiche einbringen (Haushaltswaren verkaufen, Kindle, Streaming, Cloud-Services).
2. Mitarbeiter zu fördern: Wichtig ist, das Potential der Mitarbeiter zu erkennen und zu fördern. Die soziale Kompetenz der Führungskraft spielt dabei eine wichtige Rolle. Jeder Mitarbeiter und jede Idee sollte respektvoll gehört werden und nicht gleich als „verrückte Ideen“ im Keim erstickt werden. Nachdem zahlreiche Unternehmen ihre neuen Talente z. T. über die Maker-Szene oder Hacking-Veranstaltungen rekrutieren, spricht auch nichts dagegen, zum Beispiel firmeninterne Hackathons durchzuführen. Oder wie im Fall der DB Systel, wo sich der Organisator für den ersten externen Hackathon selbstbewusst und pragmatisch in einen undefinierten Bereich von Regeln und Vorschriften zur Veröffentlichung von Daten vorgewagt hat und erst dadurch auch ein neues und innovatives Format geschaffen hat – auch so können Mitarbeiter gefördert und ans Unternehmen gebunden werden! Durch den Mut auch etwas Neues zuzulassen.

Alternativ lassen Sie beispielsweise ihre Mitarbeiter an einem Wochenende auf einer bestehenden Infrastruktur neue Produkte oder Services spielerisch kreieren oder nach Schwachstellen in ihrer IT suchen. Das Ganze mit Boot-Camp-Charakter, inspirierend aufgewertet mit Impulsvorträgen externer Referenten und mit Wettbewerbscharakter – genau solche Events können maßgeblich zur Motivationssteigerung und zur Innovationsfindung für das gesamte Unternehmen beitragen.

Und wenn eine Idee wirklich gut und innovativ ist, dann ist sie oftmals so weit voraus, dass sie oft noch nicht verstanden wird und auch die Umsetzung noch nicht klar ist. Im Rahmen solcher Veranstaltungen bliebe dann auch Raum, diese Ideen oder Konzepte vertieft zu diskutieren.

5 Fazit

Natürlich lassen sich viele der von mir vorgestellten Modelle und Arbeitsweisen nicht auf jede Situation oder auch jede Organisation 1 : 1 umsetzen. In Abhängigkeit von bestehender Kultur, Marktgegebenheiten und Handlungsdruck sowie dem Reifegrad der einzelnen Teams sind die zu gehenden Schritte unterschiedlich groß und die erforderlichen Change-Methoden können durchaus abweichen. Dennoch müssen wir uns vor Augen halten, dass ein neuer Weg oder eine Transformation nur über alle Ebenen geschehen kann. Und mit dem Bewusstsein, dass neue Wege zu beschreiten sind, muss man diese auch gehen, denn nur im TUN erfolgt auch eine Transformation.

Dies bestätigen mir meine Interview-Partner und dies zeigt sich auch bei meiner täglichen Arbeit mit meinen Kunden. Es würde mich daher freuen, wenn der eine oder andere Case oder meine präferierten Leadership-Konzepte Ihr Interesse geweckt haben.

An dieser Stelle möchte ich mich bei meinen Interviewpartnern Stephan Kaulbach (CTO DB Systel), Tony Buckley (CTO Swisslog) sowie Dr. Dominik Deschner (CIO Deutsche Bahn Fahrzeuginstanthaltung) für ihre Zeit und ihre große Offenheit bei der Unterstützung zu diesem Beitrag bedanken.

6 Literatur

[1] Are CIOs Obsolete? 2000. hbr.org/2000/03/are-cios-obsolete (letzter Zugriff: 12. 03. 2018).
[2] Keine Angst vorm Apple-Auto. 2015. www.autobild.de/artikel/deutsche-autobauer-gegen-apple-und-google-5637734.html (letzter Zugriff: 12. 03. 2018).
[3] Daimler: Wir haben keine Angst vor Apple. 2015. www.faz.net/aktuell/wirtschaft/neue-mobilitaet/daimler-chef-zetsche-keine-angst-vor-apple-und-google-13460908.html (letzter Zugriff: 12. 03. 2018).
[4] Elektro-Transporter der Post wird zum Renner. 2017. www.manager-magazin.de/unternehmen/artikel/a-1161898.html (letzter Zugriff: 12. 03. 2018).
[5] Disrupt or Be Disrupted. 2013. www.forbes.com/sites/johnkotter/2013/04/03/how-to-lead-through-business-disruption/#1bb950f12644 (letzter Zugriff: 12. 03. 2018).
[6] Seven Transformations of Leadership. 2005. https://hbr.org/2005/04/seven-transformations-of-leadership (letzter Zugriff: 12. 03. 2018).

II Digitalisierung und digitale Transformation

Gabriele Roth-Dietrich und Michael Gröschel

5 Digitale Transformation: Herausforderung für das Geschäftsmodell und Rolle der IT

1 Digitale Transformation

1.1 Wirtschaft 4.0

Der Begriff **Digitale Transformation** thematisiert die Notwendigkeit einer grundlegenden Neuausrichtung etablierter Unternehmen mit ihren Produkten, Dienstleistungen, Prozessen und Geschäftsmodellen unter den Bedingungen einer zunehmend digitalisierten Welt. Vergleichbar der natürlichen Auslese in Darwins Evolutionstheorie laufen gestandene Unternehmen, die diese Transformationsaufgabe nicht oder zu spät in Angriff nehmen, Gefahr, auf dem Markt von Start-ups eingeholt und spielend überholt sowie vom Markt verdrängt zu werden. Dieser Prozess des **digitalen Darwinismus** betrifft nicht nur den industriellen Sektor. Alle Branchen, ja die gesamte Wirtschaft müssen sich der Zergliederung der Wertschöpfungsketten und der Vernetzung der Kettenglieder stellen und sich zu einer **Wirtschaft 4.0** weiterentwickeln [1, S. 1 ff.]. Diese folgt auf die industriellen Revolutionen der Vergangenheit [2, S. 1 ff.]:

- Die **1. industrielle Revolution** begann ab der Mitte des 18. Jahrhunderts durch die Erfindung und Nutzung der Dampfmaschine für den Antrieb mechanischer Geräte. Hungerkatastrophen gingen aufgrund der besseren Versorgung der Bevölkerung mit Nahrung und Kleidung, durch eine höhere Produktivität in der Landwirtschaft und bei der Herstellung weiterer Grundversorgungsgüter sowie durch neue Transportmittel wie Dampfschiffe und Eisenbahnen zurück. Auf der anderen Seite reduzierten sich die Beschäftigungsmöglichkeiten in Handwerk und Landwirtschaft, und es entstanden die neuen Schichten der reichen Fabrikbesitzer und der wirtschaftlich schlechter gestellten Arbeiter[1].
- In der **2. industriellen Revolution** in der 2. Hälfte des 19. Jahrhunderts begann die arbeitsteilige Massenproduktion mit Hilfe elektrischer Energie, z. B. die von Henry Ford eingeführte Fließbandarbeit, von der vor allem die Chemie-, Elektro- und Automobilindustrie sowie der Maschinenbau profitierten.
- Die **3. industrielle Revolution** meint die Zeit des Wirtschaftswunders in Deutschland Anfang der 1960er Jahre getrieben durch Entwicklungen in der Elektronik wie auch in der Informations- und Kommunikationstechnologie.

1 Soweit im Folgenden bei der Bezeichnung von Personen die männliche Form verwendet wird, schließt diese Frauen in der gleichen Funktion ausdrücklich mit ein.

https://doi.org/10.1515/9783110545395-005

Produktionsprozesse ließen sich zunehmend automatisieren und rationalisieren. Immer weniger Menschen arbeiten seither in produktionsnahen Bereichen, immer mehr in Dienstleistungssektoren.

Die **4. industrielle Revolution** ist die erste, die bereits während ihres Eintretens als solche erkannt wird. Der Begriff **Industrie 4.0** geht auf die Forschungsunion Wirtschaft – Wissenschaft sowie ein Projekt innerhalb der Hightech-Strategie der Bundesregierung zurück und adressiert die Verzahnung der industriellen Produktion mit modernen IT-Technologien. Ziele sind eine weitgehend selbstorganisierte Produktion mit direkter Kommunikation und Kooperation der beteiligten menschlichen Akteure und maschinellen Komponenten sowie eine Optimierung der Wertschöpfungskette über alle Phasen des Produktlebenszyklus hinweg [3].

Umfragen zufolge unterschätzen viele Unternehmen das Ausmaß an Veränderungen für die eigene Branche und die Konsequenzen, die Trends wie Cloud Computing, Mobile Business, Big Data und Predictive Analytics mit sich bringen. Allerdings steigt das Bewusstsein für den Technologieeinfluss auf den Wettbewerb. So zeigt etwa das Global CEO Survey 2017 von PricewaterhouseCoopers bei den befragten Unternehmen aus Deutschland, dass 67 % von einem deutlichen Einfluss ausgehen, während 13 % sogar eine vollständige Umformung der Wettbewerbsbedingungen erwarten. Lediglich 19 % der Umfrageteilnehmer schätzen die Auswirkungen als moderat bis nicht vorhanden ein [4].

1.2 Treiber der Digitalisierung

Zunächst einmal treiben die exponentiellen Entwicklungen in der **Leistungsfähigkeit der verfügbaren Technologien und Systeme** die Veränderungen. Moore prognostizierte bereits in den 1960er Jahren eine Verdopplung der Rechenleistung alle zwei Jahre (Moore's Law), was seither stets zutrifft. Einen wesentlichen Beitrag leisten die stete Verbesserung und das Wachstum der Netze, die immer mehr Menschen Zugang zum Internet gewähren, und die Ausstattung der Nutzer mit Endgeräten aller Art für die Internetnutzung.

Die **Digitalisierung** erfasst immer mehr Lebensbereiche. Der Einsatz von Sensoren im Internet of Everything macht Objekte des Alltagslebens und der Unternehmenswelt zu Computern, die kontinuierlich Daten liefern. Algorithmen zur Mustererkennung helfen bei der Auswertung der Datenflüsse, filtern die Datenströme und wandeln sie in aussagekräftige Informationen um, die als Grundlage der Entscheidungsfindung dienen. Die Kommunikation zwischen Mensch und Maschine vereinfachen smarte Benutzerschnittstellen, die die gesprochene Sprache, Gesten oder Mimik auswerten.

Letztlich entsteht die Dynamik der Veränderungsprozesse aus der **Kombinatorik dieser Entwicklungen**, die neue Geschäftsfelder erschließen, eine Anpassung der Geschäftsmodelle erfordern und innovativen Produkten, Dienstleistungen und Prozessen zum Durchbruch verhelfen werden [1, S. 8 ff.].

1.3 Auswirkungen der Digitalisierung

Dem **großen Veränderungspotenzial** und der Vielzahl von Gestaltungsmöglichkeiten für Unternehmen steht das **Beharrungsvermögen der Führungsebene** gegenüber, die zwischen den folgenden, allerdings häufig nicht zum Erfolg führenden Alternativen zum Umgang mit der Digitalisierung schwankt [5, S. 89]:

- **Abwarten und am Erfolg anderer orientieren**: Das Unternehmen wartet, bis andere diverse digitale Innovationen getestet und ein erfolgreiches Geschäftsmodell entworfen haben, und imitiert dies dann, allerdings aufgrund der späten Adaption ohne Chance auf besonderen Markterfolg.
- **Digitale Idee lange perfektionieren**: Das Unternehmen arbeitet intensiv an der Ausgestaltung einer digitalen Idee, allerdings nur intern und ohne damit an den Markt zu gehen. Auch hier ist eine Vorrangstellung am Markt eher unwahrscheinlich, weil die Konkurrenz die Segmente bereits besetzt.
- **Analoges Geschäftsmodell digitalisieren**: Die reine Übertragung des etablierten Geschäftsmodells bringt für die Nutzer meist weniger Mehrwert als fundamental neue Produkt- und Serviceangebote generieren, was den Erfolg der Angebote schmälert.

Selbst in Krisensituation und verbunden mit einem Wechsel in der Managementebene schöpfen Unternehmen das Veränderungspotenzial oft nur unvollständig aus. Zögern sie mit der Umsetzung der neuen Möglichkeiten, so öffnen sie jedoch **Einfallstore für Start-ups**, die sich zu Konkurrenten entwickeln können. Neue Wettbewerber sind meist unbelastet durch die Unternehmenshistorie. Weder eine hierarchische Organisationsstruktur noch überkommene IT-Landschaften hemmen sie.

Die verhaltene Veränderungsbereitschaft der Unternehmen ist in Zeiten rasanter Veränderungen der Möglichkeiten riskant, da diese die etablierten Entwicklungswege der Unternehmen untergraben. Die Technologien wirken disruptiv, weil Innovationen auf ihrer Basis bestehende Produkte, Dienstleistungen und Geschäftsmodelle geradezu zerreißen. In der Regel treten Konkurrenten damit unerwartet auf, da sie nicht der eigenen Branche zugerechnet werden und die Unternehmen sie daher zu spät bemerken. Auch wenn die **disruptiven Angebote** zu Beginn wenig ausgereift scheinen, unterlegen oder nur für Nischenmärkte interessant wirken, so gelingt es ihnen doch oft nach kurzer Zeit, einen großen Marktanteil zu gewinnen. Ihr schnelles Wachstum erklärt die **Null-Grenzkosten-Theorie** für digitalisierte und dematerialisierte Produkte. Während rückläufige Grenzkosten bei einer Mengenausweitung als Economies of Scale lange bekannt sind, deutet das Phänomen der nahezu bei Null liegenden Grenzkosten an, dass einerseits die

Produktionskosten digitaler Produkte und Dienstleistungen wie E-Books, Musik, Online-Kurse usw. nach Erstellung des ersten Exemplars entfallen (**First-Copy-Cost-Effekt**), da die Angebote ohne Aufwand vervielfältigbar sind. Bei der üblichen Flatrate für die Nutzung von Internetdiensten verschwinden auch die **Zustellkosten**, weil die Bereitstellung weder Logistikaufwand noch Transportkosten generiert. Die einzigen, aber vom Nutzer zu tragenden Kosten, sind jene für Hardware und Software zur Internetnutzung und zum Download [6, S. 105 ff.].

2 Geschäftsmodelle im Zeitalter der digitalen Transformation

2.1 Geschäftsmodelle

Ein Geschäftsmodell beschreibt das Schaffen, Vermitteln und Erfassen von Werten in einer Organisation. Es erklärt den Nutzen, den ein Unternehmen für Kunden und Partner stiftet, sowie die Art, wie die Vorteile in Form von Umsätzen an das Unternehmen zurück fließen. Das Magische Dreieck für Geschäftsmodelle in Abbildung 1 [8] zeigt als **Dimensionen** im Zentrum die Zielkunden (Wer?) sowie in den

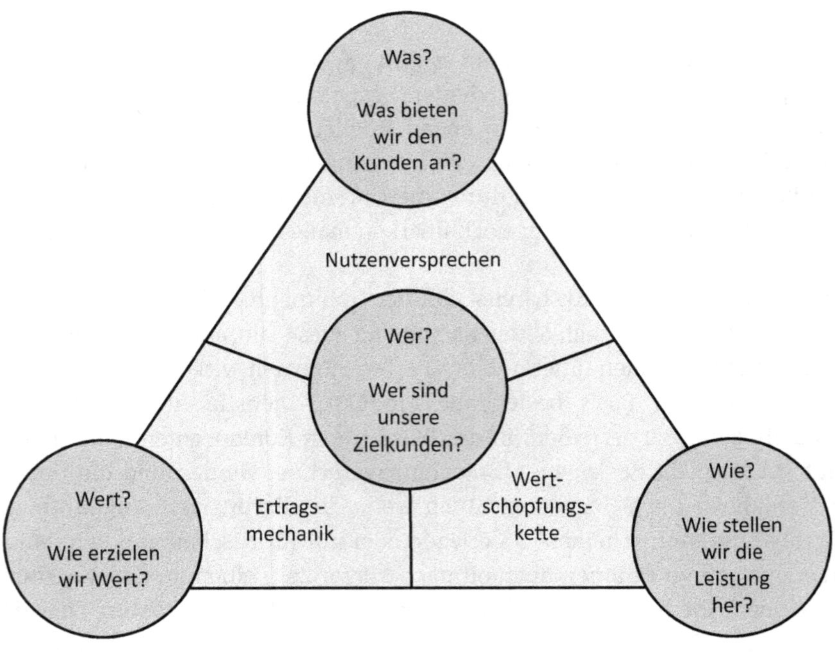

Abb. 1: Magisches Dreieck für Geschäftsmodelle (Quelle: in Anlehnung an Gassmann, O. u. a., Geschäftsmodelle entwickeln. München 2013, S. 6).

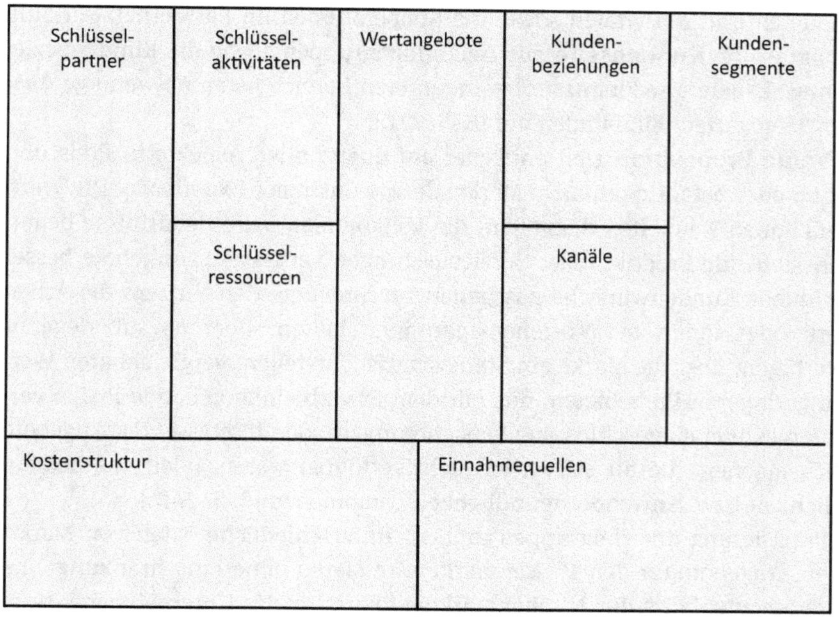

Abb. 2: Business Model Canvas (Quelle: in Anlehnung an Osterwalder, A. und Pigneur, Y., Business Model Generation, Frankfurt a. Main 2011, S. 48).

Ecken das Nutzenversprechen (Was bieten wir den Kunden an?), die Wertschöpfungskette (Wie stellen wir die Leistung her?) sowie die Ertragsmechanik (Wie erzielen wir Wert?). Die Konkretisierung der Dimensionen macht das Geschäftsmodell fassbar und bildet die Basis für eine Innovation. Dabei erfordert die Optimierung an einem der Eckpunkte Antworten und Reaktionen der anderen Ecken. Zur Dimension der Kunden gehören Kundensegmente, -kanäle und -beziehungen, zur Nutzendimension die Produkte und Leistungen, zur Dimension der Wertschöpfungskette die eingebrachten Ressourcen, Fähigkeiten und Prozessen sowie die Partner mit Partnerkanälen und -beziehungen. Die Ertragsdimension betrachtet die Finanzen mit Umsätzen und Kosten. Im Idealfall verstärkt sich eine optimale Elementkombination der verschiedenen Dimensionen gegenseitig, so dass das Unternehmen sich gegenüber Wettbewerbern erfolgreich differenziert, Wettbewerbsvorteile erzielt und Marktanteile gewinnt [7, S. 22 f.].

Das Business Model Canvas in Abbildung 2 ist Vorlage für das strategische Management zur Dokumentation bestehender Geschäftsmodelle oder zur Entwicklung neuer. Es zeigt ein visuelles Diagramm mit Elementen, die die Wertschätzung, die Infrastruktur, die Kunden und die Finanzen eines Unternehmens oder eines Produkts darlegen. Das Business Model Canvas fasst die wesentlichen Elemente des Geschäftsmodells in neun Blöcken zusammen. Um den in wenigen Worten auf den Punkt gebrachten Wert für den Kunden in Form der Lösung seines Problems (**Value Proposition**) in der Mitte ordnet es links die benötigte **Infrastruktur**, d. h.

die Ressourcen und Aktivitäten sowie die Kooperationen im Partnernetzwerk an. Rechts zeigt es die **Kundenseite** mit Zielkundengruppen sowie die Kundenbeziehungen und -kanäle. Die Finanzströme im unteren Bereich listen notwendige Ausgaben sowie erwartete Einnahmen auf [8, S. 22 f.].

Die **Value Proposition** zielt entweder auf quantitative Aspekte in Preis und Effizienz ab oder betont qualitative Merkmale wie Customer Experience. Die Wertangebote können Neuheiten darstellen, die vollkommen neue Bedürfnisse beantworten, bestehende Produkt- oder Serviceleistungen verbessern, Angebote besser auf individuelle Kundenwünsche passgenau zuschneiden, den Nutzern die Arbeit erleichtern oder ihnen bei Kosteneinsparungen helfen, über ein überlegenes Design verfügen, über die Marke ein Statussymbol darstellen, vergleichbaren Wert zu einem geringeren Preis bieten, das mit dem Erwerb einhergehende Risiko vermindern (etwa über eingeschlossene Versicherungen), den Interessenten Angebote zugänglich machen, die für sie vorher nicht verfügbar waren, oder eine bessere Bequemlichkeit bzw. Anwenderfreundlichkeit versprechen [8, S. 27 ff.].

Die Präzisierung der Zielgruppen umfasst unterschiedliche Arten von Marktsegmenten. Angebote für den Massenmarkt adressieren ohne Einschränkung eine breite Interessentenbasis. Bei Nischenmärkten fokussiert das Unternehmen besondere Charakteristiken und Bedürfnisse einer speziellen Kundengruppe. Ein Unternehmen mit einem segmentierten Geschäftsmodell unterteilt auf Basis zusätzlicher Kundenmerkmale ein Marktsegment weiter in Untersegmente mit ähnlichen, aber doch unterschiedlichen Wünschen und Problemen. Ein diversifiziertes Kundengeschäftsmodell spricht mehrere, nicht miteinander zusammenhängende **Kundensegmente** mit unterschiedlichen Eigenschaften und Bedürfnissen an. Mehrseitige Plattformmodelle (Multi-sided Platforms) bedienen wechselseitig abhängige Kundensegmente und vermitteln zwischen Anbietern und Nachfragern. Bei der Ausgestaltung der **Kundenbeziehungen** haben Unternehmen u. a. die Wahl zwischen persönlicher oder gar individueller persönlicher Unterstützung (One-face-to-the-Customer), Selbstbedienung im Sinne von Self Services, automatisierten Dienstleistungen mit autonomen Prozessen auf Basis von Kundenprofildaten, Communities und Mitbeteiligung der Kunden (Co-Creation), z. B. in Form von Kundenfeedbacks, die die Produktweiterentwicklung beeinflussen. Der **Kanäle-Baustein** unterscheidet schließlich direkte Kundenkontakte über eigene Filialen, die Verkaufsabteilung bzw. Web-Shops und indirekte Kundenbeziehungen über Großhändler oder Partnerfilialen. Die Kanäle decken eine oder mehrere Phasen von Aufmerksamkeitsgewinnung über Bewertung, Kauf und Wertangebotsvermittlung bis zur Unterstützung nach dem Kauf ab [8, S. 24 ff.].

Ausgaben entstehen durch die **Schlüsselaktivitäten** in Produktion, Problemlösung oder für die Plattform bzw. das Netzwerk. Die **Schlüsselpartnerschaften** sind unterschiedlich motiviert, mindern z. B. Risiken und Unsicherheiten, erleichtern die Akquise benötigter Ressourcen und Aktivitäten oder helfen bei Optimierungen oder der Realisierung von Mengenvorteilen. Die Kostenstrukturen der

Ausgabenseite sind entweder kostenorientiert, wenn das Unternehmen nach Kostenminimierung strebt, oder wertorientiert, wenn die Erzeugung werthaltiger Produkte und Dienstleistungen für die Kunden im Mittelpunkt steht. Die Kostenbetrachtung sollte sowohl Fixkosten als auch variable Kosten umfassen, alle wesentlichen physischen, intellektuellen, menschlichen und finanziellen Schlüsselressourcen einfließen lassen und Mengen- sowie Verbundvorteile (Economies of Scale, Economies of Scope) berücksichtigen [8, S. 40 ff.].

Die Umsatzströme der **Einnahmenseite** generieren sich z. B. aus dem Verkauf von Wirtschaftsgütern, aus Nutzungs- oder Mitgliedsgebühren, aus Verleih, Vermietung oder Leasing, aus Lizenz- oder Maklergebühren oder Gebühren für Werbung. Die Preise können als Listenpreise fix sein oder abhängig von Produkteigenschaften, Mengen oder Kundensegmenten variieren. Variable Preisgestaltung berücksichtigt Verhandlungen, Ertragsmanagement in Abhängigkeit von Lagerbestand und Kaufzeitpunkt, Echtzeitmarktwerte oder die Ergebnisse von Auktionen [8, S. 34 ff.].

2.2 Hemmnisse für Geschäftsmodellinnovationen

Um eine **Geschäftsmodellinnovation** handelt es sich dann, wenn ein Unternehmen mindestens zwei der vier Wer-Was-Wie-Wert-Dimensionen signifikant verändert. Ziel einer Geschäftsmodellinnovation ist das Schaffen und Schützen von Werten sowie deren Abschöpfung für das eigene Unternehmen. Empirische Untersuchungen belegen, dass innovierende Unternehmen mit Geschäftsmodellinnovationen ein höheres Erfolgspotenzial erschließen als bei reinen Produkt- oder Prozessinnovationen, und dass Outperformer deutlich häufiger ihr Geschäftsmodell erneuern als die Underperformer der Branche. Nicht mehr Produkte oder Prozesse werden in Zukunft im Fokus des Wettbewerbs zwischen Unternehmen stehen, sondern Geschäftsmodelle. Allerdings zeigt die Praxis auch, dass zwar viele Innovatoren enorme Werte schaffen, aber dennoch Verluste schreiben oder sinkende Aktienkurse zeigen, siehe etwa Youtube oder Facebook, weil der Schutz und die Abschöpfung der Werte im Unternehmen nur unzureichend gelingt [9, S. 4 ff.].

Eine große **Herausforderung** für Geschäftsmodellinnovationen stellt die **dominante Branchenlogik** dar. Die 5-Forces-Branchenanalyse nach Porter animiert Führungskräfte, sich an den traditionellen Wettbewerbern zu orientieren und sich im hochkompetitiven roten Ozean zu behaupten. Ein Ausbruch gelingt mit der Blue-Ocean-Strategie, wobei Unternehmen neue, unberührte Märkte suchen, in denen sie wachsen können. In der Praxis fließt allerdings nur ein geringer Teil des Innovationsbudgets in die Entwicklung neuartiger Geschäftsmodelle, weil das Denken der Führungsebene in der eigenen Branchenlogik festhängt und mentale Barrieren die Entwicklung neuer Ideen blockieren. Die Antworten auf Fragen von Neueinsteigern, warum etwas so und nicht anders im Unternehmen gehandhabt wird, verweisen dann auf das Besondere der Branche und ihre Geschäftsabläufe sowie die Erwartungen und die Akzeptanz der Kunden. Zudem sieht kaum jemand die Notwendigkeit für Veränderungen, solange das Unternehmen Gewinne schreibt [9, S. 10 f.].

Kommen neue Ideen von außen, bremst das **Not-invented-here-Syndrom** die Entfaltungsmöglichkeiten, da Manager eigene, im Unternehmen entstandene Impulse bevorzugen. Weitere Hemmnisse bergen **Mythen**, denen viele Unternehmen verhaftet sind, die aber nicht den Tatsachen entsprechen. Der **Erstbesteigungsmythos** baut darauf, dass eine Idee noch niemand zuvor haben durfte, damit sie zu einem kommerziellen Durchbruch führt, wo doch erfolgreiche neue Geschäftsmodelle oft Elemente einer Branche auf eine andere übertragen. Der **Think-Big-Mythos** beharrt darauf, dass Geschäftsmodellinnovationen radikal neu sein müssen, allerdings kennt die Unternehmenspraxis auch inkrementelle Geschäftsmodellinnovationen, z. B. die Unterstützung eines weiteren Vertriebskanals. Der **Technologiemythos** drückt die Erwartung aus, dass eine faszinierende neue Technologie die Voraussetzung für neue Produkte bildet. Hingegen sind viele Technologien bereits breit bekannt, bevor als kreativer Sprung eine neue Anwendung und Nutzbarmachung hervorkommt. Der **Zufallsmythos** will nicht wahrhaben, dass Geschäftsmodelle kein Zufallsprodukt sind, sondern systematisch geplant und hart erarbeitet werden müssen. Der **Einstein-Mythos** traut nur kreativen Genies wirklich innovative Einfälle zu, anstatt wahrzunehmen, dass typischerweise interdisziplinäre, bereichs- oder gar unternehmensübergreifende Teams zu Inspirationen gelangen. Der **Größenmythos** verlangt nach umfangreichen Ressourcen und ignoriert die vielen Geschäftsmodellinnovationen von Außenseitern. Der **F&E-Mythos** schließlich verschiebt die Zuständigkeit für neue Impulse in die F&E-Abteilung, anstatt die Verantwortung dafür als Grundaufgabe jedes Mitarbeiters zu sehen [9, S. 11 ff.].

2.3 Musterbasierte digitale Transformation von Geschäftsmodellen

Die **Digitale Transformation von Geschäftsmodellen** kann als Objekte einzelne Geschäftsmodellelemente, z. B. Prozesse, Kundenbeziehungen oder Produkte, das gesamte Geschäftsmodell, die Wertschöpfungsketten sowie die verschiedenen Akteure im Wertschöpfungsnetzwerk einbeziehen. Weiterhin variieren die Zieldimensionen, das Vorgehen, der Transformationsgrad sowie die Bezugseinheiten, für die die Transformation neu ist [10, S. 7].

Ähnlich der TRIZ-Methodik für die Produktentwicklung, die auf Basis einer Auswertung von Patenten 40 Innovationsprinzipien extrahierte, so will der **St. Galler Business Model Navigator™** eine Konstruktionsmethodik für Geschäftsmodellinnovationen bereitstellen. Er basiert auf der zentralen Erkenntnis, dass sich neue Geschäftsmodelle in vier Schritten aus kreativer Imitation und neuer Rekombination entwickeln lassen. Dabei wiederholen 90 Prozent aller neuen Geschäftsmodelle eine Teilmenge von 55 Mustern und fügen sie neu zusammen. Es ist also nicht nötig, das Rad neu zu erfinden. Gefragt ist vielmehr die Fähigkeit, sich von bestehenden, erfolgreichen Geschäftsmodellen inspirieren zu lassen, sie ideenreich nachzuahmen und die Bestandteile neu zusammen zu würfeln [9, S. 17 ff.].

Als Beispiel trägt eines der **Geschäftsmodellmuster** die Bezeichnung Razor and Blade. Die Kernidee dahinter bietet den Kunden ein Grundprodukt günstig oder sogar kostenfrei an, verkauft aber die Verbrauchsmaterialien für die Nutzung des Basisprodukts, die die Kunden mit Hilfe von Austrittsbarrieren wie Patenten oder einem starken Markenaufbau an das Unternehmen binden, mit hohen Margen. Unternehmen wie Gillette, nachdem das Muster benannt ist, aber auch Tintenstrahldrucker und Patronen bei Hewlett-Packard oder Espressomaschinen und Kaffeekapseln bei Nestlé setzen dieses Muster um. Beispiele für weitere Muster sind: Subskription, Lock-In oder Direct Selling [9, S. 19 f.].

Um aus den Geschäftsmodellmustern neue Geschäftsidee zu erzeugen, können Unternehmen zwischen **drei Basisstrategien** wählen [9, S. 20 ff.]:

- Am weitesten verbreitet ist die **Übertragung** eines existierenden Geschäftsmodells auf eine neue Branche. Die Fehler anderer Unternehmen sind damit vermeidbar, und das Unternehmen wird zum Innovationsführer im eigenen Geschäftszweig. Herausforderung bleibt die Gewährung von ausreichend Spielraum zur Adaption der Vorlage.
- Die **Kombination** von zwei oder gar drei Geschäftsmodellmustern verstärkt die Wirkung der einzelnen Elemente, erschwert den Wettbewerbern die Imitation, geht allerdings auch mit komplexen Planungs- und Umsetzungsprozessen einher.
- Die innovativsten Unternehmen setzen auf die **Wiederholung** eines erfolgreichen Geschäftsmodells in einem anderen Produktbereich, obwohl dies einen Spagat zwischen Veränderung und Stabilität erfordert, weil sie so Erfahrungen und Synergien nutzen können und das Risiko überschaubar bleibt.

Der **St. Galler Business Model Navigator™** beginnt mit einer intensiven **Umfeldanalyse** der Akteure in den Kunden-, Partner- und Wettbewerberrollen sowie mit einer Untersuchung der Einflussfaktoren, z. B. der notwendigen Technologien, der vorherrschenden Trends oder der regulatorischen Entwicklungen (siehe Abb. 3). In der Phase der **Ideenfindung und Musteradaption** übertragen die Nutzer die 55 Geschäftsmodellmuster auf das eigene Geschäftsmodell und kreieren dadurch gänzlich neue Ideen. Das Vorgehen nach dem Ähnlichkeitsprinzip beginnt mit stark analogen Branchen und tastet sich langsam auf entferntere vor, während das Konfrontationsprinzip die bewusste Auseinandersetzung mit Extremen sucht. In der **Integrationsphase** müssen sich die generierten Geschäftsmodellideen einer Prüfung auf Konsistenz zu internen Anforderungen und zum externen Umfeld unterziehen. Auf das Geschäftsmodelldesign folgt die Umsetzungsphase mit Iteration von Test, eventueller Umplanung und Anpassung bis zur Markteinführung [9, S. 16 ff. und S. 44 ff.].

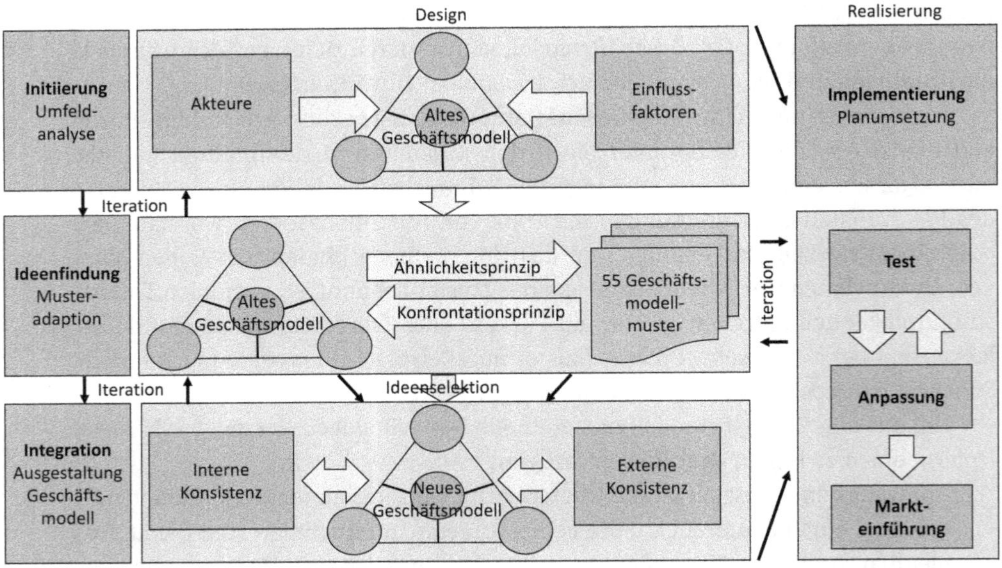

Abb. 3: St. Galler Business Model NavigatorTM (Quelle: in Anlehnung an Gassmann, O. u. a., Geschäftsmodelle entwickeln, München 2013, S. 22).

3 Die Rolle der IT für die digitale Transformation

3.1 Von der digitalen Transformation betroffene Strategiebereiche

Die digitale Transformation formt fünf wesentliche **Domänen der Unternehmensstrategie** um: Kunden, Wettbewerb, Daten, Innovation und Wertschöpfung. **Kunden** bilden keine anonyme Masse mehr, an die das Unternehmen wahllos Werbebotschaften richtet, die sich mit Marketingmitteln zum Kauf überzeugen lassen und das Unternehmen als maßgeblichen Influencer akzeptieren. Statt Massenproduktion und Wertströme nur in einer Richtung geht es um wechselseitige Wertschöpfung und Wirtschaftlichkeit durch werthaltige Angebote für die Kunden. Kunden bilden mit dem Unternehmen und weiteren Akteuren ein dynamisches Netzwerk mit bidirektionaler Kommunikation [11, S. 1 ff.].

Dies ändert die gesamte **Wettbewerbslandschaft**. Wettbewerber tauchen branchenübergreifend auf, und oft ist keine klare Abgrenzung zwischen Partnern und Konkurrenten möglich, da diese wechselnde Rollen einnehmen und Werte auf Plattformen austauschen. Schlüsselressourcen, die bislang strikt innerhalb des Unternehmens aufgebaut und gehalten wurden, externalisieren sich nun in die Netzwerke und Ökosysteme des Unternehmens. Langanhaltende Dominanz bekannter Wettbewerber gehört der Vergangenheit an, weil Netzwerkeffekte neue Anbieter rasant wachsen lassen (Winner-takes-it-all-Effekt) [11, S. 7 f.].

Auch die **Datensituation** wandelt sich grundlegend. Während früher die Datengenerierung im Unternehmen teuer war und Speicherung in Datensilos sowie Datenverwaltung die IT-Abteilung vor große Herausforderungen stellten, entstehen Daten nun ständig und überall. Die Kunst besteht jetzt darin, aus diesen Datensammlungen die relevanten Informationen zu filtern, geeignet zu analysieren und zu interpretieren. Unstrukturierte Daten, die sich mittlerweile besser auswerten lassen, ergänzen die strukturierten Daten aus den klassischen betrieblichen Anwendungssystemen. Daten dienen nicht mehr nur der Prozessoptimierung, sondern erzeugen Wertschöpfung als Teil der immateriellen betrieblichen Vermögenswerte [11, S. 8 f.].

Innovation entspringt nicht mehr der Intuition und Kompetenz vereinenden Entscheidungsfindung der Managementebene, sondern durch Tests und Validierungen, die die IT-Abteilung nun schnell und preiswert umsetzen kann. Experimente sind nicht mehr verpönt und Experten vorbehalten, sondern gehören zum üblichen Innovationsprozess. Fehler sollen nicht vermieden werden, sondern frühzeitig und zu geringen Kosten erkannt werden. Anstatt mit der Markteinführung auf das fertige Produkt zu warten, bekommen Nutzer Minimal Viable Prototypes (MVP), die der Anbieter nach und nach iterativ verbessert und weiterentwickelt. Es geht weniger um die perfekte Lösung, als vielmehr darum, das richtige Problem zu lösen [11, S. 9].

Die **Wertschöpfung** orientiert sich mit ihrem Wertversprechen an den Kunden, nicht an den eher statischen Standards der Branche, und sucht ständig nach Gelegenheiten für die Bereitstellung neuer Kundenwerte. Während Unternehmen traditionell ein erfolgreiches Geschäftsmodell so lange wie möglich weiter verfolgen und optimieren, versuchen sie nun, dem Markt einen Schritt voraus zu bleiben und entwerfen neue Geschäftsmodelle, die sie in der Pipeline halten und vorantreiben, um zukünftige Ertragsquellen zu erschließen. Die Selbstsicherheit weicht einer ständigen Suche nach neuen Möglichkeiten [11, S. 9 f.].

3.2 Anforderungen der digitalen Transformation an die IT

Die digitale Transformation erschließt schier unbegrenzte neue Möglichkeiten für die Wirtschaft, allerdings sind dazu Umdenkprozesse im Unternehmen und die Neugestaltung von Organisation, Prozessen und Unternehmenskultur unumgänglich. Auch die IT muss sich in die veränderten Bedingungen einfinden und folgenden Anforderungen gerecht werden [12, S. 31 ff.]:

- **Agilität:** Anpassungsfähigkeit der IT stellt eine große Herausforderung dar, ist aber unabdingbarer Erfolgsfaktor, da die Veränderungsgeschwindigkeit drastisch zugenommen hat. Unternehmen sind gefordert, sich schnell an neue Markt- und Wettbewerbsbedingungen anzupassen, neue Ideen umzusetzen und zu testen und bei Misserfolg auch wieder zu verwerfen. Statt der perfekten IT-Systemlandschaft für das nächste Jahrzehnt, sind Prototypen mit späteren

Ergänzungen und Weiterentwicklungen sowie der Möglichkeit zur flexiblen Skalierung im Erfolgsfall gefragt.

- **Innovationsfähigkeit:** Im Zeitalter der digitalen Transformation genügt es nicht mehr, durch IT-gestützte Prozessoptimierungen bestehende Angebote inkrementell zu verbessern. Stattdessen sind ein radikales Umdenken und ein Start-up-gleiches Verhalten erforderlich. Dies betrifft auf der Führungsebene die Denk- und Arbeitsweisen, die traditionellen Managementansätze sowie die Art der Unternehmenssteuerung. Die IT antwortet darauf mit dem Abwenden von klassischen Wasserfallmodellen für die Anwendungsentwicklung und der Einführung iterativer Ansätze im Sinne von Lean Start-ups durch Vorgehensmodelle wie Scrum. DevOps beschleunigen Entwicklung, Inbetriebnahme und Weiterentwicklung neuer Anwendungen und Services. Auch die Auswertung von Nutzungsdaten sowie Kundenrückmeldungen gewinnt an Bedeutung, so dass Partner und Kunden immer mehr Teil des Innovations- und Entwicklungsprozesses werden.
- **Einfachheit:** Vorbei sind die Zeiten, in denen man Nutzer oder Kunden bei Fragen zur Anwendungsnutzung oder im Fehlerfall auf das Handbuch verweisen konnte. Intuitivität und Benutzerfreundlichkeit erwarten nicht nur die Mitarbeiter am Digital Workplace (User Experience) und die Kunden an jedem ihrer Frontendgeräte (Customer Experience), sondern auch das Back-Office, das zu viel Zeit benötigt, um die Legacy-Systeme in Betrieb zu halten, die durch Anpassungen, Erweiterungen und Integrationsvorhaben im Laufe ihrer langen Lebensdauer immer komplexer und schwerer wartbar wurden. Die Zukunft gehört einer Lean IT, die Prozesse und Kommunikationsformen einfach und zweckmäßig unterstützt. Der aktuelle Ansatz einiger Großunternehmen, die zweigeteilte Systemlandschaften betreiben – eine stabile und effiziente für die historischen Produkte (System of Records) einerseits und eine auf Innovation und Schnelligkeit ausgelegte (System of Engagement) andererseits – kann nur den ersten Schritt darstellen. Hier ist eine Integration anzustreben, um Insellösungen zu vermeiden.
- **Intelligente Datennutzung:** Die umfangreiche Datensammlung aus unterschiedlichsten Quellen, ihre Speicherung und Echtzeitauswertung bringt Mehrwert für ein Unternehmen, das die Daten für den Ausbau und die Optimierung der Kundenerfahrung entweder selbst nutzen oder an andere Unternehmen verkaufen kann. In Zukunft bilden Datenpools und Auswertungsalgorithmen den Kern für Prozessoptimierungen, strategische und operative Entscheidungsfindung sowie Geschäftsinnovationen.

3.3 IT als Enabler für die digitale Transformation

Die digitale Transformation wird über **vier Hebelbereiche** vorangetrieben, die allesamt im IT-Umfeld verortet sind (siehe Abb. 4 [30]). Die Hebel der Transformation nutzen **IT-Technologien als Enabler** und kommen so zu neuen Angeboten [13, S. 20]. Die Hebel zeigen sich je nach Branche des Unternehmens mit unterschiedlicher Priorität. So hat die Automatisierung mit Innovationen in Robotik und additiven Fertigungsverfahren dominierende Auswirkung auf die Fertigungsindustrie, ist aber für andere Industriezweige von untergeordneter Bedeutung. Deshalb konzentrieren sich die folgenden Ausführungen auf die Hebelbereiche der digitalen Daten, der Vernetzung sowie auf den digitalen Kundenzugang. Die in Abbildung 4 im äußeren Ring aufgeführten Enabler sind als Beispiele zu verstehen, die sich beliebig ergänzen lassen.

3.3.1 Digitale Daten

Umfassende Kundenzentriertheit verlangt nach **Nutzung digitaler Daten.** Die Erfassung, Verarbeitung und Auswertung digitaler Massendaten (Analytics) verbessert Vorhersagen und Entscheidungen und wird auch zur Grundlage datenbasierter Geschäftsmodelle. Business Intelligence-Lösungen ergänzen die gepflegten CRM-Systeme. Diese sammeln im Sinne einer Datafizierung, d. h. digitalen Auswertbar-

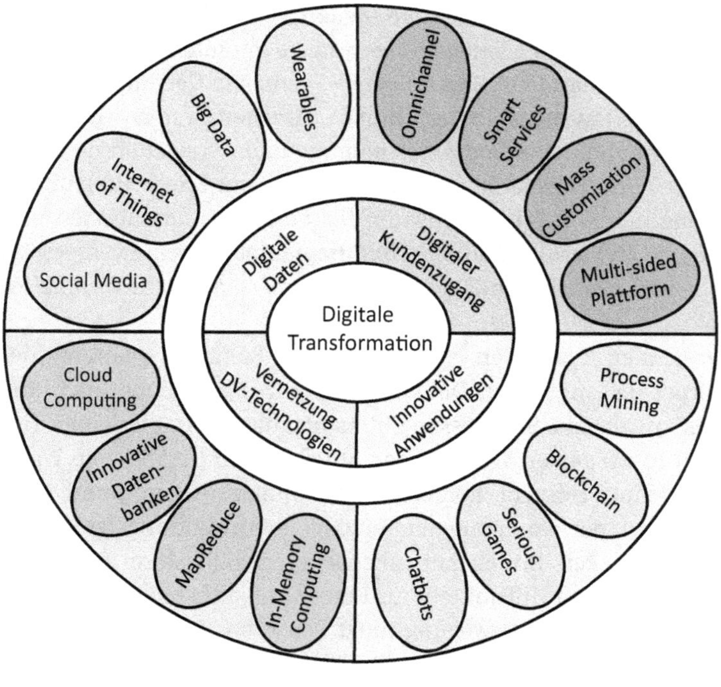

Abb. 4: Hebel der digitalen Transformation mit IT als Enabler für neue Angebote (Quelle: in Anlehnung an Bloching, B. u. a. (Roland Berger Strategy Consultants), Die digitale Transformation der Industrie, Studie im Auftrag des BDI, 2015, S. 20).

machung, aus immer mehr Bereichen der Realität Informationen ein [14, S. 101]. **Big Data-Auswertungen** kennzeichnet nach Gartner eine Kombination aus drei mit „V" beginnenden Begriffen. **„Volume"** drückt aus, dass das Datenvolumen wächst, **„Velocity"** spricht die steigende Geschwindigkeit der Datenproduktion an, während **„Variety"** die hohe Bandbreite an Datenarten und -formaten thematisiert [15]. Ein viertes „V" findet sich in der Literatur mit unterschiedlichen Begriffen gefüllt, etwa **„Veracity"**, um auf die Unsicherheit und nicht immer gegebene Vertrauenswürdigkeit der Daten hinzuweisen [16].

Das **Internet of Things (IoT)** macht beliebige Objekte der Realität digital ansprech- und steuerbar, verbindet physische und virtuelle Gegenstände und führt zu immer neuen Geschäftsmodellen durch die Vernetzung von Produkten und Sensoren. Das IoT beeinflusst grundlegend Produktion, Logistik und Service. In der Produktion kommunizieren zum Beispiel Fertigungsanlagen mit Hilfe von Messwertgebern eigenständig mit Werkstücken (Smart Factory). Vorausschauende Wartung (Predictive Maintenance) dient als Frühwarnsystem, sagt den optimalen Zeitpunkt für Wartungs- und Instandhaltungsarbeiten voraus und legt bei Bedarf selbstständig Reparaturaufträge an, indem Big Data-Systeme wiederum Messwerte der Maschinen interpretieren. Die Logistik automatisiert Transportprozesse mittels fahrerloser Transportfahrzeuge, die in Verbindung mit Raumelementen stehen und so alleine den Weg zu ihrem Zielort finden. Weitere Anwendungsfelder beziehen den Endkunden stärker ein, etwa die präzisere Steuerung der Energieversorgung auf Basis sensorgesteuerter Energiebereitstellungssysteme mit intelligenten Netzen und Verbrauchssteuerung (Smart Grid/Smart Energy), vernetzte Gebäude für Gerätesteuerung und Sicherheitssysteme (Smart Home), Assistenzsysteme im Auto, genauere Wartungsinformationen, Standortbestimmung und Fernsteuerung durch Messfühler in Autoteilen und Telematikboxen (Smart Cars/Connected Cars), intelligente Verkehrssysteme durch Fahrbahnsensoren für Verkehrsinformationen und Ampelsteuerung (Smart City) sowie Wearables und Implantate für eine verbesserte Gesundheitskontrolle und medizinische Versorgung (Connected Health Wearables) [17, S. 14 ff.].

Wearables bezeichnen Computersysteme, die der Benutzer während der Anwendung am Körper befestigt trägt. Die Computernutzung ist dabei nicht die primäre Tätigkeit des Anwenders. Stattdessen unterstützt das Wearable seinen Träger bei einer Aktivität in der realen Welt. Zu den altgekannten Geräten wie Walkman, Herzschrittmacher und Hörgerät kommen durch Miniaturisierung und Kommunikationsmöglichkeiten der Komponenten unzählige Anwendungsfelder wie Smartwatches, Activity Tracker, Brillen mit innenseitigem Bildschirm oder Kleidungsstücke mit eingearbeiteten Hilfsmitteln für Kommunikation oder Medienwiedergabe hinzu. Die Quantified-Self-Bewegung nutzt Sensoren zur Datenerfassung und Selbstvermessung, um das eigene Leben gemäß gesellschaftlicher oder individueller Ansprüche zu verbessern [18]. Bei Verbindung der Wearables mit Smartphones oder Laptops können sie als weitere Datenquelle die Auswertungsmöglichkeiten von Big Data-Analysen ergänzen.

Soziale Medien (Social Media) sind Internet-Anwendungen für die menschliche Interaktion sowie das Informations-, Identitäts- und Beziehungsmanagement in einem neuartigen Kommunikationsraum und eine weitere nicht mehr wegzudenkende Datenquelle für die Big Data-Welt. Die Nutzer hinterlegen Kompetenzen, Interessen, Vorlieben, eigene multimediale Inhalte, Beziehungen, Erfahrungen, Meinungen, persönliches Expertenwissen, Erlebnisse und Stimmungen in sozialen Netzwerken, Multimediaplattformen, Weblogs, Microblogs und Wikis [19, S. 11 ff.].

3.3.2 Vernetzung und Datenverarbeitungstechnologien

Die mobile oder leitungsgebundene Vernetzung aller Akteure über hochbreitbandige Telekommunikation und die skalierbare Verfügbarkeit von Rechenleistung und Speicherplatz stellen die Voraussetzung dar, um die neuen Datenquellen sinnvoll zu sammeln und auszuwerten. Allerdings muss das Unternehmen die Ressourcen nicht vor Ort bereitstellen, sondern kann von der zunehmenden Virtualisierung profitieren.

Cloud Computing-Technologien stellen einen flexiblen Zugang zu Anwendungen und Daten sicher und bringen Transparenz in den dafür entstehenden finanziellen Aufwand. Sie versetzen Unternehmen in die Lage, die geforderte Agilität, Flexibilität und Skalierbarkeit zu leben.

- **Software-as-a-Service (SaaS)** gestattet eine schnelle und einfache Implementierung und Bereitstellung von Anwendungen und entlastet die Unternehmen von Pflege- und Betriebsaufgaben. Da SaaS-Entwicklungen oft auf offene Standards setzen, sind sie leicht mit anderen Bestandteilen der IT-Landschaft integrierbar. Micro-Apps bilden die Bausteine, aus denen puzzle-gleich durch Zusammenstecken und Erweitern eine komplette Anwendung entsteht.
- Fehlen Anwendungen oder Micro-Apps in einer SaaS-Umgebung, hilft die Erweiterung zum **Platform-as-a-Service-Modell (PaaS)**. Die Plattform hält eine Systemumgebung für das effiziente Entwickeln, Testen und Implementierung neuer Anwendungen vor.
- Der **Infrastructure-as-a-Service-Ansatz (IaaS)** erlaubt es, auf eine kurzfristige Zunahme von Datenmengen oder Analysevorgängen zu reagieren, und die IT-Kapazitäten nachfragegenau zu skalieren.

Alle Cloud-Modelle gewährleisten Agilität, Flexibilität und Schnelligkeit, müssen jedoch auch Anforderungen nach Sicherheit, Zuverlässigkeit und Datenschutz erfüllen. Je nach Anwendung, Nutzergruppe und Datenprofil stellen **Hybrid-Modelle** aus Public Cloud, Hosted oder gar Inhouse Private Cloud differenzierte Umgebungen bereit, die diesen Anforderungen gerecht werden [12, S. 31 ff.].

Die neue Fülle möglicher Quellen und Formate aufzubereitender Daten verbunden mit der Forderung nach Bewältigung großer Datenmengen revolutioniert auch die **Technologie der Datenbanken**, die bislang Datensätze (Records) in fix strukturiertem Format erwarten, mit abweichenden Feldlängen und Felddatentypen nicht umgehen können, die Datensuche auf vordefinierte Indizes einschränken und beim Einsatz in transaktionsorientierten Systemen die Bearbeitung so lange verzögern, bis alle Aktualisierungen durchgeführt wurden. Jetzt sind Eingabemöglichkeiten für flexible Datenformate, schnelle Suchen auch für spontane Abfragewünsche und die Ergänzung der traditionellen Datenbankabfragesprache SQL (Structured Query Language) um Elemente für das Durchsuchen nach **Datensätzen unterschiedlicher Art und Größe** gefordert (noSQL – not only SQL) [14, S. 59 ff.].

Stetig fallende Hardware-Preise für Hauptspeicher und Prozessoren machen für Unternehmen **In-Memory Computing** interessant, das die Verwaltung und persistente Speicherung von Daten von den Festplattensystemen in den Hauptspeicher (RAM, Random Access Memory) eines Rechnersystems verlagert und enorme Performance-Verbesserungen verspricht, weil die Zugriffszeiten der CPU (Central Processing Unit) eines Rechnern auf den Hauptspeicher um mehrere Größenordnungen kleiner sind als Festplattenzugriffe. Weitere Verbesserungen in der Rechenleistung bringen Mehrkernprozessoren (Multicore-Prozessoren), in denen mehrere CPU-Kerne auf einem Chip Anfragen aufteilen und parallel verarbeiten [20, S. 1 und S. 14 f.]. Zusätzliche Besonderheiten beschleunigen die Datenverarbeitung. So verzichten In-Memory-Datenbanken teilweise auf zeitintensive Datenupdates und arbeiten nach der **Insert-Only-Methode**. Die Datenbank fügt das neue Tupel ein und markiert die geänderten oder gelöschten Datensätze mit einer Ungültigkeitsmarkierung oder einem Zeitstempel. Nebenbei stellt dieses Verfahren sicher, dass der komplette Transaktionsverlauf und Lebenszyklus in der Datenbank erhalten bleibt [21, S. 16 f.].

Die Kombination von zeilen- und **spaltenbasierten Datenlayouts** sorgt für weitere Performance-Verbesserungen. Während traditionelle relationale Datenbanken zeilenweise einen Datensatz nach dem anderen in die Speicherbereiche abbilden, fragen moderne Systeme nach dem für eine Tabelle typischen Zugriffsmuster. Falls die Abfragen sich auf das Auslesen und ggf. Aggregieren einzelner Spalten beschränken, beschleunigt sich der Zugriff, wenn im Speicher zunächst alle Einträge von Spalte 1, danach alle der Spalte 2 usw. zu finden sind. Hybride Layouts kombinieren die Vorteile beider Welten, indem sie je nach Verteilung des Workloads einige Attribute spaltenbasiert und andere zeilenorientiert ablegen [21, S. 59 ff., 20, S. 77 ff.].

Die Besonderheiten von Unternehmensdaten, wo Tabellen üblicherweise eine Vielzahl von Spalten aufweisen, von denen im Schnitt über 50 % leer bleiben, und die gefüllten Spalten eine geringe Wertekardinalität haben, d. h. wenig unterschiedliche Feldinhalte im Verhältnis zur Gesamtzahl der Datensätze, begünstigen den Einsatz von **Komprimierungsverfahren**, verringern den Speicherplatzbedarf und erhöhen die Performanz zusätzlich [21, S. 17].

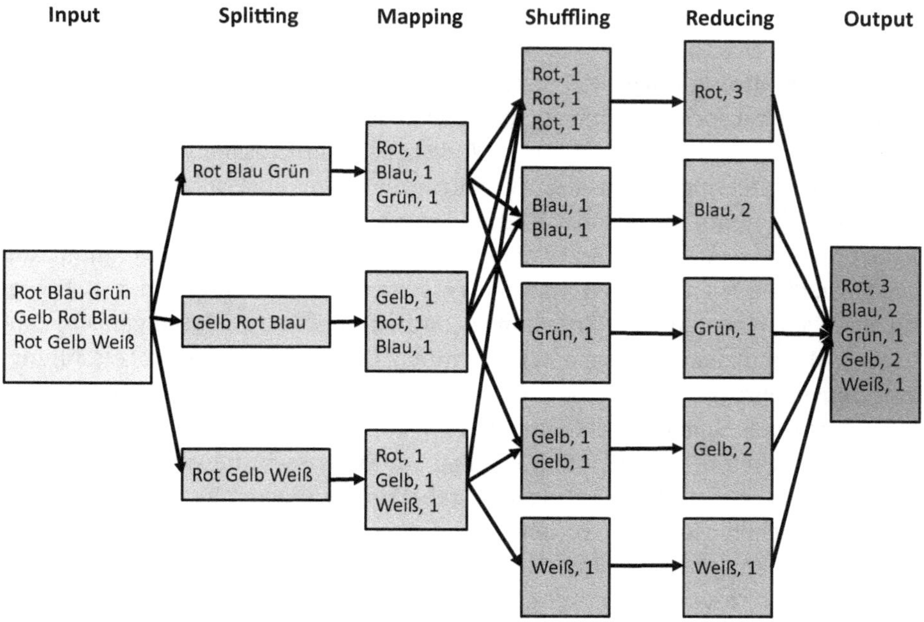

Abb. 5: MapReduce-Verfahren (Quelle: eigene Darstellung).

Für die verteilte Durchsuchung und Auswertung großer Datenmengen eignet sich das **MapReduce-Verfahren**, das beschreibt, wie sich Daten auf ein Cluster mit Commodity-Hardware verteilen und dort effizient auswerten lassen. Der MapReduce-Algorithmus beginnt mit der Aufteilung der Eingangsdaten in Datensegmente für die einzelnen Cluster (Splitting). Die Map-Funktion eines Cluster-Knotens führt die gewünschte Auswertung durch und speichert Zwischenaggregate ihres Ergebnisses. Der Shuffling-Schritt bringt die Ergebnisse der Mapper durch Sortierung und Gruppierung zusammen. Die Reduce-Funktion schließlich ermittelt das Endergebnis [22, S. 42 ff.]. Soll das Verfahren beispielsweise wie in Abbildung 5 eine Häufigkeitsverteilung von Wörtern in einem Text berechnen, so verteilt der Split-Schritt die Textabsätze auf die Cluster-Komponenten. Die Map-Phase zählt die Häufigkeit jedes Wortes für jedes Textsegment getrennt. Shuffling fügt die Teilergebnisse der Knoten zusammen, während der Reduce-Schritt durch Summierung die Gesamthäufigkeit eines Wortes berechnet.

3.3.3 Innovative Anwendungen

Die Fülle verfügbarer Daten sowie die Vernetzungs- und Datenverarbeitungsmethoden führen zu neuartigen Anwendungen. Diese nutzen unterschiedliche Datenquellen und verarbeiten sie auf vielfältige Weise. Die folgenden Ausführungen gehen beispielhaft auf die Anwendungen Process Mining, Blockchain, Serious Games sowie Chatbots ein.

Process Mining nutzt die Prozessdaten zu Aktionen und Ereignissen, die IT-Systeme laufend speichern, um ein detailliertes und vollständiges Bild der tatsächlichen Abläufe zu zeichnen. Während Workshops zu Prozessanalyse und -optimierung meist durch großen Zusatzaufwand für die Prozesserfassung, -modellierung und -bewertung gekennzeichnet sind und nur einen Ausschnitt der Wirklichkeit, jedoch nicht die Ausreißer und Fehlerfälle wiedergibt, greift Process Mining auf Daten zu, die die betrieblichen Anwendungssysteme sowieso vorhalten, z. B. Datensätze zu Bedarfsmeldungen, Bestellungen, Waren- und Rechnungseingängen, Zahlungen, Mahnungen, Retouren und Gutschriften. Daraus generieren Process Mining-Werkzeuge retrograd Prozessmodelle und zeigen akribisch, wie häufig welcher Pfad durch das Modell durchlaufen wurde, wo Schleifen auftraten, welche Zeitspanne zwischen zwei Aktivitäten verging, wo Prozessschritte vergessen wurden und welche sonstigen Abweichungen es gab. Von besonderer Bedeutung sind Vergleiche zwischen modellierten Soll- und nachgezeichneten Ist-Prozessen, da die Abweichungsanalyse Aufschluss über kritische Prozessstellen, Engpässe und missverständliche Prozessvorgaben gibt. Zudem können Prozess Mining-Tools auf Basis der historischen Prozesspfade die weiteren Schritte der aktuell ablaufenden Prozessinstanzen vorhersagen, um bei befürchteten Terminüberschreitungen oder vermuteten Prozessabweichungen proaktiv gegensteuern zu können [23].

Die aus dem Umfeld der Kryptowährungen, insbesondere Bitcoin, sich verbreitende Basistechnologie **Blockchain** erlaubt durch die intelligente Kombination von bereits lange etablierten Technologien wie Verschlüsselung und Peer-to-Peer-Netzwerken das Ausschalten von Intermediären, die bisher kostenintensiv und zeitaufwändig ihre Rolle als vertrauenswürdiger Partner für Transaktionen als Geschäftsmodell nutzten. Auch wenn bezüglich der sinnvollen Anwendungsgebiete und des effizienten Betriebs von Blockchains viele Aspekte offen sind, beschäftigen sich bereits heute viele Unternehmen mit der Thematik. Die verteilte und vertrauenswürdige Datenhaltung von Blockchains bietet sich gerade für die bereits genannten dynamischen Wertschöpfungsketten mit vielen Beteiligen an. Die Idee der **Smart Contracts**, die eine automatische, „einprogrammierte" Abwicklung von Verträgen, vorsieht, unterstützt die beschleunigte Abwicklung von Geschäftsprozessen. Smart Contracts bilden Verträge digital ab und überprüfen sie automatisch. Ebenso können sie die Verhandlung oder Abwicklung eines Vertrags übernehmen. Vertragsklauseln lassen sich damit teilweise selbst ausführen oder durchsetzen, was den Vertragspartnern eine höhere Sicherheit gegenüber traditionellem Vertragsrecht verspricht und gleichzeitig die Transaktionskosten verringert [24].

Verschiedene Branchen nutzen Anwendungen mit spielerischen Elementen zur Kundenbindung, z. B. Loyalty-Programme. In letzter Zeit kommen neben Kunden als Zielgruppe der Enterprise **Gamification** die Mitarbeiter hinzu, die spielerische Ansätze in Arbeits- und Lernprozesse des Unternehmens einbindet, um die Motivation zur Aufgabenerledigung zu fördern, anstatt rein zu unterhalten (**Serious Gaming**). Zu den Gamification-Elementen gehören Punktelisten, High Scores, Auszeichnungen, virtuelle Güter und Spielebenen (Level). Unternehmen experimentieren damit in verschiedenen Anwendungsbereichen, wie Bildung, Online-Communities, soziale Netzwerke, Gesundheit und Wohlbefinden, Crowdsourcing, Nachhaltigkeit, Orientierung, Forschung und Entwicklung, Marketing sowie Computer-supported cooperative work (CSCW). Die damit verfolgten Ziele reichen von der Unterstützung von Unternehmensprozessen über Wissensweitergabe und -aufnahme bis zu Verhaltungsbeeinflussung [25, S. 4 ff.].

Chatbots (Chat Robot) sind textbasierte Dialogsysteme und sollen Gesprächspartnern eine natürlichsprachliche Konversation mit einem Computer ermöglichen. Sie greifen auf eine vorgefertigte Datenbank zu und nutzen diese als Wissensbasis für Erkennungsmuster und Antwort. Die zugrunde liegenden Programme zerlegen den Eingabetext und verarbeiten ihn nach vorgefertigten Regeln. Chatbots erkennen die gestellte Frage über Mustererkennung und passen die gefundene Antwort vor der Ausgabe eventuell auf den Fragekontext an. Von Textdialogen haben sie sich zu Spracherkennung und -synthese weiterentwickelt. In Zukunft werden sie nicht nur Fragen beantworten, sondern als Intelligente Persönliche Assistenten erweiterte Dialoge mit ihren menschlichen Kommunikationspartnern führen und Dienstleistungen für diese bereitstellen [26].

3.3.4 Digitaler Kundenzugang

Die drastischen Auswirkungen auf die Wirtschaft ergeben sich aus dem Zusammenspiel von Daten, Vernetzung, IT-Technologien und Anwendungen. Zunächst einmal erhöhen diese die Markttransparenz für Kunden, die Produkte, Qualität, Funktionalität, Preise, Konkurrenzangebote sowie Kundenservice einfach vergleichen können, und die zudem in ihre Kaufentscheidung Empfehlungen und Erfahrungen anderer Konsumenten einfließen lassen. Kunden nutzen immer mehr verschiedene Kanäle und Endgeräte für ihre Aktivitäten und fordern ein lückenloses Einkaufserlebnis (**Omnichannel**) über alle Prozesse von der ersten Interessensbekundung bis zu Rechnungsstellung und Logistik [12, S. 29 ff.].

Außerdem beeinflussen immer häufiger **Smart Services**, d. h. ergänzende Serviceangebote rund um das Produkt die Kaufentscheidung, die zum differenzierenden Merkmal der Unternehmen werden. Beispielsweise sammeln Apps die Nutzungsdaten zu einem Produkt und analysieren diese, so dass IoT-Technologien und Vernetzung zwischen Produkten und Anwendungen an Bedeutung gewinnen. Der Besitz eines Produkts wird vernachlässigbar, solange Kunden es mit Sharing-Modellen als Service nutzen können [12, S. 29 ff.].

Generell steigt die Anspruchshaltung der Kunden, die auf ihre individuellen und sich häufig ändernden Präferenzen personalisierte Erlebnisse und Angebote erwarten. Unternehmen reagieren im besten Fall vorausschauend auf veränderte Kundenerwartungen und Nachfrageschwankungen und halten gleichzeitig durch ein hohes Maß an Automatisierung die Kosten für die individuellen Produkte niedrig (**Mass Customization**) [12, S. 29 ff.].

Die digitale Transformation verändert die Interaktion zwischen den an der Wertschöpfung und -nutzung beteiligten Akteuren, seien es Menschen, Maschinen oder Ressourcen, die nun unmittelbar und in Echtzeit miteinander interagieren. Das bislang vorherrschende Pipeline-Modell einer linearen Wertschöpfungskette vom Lieferanten zum Kunden verdrängt zunehmend ein **multi-sided Plattformmodell**, also ein Wertschöpfungsnetzwerk, in dem alle Einheiten flexibel aufeinander reagieren und sich weitgehend selbst organisieren. Statt der zeitversetzten Informationsweitergabe über Bedarfe von Kunden über diverse Stufen der Supply Chain hinweg bis zum ersten Lieferanten der Kette, betreten neue Entitäten die Interaktionsbühne und beteiligen sich an den Güter- und Finanzströmen, sammeln Informationen, werten sie aus und geben sie weiter oder bereichern die Angebote mit neuen Dienstleistungen und Services. Hier setzen in der Regel auch Disruptoren an, die bestehende Wertschöpfungsketten aufbrechen, in kleinste Bestandteile zerlegen und mit niedrigen Transaktionskosten neu zusammensetzen. Die Aufspaltung vermindert die Markteintrittsbarrieren und erfordert nur geringen Kapitaleinsatz. Ist erst einmal eine größere Nutzerbasis erschlossen, tritt ein Schneeballeffekt ein, da nach dem **Metcalfe'schen Gesetz** der Nutzen des Netzwerks proportional zum Quadrat seiner Teilnehmerzahl steigt [13, S. 19].

4 Strategischer Ansatz für den Einstieg in die digitale Transformation

4.1 Unternehmensorganisation

Die **Unternehmensorganisation** schafft die Voraussetzung für die digitale Transformation mit offener Kollaboration in einer Vertrauenskultur. HR-Analytics stellt die besten Teams kurzfristig und immer wieder neu zusammen. Die Teamarbeit gelingt trotz räumlicher Trennung und asynchronem Arbeiten dank digitaler Werkzeuge und passender Gestaltung der Arbeitsbereiche.

Lange Flure mit Zweierbüros gehören der Vergangenheit an. Vielmehr werden die **Arbeitsräume der Zukunft** passende, flexibel nutzbare Workspaces für unterschiedliche Mitarbeitergruppen oder veränderte Aufgaben bereitstellen. **Permanent belegte Bereiche** mit Meeting-Inseln nutzen Mitarbeiter, die einen festen Arbeitsplatz brauchen und verkabelte Hardware nutzen. **Work Cafés** entwickeln Kantinenräume weiter und machen sie auch außerhalb der Essenszeiten für die Erarbeitung von Ideen, Kundentreffen und fokussiertes Arbeiten alleine oder in Gruppen nutzbar. Zur Einrichtung gehören Theken mit Barstühlen, gemütliche

Sitzecken und Sessel sowie normale Tische. Kleine Gruppen nutzen für ihre Meetings **Gesprächskabinen** mit Bildschirmen für ungestörte Besprechungen und Präsentationen. In **Lounge-Treffs** trifft man sich zum informellen Austausch, zur kurzen Entspannung oder zum privaten Gespräch. Es gibt Getränke und Snacks sowie Kühlschrank und Mikrowelle. Die Nutzer sollen sich dort wohlfühlen, was sich in der wärmeren, empathischen Atmosphäre der Einrichtung widerspiegelt. Mit Stromanschlüssen, Monitor und WLAN eigenen sich die Lounge-Treffs allerdings auch zum Arbeiten, etwa für Präsentationen. **Private Enklaven** tragen dem Bedürfnis nach Privatsphäre und Rückzug Rechnung, z. B. um ungestört zu arbeiten, für eine kurze Verschnaufpause oder für sensible Telefonate. **Nomadencamps** befinden sich in räumlicher Nähe zu den permanent anwesenden Kollegen und bieten Mitarbeitern, die nur gelegentlich einen Arbeitsplatz benötigen, eine Heimat für einen Tag mit der Möglichkeit, sich mit den sesshaften Angestellten unkompliziert auszutauschen. Freelancer oder Vertriebler nutzen individuell einstellbare Tische, Bildschirme und Tastaturen und verbinden ihren mitgebrachten Laptop damit. Sie belegen offene Ablageflächen unter den Tischen für die Dauer ihrer Anwesenheit und räumen den Arbeitsplatz spätestens wieder am Ende des Tages. **Projekträume** ersetzen die oft leer stehenden Konferenzräume und können von Projektteams kurzzeitig oder auch längerfristig gebucht werden. Die Teams tauschen sich analog z. B. an beschreibbaren Tafeln und digital mit entfernten Teilteams über Kameras und Monitore aus. Für die Zusammenarbeit auf Augenhöhe sind Tische und Stühle erhöht, damit es keinen Unterschied macht, ob jemand sitzt oder steht. Eine weitere Demokratisierung der Redezeit in Teams fördern viele Laptopanschlüsse, so dass jeder auch innerhalb einer Präsentation Ideen schnell und unkompliziert vortragen kann. **Sportbereiche** verschaffen den Nutzern zwischendurch Bewegung. Die mancherorts zu findenden Kickertische sind ein erster Schritt zu mehr körperlicher Betätigung, die sich in den Büroalltag integriert. Viele **weitere Werkzeuge** ergänzen diese Raumdiversifizierung der Zukunft, etwa beschreibbare Wände, digitale Lautstärkeanzeigen, die zeigen, wie laut es im Raum ist oder was aus dem Raum draußen noch ankommt, folienbeklebte Scheiben für freie Sicht in Räume ohne Erkennbarkeit von Bildschirminhalten oder Room Wizards, die zeigen ob und bis wann ein Raum frei ist, kombiniert mit einem digitalen Raumbuchungssystem zur Raumreservierung und zur Analyse der Intensität der Raumnutzung, um durch eventuelle Umwidmung von Räumen den Bedürfnissen der Mitarbeiter noch besser Rechnung zu tragen [27, S. 46 f.].

4.2 Berufsbilder und Qualifikationsprofile

Neben der Weiterentwicklung der Raumstrukturen stellt die Entwicklung der erforderlichen Skill Sets bei den Mitarbeitern eine Herausforderung für die Digitale Transformation dar. **Neue Berufsbilder** entstehen. Diese sind transdisziplinärer als bisherige Tätigkeiten, weil grenzüberschreitendes Wissen gegenüber fest fixiertem Fachwissen an Bedeutung gewinnt. Die Arbeit wirkt verspielter durch virtuelle Realitäten sowie Gamification. Vermessende, unterstützende und optimierende Daten bestimmen maßgeblich Abläufe und Entscheidungen. Viele Berufe erfordern Verständnis für Algorithmen zur Mustererkennung von Daten sowie einen kompetenten Umgang mit Komplexität und Ungewissheit [27, S. 55].

Zu den im digitalen Zeitalter am dringendsten benötigten Fähigkeiten gehören Kenntnisse und Erfahrungen mit Datenanalysen. Der Bereich **Analytics** umfasst Berufsbilder wie den **Data Scientist**, der sich mit der Extraktion von Wissen aus Daten beschäftigt und sich mit Algorithmen für die Verarbeitung und Analyse von Big Data-Datensammlungen auskennt. Hierzu gehören Wahrscheinlichkeitsrechnung, Statistik, maschinelles Lernen, Mustererkennung und Prognostik. Immerhin wird der Data Scientist als „Sexiest Job of the 21th Century" gehandelt [28], da viele Unternehmen die Qualifikationen dieses Berufs brauchen, geeignete Kandidaten auf dem Arbeitsmarkt aber schwer zu finden sind.

Eine Studie von Capgemini zur Kluft zwischen den für die digitale Transformation benötigten Qualifikationsprofilen und den tatsächlichen vorhandenen Kräften nennt weiterhin Erfahrungen in den Fachrichtungen **Mobile** und **Social.** Zu Berufen im Fachgebiet Mobile Enterprise zählen Kenntnisse in Designthemen wie Plattformdesign, User Experience (UX) und Serious Gaming ebenso wie technische Erfahrungen in App-Entwicklung, Cloud-Services, Mobile Device Management und Datenschutz bzw. -sicherheit. Zum kompetenten Umgang mit sozialen Medien und deren Nutzbarmachung für die Unternehmensziele gehören Aufgaben wie z. B. Markenaufbau, Interaktionen mit der Community, Community Management, Kundenservice und Public Relations [29, S. 5].

Da digitale Werkzeuge und Anwendungen in allen Abteilungen und Projekten zum Einsatz kommen, müssen Digitalarbeiter in Zukunft sowohl in der **Technologie- als auch in der Business-Welt** beheimatet sein (siehe Abb. 6). Business Professionals benötigen technisches Grundwissen, während Technologieexperten Verständnis für Geschäftsfaktoren und Wachstumstreiber aufbringen müssen [29, S. 5]. Diese alte Forderung gewinnt in der digitalen Transformation ungeahnte Bedeutung.

Gleichzeitig nehmen virtuelle Organisationsstrukturen zu. Die **Digitalen Nomaden** arbeiten womöglich nicht dauerhaft in einer Organisation, sondern sind Freelancer, die das Unternehmen über Vermittlungsplattformen findet und temporär für eine Aufgabe rekrutiert. Sie greifen von überall auf der Welt auf ihre Arbeitsumgebung zu, genießen große Freiheiten für die Projektwahl und ihren Aufenthaltsort, entwickeln aber andererseits kein Zugehörigkeitsgefühl für das Unternehmen und ziehen beim nächsten interessanten Projekt weiter [27, S. 54].

Relativ neu ist die Verortung der digitalen Themen in der Vorstandsebene als **Chief Digital Officer (CDO).** Die noch unklare Rollendefinition steht in der Kritik [30, 31], trotzdem zeigt die Position in der obersten Führungsebene die Erkenntnis, dass es einer grundlegenden Digitalisierungsstrategie bedarf, die mit den Unter-

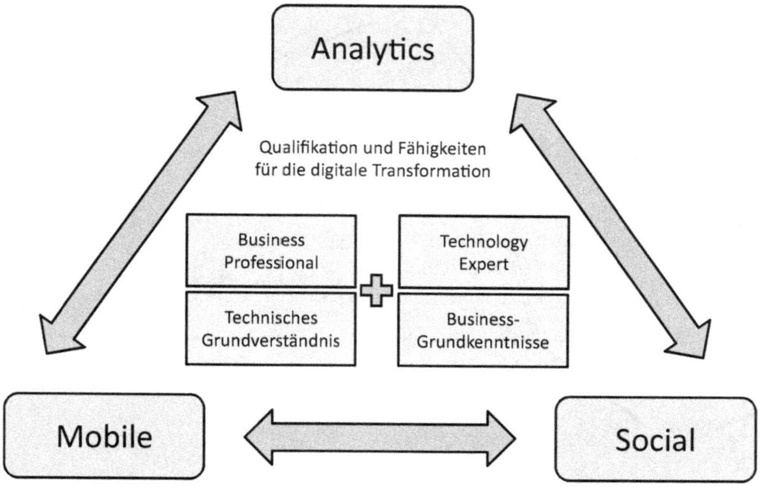

Abb. 6: Skill Sets für die digitale Transformation (Quelle: Spitzer, B. u. a. (Capgemini Consulting), https://www.capgemini.com/wp-content/uploads/2017/07/the_digital_talent_gap27-09_0.pdf, 2013, zugegriffen am 04. 09. 2017, S. 5).

nehmenszielen und Strategien abzustimmen ist. Die Übernahme der Digitalisierungsverantwortung durch den Chief Executive Officer (CEO) oder den Chief Information Officer (CIO) macht die umfassende Bedeutung des Themenkomplexes deutlich und kann ein erster Schritt einer Digitalisierungsoffensive sein.

4.3 Innovationsansatz Design Thinking

Es geht bei der digitalen Transformation nicht nur um neue Produkte und Services, sondern auch um neue Arten der Angebotsentwicklung. Es werden andere Denk- und Arbeitsweisen für den Umgang mit **Komplexität und Unsicherheit** benötigt. Die Innovationen sollen Antworten auf komplexe Problemstellungen mit vielen Aspekten geben, die die Projektteams zunächst einmal beobachten und verstehen müssen. Bei den Lösungsansätzen wird zunächst Unsicherheit dominieren, ob die Idee für die Nutzer passt.

Der **Design Thinking**-Ansatz verfolgt das Ziel, für bestehende Probleme durch konsequente Ausrichtung an den Nutzerbedürfnissen neue Lösungen zu finden und hilft bei der Innovation von Produkten und Dienstleistungen. Im Spannungsfeld zwischen den Anforderungen der Anwender, der technologischen Machbarkeit und der wirtschaftlichen Umsatzbarkeit, ist der Mensch der Ausgangspunkt [32]. Multidisziplinäre Teams bearbeiten das Problem strukturiert im Rahmen eines iterativen Prozesses in einem kreativen Umfeld. Die Arbeitshaltung ist von Optimismus, Empathie, Experimentierfreude, integrativem Denken und Kooperationsfähigkeit geprägt [33, S. 16 ff.].

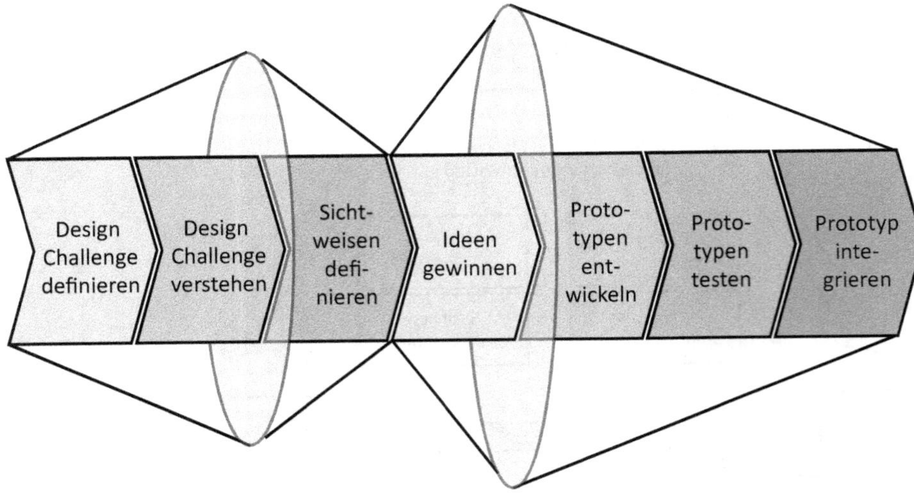

Abb. 7: Design Thinking-Prozess.

Der **Design Thinking-Prozess** besteht aus mehreren Phasen, wie in Abbildung 7 gezeigt [34, S. 114]. Er ist von abwechselnd divergentem und konvergentem Denken geprägt [35, S. 21 ff.]. Die ersten drei Phasen öffnen ein breites Blickfeld und bringen vielfältigen Input, während das Team sich zum Ende der dritten Phase auf wenige Sichtweisen fokussiert. Die Entwicklung von Lösungsideen sowie die Prototypentwicklung weiten das Spektrum wieder, bevor ein Gewinnerprototyp nach Tests Einzug in das Geschäftsmodell hält [36, S. 17 ff.].

Design Thinking ist eine geeignete **Innovationsmethode für die digitale Transformation**, weil sie die Nutzer in den Mittelpunkt stellt und in wiederholten Tests ihr Feedback einholt. Dabei geht es nicht um inkrementelle Verbesserungen, sondern um fundamental neue Wege. Beispielsweise perfektioniert Design Thinking nicht das Aufhängen eines Bildes mit einem stabileren Dübel und einer stärkeren Bohrmaschine, sondern schlägt vielleicht Bilderschienen, Visualisierungsflächen mit Bildschirmen oder bestückbare Magnettafeln vor. Die Möglichkeit des Scheiterns einer Idee ist inhärent mitgedacht und soll so früh als möglich erfolgen, um den Weg für den nächsten Vorstoß freizumachen.

5 Fazit

Jede wirtschaftende Einheit, also auch Ihr Unternehmen, muss sich mit den Auswirkungen der Digitalisierung auf allen Gebieten beschäftigen, um eine an das Unternehmen angepasste, individuelle Transformation zu gestalten. Die Alternative des Ignorierens besteht für keine Branche und nahezu kein Unternehmen. Die

Ausformung der Veränderung umfasst verschiedene Aspekte. Gefragt ist ein strategischer Ansatz, der eine Vision und greifbare Ziele umfasst und auch die altbekannte Unternehmensorganisation in Frage stellt.

Die Verschränkung von Businessexpertise mit IT-Knowhow erweist sich für die Zukunft als unabdingbar für die Einschätzung von Chancen und auch Risiken. Idealerweise übernehmen CEO oder CIO selbst die Rolle des Vorreiters als Chief Digital Officer. IT entwickelt sich zum selbstverständlichen Faktor auf allen Ebenen des Managements und in allen Abteilungen. Die Aufgabe des Managements ist die Bestellung des Feldes und das Schaffen der Rahmenbedingungen, so dass im Unternehmen von technologischen Innovationen getriebene Ideen wachsen und gedeihen können.

Für die strategische Ebene stehen etablierte Methoden und Konzepte wie das Business Model Canvas oder Geschäftsmodellmuster nach dem St. Gallener Business Model Navigator^{TM} zur Verfügung. Eine neue Führungskultur mit mehr Flexibilität und mehr Freiheitsgraden, die Fehler erlaubt und das Scheitern einer Idee als Teil des Innovationsprozesses akzeptiert, sollte Einzug halten, beispielweise auf Basis der Design Thinking-Methode. So lässt sich eine Gründungskultur im Unternehmen etablieren, die attraktive Arbeitsplätze für quer- und interdisziplinär denkende Mitarbeiter mit IT-Qualifikationen bietet. Gleichzeitig steigen die Chancen, dass der Großkonzern nicht genötigt ist, disruptiv agierende Unternehmen aus der Start-up-Szene zu hohen Kosten zu übernehmen, sondern aus sich selbst heraus die digitale Transformation aktiv gestalten kann.

6 Literaturverzeichnis

[1] Kreutzer, R. T., Neugebauer, T., Pattloch, A. 2017. Digital Business Leadership. S. 1ff. Wiesbaden: Springer Gabler.

[2] Bauernhansel, T. Die Vierte Industrielle Revolution. 2017. Der Weg in ein wertschaffendes Produktionsparadigma, in: Vogel-Heuser, B., Bauernhansel, T. und ten Hompel, M. (Hrsg.). Handbuch Industrie 4.0, Bd. 4: Allgemeine Grundlagen. S. 1–32. Berlin: Springer Vieweg.

[3] Bundesministerium für Bildung und Forschung, Zukunftsprojekt Industrie 4.0. www.bmbf.de/de/zukunftsprojekt-industrie-4-0-848.html (letzter Zugriff 12. 03. 2018).

[4] PricewaterhouseCoopers. 2017. 20th CEO Survey. www.pwc.com/gx/en/ceo-agenda/ceosurvey/2017/gx/data-explorer.html (letzter Zugriff 12. 03. 2018).

[5] Preuss, S. 2016. Digitale Innovation vorantreiben. In: Wirtschaftsinformatik & Management. Heft 2. S. 88–96, hier S. 89.

[6] Rikfin, J. 2014.Die Null Grenzkosten Gesellschaft. Frankfurt am Main: Fischer.

[7] Schallmo, D. 2013. Geschäftsmodelle erfolgreich entwickeln und implementieren. Wiesbaden: Springer Gabler.

[8] Osterwalder, A., Pigneur, Y. 2011. Business Model Generation. Frankfurt a. Main: Campus.

[9] Gassmann, O. u. a. 2013. Geschäftsmodelle entwickeln. München: Hanser.

[10] Schallmo, D., Rusnjak, A. 2017. Roadmap zur Digitalen Transformation von Geschäftsmodellen. In: Schallmo, D. u. a. (Hrsg). Digitale Transformation von Geschäftsmodellen. S. 1–32. Wiesbaden: Springer Gabler.

[11] Rogers, D. L. 2017. Digitale Transformation: Das Playbook. Frechen: mitp.
[12] Châlons, C., Dufft, N. 2016. Die Rolle der IT als Enabler für Digitalisierung. In: Abolhassan, F. (Hrsg.), Was treibt die Digitalisierung? S. 27–39. Wiesbaden: Springer Gabler.
[13] Bloching, B. u. a. (Roland Berger Strategy Consultants). 2015. Die digitale Transformation der Industrie. Studie im Auftrag des BDI.
[14] Mayer-Schönberger, V., Cukier, K. 2013. Big Data – Die Revolution, die unser Leben verändern wird. 2. Aufl. München: Redline.
[15] Soubra, D. 2012. The 3Vs that define Big Data. http://whatis.techtarget.com/definition/3Vs (letzter Zugriff 12. 03. 2018).
[16] Giel, L. 2013. Veracity – Sinnhaftigkeit und Vertrauenswürdigkeit von Big Data als Kernherausforderung im Informationszeitalter, http://blog.eoda.de/2013/10/10/veracity-sinnhaftigkeit-und-vertrauenswuerdigkeit-von-bigdata-als-kernherausforderung-im-informationszeitalter/ (letzter Zugriff 12. 03. 2018).
[17] Tiemeyer, E. 2017. IT-Management: Einordnung, Handlungsfelder, Rollenkonzepte. In: Tiemeyer, E. (Hrsg.), Handbuch IT-Management. 6. Aufl. München: Hanser.
[18] Wikipedia, Wearable Computing. 2017. https://de.wikipedia.org/wiki/Wearable_Computing (letzter Zugriff 12. 03. 2018).
[19] Schmidt, J.-H. 2013. Social Media. Wiesbaden: Springer VS.
[20] Plattner, H., Zeier, A. 2012. In-Memory Data Management: ein Wendepunkt für Unternehmensanwendungen. Wiesbaden: Springer.
[21] Plattner, H. 2013. Lehrbuch In-Memory Data Management. Wiesbaden: Springer Gabler.
[22] Freiknecht, J. 2014. Big Data in der Praxis. München: Hanser.
[23] van der Aalst, W. 2016. Process Mining: Data Science in Action. 2. Aufl. Heidelberg: Springer.
[24] Schlatt, V. u. a. (Projektgruppe Wirtschaftsinformatik des Fraunhofer-Instituts für Angewandte Informationstechnik FIT). 2016. Blockchain: Grundlagen, Anwendungen und Potenziale. www.fit.fraunhofer.de/content/dam/fit/de/documents/Blockchain_WhitePaper_Grundlagen-Anwendungen-Potentiale.pdf (letzter Zugriff 12. 03. 2018).
[25] Stieglitz, S. 2017. Enterprise Gamification – Vorgehen und Anwendung. In: Strahringer, S., Leyh, C. (Hrsg). Gamification und Serious Games. S. 3–14. Wiesbaden: Springer Vieweg.
[26] Wikipedia, Chatbot. 2017. https://de.wikipedia.org/wiki/Chatbot (letzter Zugriff 12. 03. 2018).
[27] Gaede, L. u. a. (Bechtle AG). Zukunftsstark 2017. S. 46 f. https://www.bechtle-update.com/assets/Digitalisierung-2/Innovation-Labs/bechtle_magazin_zukunftsstark_2017.pdf, zugegriffen am 04. 09. 2017.
[28] Davenport, T. H., Patil, D. 2012. Data Scientist: The Sexiest Job of the 21st Century. Havard Business Review, 10.
[29] Spitzer, B. u. a. (Capgemini Consulting). 2013. S. 5. https://www.capgemini.com/wp-content/uploads/2017/07/the_digital_talent_gap27-09_0.pdf, zugegriffen am 04. 09. 2017.
[30] Maaß, S. 2017. Deutsche Konzerne suchen verzweifelt Digitalchefs. https://www.welt.de/wirtschaft/karriere/article162133880/Deutsche-Konzerne-suchen-verzweifelt-Digitalchefs.html (letzter Zugriff 12. 03. 2018).
[31] Königes, H. 2016. CDO: Zahnloser Tiger oder Digitalisierungspionier?. www.computerwoche.de/a/der-cdo-zahnloser-tiger-oder-digitalisierungspionier,3323663 (letzter Zugriff 12. 03. 2018).
[32] Weinberg, U. 2012. Vortrag zum Thema Design Thinking. www.youtube.com/watch?v=WDCZ8u6YZ6I (letzter Zugriff 12. 03. 2018).
[33] Schallmo, D. R. 2017. Design Thinking erfolgreich anwenden. Wiesbaden: Springer Gabler.
[34] Plattner, H., Meinel, C., Weinberg, U. 2009. Design Thinking. Innovation lernen, Ideenwelten öffnen. München: mi.
[35] Liedtka, J., Ogilvie, T. 2011. Designing for Growth. New York: Columbia University Press.
[36] Weinberg, U. 2012. Vortrag zum Thema Design Thinking. www.youtube.com/watch?v=WDCZ8u6YZ6I (letzter Zugriff 12. 03. 2018).

Inge Hanschke

6 Digitale Transformation systematisch zum Erfolg führen

1 Einleitung

Die Digitalisierung verändert Geschäftsmodelle gravierend. Die sich ändernden Kundenbedürfnisse, die Globalisierung, der zunehmende Wettbewerb mit auch neuen Playern und die immer kürzer werdenden Innovations- und Produktlebenszyklen zwingen Unternehmen, ihre Geschäftsmodelle in immer kürzeren Abständen zu überdenken und anzupassen. Das Tempo der Digitalisierung nimmt immer weiter zu. Ein systematisches Management der digitalen Transformation spielt im Wachstums- und Verdrängungswettbewerb eine entscheidende Rolle.

Aber: Was ist eigentlich Digitalisierung?

Der Begriff der Digitalisierung wird in der Literatur unterschiedlich verwendet und häufig sehr technikaffin definiert, wie z. B. „Digitalisierung bedeutet die Nutzung digitaler Technologien". Der Kundenmehrwert rückt hierbei in den Hintergrund. Dies ist aber gerade das Entscheidende. Sicherlich unterscheiden sich die Schwerpunkte und detaillierten Anforderungen und Lösungen von Branche zu Branche sowie abhängig von der digitalen Strategie eines Unternehmens erheblich. Von daher muss jeder für sein Unternehmen seine eigenen Inhalte und Definition finden und mit konkreten Anwendungsfällen für alle im Unternehmen veranschaulichen.

Unsere Definition sieht wie folgt aus (siehe [1, S. 3]):

> **Digitalisierung** bezeichnet den Wandel zu neuartigen häufig disruptiven Geschäftsmodellen mittels Informations- und Kommunikationstechnik. Analoge Daten werden in digitale umgewandelt, Geschäftsprozesse flexibilisiert und automatisiert sowie Technik, Informationen und Menschen vernetzt. Der Kunde und dessen Bedürfnisse stehen im Mittelpunkt. Durch Effizienz muss der Freiraum für Innovation geschaffen werden.

Disruption steht hierbei für den Umbruch, in dem traditionelle Geschäftsmodelle durch innovative Geschäftsmodelle abgelöst oder verdrängt werden.

In der Digitalisierung stehen der Kunde und dessen „Kundenerlebnis" im Mittelpunkt. Das Kundenerlebnis ist die Gesamtheit der persönlichen Erfahrungen des Kunden mit dem Unternehmen oder der Marke über alle möglichen Berührungspunkte (Touchpoints) (siehe [1, S. 63]). Das Kundenerlebnis verändert sich über die Zeit entlang der „Customer Journey". So kann z. B. ein überzeugter Kunde eines Versandhandels sich von diesem abkehren, wenn er mit dem vom Versandhandel

https://doi.org/10.1515/9783110545395-006

festgelegten Lieferdienst mehrfach nicht mehr zufrieden ist, weil z. B. Ware nicht geliefert wurde und er sich mit dem Lieferdienst herumschlagen muss. Kundenzufriedenheit ist, wie man sieht, ein komplexes Gebilde.

Es stellt sich nicht die Frage, ob man sich bei der Digitalisierung beteiligt oder nicht. Jeder ist bereits jetzt oder zukünftig betroffen. So gibt es letztendlich nur die Frage: Wann startet man mit der Digitalisierung und wer ist der Gewinner und wer der Verlierer der Digitalisierung?

In den folgenden Ausführungen des Artikels erhalten Sie hilfreiche Ansatzpunkte für eine systematische digitale Transformation in Ihrer Organisation. Die dabei vorgestellten Inhalte – insbesondere die der Abschnitte 2 bis 5 – basieren im Wesentlichen auf den Ausführungen der Literaturquelle [1], die für weiterführende Informationen empfohlen wird.

Doch sehen wir uns zunächst die Chancen und Risiken der Digitalisierung etwas näher an.

2 Chancen und Risiken der Digitalisierung

Die Digitalisierung ändert die Spielregeln. Volatile Märkte, steigende Bedeutung von Wertschöpfungsnetzwerken, neue Wettbewerber und gleichzeitig Fachkräftemangel erfordern ein Umdenken. Radikale Innovationen sind notwendig. Innovative, maßgeschneiderte Produkte und Time-to-market entscheiden über die Wettbewerbsfähigkeit und das Überleben des Unternehmens (siehe [1, S. 15]).

Die rechtzeitige Auseinandersetzung mit Chancen und Risiken der Digitalisierung wird von existenzieller Bedeutung für alle Unternehmen sein. Social Media, Cloud Computing, digitale Plattformen, Big Data/Data Analytics und KI/Machine Learning eröffnen völlig neue Geschäftsmodelle. Omnikanalfähigkeit schafft weitere Vertriebskanäle weit über Unternehmens- und Ländergrenzen hinweg. Klassische Kanäle, wie Post, Email, Fax und Telefon sowie Außendienst und Vermittler werden mit digitalen Kanälen, wie sozialen Medien, digitalen Plattformen und Kundenportalen kombiniert. Wertschöpfungsketten überspannen nicht nur das eigene Unternehmen, sondern beziehen Geschäftspartner, den Kunden (Co-Creation) oder sogar Wettbewerber mit ein (Business Eco-System). Die horizontale und vertikale Integration der Wertschöpfungsketten vom Einkauf über die Produktion zum Versand und bis auf die Ebene des Sensors in der Maschine mit integrierten Daten schafft die Grundlage für den Einsatz von übergreifender KI und Analytics. Neue Einsichten werden durch Analyse des Datenbestandes gewonnen. So kann z. B. das Marketing zielgerichteter erfolgen. Selbstlernende Systeme verfügen über alle relevanten Daten, um selbständig Rückschlüsse zu ziehen und Empfehlungen abzuleiten oder sogar komplett selbstständig zu handeln. Die Potenziale für Wachstum und Wohlstand sind enorm. Disruptive und evolutionäre Innovationen prägen digitale Geschäftsmodelle.

Die Nutzung sozialer Netzwerke nimmt im privaten, öffentlichen und geschäftlichen Bereich enorm zu und erzeugt eine immer weiterwachsende Informationsflut mit Datenschätzen über Kunden, die über Business Analytics und Big Data sowie von selbstlernenden Systemen (KI/Machine Learning) genutzt werden können. So teilen viele potenzielle Kunden ihr Wissen, ihre Meinungen, ihre Beobachtungen und sicherlich auch ihre Bewertungen. Diese haben eine große und unmittelbare Auswirkung auf das Kaufverhalten und das Image des Anbieters, dessen Marke. Erschwerend kommt hier der Netzwerkeffekt von digitalen Plattformen hinzu. Positives und negatives Feedback haben unmittelbar große Auswirkungen. Die Kunden sind über mobile Endgeräte, insbesondere Smartphones, immer im digitalen Netz aktiv und nutzen diese sowohl für die sozialen Netzwerke, als auch immer mehr für den Kauf oder Nutzung von Produkten und Dienstleistungen. Die Kommunikation findet unabhängig von Zeit und Ort (ubiquitär) statt. Die Grenzen zwischen Arbeit und Freizeit verschwinden zunehmend; ebenso zwischen dienstlichen und privaten Geräten und Daten. Die Auswirkungen für die Wirtschaft, die Arbeitswelt und für jeden Einzelnen sind nicht absehbar.

Die Möglichkeiten und vor allen Dingen auch die Komplexität der Digitalisierung birgt auch hohe Risiken; insbesondere im Datenschutz und der Informationssicherheit. Datentransparenz fehlt häufig völlig. Welche Daten liegen in welcher Cloud oder sogar in nicht vom Unternehmen kontrollierten digitalen Plattformen? Die Sicherheitsanforderungen nehmen ständig zu. Cyber Security oder Wirtschaftsspionage sind hier Schlagworte. Die Anzahl der Angriffe auf z. B. kritische Infrastrukturen aber auch auf jede Webseite oder private Firewall explodiert förmlich.

Hier ist es essentiell, den Datenschutz und die IT-Sicherheit ganzheitlich zu adressieren und so die Vertraulichkeit, Verfügbarkeit und Integrität der Daten entsprechend den Schutzzielen sicherzustellen. Wesentliche Bausteine sind hier die Cloud-Strategie, die Social Network Strategie, das Identity und Access Management (IAM), Abwehr von Spam-Attacken und Hackerangriffen sowie Security Operations für die Prävention und Umsetzung der unternehmensspezifischen Sicherheits- und Compliance-Anforderungen. Das Ziel ist hier, viele Bedrohungen erst gar nicht entstehen zu lassen und auftretende Bedrohungen schnellstmöglich und mit dem geringst möglichen Schaden zu eliminieren. Dies setzt viel Know-how bei den handelnden Personen voraus. Dies ist eine wichtige digitale Fähigkeit eines Unternehmens.

Um die Möglichkeiten der Digitalisierung nutzen zu können, ist eine breitbandige Echtzeitkommunikation im Gigabitbereich notwendig. Dies ist in Deutschland noch nicht flächendeckend verfügbar. Große Unternehmen haben hier zwar häufig eine Infrastruktur aufgebaut. Der Mittelstand und Kleinstunternehmen sowie Privatpersonen haben häufig nicht die finanziellen Mittel.

Ein Risiko, das häufig als abstraktes Bedrohungsgefühl von den Unternehmen wahrgenommen wird, ist, den Anschluss an die Digitalisierung zu verlieren. Die Existenz von Unternehmen, gerade die von etablierten Unternehmen steht auf dem

Spiel. Dies wird mit „Innovator-Dilemma“ bezeichnet. Große aktuell erfolgreiche Unternehmen befinden sich in einer Zwickmühle. Sie sind Gefangene ihres eigenen Erfolges. Verändern sie ihr Geschäftsmodelle und ändern sie ihre Produkte und Dienstleistungen verärgern sie ihre Stammkunden, mit denen sie aktuell Gewinne erzielen. Veränderungen an den bestehenden, eingefahrenen Prozessen und der gewachsenen Systemlandschaft und riesigen Datenbeständen sind zudem schwerfällig.

Zudem lassen sich Erfolgschancen von disruptiven neuen Geschäftsmodellen kaum vorhersagen. Das eigene Geschäftsmodell infrage zu stellen, ist für erfolgreiche Unternehmen nach nüchterner Risikoabwägung häufig nicht sinnvoll. Sie setzen daher häufig eher auf kontinuierliche Verbesserung und gleichzeitig auf eine bimodale Organisation und IT (oder sogar multimodal) und ein Produktportfolio aus klassischen evolutionär weiterentwickelten Produkten und disruptiven Innovationen.

Eine klare Vision und eine Standortbestimmung ist Voraussetzung für eine erfolgreiche digitale Transformation. Dies sind wesentliche Inhalte einer digitalen Strategie.

3 Digitale Strategie

Eine digitale Strategie gibt Orientierung und einen Handlungsrahmen für die digitale Transformation vor. Sie ist ein wesentlicher Bestandteil der Unternehmens- und IT-Strategie oder muss zu mindestens mit diesen harmonieren. Sie gibt Vision, Ziele und Leitplanken für die digitale Transformation vor und verbindet das Vorhandene mit dem notwendigen Neuen.

Folgende Fragen müssen u. a. beantwortet werden:

- Gibt es eine digitale Strategie für die Partizipation an der digitalen Welt? Ist diese im Unternehmen kommuniziert? Gibt es Leitplanken, wie z. B. Prinzipien?
- Welche strategischen Stoßrichtungen werden gesetzt? Differenzierung oder Kostenführerschaft?
- Nutzen aktuelle Geschäftsmodelle digitale Fähigkeiten? Wie werden zukünftige Geschäftsmodelle kontinuierlich (weiter-)entwickelt? Wie erfolgt das Innovations-Enabling?
- Herrscht Klarheit über die Ausgangslage, die digitale Reife?
- Sind die erforderlichen digitalen Fähigkeiten identifiziert? Sind die digitalen Fähigkeiten in der Organisation vorhanden und verankert? Welche Fähigkeiten werden intern und welche extern erbracht?
- Wer treibt im Unternehmen die digitale Transformation? Existiert ein Chief Digital Officer?

- Sind bestehende Strukturen bereit für die Individualisierung der Produkte und die smarte Fabrik? Werden digitale Plattformen unterstützt?
- Existiert ein umfassendes Prozesskomplexitätsmanagement? Werden Prinzipien aus dem Lean Management für die digitale Transformation genutzt?
- Gibt es Kennzahlen zur Bewertung der Kundenzufriedenheit und des Fortschritts bei der Digitalisierung?
- Sind die erforderlichen technischen Plattformen und digitalen Kompetenzen vorhanden? Werden die technischen Schnittstellen zur horizontalen und vertikalen Vernetzung unterstützt? Interoperabel? Omnikanalfähig?
- Werden die Datenschutz- und Informationssicherheitsanforderungen sowie Compliance-Anforderungen eingehalten?

Die digitale Strategie und insbesondere das Geschäftsmodell müssen das Bestehende („Exploitation") ausnutzen und das Neue erkunden („Exploration"), Ambidextrie („Beidhändigkeit") genannt. Die Kombination ist entscheidend. So können Erweiterungen von vorhandenen Produkten und Dienstleistungen oder digitale Abfallprodukte den ersten Schritt in Richtung der Digitalisierung darstellen. Für neue innovative Produkte und Dienstleistungen, die mitunter über teure F&E-Projekte identifiziert werden, müssen einerseits häufig noch ein Business Eco-System mit Kunden und Geschäftspartnern aufgebaut sowie andererseits tragfähige Verwertungspotenziale, wie digitale Plattformen, identifiziert und schrittweise über Lean Startup-Methoden verprobt werden.

Eine digitale Transformation ist eine Revolution. In der Regel entsteht neues noch nicht vorher vollständig Durchdachtes. Ein kontinuierliches Lernen und Feedback-Schleifen sind wesentlicher Bestandteil der digitalen Kultur.

Erfolgsentscheidend für die digitale Transformation sind neben der digitalen Kultur disruptive Geschäftsmodelle, digitale Plattformen und/oder die Digitalisierung bestehender Geschäftsmodelle. Digitale Plattformen, wie Amazon oder Facebook, bilden mit ihrem Netzwerkeffekt einen neuen Ordnungsrahmen für die digitale Wirtschaft. Von den Auswirkungen her ist dies so, wie der Skaleneffekt in der industriellen Massenproduktion.

Innovations-Enabling ist der Schlüssel sowohl für die evolutionäre Weiterentwicklung der Geschäftsmodelle, als auch für disruptive Innovationen. Es kombiniert die Ausnutzung von Bestehendem und die Erkundung von Neuem. In Kreativitätsworkshops, wie z. B. mit Design Thinking, entstehen Ideen und Prototypen. Nicht alle davon sind bahnbrechend und müssen sorgfältig analysiert und im Falle der Umsetzung kontinuierlich überwacht werden. Fragen der erfolgreichen Skalierung sind z. B. für den nachhaltigen Erfolg entscheidend.

Innovations-Enabling ist ein wesentlicher Bestandteil einer Digitalen Strategie eines Unternehmens. Wesentlich sind zudem folgende Grundsätze:

- Die Digitale Strategie muss in der Unternehmensstrategie verankert werden. Ein Management-Committment der Unternehmensführung ist Grundvoraussetzung für eine erfolgreiche digitale Transformation.

- Alle Ziele müssen mit entsprechenden Ressourcen und Budgets z. B. für Think Tanks untermauert werden.
- Betroffene zu Beteiligten machen. Alle relevanten Stakeholder, wie z. B. Service-Mitarbeiter, sind von Anfang an mit einbeziehen.
- Realistische Ziele definieren und über Kennzahlen ein Innovationscontrolling durchführen.
- Kundenwertorientierung und Wirtschaftlichkeit sind zwei Maxime, die bei allen evolutionären und disruptiven Innovationen berücksichtigt werden müssen. Die Bedürfnisse der potenziellen Kunden und deren Kundenberührungspunkte (Touchpoints) müssen ständig im Auge behalten werden.

4 Operationalisierung der digitalen Strategie

Eine digitale Strategie ohne Operationalisierung ist wirkungslos. Erst, wenn die Roadmap für die Umsetzung der digitalen Strategie und die erforderlichen Maßnahmen abgeleitet, aufgesetzt und die Umsetzung agil im Detail geplant und gesteuert wird, gelingt die digitale Transformation.

Die digitale Strategie und Transformation muss für jedes Unternehmen individuell gestaltet werden. Eine klare Vision und eine Standortbestimmung bilden den Startpunkt und gleichzeitig die Voraussetzung für eine erfolgreiche digitale Transformation. Auf dieser Basis können in einem kreativen Innovationsprozess systematisch die für das Unternehmen relevanten digitalen evolutionären und disruptiven Geschäftsmodelle entwickelt sowie die für die Umsetzung erforderlichen fachlichen und technischen Capabilities abgeleitet werden. Unter Nutzung von digitalen Lösungsbausteinen und Plattformen, z. B. für die bimodale Organisation, entstehen dann digitale Lösungen und individuelle Plattformen in einem agilen fortlaufenden Veränderungsprozess, der digitalen Transformation.

In Abbildung 1 finden Sie das Vorgehen zur Operationalisieren der digitalen Strategie im Überblick:

- **Warum? Ziele und Treiber verstehen**
  Der Kunde und dessen Bedürfnisse stehen im Mittelpunkt aller Aktivitäten und unternehmerischen Entscheidungen. Alle Ergebnisse und Aktivitäten müssen kritisch im Hinblick auf den Kundennutzen geprüft werden. Ein richtiges Handeln setzt Verstehen der Bedürfnisse der potenziellen Kunden und deren Kundenberührungspunkte (Touchpoints) voraus.

  Ziel ist eine hohe Kundenzufriedenheit und damit stabile Kundenbindung und eine Differenzierung vom Wettbewerb durch kundenorientierte Produkte und Leistungen sowie geeignete Kanäle. Gepaart mit einem Ökosystem von Partnern, um neue Formen der Arbeitsteilung und Kooperationen zu ermöglichen, sowie mit effizienten Prozessen und vor allen Dingen mit einer ausreichenden Transformationsgeschwindigkeit können die Wettbewerbsposition

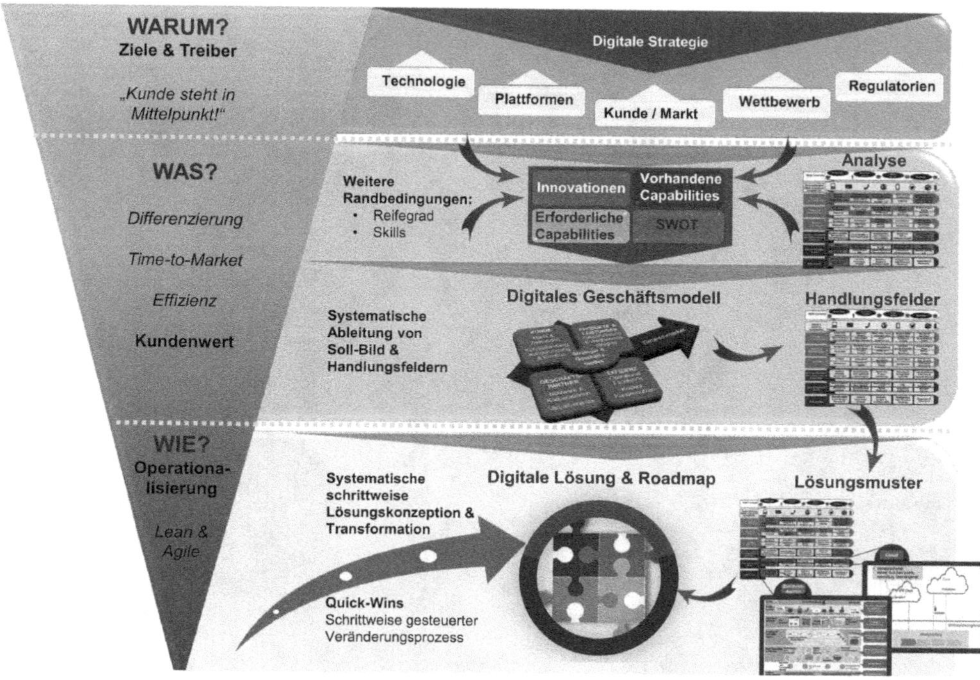

Abb. 1: Operationalisierung der digitalen Strategie (siehe [1, S. 47]).

immer weiter ausgebaut und die Anforderungen der Digitalisierung bewältigt werden – und das mit einem Zeitvorsprung vor Wettbewerbern.

Ausgehend von Vision und Zielen des Unternehmens müssen ganzheitlich alle Treiber der Digitalisierung, wie Technologie, Plattformen, Kunde/Markt, Wettbewerb und Regulatorien im Rahmen der Entwicklung der digitalen Strategie sowie auch deren Operationalisierung adressiert werden. Durch die digitale Strategie wird eine Vision und Leitplanken für die Umsetzung vorgegeben. Beispiele für Leitplanken sind die Vorgabe der Nutzung von digitalen Plattformen wie Amazon sowie die Art und Weise der Partizipation an der digitalen Welt.

Gibt es eine digitale Strategie für die Partizipation an der digitalen Welt? Ist diese im Unternehmen kommuniziert? Gibt es Leitplanken, wie z. B. Prinzipien?

– **Was? Digitale Stellhebel ableiten und das digitale Geschäftsmodell entwickeln**

Ausgangspunkt ist eine digitale Standortbestimmung über die Klarheit über die digitale Reife geschaffen wird. Auf dieser Basis können in einem kreativen Innovationsprozess systematisch die für das Unternehmen relevanten digitalen evolutionären und disruptiven Innovationen gesammelt sowie die für die Umsetzung erforderlichen fachlichen und technischen Capabilities abgeleitet

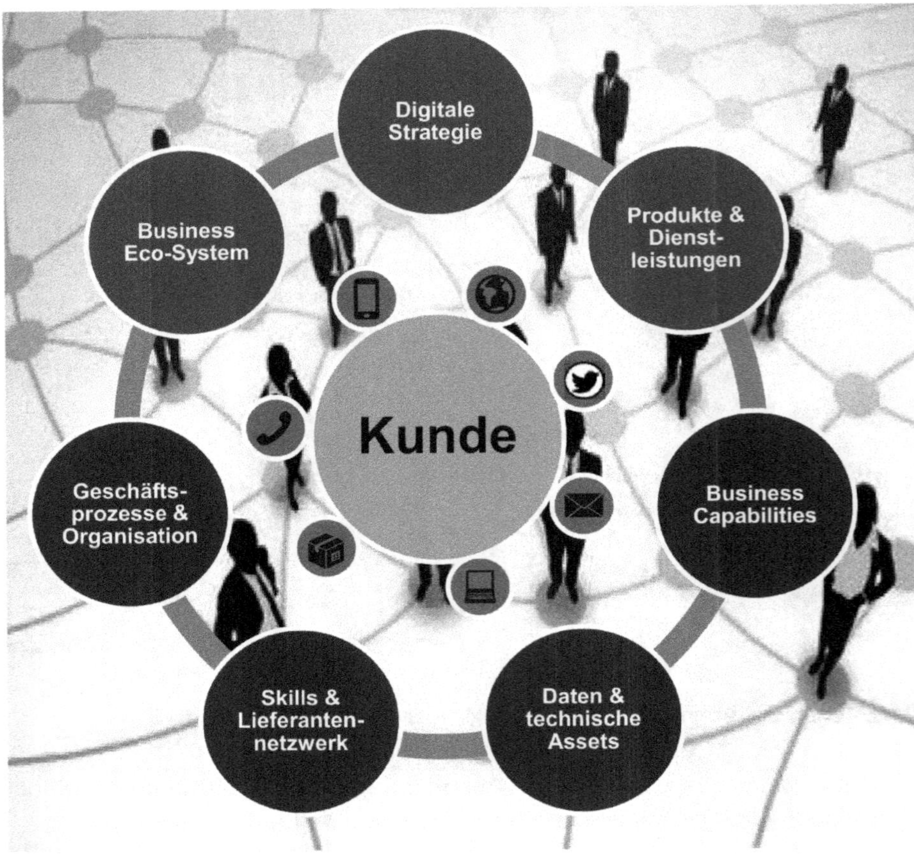

Abb. 2: Dimensionen der Digitalisierung.

werden. Die Analyse erfolgt ganzheitlich und systematisch entlang aller wesentlichen Dimensionen der Digitalisierung (siehe Abb. 2). Dies schließt eine SWOT-Analyse mit ein. Wesentlicher Input für die systematische und ganzheitliche Analyse kann ein Best-Practice-Framework (siehe [1, S. 55]) bilden.

Die Ergebnisse der Analyse bilden wesentlichen Input für die Ableitung des Soll-Bilds des digitalen Geschäftsmodells. Aus einem Soll-Ist-Abgleich können dann Handlungsfelder ermittelt und priorisiert werden.

– **Wie? Digitale Lösung und digitale Roadmap zur Umsetzung**
  Hier geht es insbesondere um die Konzeption von zielführenden und handhabbaren nachhaltigen Lösungen für alle Handlungsfelder sowie Ableitung von Maßnahmen für die Umsetzung. Hier können Lösungsmuster genutzt werden. Die Roadmap gibt einerseits Leitplanken sowie andererseits eine Orientierung für das Denken und Handeln in der digitalen Transformation vor. Durch konkrete Maßnahmen, z. B. wie auch Kommunikationsmaßnahmen, muss die

Umsetzung agil im Detail geplant und im Anschluss gesteuert werden. Hier sind auch z. B. die Datenschutz- und Informationssicherheitsanforderungen sowie Compliance-Anforderungen mit zu berücksichtigen, um einen zuverlässigen Geschäftsbetrieb zu gewährleisten.
Der Umsetzungsplan muss kontinuierlich an die jeweiligen Gegebenheiten agil angepasst und gesteuert werden.
Die digitale Transformation erfolgt in einem schrittweise gesteuerten Veränderungsprozess Quick-win-basiert. Jeder Schritt muss Mehrwert für den Kunden und das Unternehmen liefern und darf gleichzeitig das Team nicht überfordern.

Weiterführende Informationen zur Operationalisierung der digitalen Strategie – inkl. einer detaillierten Schritt-für-Schritt-Anleitung – werden in der Literaturquelle [1, S. 143 ff.] beschrieben.

5 Welche Rolle spielt die IT im Innovations-Enabling?

Oder umgekehrt die Frage: „Wie kann die IT zum Innovationsmotor werden?".

Durch ein wirksames Management wird die Veränderung im Unternehmen aktiv gestaltet und vorangetrieben. Der IT kommt sowohl in der Umsetzung, als auch als Innovationsmotor eine Schlüsselrolle zu. Ohne adäquate IT-Unterstützung sind Veränderungen an Organisation, Geschäftsprozessen oder Produkten nicht schnell genug und auch nicht zu marktgerechten Preisen realisierbar. IT-Innovationen sind häufig Grundlage für Businessinnovationen und daraus resultierenden neuen Geschäftsmodellen. So können mit genügend Zeitvorsprung vor dem Wettbewerb neue, innovative Produkte hervorgebracht und neue Märkte erschlossen werden. Dies stellt hohe Anforderungen besonders auch an IT-Verantwortliche. Sie müssen trotz hoher Belastung die Armada verschiedener Endgeräte, Betriebsumgebungen und Anwendungen im Einklang mit Compliance- und Sicherheitsanforderungen in Schach halten, mit dem rasanten Tempo der Digitalisierung und technischer Innovationen Schritt halten und gleichzeitig einen zunehmenden Beitrag zur Wettbewerbsdifferenzierung und Businessagilität leisten.

IT-Verantwortliche brauchen Freiraum für die wichtigen Aufgaben. Sie müssen sich z. B. mit den für die Digitalisierung wichtigen Trends wie Social Media, Big Data, Cloud Computing und Mobility aktiv beschäftigen und Ideen für Businessinnovationen oder Lösungen für Businessprobleme einbringen. Die Zusammenarbeit mit dem Business entscheidet bei fortschreitender Digitalisierung über die Rolle der IT im Unternehmen. Wenn die IT zukünftig eine aktive Rolle in der Unternehmensweiterentwicklung einnehmen will, muss sie neben ihren Hausaufgaben einen sichtbaren Wert für das Unternehmen (interne und externe Kunden) liefern.

Das alles zu überblicken ist alles andere als einfach. Laut Gartner (siehe [2]) ist jeder zweite Chief Information Officer (CIO) dem Tempo der Digitalisierung nicht gewachsen. Umso wichtiger ist ein maßgeschneidertes und handhabbares Instrumentarium für alle Planungs- und Steuerungsaufgaben.

Lean Management ist hier ein Schlüssel sowohl in Bezug auf Prozesse als auch auf Organisation und Werkzeugunterstützung, da nur so alle Aufgaben bewältigt werden können.

Der Lean-Gedanke ist eine ebenso einfache wie geniale Idee: Kundenwertschöpfende Prozesse werden priorisiert und Verschwendung wird, wo auch immer möglich, vermieden. „Werte schaffen ohne Verschwendung" lautet das Motto. Auf der Basis einer offenen Leistungskultur, basierend auf Vertrauen, Respekt, Toleranz, Fairness, Partizipation und Integrität, werden mithilfe von Lean-Prinzipien und -Techniken Geschäftsprozesse und Organisation – auch insbesondere im IT-Management – kontinuierlich und nachhaltig weiterentwickelt.

Durch die konsequente Anwendung der Lean-Prinzipien und -Methoden werden die Organisation und ihre Prozesse in die Lage versetzt, sich schnell und effizient auf die immer größer werdenden Herausforderungen einzustellen. Das sichert langfristig die Existenz des Unternehmens und dessen Wirtschaftlichkeit.

Besonders auch für die IT ist ein schlankes und kundenorientiertes systematisches Management Erfolgsvoraussetzung, um die IT-Komplexität zu beherrschen, wirksam zu planen und zu steuern sowie Partner oder sogar Enabler des Business zu werden.

6 Was verbirgt sich hinter Lean Management und Lean IT-Management?

Lean Management ist ein Führungs- und Organisationskonzept zur schlanken und kundenorientierten Gestaltung der Aufbau- und Ablauforganisation einer Organisation in einem kontinuierlichen Verbesserungsprozess. Lean Management ist mittlerweile ein anerkannter Managementansatz, der es ermöglicht, mit geringen Kosten eine hohe Qualität und Flexibilität auch bei großer Komplexität des Produktspektrums zu realisieren (siehe [1, S. 21 ff.]).

Lean-IT-Management ist letztendlich nichts anderes als die Übertragung der Lean-Prinzipien auf das IT-Management. Die Prozesse und die Organisation werden kontinuierlich kundenwertorientierter und Verschwendungen werden eliminiert. Wir nennen dies „leanisieren" – „maximize customer value while minimizing waste".

Beim Leanisieren werden schnell und systematisch Ansatzpunkte für die Verschlankung und die Erhöhung des Kundenwertbeitrags identifiziert, Lösungen aufgezeigt und Quick-win-basierte Maßnahmen abgeleitet.

Die kontinuierliche Verbesserung erfolgt in einem Kreislauf von Verstehen, Analysieren, Gestalten und Umsetzen. Die wesentlichen Handlungsfelder, in denen der Kundenwert gesteigert oder Verschwendungen reduziert werden können, müssen konsequent und systematisch angegangen werden. Dazu müssen Sie

- die Soll-Vision, den Kunden und deren persönlichen Nutzen verstehen,
- den Wertstrom aufnehmen und analysieren sowie die wirklichen Anforderungen und „Pains" aufdecken,
- den Wertstrom sowie Produkte und Dienstleistungen gestalten,
- das Ergebnis und dessen Auswirkungen genau überprüfen („check") und
- die Umsetzung inklusive organisatorischer Verankerung planen und zum Leben bringen.

Veränderung muss geplant und gesteuert werden. Manchmal sind nur kleine Schritte, manchmal aber auch drastische Einschnitte notwendig. Nur wenn der Nutzen der Veränderung im Management, in den Fachbereichen und in der IT-Organisation selbst erkannt wird, sind die Investitionen für die nächsten Schritte argumentierbar. Die hohe Kunst besteht darin, die richtigen Schwerpunkte zu setzen, die Organisation und Prozesse passend dazu festzulegen und die Rahmenbedingungen für das Team zu schaffen. Aber: Wie finden Sie die richtigen Schwerpunkte und die dazu passenden Erfolgsversprechenden Quick-wins?

Die richtigen Schwerpunkte und mögliche Quick-wins finden Sie durch die Anwendung von Lean-Techniken, wie die Suche nach Verschwendungen, die Wertstromanalyse oder die End-to-end Prozessanalyse. Die Lean-Techniken können in die Kategorien „Kundenwert steigern", „Verschwendung eliminieren" und „offene Leistungskultur herbeiführen" aufgeteilt werden. Dies sind gleichzeitig die drei wesentlichen Ziele des Leanisierens:

- Kundenwert steigern und damit Kundenzufriedenheit erreichen und sich gegenüber dem Wettbewerb differenzieren („Das Richtige für den Kunden tun")
- Verschwendung eliminieren und durch Effizienzsteigerung Kosten einsparen und so die Basis für Profitabilität und Wettbewerbsfähigkeit legen
- eine offene Leistungskultur herbeiführen und so die Innovationskraft stärken und die Mitarbeiter motivieren

Ermitteln Sie, wo Sie stehen, welche Ziele Sie anstreben und welche Schritte während des langen Change-Prozesses in die Wege zu leiten sind.

Durch eine Kundenwertanalyse und ggf. begleitende Markt-, Kundenzufriedenheits-, Umfeld- und Potenzialanalysen (siehe [3]) können u. a. die folgenden Fragen beantwortet werden:

- Wer sind unsere (internen oder externen) Kunden und welche Ziele verfolgen sie?
- Welche Verantwortlichkeiten gibt es und welchen Einfluss haben sie?

- Was sind die wirklich wichtigen Anforderungen unserer Kunden? Wofür sind sie bereit, wie viel Geld auszugeben? Was sind Grunderwartungen und wie erreicht man Kundenzufriedenheit?
- Welchen Nutzen hat der Kunde wovon? Was ist der Wert von Produkten und Leistungen aus Sicht des Kunden?
- Können wir die Produkte oder Leistungen in der geforderten Qualität zu diesem Preis selbst oder durch Lieferanten liefern?

Aus der Kundenwertanalyse resultieren Hinweise für das zukünftige Dienstleistungs- und Produktportfolio, zugeschnitten auf die Bedürfnisse der Kunden unter Berücksichtigung des Leistungsvermögens der IT, d. h. unter Berücksichtigung des Stellenwerts der IT und deren Leistungspotenzial (siehe [3]).

Das konkrete Dienstleistungs- und Produktportfolio kann anhand der Analyse des Beitrags der IT für die Geschäftsfelder und für deren Wertschöpfungsketten ermittelt werden (siehe [1, S. 149]). Das Dienstleistungs- und Produktportfolio lässt sich nach den verschiedenen organisatorischen Bereichen der IT unterscheiden. Für die Analyse müssen die konkreten Leistungen der organisatorischen Bereiche der IT für die Geschäftsfelder bzw. Wertschöpfungsketten aufgenommen und deren Bedeutung abgeschätzt werden. Diese ergeben in Summe letztendlich das Dienstleistungs- und Produktportfolio der IT. Details hierzu und zu den anderen Techniken finden Sie in der Literaturquelle [3].

Eine offene Leistungskultur ist die Voraussetzung für Lean Management. Sie gibt Mitarbeitern Freiraum für Kreativität und stärkt so die Innovationskraft des Unternehmens. Zudem steigt die Mitarbeitermotivation.

Das **Lean Thinking** hat eine besondere Bedeutung, da ohne diese Kulturänderung Veränderungen nur sehr schwer oder gar nicht herbeigeführt werden können. Das, was hinter dem Lean-Gedanken steht, haben viele Manager noch nicht verstanden. Sie verändern die Organisation ohne Mitsprachemöglichkeit der Mitarbeiter, erweitern Führungsspannen, kürzen per Rasenmähermethode Budgets oder wenden organisatorische Konzepte oder Methoden anderer Unternehmen ohne Anpassung an. Es fehlt häufig an Selbstreflexion und der Möglichkeit, dass Mitarbeiter Kompetenzen und Verantwortung für Aufgaben übernehmen. Die Manager wollen überall mitreden und alles im Griff behalten. So wird das Potenzial einer lernenden und offenen Leistungskultur verschenkt.

Lean Thinking basiert aber auf einer offenen Leistungskultur mit Vertrauen, Respekt, Toleranz, Fairness, Partizipation und Integrität. Im Mittelpunkt steht der Mitarbeiter mit seiner praktischen Erfahrung, Lösungskompetenz und Prozessbeherrschung. Es bedarf klarer Verantwortung statt genauer Vorgaben. Wichtig ist insbesondere auch ein Verständnis für die Sinnhaftigkeit von Standards und Regeln und die Bereitschaft, diese ggf. zu verändern sowie auch eigene Fehler zu kommunizieren. Wesentlich sind hier eine offene Kommunikation, Feedback-Prozesse und auch Eigenverantwortung, Teamarbeit und Empowerment. So können für die Kunden zufriedenstellende, angemessene und wirtschaftlich tragbare Lösungen oder Produkte bereitgestellt werden.

7 Fazit

Die Herausforderungen der Digitalisierung sind enorm. Die erforderlichen digitalen Fähigkeiten müssen aufgebaut werden:
- Customer Experience: In der Lage sein, das Produkt- und Dienstleistungsspektrum konsequent auf die Bedürfnisse der potenziellen Kunden und der relevanten Touchpoints auszurichten.
- Innovations-Enabling: Ist die digitale Fähigkeit, Kreativität der Mitarbeiter zu entfesseln. Wichtig ist hier u. a. Freiraum für Querdenken und unbewertete Ideenfindung zu schaffen.
- Digitalisierung der Prozesse: Alle Prozesse auf Kommunikation, Kollaboration und Agilität ausrichten sowie soweit wie möglich zu automatisieren.
- Agiler gesteuerter Veränderungsprozess: Über einen gesteuerten Veränderungsprozess muss die Organisation schrittweise weiterentwickelt werden. Die Führungskräfte benötigen Fingerspitzengefühl und einen langen Atem, um die traditionellen Denk- und Arbeitsstrukturen und die Kultur nachhaltig zu verändern.
- Es gilt hierbei, Betroffene zu Beteiligten zu machen und alle Mitarbeiter auf den Weg der digitalen Transformation mitzunehmen.
- Lean Thinking und Lean Organisation: Lean ist eine Führungs- und Unternehmenskultur, um Kundenzufriedenheit, Wettbewerbsfähigkeit und Mitarbeitermotivation ganzheitlich und systematisch zu erreichen. Lean ist hier ein Schlüssel sowohl in Bezug auf Prozesse, als auch Organisation und Werkzeugunterstützung, da nur so alle Aufgaben bewältigt werden können.

Durch systematische Analyse des Kundenwerts werden die Herausforderungen im IT-Management schrittweise bewältigt. Die Kundenwertorientierung und der Freiraum, der durch das Verschlanken entsteht, ebnen den Weg für IT-Verantwortliche, um die Digitalisierung voranzutreiben und als Gesprächspartner an Bedeutung zu gewinnen.

Das Ziel ist, reale Probleme und Herausforderungen einfach und effektiv zu lösen. Erfassen Sie Probleme anhand des realen Wertstroms und machen Sie sie sichtbar. Das visuelle Management und das systematische Vorgehen sind hier entscheidend.

Die ermittelten Probleme und Herausforderungen müssen dann analysiert und priorisiert werden, um die Maßnahmen, die Kundenwert erzeugen und Verschwendung eliminieren, über einen kontinuierlichen Verbesserungsprozess anzugehen.

Die wesentlichen Aspekte sind:

- Effektivität durch Kundenwertorientierung
- Ganzheitliche und business-orientierte Betrachtung der Digitalisierung
- Effizienz durch die Eliminierung von Verschwendung
- Leanisieren als Mittel, um schrittweise den Qualitäts- und Leistungsanspruch umzusetzen
- Voraussetzung für die Umsetzung sind die Lean Thinking Kultur mit engagierten Mitarbeitern mit hohem Qualitätsanspruch

8 Literatur

[1] Hanschke, Inge. 2018. Digitalisierung und Industrie 4.0 einfach & effektiv. 1. Auflage. Hanser-Verlag.

[2] Pütter, Christian. Gartner: CIOs von Digitalisierung überrannt. Online verfügbar unter: www.computerwoche.de/a/gartner-cios-von-digitalisierung-ueberrannt,2553214 (letzter Zugriff: 12. 03. 2018).

[3] Hanschke, Inge, 2014. Lean IT-Management – einfach und effektiv. Der Erfolgsfaktor für ein wirksames Management. München: Hanser.

Wolfgang Bremer

7 Auswirkungen von Digitalisierung und Industrie 4.0 auf Einkaufsprozesse und Sourcing-Tools

1 Digitalisierung im Einkauf – eine Bestandsaufname

Der Einkauf steht in nahezu allen Branchen und Unternehmen in den letzten Jahren im Fokus. Die Einkaufsabteilungen haben sich genauso wie die IT von Fachabteilungen hin zu wertstiftenden internen Geschäftspartnern für Produktion, Marketing und Vertrieb entwickelt. Reichte es gegen Ende des letzten Jahrtausends oft noch aus, eine zentrale Bestellschreibung mit ERP-Systemen zu liefern, gewannen das zentrale, strategische Sourcing, das Lieferantenpartnermanagement entlang des Lebenszyklus von Lieferanten usw. spätestens seit dem Jahr 2000 immer mehr an Bedeutung (vgl. [1], [2]).

In den nächsten Jahren darf erwartet werden, dass dem Einkauf im Rahmen der vielfach diskutierten vierten industriellen Revolution, Industrie 4.0 genannt, zwei weitere wesentliche Rollen zukommen. Als Schnittstelle am externen Markt hat er erstens die Aufgabe, das Unternehmen mit den Innovationen zu versorgen, die nicht im eigenen Haus entwickelt werden. Zweitens muss er sich selbst mit den modernen, digitalen Werkzeugen ausstatten, um die vielfältigen an ihn gestellten Aufgaben zu meistern (vgl. [3]).

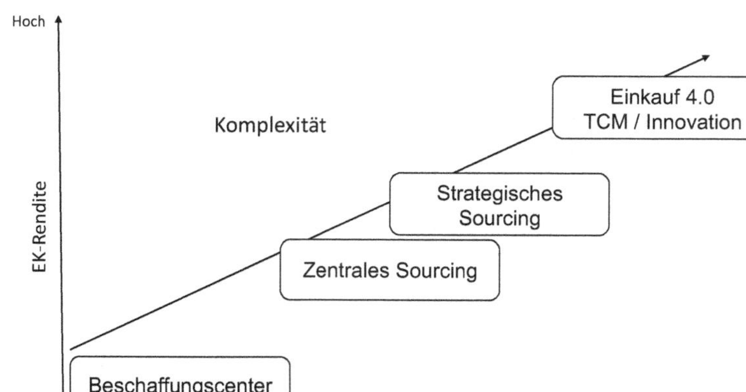

Abb. 1: Mögliche Rollen einer Einkaufsabteilung im Unternehmen.

https://doi.org/10.1515/9783110545395-007

Die Bewältigung dieser zunehmend komplexen Aufgaben setzt nicht nur sehr gut ausgebildete Einkaufsmanager voraus – vielmehr ist es dringend geboten, diese hoch qualifizierten Mitarbeiter mit Tools auszustatten, die über klassische ERP-Funktionalitäten hinausgehen. Dazu zählen beispielsweise Werkzeuge für das Materialgruppenmanagement, elektronische Ausschreibungen, aber auch sogenannte End-to-End-Lösungen (R2P) für den Prozess von der Bestellanforderung (Request) bis zur Rechnungsbezahlung (Pay).

Die Digitalisierung ist somit in den Unternehmen angekommen und schreitet weiter voran. In zahlreichen aktuellen Studien unter IT-Entscheidern wird von knapp der Hälfte der Befragten den Projekten und Initiativen in diesem Bereich strategische Bedeutung eingeräumt. Der Mittelstand liegt bei der Frage, ob sich das Unternehmen in den nächsten fünf Jahren verstärkt digitalisieren muss, etwa 10 Prozentpunkte hinter Großunternehmen und Konzernen zurück. Überraschend ist dies nicht, denn meist stehen im Mittelstand nicht die Budgets für Technologie und Beratung im e-Procurement Segment zur Verfügung wie bei den größeren Firmen. Aus eigener Kraft mit Ressourcen der IT-Abteilung werden die wenigsten Unternehmen die Digitalisierung erfolgreich bewältigen können. Zu viele moderne, erst kürzlich am Markt etablierte Software verlangt nach Spezialisten, die eher bei den Lösungsanbietern bzw. bei den freien Beratern am Markt zu finden sind.

2 Entwicklung der Abdeckung mit IT-Tools in Einkauf und Beschaffung

Die elektronische Unterstützung des operativen Einkaufs, aber vor allem des strategischen Einkaufs, hat noch eine recht kurze Historie. Während integrierte Warenwirtschaftssysteme (ERP = Enterprise Ressource Planning) selbstverständlich schon sehr lange Zeit am Markt existierten, waren Fax, E-Mail, papierbasierte Angebote und Angebotsvergleiche in den Einkaufsabteilungen in den Anfängen dieses Jahrtausends noch „State of the Art“. Große Unterschiede waren zu verzeichnen, ob der sogenannte direkte Einkauf von Produktionsmaterialien für die Fertigung oder Handelsware betrachtet wurde, oder ob man sich mit dem sogenannten indirekten Einkauf, C-Teile-Einkauf oder Einkauf für eigene Ausstattung befasste. Weiterhin gibt es auch heute noch signifikante Unterschiede, ob man sich in der Materialgruppe Güter bewegt oder ob es um die Beschaffung von immateriellen Dienstleistungen geht (vgl. auch [4] und [5]).

Als am besten digitalisiert und integriert darf die Beschaffung von Produktions- und Handelsgütern betrachtet werden. Oft sind die IT-Systeme von Lieferant und Kunde über elektronische Schnittstellen integriert oder es wird sogar auf einem gemeinsamen Datenbestand disponiert. Manuelle Eingriffe in die Disposition zur Abänderung von Bestellmengen oder Spezifikationen sind zwar möglich,

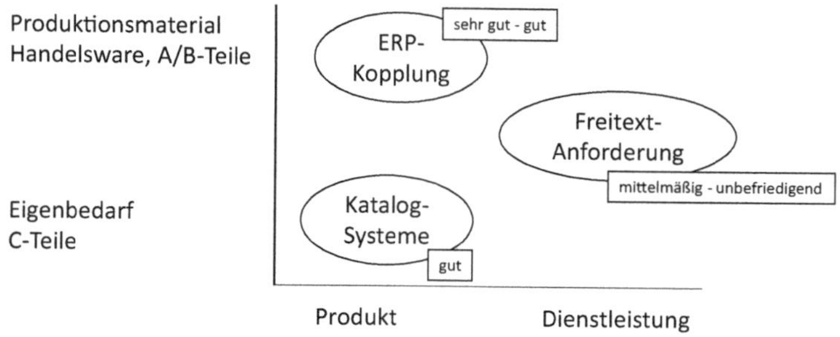

Abb. 2: Abdeckung der Einkaufs- und Beschaffungsaktivitäten durch IT-Tools.

stellen aber die Ausnahme dar. Aufgrund der Vielfalt und Menge der Artikel, der zeitlichen Dichte und der Masse der Transaktionen wurde auf diesem Gebiet in den letzten Jahren stark investiert und die Supply-Chain-Partner sind überwiegend sehr zufrieden (vgl. auch [4]).

Für den Eigenbedarf an Investitionsgütern oder den C-Teilen mit niedrigerem Beschaffungsvolumen wird naturgemäß ein niedrigerer Aufwand betrieben. Seit etwas mehr als 15 Jahren besteht die IT-Unterstützung darin, entweder das eigene ERP-System oder das Supplier Relationship Management-System (SRM-System) mit extern gehosteten Katalogportalen zu koppeln oder externe Kataloge als Datei in die bestehenden internen Systeme zu laden und so korrekte Bestellungen zu tätigen.

Das größte Potential in der IT-Unterstützung liegt in der Beschaffung von Dienstleistungen, die in zahlreichen Branchen und Warengruppen immer wichtiger wird. Dabei existiert prinzipiell natürlich auch die Option, Dienstleistungen zu katalogisieren und sie vom Workflow her genauso zu behandeln wie Güter des Eigenbedarfs und C-Teile. Diese Option hat sich in der jüngeren Vergangenheit aber als schwierig und mit sehr großem Aufwand verbunden, gezeigt. Man wird die Freitextanforderungen mit Katalogisierung einfacher Dienstleistungen vermindern, ganz vermeiden werden sie sich nicht lassen.

Im Folgenden wird zunächst eine Übersicht über die IT-Landschaft im Einkauf gegeben. Dabei steht im Fokus, welche Systeme grundsätzlich einsetzbar sind. Nicht alle Systeme sind flächendeckend in den Einkaufsabteilungen der Unternehmen im Einsatz. Gerade in Zeiten fortschreitender Digitalisierung wird erkennbar, wie wichtig ein weiterer Ausbau der Systeme sein wird.

Im Basis-Layer findet man zunächst das ERP-System, was sozusagen als Backbone für alle weiteren IT-Systeme in Einkauf und Beschaffung zu sehen ist. Hier werden die Stammdaten gepflegt und grundsätzlich alle Belege wie Bestellungen, Rechnungen, etc. gespeichert. Es gibt zahlreiche Gründe, warum der Zugriff auf das ERP-System nicht allen internen Mitarbeitern, bspw. zu Zwecken der Bedarfsanforderung, gewährt wird: dazu zählen Lizenz-Metriken und Preise für Lizenzen (Unternehmenslizenz ist oft zu teuer), das Nutzerinterface (einige ERP-Systeme

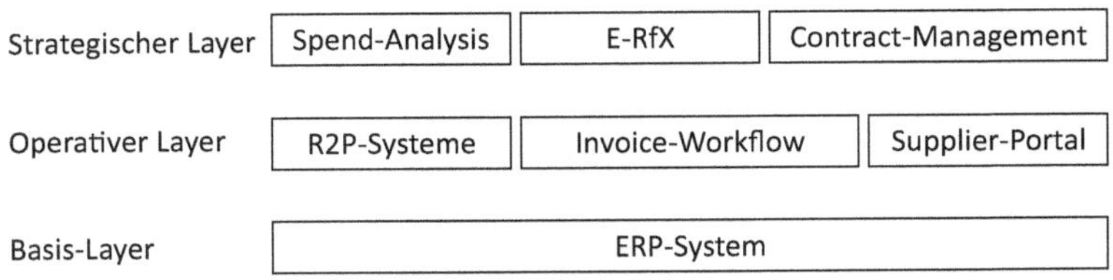

Abb. 3: Relevante IT-Systeme für Einkaufsabteilungen.

haben sehr komplexe Oberflächen mit sehr vielen Eingabemöglichkeiten) und Sicherheitsbedenken. Auch der direkte Zugriff von Geschäftspartnern wie Kunden und Lieferanten scheidet meist aus Sicherheitsgründen aus. Deshalb werden im operativen Layer Schnittstellensysteme zu diesem Zweck geschaffen.

Die Anbindung externer Lieferanten erfolgt beispielsweise im operativen Layer über ein Supplier-Portal. Es wird auf Basis von Web-Technologie eine Schnittstelle zur Verfügung gestellt, mit der externe Lieferanten z. B. ihre Stammdaten selbst pflegen, Dokumente zum Qualitätsmanagement hochladen und weitere Arten der Kommunikation, z. B. die Teilnahme an einer Ausschreibung, mit dem beauftragenden Unternehmen aufwandsarm durchführen können. Erst nach Prüfung der Daten durch den internen Einkauf gehen diese dann auf sichere Art und Weise in das ERP-System ein.

Starken Bedeutungszuwachs – aber immer noch eine vergleichsweise geringere Verbreitung – weisen die Tools auf dem strategischen Layer auf. Spend-Analysis (Ausgabenanalyse) bezeichnet multidimensionale Data Warehouse-Lösungen, mit deren Hilfe die große Zahl an Bestell- und Rechnungsinformationen ausgewertet werden kann. Unter E-RfX wird die Durchführung elektronischer Anfragen, Ausschreibungen und Auktionen verstanden. Mit Contract-Management bezeichnet man die IT-Unterstützung des Vertrags-Lebenszyklusses mit externen Lieferanten.

In den folgenden Abschnitten soll gezeigt und diskutiert werden, welche der neueren Technologien auf den Gebieten der Software-Roboter und der Künstlichen Intelligenz mittel- und langfristig wertvolle Beiträge zur Steigerung der Prozesseffizienz und zur Kostensenkung in den Beschaffungsabteilungen der Unternehmen liefern können. Es wird aufgezeigt, dass auf allen genannten Layern der Einsatz moderner Technologien möglich wird und diese sogar vereinzelt, entweder prototypisch zu Testzwecken oder sogar als Lösungen, zur Verfügung stehen.

3 Industrie 4.0 und Künstliche Intelligenz

3.1 Robotische Prozessautomatisierungen

Während in der industriellen Produktion Roboter schon sehr lange ein selbstverständlicher Bestandteil der betrieblichen Automatisierung sind, erfahren Software-

Roboter in jüngerer Zeit mehr Aufmerksamkeit [6]. Dabei ist die Automatisierung oder Integration von Software-Workflows kein neues Gebiet. Einfache, wiederkehrende Berechnungen in einer Tabellenkalkulation ließen sich schon viele Jahre mit Makros beschleunigen und automatisieren. Musste man Daten aus anderen Systemen lesen oder schreiben, wurde dies über Programmierschnittstellen (APIs) und Datenaustausch (XML) bewerkstelligt. Diese Art der Prozessbeschleunigung und Automatisierung bezeichnet man als Integration von Softwaresystemen.

Softwareroboter gehen in ihrer Funktionsweise deutlich über die traditionelle Integration von Informationstechnologie über Schnittstellen hinaus. Vielmehr ahmen sie menschliche Interaktion mit Benutzerschnittstellen, z. B. einer grafischen Oberfläche mit Schaltflächen und Eingabefeldern, nach. Das heißt, Softwareroboter bedienen User Interfaces ganz ähnlich wie ein Mensch. So könnte beispielweise die Eingabe von Bestellbelegen in ein ERP-System oder sogar ein gesamter Geschäftsprozess durch einen Softwareroboter erledigt werden. Da es sich bei diesen Eingaben zunehmend nicht um deterministische, wiederkehrende Daten handelt, kommt jetzt zusätzlich die Künstliche Intelligenz ins Spiel. Mit ihrer Hilfe könnten Softwareroboter – ähnlich dem Menschen – die Eingaben verbessern, dazu lernen und immer höherwertige Dialoge mit den Softwaresystemen übernehmen.

3.2 Künstliche Intelligenz

Schon vor 1950 wurde seitens der Informatik intensiv an künstlicher Intelligenz geforscht. Stark vereinfacht kann man sagen, die künstliche Intelligenz versucht, das Denken im Gehirn eines Menschen durch Algorithmen und Schaltvorgänge in Maschinen nachzubilden. Der nach dem Wissenschaftler Alan Turing benannte Test besagt: wenn ein Mensch eine Frage sowohl an einen Menschen und eine Maschine stellt und er nicht erkennen kann, ob die Antwort, die er erhält, eine menschliche oder eine computergenerierte Antwort ist, dann ist die Maschine intelligent. Dann hat die Maschine den Turing-Test bestanden (vgl. [7], [8], [9]).

Neuronale Netze zählen zu den bekanntesten Verfahren der künstlichen Intelligenz. Mit einem neuronalen Netz sollen Maschinen – stark vereinfacht – Muster erkennen können, d. h. von einer Menge an Eingangsinformationen ein bestimmtes Ergebnis ableiten können. Dabei sind neuronale Netze in der Lage, komplexe Muster zu erlernen, ohne dass eine Abstraktion über die diesen Mustern eventuell zugrunde liegenden Regeln stattfindet. Das heißt, neuronale Netze entwickeln erst die Regeln, sie lernen dazu. Ähnlich wie beim Menschen werden diese nicht nur von selbst durch Erfahrung erworben, sondern sie müssen durch langjähriges Training mit zahlreichen Datensätzen erlernt werden. Neuronale Netze lernen nicht explizit durch Vorgabe von Regeln, sondern implizit durch Erfahrungen und deren Weiterentwicklung. Das Trainieren eines neuronalen Netzes ist Voraussetzung für den Lernerfolg und damit am Ende für die richtige Verarbeitung eines Musters. Der nächste Abschnitt beschreibt Einsatzmöglichkeiten für diese neuen Technologien im Einkauf.

3.3 Konsequenzen für den operativen Einkauf

Die Kernziele im operativen Einkauf sind im Wesentlichen a) kurze Durchlaufzeiten von der Bedarfsanforderung bis zum Wareneingang und zur Bezahlung der Rechnung, und b) eine möglichst niedrige Maverick-Buying-Quote – also eine nahezu vollständige Abdeckung der Anforderungen durch vordefinierte Güter und Dienstleistungen in Rahmenverträgen mit freigegebenen Lieferanten. Darüber hinaus können selbstverständlich noch weitere, unternehmensspezifische Ziele existieren.

Wie in Abschnitt 2 gezeigt, steckt noch einiges Optimierungspotential im operativen Einkauf von Eigenbedarf an Investitionsgütern, C-Teilen und der Beschaffung von Dienstleistungen. Das ist der niedrigen Katalogisierungsquote, dem sporadischen Bedarf und der Spezifität der Güter und Dienstleistungen geschuldet. Deshalb sind in diesen Warengruppen die Workflows nicht hoch automatisiert und viele Anforderungen der Bedarfsträger müssen teilautomatisiert oder hauptsächlich manuell bereinigt, ergänzt oder geklärt werden.

Dort, wo heute noch die Güte klassischer, maschineller Algorithmen nicht die Qualität einer menschlichen Bearbeitung erreicht, kommen sogenannte Shared Service Center zum Einsatz. Aus europäischer Sicht werden in Südwesteuropa oder Osteuropa Partner gesucht, welche wiederkehrende Aufgaben auf Basis fester Prozessanweisungen intelligent bearbeiten. Auch die Ausgliederung oder der Aufbau eines eigenen Centers ist möglich, wenn die Menge der Aufgaben dieses rechtfertigt.

Anhand des Beispiels einer fehlerhaften Bedarfsanforderung wird dort vom menschlichen Agenten z. B. der Lieferant korrigiert, die richtige Materialgruppe eingetragen oder – nach Rücksprache mit dem Bedarfsträger – Menge und Artikel angepasst, wenn offensichtliche Fehler vorliegen. Das wird u. U. erkannt, wenn Erfahrungswerte zu den Anforderungen vorliegen.

Es liegt auf der Hand, dass vergleichbare Aufgaben prinzipiell durch robotische Prozessautomatisierung bearbeitbar sind. Ein Softwareroboter kann bspw. eine große Menge an Freitextanforderungen viel schneller nach den oben genannten Fehlern und Auffälligkeiten durchsuchen. Ein Verbessern der Stammdaten, wie Lieferant oder Warengruppen, erfolgt durch den Abgleich mit einer Datenbank. Liefert ein Geschäftspartner zu 90 % Stahl und es ist im Materialfeld etwas anderes eingetragen, würde der Roboter entweder, wenn er sich sicher genug ist, das Feld korrigieren oder, wenn gewünscht, die Auffälligkeiten einem manuellen Entscheider vorlegen, der sie dann korrigiert.

In der Zukunft ist auch der Einsatz sogenannter Chatbots denkbar, die dann automatisch dialogorientiert mit dem Nutzer in Kontakt treten und die festgestellte Auffälligkeit korrigieren oder mit einem Vermerk im Beleg bestätigen [10].

3.4 Chancen für den strategischen Einkauf

3.4.1 Lieferantensuche, -auswahl, und Integration neuer Lieferanten

Das Spektrum an Zulieferern umfasst in der IT zahlreiche Lieferantentypen: Hard- und Softwarehersteller, Systemintegrationspartner, IT-Unternehmensberater sowie das klassische Outsourcing-Geschäft. Nicht immer sind klassische Datenbanken und B2B-Marktplätze die erste Adresse auf der Suche nach neuen Partnern. Marktplätze wie z. B. „Wer-Liefert-Was“ funktionieren nach dem Prinzip, dass Anbieter von Waren oder Dienstleistungen dort ihr Angebot einstellen, regelmäßig aktualisieren und pflegen. Einen anderen Ansatz wählt derzeit der Anbieter Sherlock Who, der dafür u. a. mit dem BME-Innovationspreis ausgezeichnet worden ist.

Sherlock Who sucht mit Algorithmen der künstlichen Intelligenz direkt auf den offiziellen Firmenwebseiten potentieller Lieferanten [11]. Die Suchergebnisse sollten damit zumindest aktueller, relevanter und objektiver sein, als Daten, welche in elektronischen Verzeichnissen gepflegt werden. Wird auf diese Art und Weise ein neuer Lieferant gefunden, mit dem eine Beziehung angebahnt werden soll, könnten Chatbots im Rahmen der Erstabfrage nützlich sein. Vorstellbar ist ein Wechselspiel zwischen standardisierten formularbasierten Datenabfragen, bspw. nach Stammdaten, Zertifizierungen, usw. Bei Auffälligkeiten, Lücken oder Klärungsbedarf, wo heute der taktische Einkäufer in Kontakt mit dem potentiellen, neuen Lieferanten treten würde, käme dann der Chatbot zum Zuge. Er tritt in Dialog mit dem neuen Lieferanten und füllt die Lücken entsprechend auf. Dabei kann er sich sowohl des Email-Dialoges, einer Chat-Plattform oder eines Messager-Dienstes bedienen. Nicht zwingend wird beim Lieferanten mit synthetischer Sprachausgabe angerufen, obwohl auch dies prinzipiell möglich ist.

3.4.2 Vertragsmanagement

Die Verhandlung von Verträgen mit bestehenden oder neuen Lieferanten ist derzeit eine noch wenig automatisierte und nur unzureichend mit IT-Systemen unterstützte Aufgabe in den Einkaufsabteilungen. Die für das einkaufende Unternehmen aufwandsärmste, aber auch mit den meisten Nachteilen behaftete Alternative ist es, mangels eigener Vorlagen das Template des Lieferanten zu verwenden. Es ist leicht erkennbar, warum die Alternative nachteilig ist, denn dieses Template vereint meist alle Vorteile bzgl. Konditionen, Nebenkosten, Zahlungszielen, Gefahrübergang und Haftung beim Lieferanten und die entsprechenden Nachteile beim beschaffenden Unternehmen.

Stattdessen werden oft neue Verträge auf Basis bestehender, vergleichbarer Verträge nach warengruppenspezifischen Templates herausgesucht, die individualisierten Passagen gelöscht und dieses Dokument als Grundlage genommen. In den letzten Jahren haben sich deshalb Vertragsmanagement-Systeme (Contract Management) zumindest in größeren Unternehmen etabliert. Darin lassen sich nicht nur bestehende, gültige Verträge in ihrem Lebenszyklus von den verschiedenen Entwurfsversionen bis zum endgültigen Dokument einstellen und überwachen: es stehen außerdem oft Funktionen bereit, neue Vertragsvorschläge auf Basis sogenannter bestgeeigneter Klauseln manuell zusammenzustellen.

Dass letzteres mit Hilfe künstlicher Intelligenz und einem Softwareroboter automatisiert gelingen kann, zeigt **Robot Lawyer Lisa**, ein Softwaresystem, das im Internet zugänglich ist und diese Aufgabe – im Moment lediglich auf Englisch – bewerkstelligt [12]. Untersuchungen zur Qualität stehen noch aus. Es wird sich in den nächsten Monaten durch prototypische Adaption zeigen müssen, ob durch Lisa entworfene Verträge an die Qualität der von Anwälten entworfenen Muster herankommen können.

3.4.3 Lieferantenbeurteilung und Lieferantenbewertung

Die regelmäßige Beurteilung und jährliche Bewertung von Lieferanten ist ein unerlässlicher Prozess, der in Unternehmen oft nur unzureichend digital gestützt ist. Stark verbreitet sind manuelle adhoc-Abfragen, die kurzfristig vor Lieferantengesprächen top-down über die Organisation verbreitet und anschließend oft manuell konsolidiert werden müssen. Empfehlenswert ist es hier, z. B. im R2P-Workflow stichprobenhaft verpflichtende Beurteilungen von den Bedarfsträgern einzuholen, so dass zum Bewertungszeitraum bereits eine solide Datenbasis aus dem unterjährigen Geschäft vorliegt.

Zusätzlich sind Softwareroboter in der Lage, bei Auffälligkeiten detailliertere Beurteilungen anzustoßen. Erkennt der Algorithmus zunehmend abweichende Liefermengen, schlägt er Alarm, informiert den zuständigen Einkaufsmanager und vermerkt dies ebenso im Lieferantencockpit, das Schwerpunkt des nächsten Abschnitts sein wird.

Ergänzt werden kann die intern damit vorliegende Datenbasis durch Softwareroboter, sogenannte Crawler, die soziale Business-Medien wie XING, LinkedIn oder Branchenforen nach Meldungen oder Stimmungen zu den betreffenden Lieferanten durchsuchen.

3.4.4 Reporting und Lieferantencockpit

Am Markt existieren inzwischen zahlreiche Softwarelösungen für die Verdichtung von operativen Bestell- und Rechnungsbelegen in einem Data Warehouse. In der Regel besteht die Möglichkeit zusätzliche Daten aus Fremdsystemen einzuspielen. Dazu zählen Rohstoffpreisentwicklungen, Währungsschwankungen aber auch z. B.

Meinungen und Beurteilungen zu Produkten und Lieferanten aus dem Internet. Diese externen Daten können auch über sogenannte Crawler aus unstrukturierten Webseiten extrahiert und entsprechend in das Data Warehouse importiert werden. So steht eine große Menge an Daten zur Verfügung, die nun zweckgerecht zu Informationen für den Einkaufsmanager aufbereitet werden muss. Es würde den Rahmen dieses Aufsatzes sprengen, alle Methoden der Statistik und künstlichen Intelligenz zu erörtern, die dazu geeignet sind und zum Einsatz kommen (vgl. [2]). Den meisten Nutzern geläufig ist die Zusammenhangsmessung über lineare und nichtlineare Regression und andere Zusammenhangsmaße. Über lineare Regression lässt sich z. B. eine Entwicklung erkennen und sich deren weiterer Soll-Verlauf extrapolieren. Ebenso ist die Identifikation von Ausreißern möglich. Das sind Merkmalsträger, die sich nicht erwartungskonform zeigen und damit meist Anlass zu einer Aktion, bspw. einer Gegensteuerung, geben.

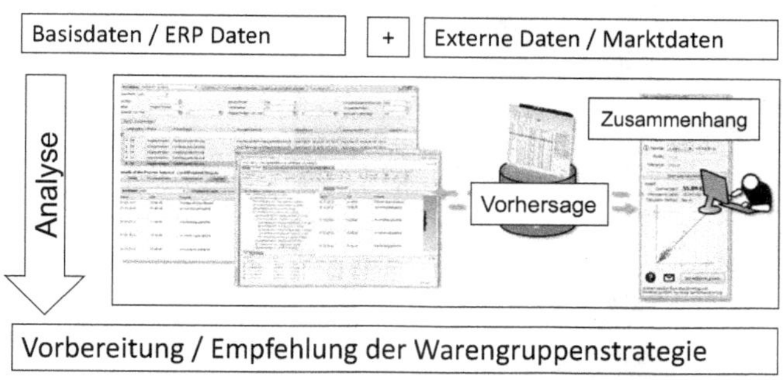

Abb. 4: Analyse der Einkaufsdaten und Darstellung in einem Lieferantencockpit.

Wie in Abbildung 4 ersichtlich, steht dem Einkäufer bzw. Warengruppenmanager ein übersichtliches Cockpit zur Verfügung, mit dessen Hilfe er nach Belieben den Datenwürfel aus allen Richtungen betrachten, verdichten und wieder aufteilen kann.

3.4.5 Lieferanten- und Materialgruppenstrategie (Bottom-Up)

Die Definition von Lieferanten- oder Materialgruppenstrategien ist die anspruchsvollste Aufgabe im strategischen Einkauf. Aufgrund der Komplexität und der Vielfalt an Gestaltungsmöglichkeiten findet sie in der Regel nur selten, etwa alle zwei bis fünf Jahre statt. Eine große Anzahl an internen Bedarfsträgern und weiteren Stakeholdern aus Technik, Einkauf und Management ist involviert. In der Regel müssen große Datenmengen der Vorjahre sowie Markt- und Lieferantendaten manuell importiert, betrachtet, verdichtet und ausgewertet werden.

Grundsätzlich kann die Formulierung einer Materialgruppe oder Lieferantenstrategie auf zwei Arten erfolgen: top-down als Ableitung von Konzern- und Bereichsstrategien oder bottom-up auf Basis von Vergangenheitsdaten und den Inputs der vielfältigen Bedarfsträger. In der Praxis wird oft eine Mischform beider Vorgehensweisen stattfinden und im Ergebnis aus beiden Richtungen gearbeitet werden. Damit ist das Digitalisierungs- und Automatisierungspotential deutlich:

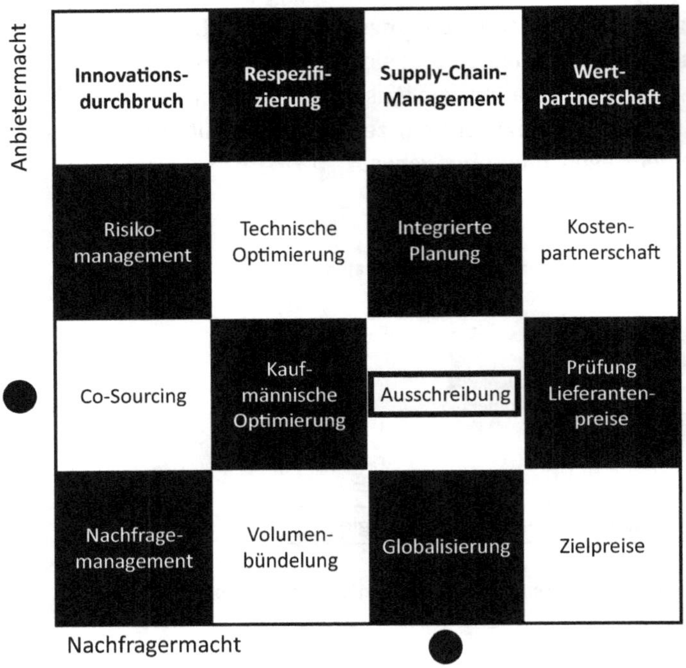

Abb. 5: In Anlehnung an Einkaufsschachbrett [13].

Digitalisierung und IT-Tools können im Wesentlichen die Formulierung von Strategien bottom-up unterstützen. Strategietools und Vorgehensweisen stehen am Markt vielfältig zur Verfügung. Im Folgenden soll die Strategiebildung exemplarisch anhand des Einkaufsschachbretts von A. T. Kearney (vgl. [13]) demonstriert werden. Dabei handelt es sich um eine Menge von Rahmenstrategien, die dreistufig entweder als 4-Felder, 16-Felder oder 64-Felder-Tafel (= Schachbrett) aufgezeigt werden. Aus Gründen der Übersicht wird dazu die 16-Felder-Tafel gewählt.

Determiniert werden die Strategievorschläge anhand der beiden Dimensionen Lieferantenmacht und Nachfragemacht innerhalb einer jeweiligen Materialgruppe. Die die Lieferantenmacht bestimmenden Determinanten wie beispielsweise die Anzahl der in einem Materialfeld tätigen Lieferanten und deren geographischen Marktanteile ließen sich durch Softwareroboter erheben, welche interne und externe Datenbanken nach den interessierenden Informationen durchsuchen und entsprechend aufbereiten. Gleichermaßen ließe sich über die in den internen Datenpools verdichteten Informationen zu eigenem Umsatz mit den Lieferanten, geplante Umsatzentwicklungen etc. die Nachfragemacht gegenüber dem Lieferanten einschätzen.

Je nach Konstellation auf dem Schachbrett, könnte der Softwareroboter nun einen intelligenten Strategievorschlag unterbreiten. In der Abbildung tritt der Fall auf, dass eine Ausschreibung der geeignete Strategiehebel ist. In diesem speziellen Fall, könnte das IT-System nicht nur den Vorschlag unterbreiten, sondern sogar gleich die Ausschreibung über ein integriertes e-RfX Tool anstoßen und vorbereiten, so dass der Einkaufsmanager die Durchführung nur noch freigeben muss.

Nachdem nun einige Nutzenpotentiale im operativen und strategischen Einkauf für den Einsatz von Softwarerobotik und künstlicher Intelligenz im Einkauf gezeigt worden sind, wird nun im 4. Abschnitt darauf eingegangen, mit welchen Schwierigkeiten der Business Case dazu behaftet ist und welche potentiellen Bedenken sonst noch ausgeräumt werden müssen.

4 Beschränkungen und Adaptionshindernisse

4.1 Aufbau des Business Cases

Eines der wesentlichen Hindernisse von Digitalisierungsinitiativen im Einkauf ist die schwere Quantifizierbarkeit des betriebswirtschaftlichen Nutzens. Oft fällt es dem Einkaufsleiter oder dem Chief Information Officer (CIO) nicht leicht, der Geschäftsleitung gegenüber die Aufwände für neue Hardware, Software oder Beratungsleistungen deutlich zu machen, geschweige denn, den in vielen Business-Case-Vorlagen geforderten Return-on-Investment aufzuzeigen. Dabei ist der Business Case zur Digitalisierung im Einkauf keineswegs nur aus finanziellen Gesichtspunkten zu betrachten. Empfehlenswert ist es, anhand der folgenden sieben Punkte auch nicht-monetäre Aspekte beim Vergleich des Status-Quo mit einem digitalisierten Zukunftsszenario in Einkauf und Beschaffung zu beleuchten:

- Überblick über Digitalisierungsinitiative
- Ist-Zustand und Schwachstellen
- Finanzielle Konsequenzen
- IT-Auswirkungen
- HR und andere Auswirkungen
- Alternativen
- Empfehlung

Zunächst muss die Initiative selbst so dargestellt werden, dass auch technisch nicht versierte Entscheider die Neuerungen auf dem Gebiet der Software-Robotik und der künstlichen Intelligenz verstehen. „So viele Fachbegriffe wie nötig – so wenige wie möglich" ist das richtige Motto für diesen Abschnitt. Die Vorteile wie geringere Fehlerzahl, 24h-Erreichbarkeit und Service usw. können bereits an dieser Stelle verdeutlicht werden. Anschließend sind der Ist-Zustand und dessen Schwachstellen zu schildern. Zweifelsohne sind hier oftmals Medienbrüche, doppelte Eingaben und schlecht-gekoppelte Systeme mit nicht-optimierten Schnittstellen vorhanden. Auch manuelle Arbeiten zu Zwecken der Korrektur und Prüfung von Feldinhalten sind zu vermerken. Die Beschaffung von fehlenden oder unzureichenden Informationen, bspw. bei Bestellanforderungen, kann sehr zeitintensiv sein und damit hohe Prozesskosten verursachen.

Sinkende Prozesskosten bei gleichzeitig schnelleren Durchlaufzeiten und höherer Datenqualität sind die Kernelemente, mit dem die finanziellen Investitionen für Hardware, Software und externe Beratungsleistungen argumentiert werden müssen. Nach Müller (vgl. [14]) lassen sich die Kosten pro Bestellvorgang durch Digitalisierung von durchschnittlich 115 Euro um knapp 40 % auf 67 Euro senken. Bei einem Mittelständler mit ca. 7000 Bestellungen errechnet sich so grob eine jährliche Ersparnis von etwa 340.000 €. Es empfiehlt sich meist eine Betrachtung auf einen 5 bis 10 Jahreszeitraum. Bei 10 Jahren rechtfertigt sich so – stark vereinfacht – ein Investitionsvolumen von knapp 3 Millionen Euro. Es herrscht prinzipiell Einigkeit, dass durch die zunehmende Digitalisierung auch die Anzahl der Belege und Transaktionen noch deutlich steigen und damit die Notwendigkeit nach Tool-Support wachsen wird.

Die IT-Auswirkungen und eventuelle Konsequenzen auf dem Gebiet Personal (HR) müssen bedacht und offen diskutiert werden. Gerade hier zeigen sich, wie im folgenden Abschnitt tiefer erläutert, die meisten Bedenken der Geschäftsleitung. Diese sollten zeitnah ausgeräumt werden.

Zuletzt wird die Empfehlung zur Investition in digitale Einkaufstechnologie ausgesprochen. Der Geschäftsleitung gegenüber ist deutlich zu machen, dass die Alternative eine Aufstockung der operativen und strategischen Einkaufsmitarbeiter sein wird, um der zunehmenden Menge und Qualität an Anforderungen gerecht zu werden. Sonst besteht die Gefahr, dass die Qualität der Einkaufsentscheidungen abnehmen könnte. Letzteres, dies soll nicht unerwähnt sein, kann auch aus Gründen der geforderten Compliance bedenklich werden.

4.2 Vorbehalte gegen Robotik und Künstliche Intelligenz

Die Beschäftigung mit Softwarerobotik und künstlicher Intelligenz führt oft zur Diskussion über eine Arbeit 4.0, in der menschliche Arbeitskraft vermeintlich immer weniger gebraucht wird und einfachere Tätigkeiten durch Roboter ersetzt werden. Auch bestehen vereinzelt Bedenken einer außer Kontrolle geratenen künstlichen Intelligenz, die irgendwann die „Herrschaft" übernehmen könnte. Sicherlich lassen sich Argumente für solche Schreckensszenarien finden. Betrachtet man aber die letzten Jahrzehnte, in denen auch schon Systeme intelligenter geworden sind und Fabriken, in denen zunehmend Roboter Einzug gefunden haben (v. a. in die Produktion), lässt sich feststellen: es entstehen stets für die Menschen neue Aufgabenfelder – meist höherwertiger Natur. Ganze Industrien, wie in der Vergangenheit die IT-Industrie, entstehen und verbreiten sich. Wenn die Menschen bereit sind, diesen Wandel mitzugehen, sich stetig weiter zu qualifizieren und mit der Technologie Schritt zu halten, können Robotik und künstliche Intelligenz sich mit den menschlichen Fähigkeiten synergetisch entwickeln. Eine Bedrohung von Menschen ist nach Meinung des Autors nicht zu erwarten. Am Ende arbeiten initial von Menschen programmierte Algorithmen.

5 Fazit

Die Einkaufsfunktion hat bezüglich der Diskussion um Industrie 4.0 und Digitalisierung eine Doppelfunktion. Sie muss einerseits am Markt ständig nach innovativen Partnern für Systeme und Dienstleistungen Ausschau halten. Andererseits ist es ihre vordringliche Aufgabe, sich mithilfe der eigenen IT oder externer Partner und Dienstleister selbst die adäquaten Tools und Prozesse zu verschaffen, um in der digitalen Ökonomie weiterhin effektiv und effizient, höhere Einsparungen für das Unternehmen zu generieren.

Die Einkaufssysteme der Zukunft entwickeln sich von operativen Hilfsmitteln der reinen elektronischen Prozessabdeckung zu wissensbasierten, kollaborativen und entscheidungsunterstützenden Internetanwendungen, die auch in der Cloud denkbar sind. Voraussetzung für die Cloud ist Datensicherheit und Vertrauen in die entsprechenden Anbieter.

Damit dies gelingt, erfordert es eine sehr enge Verzahnung der Mitarbeiter in den Einkaufsabteilungen mit der IT-Abteilung [3]. Zunehmend wird es die Aufgabe von Key-Usern der entsprechenden Systeme im Einkauf sein, ihren Bedarf gegenüber der internen IT zu formulieren, zu priorisieren und unter Umständen auch durchzusetzen. Diskussionen auf Kongressen mit Einkaufsleitern kamen oft auf den Punkt: „Digitalisierung gilt als selbstverständlich und für den Einkauf stehen oft keine IT-Budgets zur Verfügung.“ Ein Umdenken an dieser Stelle ist dringend erforderlich. Gerade der strategische und operative Einkauf verschafft dem Unternehmen durch wirksame Maßnahmen oft hervorragende Kostenpositionen. Es muss Aufgabe der IT sein, dies durch adäquate Tools und Workflows zu unterstützen.

Wenn IT und Einkauf, also CIO und Chief Procurement Officer (CPO), an einem Strang ziehen, können sie die Wettbewerbsposition des Unternehmens signifikant verbessern.

6 Literatur

[1] GEP – Procurement Outlook 2017, Global Supertrends and their implications. www.gep.com (letzter Zugriff: 12. 03. 2018).

[2] Chambers M., Dinsmore T. 2014. Advanced Analytics Methodologies: Driving Business Value with Analytics, Pearson Education. 2. Auflage. Indianapolis, USA.

[3] Bremer W. 2017. IT Sourcing. In: Lang, M. (Hrsg.). CIO Handbuch Band IV. Düsseldorf: Symposion Verlag.

[4] Bogaschewsky R., Müller, H. Studien zur elektronischen Beschaffung, 2006–2015. www.cfsm.de/studien/elektronische-beschaffung/ (letzter Zugriff: 12. 03. 2018).

[5] Henke, M. 2016. Vorstudie Einkauf 4.0, Bundesverband Materialwirtschaft und Einkauf. www.bme.de/fileadmin/_horusdam/4190-Vorstudie_Einkauf_40.pdf (letzter Zugriff: 12. 03. 2018).

[6] Allweyer, T. Robotic Process Automation – Neue Perspektiven für die Prozessautomatisierung. www.kurze-prozesse.de/blog/wp-content/uploads/2016/11/Neue-Perspektiven-durch-Robotic-Process-Automation.pdf (letzter Zugriff: 12. 03. 2018).

[7] Lämmel, U., Cleve J. 2012. Künstliche Intelligenz. 4., aktualisierte Auflage. München: Hanser Verlag.

[8] IDG-Insider Künstliche Intelligenz. www.Computerwoche.de (letzter Zugriff: 12. 03. 2018).

[9] Künstliche Intelligenz. https://www.computerwoche.de/a/darum-geht-s-bei-artificial-intelligence,2931406 (letzter Zugriff: 12. 03. 2018).

[10] ADA. ein Chatbot des Herstellers Tradeshift für die R2P-Plattform. www.techemergence.com/cognitive-procurement-enterprise/

[11] Sherlock Who. www.sherlock-who.com/. beschaffung-aktuell.industrie.de/news/lieferanten-suchmaschine-holt-innovationspreis-it-auf-der-cebit/ (letzter Zugriff: 12. 03. 2018).

[12] Robot Lawyer Lisa. robotlawyerlisa.com/. URL: http://www.itproportal.com/features/robot-lawyers-the-next-legal-frontier/ (letzter Zugriff: 12. 03. 2018).

[13] Schuh, C., Strohmer, M., et al. 2009. Das Einkaufsschachbrett. Berlin, Heidelberg: Springer Verlag.

[14] Müller, H. Indirekter Einkauf im Fokus – Studie mit der Mercateo AG. www.mercateo.com/corporate/info/mercateo-htwk-studie-2017/ (letzter Zugriff: 12. 03. 2018).

Andreas Rebetzky

8 Digitalisierung – Best Practices für die IT und das Unternehmen

1 Einleitung

Die Digitalisierung ist angekommen. Seit über 5 Jahren wird sie in den CIO-Kreisen diskutiert und deren Auswirkungen skizziert. Seit nun etwa 2 Jahren wird sie auch intensiv in den Manager Magazinen als Headline prominent dargestellt. Mit dem in Deutschland geprägten Begriff Industrie 4.0 ist die Digitalisierung nun endgültig zum Schlüssel der Ökonomie geworden. Die Politik spricht davon, dass die Digitalisierung nicht nur hinreichend, sondern dringend notwendig ist, um den Wohlstand zu erhalten und auszubauen. Keine Rede eines Politikers mehr, ohne dass das Thema Digitalisierung erwähnt wird. Doch wer soll denn die digitalen Transformationen in Unternehmen umsetzen? Schnell rückt die IT ins Scheinwerferlicht. Während noch vor einem Jahr die Geschäftsleitungen und die Vorstände den IT-Chef nach den Bemühungen um die Digitalisierung fragten, wurde ihnen bald bewusst, dass Digitalisierung kein reines IT-Thema mehr ist. Vielmehr erfordert es den Einsatz des gesamten Unternehmens. Es herrschte und herrscht eine relative Verunsicherung, wie das Thema denn am besten zu lösen sei. Der Chief Digital Officer (CDO) wurde erfunden! Ist er einer, der die IT versteht, und nun die Digitalisierung in die operativen Unternehmensbereiche trägt? Oder ein Manager, der nun die Digitalisierung ins Unternehmen bringen soll? Ist es der Chief Information Officer (CIO)? Oder eine zweite Funktion? Es gibt alle Varianten. Allerdings sind nicht alle Varianten gleich erfolgreich. Soll denn ein zum CIO paralleler CDO die IT steuern? Was macht dann der CIO? Wird dieser wieder zum Leiter des Rechenzentrums degradiert, das vielleicht sogar in die Cloud wandert, und damit den CIO eventuell überflüssig macht?

Einigkeit herrscht hingegen weitgehend in der Aussage, dass Digitalisierung von der Unternehmensleitung initialisiert und gesteuert werden muss. Die IT kann dies nicht alleine tun. Und der Fachbereich schon gar nicht – es sei denn, das Unternehmen erlaubt die weitgehende Einführung von Schatten-IT-Organisationsformen – mit allen Konsequenzen, wie zum Beispiel einem Wildwuchs der Systeme und entsprechenden Kostensteigerungen.

Daher beantwortet sich die Frage nach CDO und CIO relativ schnell: Der CDO und der CIO können ein und dieselbe Person sein, unter der Voraussetzung, dass der CIO ein Geschäftsmann ist, und kein Leiter der Infrastruktur.

Die Erfolgsfaktoren digitaler Transformationen sind allerdings tieferliegend. Selbst wenn die Geschäftsleitung das Thema CIO/CDO gelöst hat, liegen noch viele

https://doi.org/10.1515/9783110545395-008

Herausforderungen in Struktur und Wissen innerhalb der gesamten Organisation auf dem Weg. Es geht um Kollaboration, um Innovation und um Agilität. Die Digitalisierung setzt neue Zeitmaßstäbe. Die Änderungszyklen reduzieren sich. Denken wir an Industrie-4.0-Themen. Die Robotik ersetzt starre Automation. Elektronik ist gleichwohl erforderlich, allerdings: „Software eats Hardware as a breakfast“. Die Musik spielt schon lange in der Software. Die Updatezyklen werden dadurch auf Monate oder gar Wochen reduziert. Die Elektronik wurde zum Sklaven der Bits und Bytes.

An den Prioritäten erkennt man deutlich, wie sich die organisatorischen Rahmenbedingungen veränderten. Noch vor wenigen Jahren war das Thema „Innovationsmanagement“ eng mit dem Begriff der Wertschöpfung durch die IT verknüpft. Die IT unterstützt den Fachbereich dabei in den Innovationsprozessen. Darüber hinaus entstand vor Jahren schon das Bedürfnis, die IT solle auch zu den Geschäftsmodellen aktiv beitragen [1]. Es wurde von innovativer Technologie und dem besonderen Einfluss agiler Softwaremethoden gesprochen. Die Priorität war es, durch agile Softwareentwicklung die Innovationskraft des Unternehmens zu steigern. Das war erst vor wenigen Jahren so diskutiert. Heute liegt die Priorität nicht mehr allein im Begriff der die Fachbereiche unterstützenden IT-Methoden. Der heute populäre Begriff „Digitalisierung“ kann als umfassende Klammer verstanden werden, den nun omnipotenten Einfluss digitaler IT Methoden auf die Unternehmen zu beschreiben. Gleichwohl Software der Kernbestandteil der Digitalisierung ist, wäre es dennoch zu kurz gesprochen zu sagen, Digitalisierung sei Software. Wenngleich am Ende des Tages doch Software als Ergebnis einer Digitalisierungsstrategie entsteht, so sind dennoch viele Voraussetzungen zu erfüllen, soll diese dann auch wirklich als Bestandteil des digitalen Unternehmens bestehen bleiben. Wichtig erscheint die Aussage, dass der Prozess agiler Softwareentwicklung nur dann zum Wertbeitrag der Digitalisierung des Unternehmens beiträgt, wenn das Unternehmen agil agiert. Das erklärt die Tatsache, dass viele junge Unternehmen kein Problem haben mit der Digitalisierung, da sie im Kern bereits agil aufgestellt sind. Ein größeres Unternehmen, auch im Mittelstand, dagegen hat vielleicht schon eine agile IT und Softwareentwicklung, die jedoch im Kontext des nicht-agilen Unternehmens weitgehend wirkungslos bleibt.

Das damit verbundene und erforderliche digitale Wissen ist in vielen mittelständischen und großen Unternehmen nicht ausreichend vorhanden. Daher dürfte die Anreicherung digitaler Skills in diesen Unternehmen in den kommenden Jahren wohl ein beherrschendes Thema sein auf dem Weg zur digitalen Transformation des Unternehmens.

In diesem Beitrag werden einige der fundamentalen Erfolgsfaktoren beschrieben und in einem Best-Practice-Beispiel anschaulich gemacht. Es gibt allerdings viele Wege zur Digitalisierung. Am Ende muss jedes Unternehmen seinen eigenen Weg finden.

2 Digitale Transformation benötigt Geschwindigkeit

2.1 Agile Methode

Wyman (vgl. [2]) stellt in seiner Studie fest, dass die agile Entwicklung die Methode Nr. 1 für die Digitalisierung darstellt. Agile Methoden sind natürlich nicht neu. Sie wurden bereits vor über 5 Jahren in den Softwareentwicklungsteams für die Entwicklung eingeführt, da das traditionelle V-Modell für viele Entwicklungen zu langsam und zu wenig kundenorientiert war. Der Ursprung für die Notwendigkeit agiler Methoden hängt mit der Einführung kleiner, mobiler Applikationen – auch „Apps" genannt – zusammen. Diese begannen ihren Siegeszug nach oder mit der Erfindung des Smartphones durch Apple vor etwa 10 Jahren. Die Apps waren und sind dabei ausgelegt als kleine, leicht zu bedienende Anwendungen mit einem limitierten Funktionsumfang und enorm hohen Grad an Standardisierung. Diese mit der traditionellen Vorgehensweise des V-Modells zu entwickeln funktionierte nicht: Steve Jobs hatte die Strategie, die Attraktivität seines iPhones durch eine Fülle einfacher Apps zu erhöhen. Der Siegeszug des iPhones ist letztlich auch ein Siegeszug der agilen Entwicklung. Nur so konnte Apple in kurzer Zeit ein Ökosystem „Apple" mit heute Millionen Apps aufbauen. Vom Grundsatz her ist die agile Methode eine prozedural, technische Methode. Beim genaueren Hinsehen erkennt man jedoch schnell, dass die agilen Methoden bei der App-Entwicklung auch einen anderen Designansatz wählten. Erstmals wurde die „User experience" als Startpunkt und Basis für eine App an den Anfang einer Entwicklung gestellt. Dieser diametral unterschiedliche Ansatz im Vergleich zu früheren Softwareentwicklungen hatte weitreichende Konsequenzen. Bei der Entwicklung ERP-naher Softwarekomponenten wurde die Benutzeroberfläche als Konsequenz der als Basis dienenden Datenstrukturen und Prozesse entwickelt. Die Benutzeroberflächen wurden in der Regel komplex. Das ist leicht zu erkennen, z. B. beim SAP GUI oder gar bei CAD-Software wie nx oder AutoCAD. Der Benutzer wurde mit allen möglichen Funktionen überschwemmt und überwältigt. Die Bediener von CAD-Software waren Experten höchsten Ranges. Dies hat sich im Zeitalter der „Apps" grundsätzlich geändert: Bei reduziertem Funktionsumfang wird eine intuitive Oberfläche bereitgestellt, die sogar ohne aufwendige Schulungen bedienbar ist.

Die agile Methode hat ein paar wesentliche Grundsätze, die sie von der traditionellen Methode unterscheiden:

- Es gibt keine detaillierte Spezifikation. Das Pflichten-/Lastenheft von früher wird ersetzt durch klare Benutzerziele.
- Die Benutzerziele werden stark an die Bedürfnisse der Endanwender angelehnt.
- Die Entwicklung erfolgt in kleinen Etappen, „Sprints" genannt, so dass während des Projektes jederzeit Korrekturen möglich sind.

Kein Wunder also, dass die Mehrzahl der Apps nicht von den alt eingesessenen Softwareunternehmen erstellt wurde, sondern von jungen, agilen Unternehmen oder sogar „One-man-shows“. Das Apple-Ökosystem erlaubte genau dieses: Agile Unternehmen (oder Einzelentwickler) konnten schnell zum Erfolg kommen. Natürlich dauerte es eine Weile, bis die Hersteller der großen Softwaresysteme wie SAP, Microsoft und die Entwicklungsabteilungen der Unternehmen erkannten, dass es sich eben nicht nur um Spielzeugsoftware handelte, sondern dass es genau diese Apps sein würden, die auch die Unternehmensanwendungen betreffen würden. Als erste reagierten die kleineren und mittleren Softwareagenturen, die sich seit jeher mit Webseiten, Design und Marketing beschäftigen, da dort das Wissen über Design und User Interfaces am ehesten vorhanden war und ist. ERP-orientierte Abteilungen für Unternehmenssoftwareentwicklungen waren und sind auch heute noch oft weit davon entfernt. Aber sie entstehen.

Die Unternehmen des Mittelstandes haben in den vergangenen 2–4 Jahren in den Softwarebereichen agile Teams initiiert.

Leider ist dies nur eine notwendige Voraussetzung für Digitalisierungen. Hinreichend für den Erfolg der digitalen Transformation ist dies jedoch nicht.

2.2 Agile Organisationen

Viele der Entwickler der vielen kleinen Apps in den Stores von Google und Apple waren es selbst, die sich die Ziele der App setzten, sie implementierten und im Store veröffentlichten. Nicht nur die Entwicklung erfolgte „agil“, sondern der gesamte Entstehungsprozess der App. Betrachtet man die Strukturen in den vielen mittelständischen Unternehmen, so erkennt man, dass diese der Agilität häufig wiedersprechen. Dies soll das folgende Beispiel erläutern:

Ein produzierendes Unternehmen möchte seinen Kunden eine App bereitstellen, um die bestellte Ware auf ihrem Weg zum Kunden transparent darzustellen. Der Vertrieb des Unternehmens ist mit dem Anliegen auf die IT zugekommen, mit dem Hinweis, dass der Wettbewerb dies schon lange habe. Die IT hatte vor kurzem eine kleine agile Softwareentwicklung aufgebaut, hat jedoch in einigen der geforderten Eigenschaften der App noch wenig Kompetenz. Da die Software auf die Lieferposition der Bestellung und weitere ERP-Daten Zugriff benötigt, wird schnell klar, dass es neben der App auch einiges im Bereich der Middleware zu den Backendsystemen zu tun geben wird. Die IT überlegt, dazu einen erfahrenen externen Partner hinzuzuziehen. Da einige der Logistikparameter im Stammdatenumfeld angepasst werden müssen, entsteht schnell ein Projektteam mit 5–6 Abteilungen. Der Vertrieb fordert Geschwindigkeit und der Projektleiter aus der IT beschließt, die App in der agilen Methode zu entwickeln. Der anspruchsvolle Zeitplan erfordert Sprints und die enge Einbeziehung der Logistik und des Vertriebs für die Test- und Definitionsphasen. Der Einkauf muss derweil einen Vertrag mit dem ausgewählten Dienstleister erstellen. In dieser Phase eskaliert das Projekt, da die Organisation dem Tempo nicht mehr folgen kann:

- Der Vertrieb steht auf dem Standpunkt, dass alles gesagt ist und erwartet am Ende der Entwicklung ein Ergebnis – die Sprints mit ihren erforderlichen Tests durch den Vertrieb seien zu aufwendig.
- Die Logistik stellt fest, dass eine Änderung des Logistikprozesses erforderlich ist, um valide Aussagen über den Status einer Lieferung erteilen zu können. Diese Änderung müssen zunächst spezifiziert werden, ein Lastenheft erstellt werden und dieses dann umgesetzt werden.
- Der Einkauf kennt den Terminus „agile Entwicklung" nicht und ist nicht in der Lage, zügig ein Vertragswerk aufzusetzen.
- Die Geschäftsführung des Unternehmens schaut eine Weile zu und entscheidet dann, einen externen Berater damit zu betrauen, das Projekt zu strukturieren. Die Konsequenz ist eine 4 monatige Verschiebung des Projektplans.

Das Beispiel zeigt, dass es nicht hinreichend ist, wenn die IT eine agile „Truppe" aufgebaut hat. Die Vielzahl der Interaktionspunkte mit Fachbereichen sowie die unterschätzte Komplexität wirken wie Sand im Getriebe der agilen Methode. Die Organisation im Beispiel ist noch den tradierten Wasserfallmethoden verschrieben und kann mit dem Terminus der Agilität noch nicht umgehen. Im Zweifelsfall werden Risiken vermieden, während die agile Methode hier vorsieht, mit den Risiken bewusst umzugehen.

Die Conclusio daraus ist:

1	Eine Organisation muss dafür sorgen, dass die Begriffe und Methoden agiler Entwicklungen als Basis für die digitale Transformation hinreichend bekannt und geschult sind. Das digitale Wissen im Unternehmen muss angereichert werden und in keinem Fall nur der IT überlassen werden.
2	Digitale Transformationsprojekte haben in der Regel einen fachbereichsübergreifenden Charakter. Die oft bestehenden Silostrukturen mit den eigennützigen Teilzielen sind kontraproduktiv und können agile Projekte zum Scheitern bringen.
3	Kernfunktionen wie Personal, Einkauf und Controlling müssen sehr tiefe Kenntnisse in den Abläufen IT-gestützter Prozesse haben, um die Agilität der digitalen Transformation effizient unterstützen zu können.
4	Effizienz und Effektivität können nur realisiert werden, wenn die Geschäftsleitung bzw. der Vorstand ausreichend Kenntnisse in digitalen Methoden haben, um in ihrer Organisation entsprechende Veränderungen zu initiieren.
5	Der Einkauf spielt im Kontext der digitalen Transformation eine bedeutende Rolle, weil die Komplexität der Partnerschaften steigt, und die Verträge den agilen Methoden Rechnung tragen müssen.

3 Digitalisierung ist Software

Vielleicht ist dies ja eine Tautologie. Software war schon immer der Bestandteil, der Computersysteme zum Leben erweckte. Dennoch sprachen wir lange Zeit mehr von der Hardware, sie war teuer und dominant. Und sie war und ist ein technologisches Meisterwerk. Aufgrund der limitierten Ressourcen in den Rechnern war Software prozedural und limitiert in Funktion und Analytik. Nun, da die Hardware dem Mooreschen Gesetz immer noch folgend eine schier unbegrenzte Ressource darstellt, ist es die Software, die sich in ihrem Wesen drastisch erweitern kann und dies auch tut. Mit Software ist es nun möglich, komplexe Logik abzubilden und große Datenmengen mit hoher Geschwindigkeit zu analysieren.

Der Preisverfall in der Hardware ermöglicht es darüber hinaus, nun auch einfache Sensoren zu vernetzen. Daraus entstanden die Buzzwords „Big Data", „Internet of things" und nicht zuletzt auch „Industrie 4.0". Die Möglichkeit, Billiarden von Datensätzen auszuwerten, in einen Zusammenhang zu stellen, und mit klassischen prozeduralen Methoden zu verarbeiten – das ist die Digitalisierung, an deren Anfang wir nun stehen.

Aber auch die Methoden verändern sich. Neuronale Netzwerke ermöglichen Robotern komplexe Bewegungsvorgänge durchzuführen, ohne eine komplexe Programmierung aller Eventualitäten. Nur wenige Neuronen genügen dem „Myon" am Forschungslabor „Neurorobotik" der Beuth Hochschule für Technik in Berlin, um aufzustehen und einige Schritte zu tun. Wesentlich hier ist, dass es sich um eine komplett andere Vorgehensweise der Programmierung, also der Software handelt. Wir sind es immer noch gewohnt, „klassisch" zu programmieren. In Regeln, wenn-dann-Beziehungen, prozedural. Dies wird sich ändern. Spätestens, wenn sich hunderte, tausende, oder gar Millionen Neuronen verknüpfen, wird die gesamte Welt in eine Cyberlogik eingebettet sein, in der die meisten der Spezies „Mensch" hoffnungslos unterlegen sein werden. Das neuronale Cybersystem wird Entscheidungen treffen, die die meisten Menschen nicht mehr treffen können. Deep-Blue hat es im Schachspiel gezeigt. Watson im Jeopardi: Der Mensch wirkt chancenlos.

Daher ist es wichtig, sich als Unternehmen um die Softwareentwicklung zu kümmern. Wer Digitalisierung sagt, meint Softwareentwicklung. Wenn Digitalisierung über den Fortbestand eines Unternehmens entscheidet, dann kann dies nicht in einer IT-Abteilung allein gestaltet werden.

4 Anforderungen an die Organisation

Betrachtet man typische mittelständische Unternehmen, so sind diese größtenteils heute noch meilenweit davon entfernt, ein digitales Unternehmen zu sein. Während die CIOs und IT-Abteilungen näher am Puls der Digitalisierung sind, und die Vorstände sowie Geschäftsführer die Erkenntnis gewonnen haben, dass Digitalisierung etwas Wichtiges sein muss, da ja alle darüber reden, ist im „Mittelbau" der Unternehmen von der Digitalisierung noch nicht viel angekommen. Die dort eingespielten Prozesse sind nur partiell digital und zwischen den Abteilungen und Funktionsbereichen herrschen noch tiefe Gräben.

Der individuelle Wertbeitrag der einzelnen Bereiche eines Unternehmens wird kleiner im Kontext der Digitalisierung. Die digitale Transformation ist nicht nur eine Transformation innerhalb der IT-Bereiche, sondern eben im gesamten Unternehmen. Dennoch muss sich die IT durch eine Transformation in die Lage versetzen, den digitalen Anforderungen eines Unternehmens gerecht zu werden. Dies wird von folgenden Dimensionen geleitet:

- Der Wertbeitrag für das Unternehmen muss als Ziel definiert werden. Dies war nicht immer so. Oft hat sich die IT auf das Bereitstellen der Infrastruktur zurückgezogen.
- Agile Entwicklungen werden zum Standard. Die Zeiten umfangreicher Spezifikationen sind vorbei. Die Entwicklungen werden in kürzeren Zyklen vollzogen. Dadurch wird gewährleistet, dass die Entwicklungen enger an den Bedürfnissen der Kunden ausgerichtet werden können.
- Agile digitale Infrastrukturen werden die Basis der Entwicklungen und das klassische Rechenzentrum ablösen. Freilich wird es eine Transformationsphase geben, in der sich die Cloudanbieter und Unternehmensrechenzentren aneinander annähern.
- Durch die Einführung agiler Infrastrukturen wird es möglich werden, den Effizienzgrad der IT um mehr als 50–100 % zu erhöhen: Derzeit verwendet die IT noch etwa 60–70 % für die Aufrechterhaltung des Betriebs. Nur 30–40 % werden für die Veränderung und Weiterentwicklung verwendet.

4.1 Digitale Infrastrukturen

Als das Wort „Cloud" in die Gedanken der IT und des Managements kamen, waren schnell Anbieter zu finden, die deren Rechenzentren als Cloud-Infrastrukturen anboten. Kaum ein Mittelständler hat darauf zurückgegriffen. Dies hatte viele Ursachen:

- Die Vertragsgrundlagen waren nicht gegeben oder nicht ausreichend.
- Das Angebot bezog sich nur auf Hardware, der Aspekt der Betriebssoftware war unzureichend.
- Die Integration in die Unternehmensprozesse war seitens der Anbieter nicht definiert.

Warum sollte in dieser Situation ein CIO den Schritt wagen und Kernsysteme in die Cloud verlagern? Dies hat sich allerdings zum Positiven geändert. Durch Initiativen wie die „Trusted Cloud" (www.trusted-cloud.de) wurden die Anbieter auf die vertraglichen Risiken sensibilisiert. Das Thema, wie die Abhängigkeit von einem

Cloudanbieter vertraglich reduziert werden kann, ist auf gutem Wege. Die Cloud kann sich nun tatsächlich zu einem „Pool of resources" entwickeln.

4.2 Der digitale Reifegrad

4.2.1 IT-Organisation 4.0

Die Strukturen in traditionellen IT-Bereichen haben sich immer um Kompetenzen aufgebaut. Die Kompetenzfelder führten zu Expertengruppen, die tief in ihrer Thematik verwoben waren. Historisch begann dies mit Hardware und mit dem Wissen um das Betriebssystem. Die ersten Betriebshandbücher der PDP-11 (Digital Equipment Corporation, 1986) füllten zwei Meter Regal. Wer die Inhalte einigermaßen beherrschte, war ein Held. Und dabei ging es „nur" um das Betriebssystem. Während die 90er Jahre noch geprägt waren von oft individuellen Entwicklungen um das Thema ERP und CRM, fand der Durchbruch zur Standardisierung Ende der 90er statt – viele Mittelständler führten SAP als „Standard" ein. SAP schaffte es, ein für ERP beachtliches Ökosystem aufzubauen, das bis heute existiert. Daher gibt es heute in den Unternehmen „SAP-Abteilungen", deren Kompetenzen sich weitgehend auf die in SAP abgebildeten Unternehmensprozesse beziehen.

Die Digitalisierung mit ihrem klaren Fokus auf den Kunden, die Interaktion mit dem Kunden und den damit in Verbindung stehenden agilen Methoden erfordert eine Neubewertung der klassischen IT-Strukturen. Grundsatz ist eine auf die Kundenprozesse ausgerichtete anstelle einer auf die Skills der IT ausgerichtete Organisation zu etablieren.

Abhängig vom jeweiligen Geschäftsmodell eines Unternehmens kann die Wechselwirkung grob in die 3 Kategorien B2B, B2C und B2B2C eingeteilt werden. Manche Unternehmen haben sogar alle 3 Typen in ihrem Portfolio. Bereits hier spielt die IT nun eine essentielle Bedeutung. Die Grundkanäle durch Dienstleister, Händler oder den Direktvertrieb werden „digitaler". Der Bestellprozess, der Bezahlungsprozess, der Beschwerdeprozess – kurzum alle Interaktionsprozesse mit dem Kunden erfahren durch digitale Möglichkeiten eine grundsätzliche Neuaufstellung. Die Prozesse werden transparenter, direkter und mobiler. Während früher ein Verkaufskanal die Regel war, geht der Kunde heute von Omnichannel aus. Von wo aus auch immer die Bestellung eines Produktes erfolgte, erwartet der Kunde Informationen von all seinen Geräten aus: vom PC bis zum Smartphone, von der Logistik-App bis zur Kundenplattform. Wichtig ist die Konsistenz der Informationen.

Daher ist es erforderlich, die Struktur der IT-Organisation zu adaptieren und digitale Kundenservices zu etablieren, beispielsweise einen B2B2C-Service. Der Unterschied zur bisherigen Organisation liegt darin, dass es nicht der ERP-Experte ist, der die B2* Plattform verantwortet. Die ERP-Expertise ist wichtig und gleichwohl ein wichtiger Bestandteil der Plattform, aber nicht die einzige erforderliche

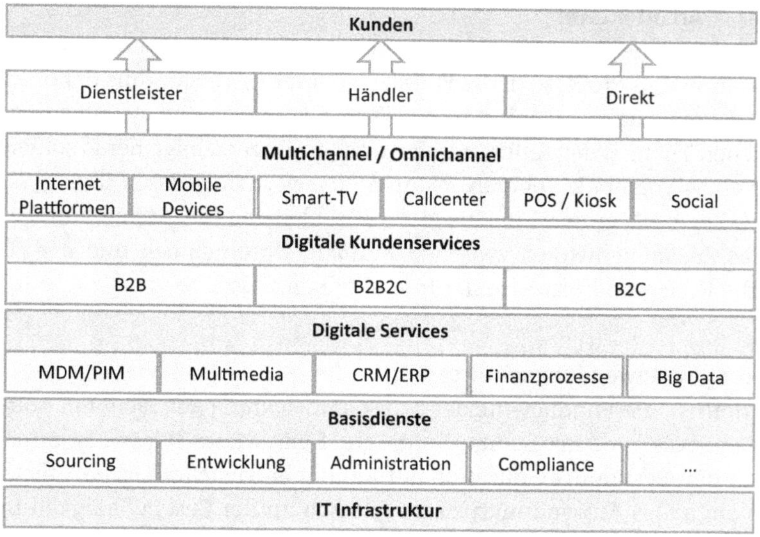

Abb. 1: Framework für digitale Organisationen.

Kompetenz. Die digitalen Kundenservices setzen sich zusammen aus Modulen des ERP-Systems, kundenspezifischen Applikationsentwicklungen und der entsprechenden Administration auf Applikationsebene. Die Leistung wird in den digitalen Services erbracht. Dort sind alle Experten der Basissysteme, die Entwickler, Programmierer, Systemarchitekten und die Mitarbeiter für den Support. Diese digitalen Services bedienen sich auch der Basisdienste, können aber auch Teile ihrer Leistungen von externen Dienstleistern beziehen.

Der Vorteil dieses Modells ist, dass die eigentliche Infrastruktur organisatorisch getrennt vom Applikationsbereich ist. Natürlich gibt es Schnittstellen, die im Rahmen der IT-Policy sowie der IT-Governance definiert sein müssen. Dies gilt dann umso mehr, als dass Teile der IT-Infrastruktur durch Clouddienstleister abgedeckt sein können.

4.2.2 Digitale Skills

In einer Studie von Wyman (vgl. [2]) im Auftrag der IDC wird technisches Verständnis in den Chefetagen von 62,3 % der Befragten als notwendige Voraussetzung für die Digitalisierung genannt. Es geht um die Chefetagen, nicht um die IT!

Nun ist man geneigt zu fragen, um welche technischen Kompetenzen es sich handelt? Es ist sicher nicht so, dass ein Vorstand einen Java-Programmierkurs besuchen soll. Daher wird im Folgenden beleuchtet, um welche Skills es sich handelt.

Kenntnisse über IT-Architekturen

Die beim CIO angesiedelte Funktion eines IT-Architekturmanagers beinhaltet die Themen Organisation und Prozesse in der IT. Dazu gehört das Verständnis der oben aufgeführten IT-Organisation 4.0 mit den erwähnten Gründen und Argumenten. Die grundsätzlichen Themen des Anforderungs- und Störungsmanagements sollten zum Repertoire eines Vorstands gehören. Während das vertiefte Wissen über ggfs. eingeführte ITIL-Prozesse in der Domäne des CIOs bleiben. Die Architektur beschreibt also das Zusammenwirken zwischen Kunden, Unternehmen und der IT. Sie beschreibt die Rollen und Prozesse der Interaktionen.

Kenntnisse über agile Anwendungsentwicklung

Hier ist es erforderlich, die Fundamente der agilen Entwicklung aus Sicht der Software zu verstehen. Was bedeutet Scrum, Sprint etc. Denn dieses Wissen ist erforderlich, um auch den Rest der Organisation auf Agilität einzustellen. Es darf nicht passieren, dass ein agiles Anwendungsprojekt letztlich an der Geschwindigkeit in Logistik, Produktion oder Beschaffung scheitert. Wenn dies erkannt ist, wird ein Vorstand für Agilität sorgen, in dem er die grundsätzlichen Dimensionen der Agilität als Zielsetzung der Organisation verankert.

Kenntnisse über fundamentale Basistechnologien

Wie sollen Entscheidungen über eBusiness getroffen werden, wenn die grundsätzlichen Eigenschaften von Datennetzen (Internet) und Sicherheit (Cybersicherheit) nicht verstanden sind? Nur wer weiß, dass das Internet seinerzeit nicht zum Zweck Internet of Things (IoT), Industrie 4.0 oder eBusiness erfunden wurde, kann bewerten, dass Applikationsentwicklung in diesem Umfeld kein triviales Unterfangen sind. Nur dann kann verstanden werden, dass eine Anwendung alle Dimensionen von der Cybersicherheit bis zur Robustheit transaktionsorientierter Prozesse berücksichtigen muss.

Auch sollte es zum Basisverständnis gehören, dass es im Bereich der Frontend-Entwicklungen in den vergangenen Jahren große Fortschritte gab, und heute Programmiermethoden und -technologien zur Verfügung stehen, die eine effiziente Entwicklung für die steigende Anzahl von Endgeräten mit unterschiedlichsten Formfaktoren erlauben.

Kenntnisse über „User Experience“

Wer kennt die Aussage nicht, dass eine zu entwickelnde Anwendung doch bitte „einfach und intuitiv“ sein soll, jedoch den gesamten Prozess sinnvoll abbilden soll? Da gab es in Vergangenheit natürlich große Versäumnisse seitens der IT. Von ihr bereitgestellte Anwendungen bzw. Entwicklungen entbehrten oft jeglicher Benutzerfreundlichkeit. Die seit 2006 entstandenen mobilen „Apps“ zeigten eindrucksvoll, dass der Spagat zwischen Funktion und Design überwunden werden kann. Dies ist in einigen Softwarehäusern heute verankert, bei weitem jedoch nicht in allen. In den IT Abteilungen sucht man den Experten für User Experience meist vergeblich. Es ist nicht unüblich, bei Entwicklungsprojekten etwa 20–40 % der Aufwendungen für User-Experience zu investieren.

Tipps zur Umsetzung

Digitalisierung bedeutet im Kern die Entwicklung von Softwaresystemen, um das Unternehmen mit maximaler Effizienz zu betreiben. Agile Methoden sind notwendige Voraussetzungen dafür. Um dies unternehmensweit – also nicht nur in der IT – zu etablieren, ist ein Skillaufbau durch alle Hierachieebenen und Unternehmensbereiche erforderlich. Diese Transformation ist eine Aufgabe für die Geschäftsleitung bzw. den Vorstand. Daher muss dort zuerst Verständnis dafür geschaffen werden, warum Digitalisierung ihre Aufgabe ist – und nicht die der IT. Die Unternehmensleitung muss also damit beginnen, ihre Prioritäten zu verschieben. Der CIO spielt dabei eine besondere Rolle, da von ihm seit jeher erwartet wurde und wird, dem Unternehmen „digitale Impulse" zu geben. Ziel muss es also sein, ein „digital mindset" zu schaffen.

- Erarbeitung eines Konzepts, um „digitale Skills" im Unternehmen zu verbreitern. Dies sollte vom CIO mit dem Personalleiter durchgeführt werden.
- Kontinuierlicher Dialog mit den Fachbereichsleitern mit dem Ziel, Themen in den jeweiligen Fachbereichen zu identifizieren.
- Der CIO sollte regelmäßig mit der Geschäftsleitung das Thema Digitalisierung vertiefen und dabei die Ergebnisse der Gespräche mit den Fachbereichen aufgreifen.
- Der CIO sollte eine Art „Digitale Business Strategie Roadmap" aus seiner Sicht erzeugen. Diese kann und wird dann oft in den Fachbereichen diskutiert. Gewünschte Konflikte können entstehen und so die Thematik befeuern.
- Der CIO sollte mehr und mehr in die Moderatorenrolle schlüpfen und der kompetente Partner für den Interessensausgleich werden.

Auf diese Art und Weise wird „Digitalisierung" in fast jeder Geschäftsleitungssitzung thematisiert. Der CIO wird wahrgenommen als einer der Treiber.

Unterlässt der CIO solche Initiativen, bleiben die fruchtbaren Kontroversen aus und die Geschäftsleitung wird dem Druck der Digitalisierung auf andere Weise begegnen, beispielsweise durch die Ernennung eines CDOs, eines „Chief Digital Officers". Ein Fundamentalfehler, bedenkt man doch, dass die Digitalisierung immer ihre Quelle in den Unternehmensbereichen haben wird und daher eine Zentralisierung wenig wirksam sein könnte. Der CDO ist die personifizierte Delegation des Themas Digitalisierung durch die Geschäftsleitung. Man stelle sich vor, es würde ein neues Produktionsverfahren am Markt verfügbar und die Geschäftsführung würde dazu einen „Chief Production Officer" etablieren. Ein absurder Gedanke.

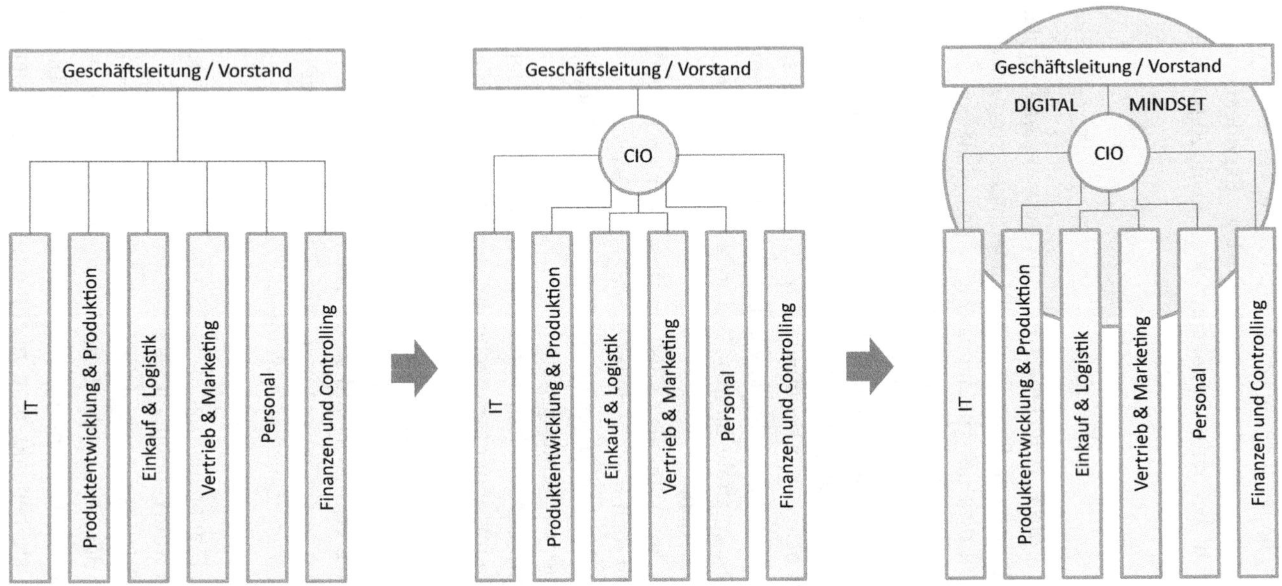

Abb. 2: Der Aufbau eines „Digital mindsets" durch den CIO als Moderator für das Thema Digitalisierung (Hinweis: Die Linien sind keine Berichtslinien, sondern Interaktionslinien bei der Digitalisierung).

Als Key Performance Indicator (KPI) der Digitalisierung lässt sich der digitale Reifegrad der Organisation heranziehen. Wie kann dieser ermittelt werden? Sehr einfach und pragmatisch kann dies mit Hilfe eines Fragebogens ermittelt werden. Im Folgenden sind Fragen aufgestellt, die natürlich erweitert und die entsprechenden Antworten ausgewertet werden müssen. Die Fragen können natürlich variieren – der CIO kann dies gemeinsam mit dem Personalleiter entwickeln.

Beispiele für offene Fragen
Was versteht man unter einer Blockchain?
Was ist der Unterschied zwischen einer App und einer Webseite?
Was zeichnet die agile Softwareentwicklung aus?
Was ist ein Sprint?
Was bedeutet Scrum?
Was ist der Unterschied zwischen Bandbreite und Latenzzeit?

Nachteil der offenen Fragen ist die fehlende automatisierte Auswertungsmöglichkeit.

Daher könnte auch folgender Ansatz gewählt werden: Aussagen, die entweder befürwortet oder negiert werden.

Beispiele für Aussagen
SAP ist eine Software für die Ressourcenplanung im Unternehmen.
CRM ist eine Methode, die Interaktion mit Kunden zu organisieren.
PLM ist das Lebenszyklusmanagement für Personal.
Digitales Skillmanagement ist ein Thema für die IT.
Das Internet ist ein Netzwerk, das gebaut wurde, um die Unternehmen miteinander zu vernetzen.
Sicherheit steht an oberster Stelle im Internet.
AES ist ein Verschlüsselungsverfahren.
Ein VPN ist ein privates Netzwerk außerhalb der Unternehmen.
Ein virtueller Rechner steht immer in der Cloud.
Digitale Prozessketten sind Softwaresysteme in einem Computer.
Ein digitaler Zwilling ist ein vollständiges digitales Abbild eines physikalischen Systems.
Im digitalen Workflow werden Belegdaten zu Stammdaten.
Stammdaten sind die Personaldaten im Unternehmen.
Beim Datenschutz geht es darum, die Geheimnisse des Unternehmens zu schützen.
WLAN und Funknetze basieren auf derselben Technologiegrundlage.
Ein WAN ist ein globales WLAN.

Wichtig bei den Antworten auf die Aussagen ist es, dass die Antworten konsistent sind. Man sollte die Fragen immer so formulieren, dass die Antworten sich auch widersprechen könnten. Dies erfordert etwas mehr Arbeit bei der Vorbereitung, ist aber in der Auswertung viel einfacher.

4.3 Modelle für die Umsetzung digitaler Transformationen

Im Jahresbericht der Gemeinnützigen Gesellschaft zur Förderung des Forschungstransfers e.V., kurz GFFT, aus dem Jahre 2015/2016 wird ein aktuelles Forschungsthema aus dem Bereich der Digitalisierung vorgestellt. Dabei geht es um den systemischen Ansatz, Produkte und Services zu einem System zu vernetzen. Immer, wenn digitale Methoden im Produkt etabliert werden, sind auch Dienstleitungen möglich. Die Forschung befasst sich mit dem Product-Service-System (PSS) als Potenzial für den Mittelstand. Dabei geht es um folgende 5 Systemdimensionen:

- Produkte und Services werden vernetzt: Daten aus dem Produkt werden für Services gesammelt und bereitgestellt.
- Design und Produktion: Die Rückkopplung von Informationen aus dem Betrieb von Produkten in die Entwicklung.
- Real Digital: Darunter fällt beispielsweise der „digitale Zwilling".
- Knowledge Sentiment: Die Verbindung zwischen Kundenanforderung und digitalem Produkt.
- Business Innovation: Dort geht es auch darum, wie disruptive digitale Geschäftsmodelle eingeführt werden, ohne die bestehende Kundenbeziehungen negativ zu beeinflussen.

Die Forschung zieht das Fazit: Im Produkt-Innovationsprozess wird die Digitalisierung zum Überlebensfaktor!

Nun ist dies nicht eine neue Erkenntnis. An dieser Stelle finde ich es jedoch bemerkenswert, dass nun Digitalisierung die Führerschaft beim Thema Innovation zu übernehmen scheint, weil sie sich auch mit den disruptiven Änderungen der Geschäftsmodelle befasst.

Welche Möglichkeiten hat ein mittelständisches Unternehmen, diesen Wandel aktiv mitzugestalten?

4.3.1 Innovationsteams

Die Mitglieder rekrutieren sich aus der IT und entsprechenden Fachgebieten. Die Teammitglieder verbleiben organisatorisch in ihrem „Heimatbereich", arbeiten aber mit hohem Einsatz im Innovationsteam. Innovationsteams können so als interne Startups bezeichnet werden. Diese Methode ist relativ leicht zu etablieren, hat aber den Nachteil, dass gegebenenfalls die Ressourcen von ihrem Heimatbereich nicht ausreichend zur Verfügung gestellt werden. Ein wirklicher Wandel in der Denkweise ist es also nicht.

4.3.2 Inkubatoren

Vielleicht ist das Prinzip der Inkubatoren da erfolgsversprechender. Die Gründung kleiner digitaler Innovationszellen als separierte Unternehmen wurde auch schon populär. Begonnen haben damit die größeren Unternehmen bereits vor ein paar Jahren. Getrieben ist dies freilich von der Unfähigkeit der Unternehmen, agile Strukturen in ihrem Unternehmen zu schaffen. Inkubatoren können, wenn ihnen die Freiheit gelassen wird, auch tatsächlich Erfolge herbeiführen.

4.4 Hinderungsgründe gegen die digitale Transformation

Ob nun Innovationsteams oder Inkubatoren – beides sind Konstruktionen, die etwas künstlich erscheinen. Sollte das Thema der Digitalisierung nicht besser im Unternehmens-Erbgut (DNS) enthalten oder erzeugt werden? Was hindert die Unternehmen daran? Als Begründung, warum man Inkubatoren brauche, wird von den Unternehmensleitungen oft gehört, dass „dies in diesem Unternehmen nicht anders gehe". Wer bitteschön gestaltet denn das Unternehmen, wenn nicht die Vorstände oder Geschäftsleitungen. Dennoch ist es wahr, wenn festgestellt wird, dass der digitale Wandel in der vorhandenen Struktur nicht funktioniert. Die Gründe liegen im Mittelbau des Managements, bei den Abteilungsleitern und bei größeren Mittelständlern auch bei den Bereichsleitern. Diese oft langjährigen Mitarbeiter haben ihre „Gärten" fein säuberlich abgesteckt, ihre Machtdomänen etabliert. Sie kennen die Unternehmensstrukturen meist besser als die Geschäftsleitung. Und es sind genau diese Leute, die eben ihre Gärten schützen wollen. Nun kommen Ideen der „Digitalisierung" aus der IT und der Geschäftsleitung, die ihre Macht- und Kompetenzpositionen beschneiden wollen. Sie fühlen sich unsicher auf dem neuen Terrain der digitalen Prozesse. Bisher konnte man leicht auf die IT schimpfen, wenn etwas nicht funktioniert hat. Nun sollen sie selbst Bestandteil der digitalen Prozesse sein? Und damit Verantwortung für etwas übernehmen, wofür sie bislang immer die IT sahen?

Ist dies erkannt durch die Geschäftsleitung, kann Abhilfe geschaffen werden. Grundvoraussetzung dafür ist jedoch, dass sich die Geschäftsleitung darüber einig ist – sollte es nicht nur ein Geschäftsführer sein, was bei den meisten Mittelständlern der Fall ist. Ist sich also die Unternehmensleitung einig, so kann der digitale Transformationsprozess dadurch gestartet werden, dass die dafür entscheidenden Stellen im Mittelbau mit digital denkenden Mitarbeitern besetzt werden. Der Aufbau neuer Position, also eine Art Parallelposition, ist kontraproduktiv ähnlich dem Bestreben mancher Unternehmen, durch die Ernennung eines CDOs das Thema Digitalisierung lösen zu wollen. Hier hilft nur ein schmerzhafter Umbau. Die Gärten des Unternehmens werden neu gestaltet. Die Zäune der Gärten werden niedriger. Digitalisierung erfordert Zusammenarbeit mehr denn je.

Das beschriebene Vorgehen ist in vielen Fällen alternativlos. Die Unternehmen benötigen hierfür Kraft. Der Versuch, die Digitalisierung zu einem reinen IT-Thema zu machen, schlägt fehl. Wer nichts unternimmt, wird viele Stellen im Unternehmen kultivieren, die Sand im digitalen Getriebe sein werden bzw. sind.

5 Best Practice: Die digitale Customer Journey

Es gibt keinen Prozess, der stärker von der Digitalisierung beeinflusst wird als der Prozess zum Kunden mit all seinen Facetten. Die digitale Customer Journey ist in aller Munde.

Die digitale Customer Journey beschreibt die Interaktionen mit dem Kunden im Kontext der digitalen Unternehmensstrategie. Seine Erwartungen, Erfahrungen und Überzeugung sollten zu einer starken Bindung führen – nun im Kontext der digitalen Methoden des Unternehmens. Das Unternehmen ist aufgestellt dafür, weil es eine agile Infrastruktur betreibt und in dieser durch agile Methoden wie Scrum und DevOps ein Ökosystem für Kundenanwendungen schafft.

Um eine digitale Customer Journey zu definieren, hat es sich als eine gute Idee herausgestellt, dass diese gemeinsam vom Vertrieb, Marketing, Logistik und der IT entwickelt wird. Der Erfolg wird von allen geerntet, wenn dieser Prozess moderiert wird, und die Grenzen zwischen den Bereichen aufgehoben werden. Als probates

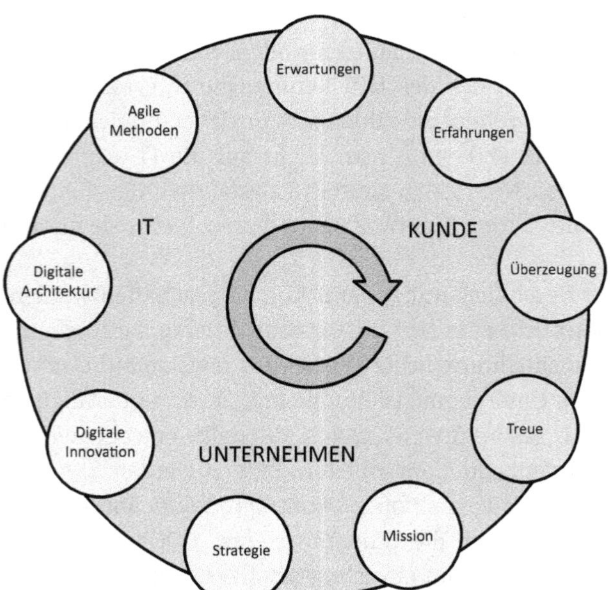

Abb. 3: Komponenten der digitalen Customer Journey.

Mittel hat sich auch die Methode der Persona Entwicklung erwiesen. In vielen Fällen kann anhand der Persona Entwicklung herausgearbeitet werden, wie sich das Kundenverhalten in der digitalen Welt verändert bzw. verändert hat. Das Verständnis über das sich verändernde Kundenverhalten ist die Basis für die weitere Entwicklung der „Kundenreise". Der Endkunde ist entscheidend. Dort hat die Digitalisierung den höchsten Effekt erzielt. Die Digitalisierung hat dort ihren Siegeszug 2006 mit der Erfindung der Smartphones gestartet. Seither hat sich vieles digital geändert: Das Informationsverhalten, das Einkaufen, Reklamationen, Rücksendungen, Logistik, Entsorgung. Kein Bereich bleibt ausgeschlossen. Daher ist es wichtig, zu wissen, wie „digital" der Endkunde denkt, denn dieses Verhalten wird die komplette Kette bis zum Hersteller beeinflussen.

6 Die Rolle der klassischen IT

Die oben erwähnten Hindernisse für die digitale Transformation in Form des Mittelbaus im Management sind nicht nur außerhalb der IT, sondern auch in ihr zu finden. Auch dort gibt es Bereiche, die ihre Gärten gut umzäunt haben und diese Macht- und Kompetenzgebiete nicht einfach preisgeben. Auch hier muss ein Unternehmen Änderungen vornehmen und die Silostrukturen aufbrechen. Die klassische Rolle der IT als Infrastrukturbetreiben wird durch hybride Architekturen mit Cloudanteil in Frage gestellt. Die Bereiche der Geschäftsprozessmodellierungen müssen breiter aufgestellt werden. End-to-end-Betrachtungen müssen Bestandteil ihrer Kompetenz werden. Es genügt nicht mehr, nur die Backbone-Prozesse im Auge zu haben. Bis zum Frontend, bis zum Ökosystem für den Kunden erhält die IT auch hier mehr Kompetenzen.

Kurzum, die IT-Organisation der Zukunft wird nicht mehr viel mit einer klassischen IT zu tun haben. Die IT wird der transparente Übersetzer der digitalisierten Geschäftsprozesse in die Welt der Daten- und Informationsbanken. Die IT definiert sich als Partner für die Fachbereiche. Als Partner berät sie den Fachbereich auf Augenhöhe. Als Experte für Informationsmanagement gestaltet sie die Architektur der Systemanwendung, gemeinsam mit den Kompetenzzentren der IT. Der Partner ist Gestalter, nicht Verwalter.

Ein wichtiges Thema ist nach wie vor der Support für den laufenden Betrieb. Gibt es in Zukunft noch den klassischen Helpdesk? Wie wird der Support für die komplexen Systeme bereitgestellt? Solange es noch physikalische Endgeräte gibt, wird es noch den Support für diese geben müssen. Darüber hinaus lässt die Digitalisierung die Grenzen zwischen digitalisiertem Fachbereich und der IT-Partnerstruktur schwinden. Und damit ist die Frage, wer für den Support der Applikationen zuständig sein soll. Es gibt auch keine eindeutige Antwort, keinen Königsweg für alle Fälle. Dennoch lassen sich Parameter definieren, die eine Beantwortung der Frage erleichtern.

- **Parameter ‚Kritische Masse'**
  Guter Support benötigt stets eine kritische Masse. Das heißt, es sollte eine Gruppe mit mehreren Mitarbeitern zur Verfügung stehen, um den Support qualifiziert bereitzustellen. Diese kritische Masse muss für jeden einzelnen Prozess zur Verfügung stehen, da die Kompetenz im Support hoch sein muss und dies in der Regel nicht über alle Prozesse durch dieselben Mitarbeiter leistbar ist. In den häufig dezentralen Strukturen mittelständischer Unternehmen mit ihren vielen Tochtergesellschaften ist dies eine Herausforderungen, denn nicht für alle Unternehmensprozesse wird in den dezentralen Standorten eine kritische Kompetenzmasse erreicht. Vielleicht können größere Organisationseinheiten hier noch selbst agieren und eigene 1st-Level-Supportorganisationen aufbauen. In mittleren und kleineren Organisationen können selten alle Prozesskompetenzen abgedeckt werden. Dort kann an Regionalisierung oder sogar an Zentralisierung gedacht werden.
- **Parameter ‚Shared Service'**
  Für einige der Unternehmensprozesse kann es sinnvoll sein, den Support als Shared Service zu organisieren. Dies ist allerdings eine komplexe Aufgabe. Wenn man die Durchführung eines Prozesses, z. B. Kreditorenmanagement, zentralisiert, dann ist es freilich auch sinnvoll, den zugehörigen Prozesssupport zu zentralisieren. Anders, wenn der Prozess dezentral geführt wird, jedoch für den Support zentrale Shared Services bereitgestellt werden. Dies erfordert dann ein hohes Mass an Skill im Support, sollten die Prozesse nicht in allen Unternehmensbereichen standardisiert sein. Also bietet sich diese Option nur wirklich dort an, wo eine Standardisierung oder zumindest Homogenisierung der Prozesse erfolgt ist.

Durch die steigende Komplexität der digitalisierten Prozesse ist es für kleinere Unternehmenseinheiten praktisch nicht mehr möglich, alle Prozesse selbst zu betreiben oder gar zu unterstützen. Zentralisierung der Kompetenzen ist ein Trend, der anhält und im digitalen Zeitalter ermöglicht wird.

7 Fazit

Als eines der wichtigsten Ziele in Unternehmen steht die Digitalisierung. Die Erfolgsfaktoren für die Digitalisierung sind vielfältig. Dazu gehören das Innovationsmanagement und ein digitales, agiles Mindset. Agile Methoden spielen hierbei über die reine Softwareentwicklung hinaus eine wichtige Rolle. Denn Digitalisierung besteht aus Software. Die Differenzierung von Unternehmen wird mehr und mehr durch die Software definiert. Ausgelöst durch einen Mobilitätsrausch bedingt durch die Erfindung mobiler und leistungsfähiger Benutzergeräte, wie z. B. das iPhone, wurde Software zum Erfolgsfaktor der Digitalisierung. Agile Entwicklung benötigt agile Organisationen und digitale Skills in den Fachbereichen. Dazu gehören Kenntnisse in IT-Architekturen, agilen Anwendungsentwicklungen sowie fundamentalen Basistechnologien und der „User Experience". Wenn diese Voraussetzungen geschaffen sind, können verschiedene Modelle einer digitalen Transformation im Unternehmen stattfinden. Die Haupthürden für digitale Transformationen liegen dabei in der Organisation selbst. Oft bestehen große Resistenzen im Managementmittelbau, da dort die größten Auswirkungen der digitalen Transformation stattfinden könnten. Als Best-Practice wird ein Beispiel beschrieben, das eine digitale Customer-Journey beschreibt. Zum Schluss werden noch die Auswirkungen der Digitalisierung auf die Organisationsstrukturen der klassischen IT beschrieben: Kein Stein bleibt auf dem anderen.

8 Literatur

[1] Michael Lang, Michael Amberg. 2011. Dynamisches IT Management, Symposion Publishing, Düsseldorf.

[2] Oliver Wyman. 4DIGITAL Die vier Disziplinien der Digitalisierung. http://www.oliverwyman.de/our-expertise/insights/2018/feb/4-Digital-die-vier-Disziplinen-der-Digitalisierung.html (zuletzt aufgerufen: 05. 04. 2018)

Ulrike Baumöl und Sebastian Saxe

9 Business/IT-Integration als Antwort auf die Herausforderungen der Digitalisierung am Beispiel der Hamburg Port Authority

1 Digitalisierung und Organisationen – eine Annäherung

πάντα χωρεῖ καὶ οὐδὲν μένει – Alles fließt, nichts bleibt wie es ist.
(frei nach Heraklit, 535–475 v. Chr.)

Auch wenn die Veränderung stets als Konstante angesehen wird, sind doch die Entwicklungen, die durch die viel beschworene „Digitalisierung" in den vergangenen Jahren in der Gesellschaft, den Organisationen und Institutionen zu beobachten sind, fundamental und geradezu disruptiv. Die Nutzung von Technik in Form von Software (z. B. Apps) und Hardware (z. B. Mobiltelefonen) haben Verhaltensweisen in der Gesellschaft sichtbar und fundamental verändert. Das tägliche Leben vieler Menschen spielt sich in weiten Teilen im Internet ab, sei es zum Kommunizieren, Einkaufen, für medizinische Beratung oder einfach das Management des sozialen Lebens und der Freizeit. Die technischen Möglichkeiten haben Branchen und damit Geschäftsmodelle fundamental verändert: Mit dem Entstehen von FinTechs, InsurTechs und RealTechs sind die Geschäftsmodelle von traditionellen Banken, Versicherungen und Immobilienunternehmen einem starken Wandel unterworfen. Die Möglichkeiten der Automatisierung und Vernetzung haben in der Produktion und Logistik völlig neue Entwicklungen befeuert und sich in dem in Deutschland geprägten Begriff der Industrie 4.0 manifestiert. Entwicklungen zum eGovernment, aber auch die schlichte Verfügbarkeit von – wahren oder falschen – Informationen haben demokratische Prozesse fundamental verändert. Doch nicht nur in der Gesellschaft und ihren rechtmäßigen Institutionen haben sich fundamentale Veränderungen ergeben, parallel spielen sich Kriminalität und Terrorismus in zunehmendem Maße in der digitalen Welt ab. Auch diese Bereiche, die einen wesentlichen Einfluss auf die Funktionsweise von Staat, Gesellschaft und Organisationen haben, müssen Eingang in Überlegungen zur strategischen Organisationsentwicklung und dabei den wirksamen Schutz der Organisation finden.

Mit Blick auf die Politik lässt sich feststellen, dass zwar die Bedeutung der Digitalisierung als hochrelevantes Phänomen erkannt ist, in der Frage, was das konkret für Gesellschaft und Wirtschaft bedeutet, aber noch erhebliche Unsicherheit herrscht. Einigkeit lässt sich allerdings in dem Punkt feststellen, dass das Wissen, die Wissensentwicklung und -nutzung als zentral angesehen werden. An die-

https://doi.org/10.1515/9783110545395-009

sem Punkt kann auch die konkrete Auseinandersetzung mit dem Thema ansetzen, bei dem die Politik und ihre Institutionen sowie die Organisationen zusammenwirken können und müssen.

Ein erster Schritt ist das Verständnis für die Veränderungen, die stattfinden. Aktuell werden verschiedene Megatrends in den Medien diskutiert (vgl. für eine Übersicht [1]). Während in manchen Aufzählungen die Digitalisierung direkt erscheint, findet sie in anderen Aufzählungen und Studien nur einen mittelbaren Eingang ohne explizite Nennung, da sie als umfassendes Phänomen durch andere Megatrends miterfasst wird. Doch ist sie unbestreitbar ein wesentlicher Einflussfaktor, der auf viele Lebensbereiche wirkt. Das Zukunftsinstitut bezeichnet Megatrends als Phänomene, die nicht vorhergesagt werden müssten, weil sie schon vorhanden und sichtbar seien. Sie seien „Tiefenströmungen des Wandels" [1] und damit veränderten sie alle Ebenen der Gesellschaft. Auf der Basis dieser Erkenntnis, ist es also unabdingbar, sich mit Megatrends als Ausgangslage für die strategische Organisationsentwicklung zu beschäftigen – auch wenn sie vielleicht zu diesem Zeitpunkt in der Organisation oder dem Umfeld noch nicht spürbar sind.

Megatrends aus der Zusammenstellung des Zukunftsinstituts, die höchstwahrscheinlich einen unmittelbaren Einfluss auf die Gestaltung und Entwicklung von Organisationen haben, sind Globalisierung (Internationalisierung der Märkte), Urbanisierung (Städte als zentrale Lebensräume), Nachhaltigkeit (Bedeutung ökologischer Aspekte im Wirtschaftssystem), Sicherheit (Entwicklung einer Sicherheitskultur im Kontext anderer Megatrends), Konnektivität (Vernetzung von Menschen, Menschen und Maschinen oder Maschinen untereinander, Systemoffenheit als eine Konsequenz), Mobilität (Mobilitätskonzepte für neue Lebensgewohnheiten), Wissenskultur (Förderung von Individuen durch Bildungskonzepte und Schaffen einer Basis für Innovation und soziale Durchlässigkeit) und Individualisierung (Unterstützen individueller Biographien) [1]. Jeder dieser Trends hat in verschiedenen Formen eine Verbindung zur Digitalisierung, sodass sie als übergeordneter Megatrend bezeichnet werden kann.

Konkrete gesellschaftliche Entwicklungen innerhalb der oben genannten Trends, die sich mit einer gewissen Relevanz für Organisationen und Institutionen abzeichnen, können vor allem unter den Aspekten „Informationsverarbeitung", „Kommunikationsverhalten" und „Arbeitsplatzgestaltung" betrachtet werden. Die Informationsverarbeitung erfolgt zunehmend in kleineren „Einheiten". Das bedeutet, dass längere Texte in der Regel nicht mehr gelesen werden. Das ist ein Trend, der sogar unabhängig vom Alter oder der digitalen Sozialisierung beobachtbar ist. Dafür erfolgt die Informationsverarbeitung mehr in der Breite, es werden also mehr Quellen einbezogen, so dass im Idealfall ein variantenreicheres Bild über ein Thema entstehen kann [2]. Für Organisationen kann das einen Einfluss auf die Informationspolitik sowohl in Bezug auf Kunden als auch die Mitarbeitenden haben. Dieser Punkt spiegelt sich unmittelbar auch im Kommunikationsverhalten, das sich in kürzeren Austauschzyklen mit reduziertem Informationsgehalt (z. B. Twitter mit begrenzter Zeichenanzahl oder WhatsApp mit Emoji-basierter Kommunikation) und häufig entpersonalisiert, also durch elektronische Medien, gestaltet [3]. Die Arbeitsplatzgestaltung hat sich schon in Begriffen, wie z. B. „smart work", in der Organisation manifestiert. Die Forderung nach mehr Flexibilität, Mobilität und Eigenverantwortung treibt die Umgestaltung etablierter Organisationen und ist damit ein wesentlicher Bestandteil der strategischen Organisationsentwicklung [4].

So ist offensichtlich eine differenzierte Betrachtung der Entwicklungen erforderlich, um eine fundierte Analyse der Konsequenzen und Handlungsoptionen durchführen zu können. Diese Analyse muss an zwei Punkten ansetzen: Erstens an den heute bereits beobachtbaren Auswirkungen der technischen und nichttechnischen Entwicklungen in Gesellschaft und Wirtschaft im Kontext der zu verzeichnenden Megatrends und zweitens konkret an den Konsequenzen für die Wirtschaft mit ihren Organisationen als sozio-technische Systeme. Systeme also, die sich aus den Akteuren der Gesellschaft und den nicht-menschlichen Elementen der Organisation zusammensetzen [5].

Im Mittelpunkt des vorliegenden Beitrags steht die Organisation als sozio-technisches System und deren strategische Entwicklung im Kontext der Digitalisierung. Die Zielsetzung der Organisation, die äußeren und inneren Einflussfaktoren, und die interagierenden Elemente des Systems sind dabei zentrale Betrachtungsobjekte. Dabei ist insbesondere die Rolle der Informatik, als eigentlich integraler Teil der Organisation, von besonderer Bedeutung. Das „eigentlich" deutet die bekannte Problematik der häufig getrennten Welten von Fachbereichen (business) und der Informatik (IT) an. Diesem Umstand geschuldet, hat sich in den vergangenen Jahren das Business/IT-Alignment als ein Koordinationsprozess etabliert. Doch die Koordination führt in der Realität zu einer zwar nützlichen Abstimmung der beiden Welten, aber nicht zu einer Integration mit Blick auf die gemeinsame Wertschöpfung. Aus diesem Grund soll nachfolgend die Business/IT-Integration als zukunftsorientierter Ansatz verfolgt werden. Die Autoren sehen den Ansatz als unerlässlich an, um den Anforderungen der Digitalisierung gerecht zu werden. So ist das Ziel des Beitrags konsequenterweise auf der Basis einiger konzeptioneller Überlegungen und praktischer Erkenntnisse einen Referenzrahmen für die Business/IT-Integration im Kontext der Digitalisierung vorzuschlagen. Dieser Referenzrahmen ist ein Instrument der strategischen Organisationsentwicklung. In Kapitel 2 werden zunächst die aktuellen Herausforderungen und Anforderungen der Organisationsentwicklung kurz aufgearbeitet. Diese Basis wird in Kapitel 3 aufgegriffen, um den modellgestützten Prozess der Business/IT-Integration zu entwickeln. Kapitel 4 dient der Verankerung in der Realität, indem am Beispiel der Hamburg Port Authority Überlegungen zu einer geeigneten Digitalisierungsstrategie als Grundlage für die Business/IT-Integration und schließlich die Gestaltung des Integrationsmodells selber diskutiert werden. Der Beitrag schließt mit einem ersten Fazit zu diesem Thema, das noch lange nicht zu Ende diskutiert ist.

2 Herausforderungen und Anforderungen für die Organisationsentwicklung

Fundamentale Veränderungen, die von der Gesellschaft, ihren Werten und dem Verhalten ausgehen, schlagen sich ultimativ in den Organisationen als sozio-technischem System nieder. So haben sich in den vergangenen Jahren andere und neue Organisationsmodelle entwickelt, die diesem Effekt Rechnung tragen sollen. Ein zentrales Stichwort dabei ist „Agilität". Aus der Softwareentwicklung kommend, wird nun versucht, die „agilen Prinzipien" auf die Organisation als Ganzes zu übertragen. Um die Konsequenzen einer solchen Denkweise zu verstehen, muss – auch in der Organisation selber – ein gemeinsames Begriffsverständnis geschaffen werden. Grundsätzlich bezieht sich der Begriff „agil" häufig auf die Eigenschaften Flexibilität, Beweglichkeit, Wendigkeit [6]. In der Softwareentwicklung hat sich dieses Verständnis darin niedergeschlagen, dass die eher als starr und unbeweglich empfundenen Planungsschritte und -zyklen so angepasst wurden, dass kürzere Phasen mit entsprechenden Ergebnissen definiert wurden. Es haben sich verschiedene als agil bezeichnete Entwicklungsmethoden entwickelt, wobei SCRUM und Feature Driven Development als bekannte Ansätze genannt werden können [7]. Auf die Organisation übertragen sollen auch hier starre Strukturen aufgebrochen werden, damit kleinere und beweglichere Einheiten geschaffen und so eine schnellere Reaktionsfähigkeit der Organisation und ihrer Elemente auf Veränderungen erreicht wird. Ein Ansatz, der beispielhaft für andere aufgeführt werden kann, ist die „Holacracy" [8]. Kurz gesagt, soll in einer „holakratischen" Organisation auf traditionelle Ordnungsstrukturen und insbesondere Hierarchien verzichtet werden und eine für die Organisation und die jeweiligen situativen Anforderungen passende Struktur entwickelt werden. Damit werden durchaus flexiblere Mechanismen geschaffen, die nicht völlig frei von Regeln und Vorschriften sind, aber individuell auf die Organisation angepasst werden. Eine weitere Entwicklung in diesem Gebiet sind die Überlegungen von Laloux [9], die noch einen Schritt weitergehen. Er will sich noch weiter von Strukturen und Regeln lösen und die Wertschöpfung im Wesentlichen durch eine Form der Selbstorganisation von Teams, den Menschen als Ganzes und einer übergeordneten „Sinnstiftung" organisieren [9].

Das Potenzial, etablierte Strukturen und dabei auch die Managementlehre der vergangenen Jahrzehnte zu überdenken, ist unübersehbar. An dieser Stelle ist es interessant, die Unterschiede im Reifegrad großer, mittlerer und kleiner Organisationen und Institutionen zu betrachten. Die Frage, die sich dabei unmittelbar stellt, ist die nach der Fähigkeit einer Organisation, agilere Strukturen aufzubauen und welche Rahmenbedingungen diesen Schritt fördern. Es lässt sich beobachten, dass offenbar das Geschäftsmodell, die Unternehmenskultur, Führungsstrukturen und die externen und internen Steuerungssysteme wesentlichen Einfluss auf die Transition haben. Die reine „Größe" und das Alter der Organisation scheinen eine nebengeordnete Rolle zu spielen, da sich Beispiele in völlig verschiedenen Ausprägungen dieser Parameter finden lassen. Gleichzeitig ist in der letzten Zeit eine intensive

Diskussion in einer Zahl von etablierten Organisationen gestartet, ob sich diese Ansätze nicht auch in der eigenen Organisation umsetzen lassen. Fest steht allerdings auch, dass es noch kein nachhaltig erfolgreiches Beispiel gibt, sondern bestenfalls erste Ergebnisse. Wichtige Erkenntnisse in diesem Rahmen zeigen, dass in der Tat die Aufgabenstellung für einen bestimmten Organisationsbereich den konkreten Grad der Agilität bestimmt. Nicht jedes Ziel und jede daraus abgeleitete Aufgabe eigenen sich für einen hohen Grad an Agilität. Die Ziele und Aufgaben der Informatik im Bereich der Entwicklung und Integration eignen sich aber für agile Methoden.

Damit die Gestaltung der Organisation systematisch erfolgen kann und nicht der „agile Hype" zur bestimmenden Komponente gerät, ist es wichtig, die an der Wertschöpfung beteiligten Komponenten des sozio-technischen Systems zu betrachten. Eine solche ganzheitliche Betrachtung ist für viele Organisationen eine Herausforderung, weil hier ein bereichsübergreifendes Denken und Handeln gefordert ist.

Um nun die Integration der an der Wertschöpfung beteiligten Komponenten zu unterstützen, sollte es eine gemeinsame Basis geben. Diese Überlegung führt unmittelbar zu einem elementaren Bestandteil dieses Prozesses: der gemeinsamen Vision (z. B. [10]). Diese Vision ermöglicht es den Organisationsmitgliedern aus unterschiedlichen Bereichen und mit unterschiedlichen Erfahrungshintergründen eine gemeinsame Basis zu finden. Doch eine gemeinsame Vision alleine ist an dieser Stelle nicht ausreichend, es bedarf einer klaren Führung, die sich aber an den spezifischen Kontext der Digitalisierung anpassen muss. So sollte zwar nicht von „digital leadership" gesprochen werden, aber sicher sollten andere Herangehensweisen an die Führung diskutiert werden (vgl. z. B. [11]). Ein Punkt, der sich bei einer Beschäftigung mit agilen Organisationsformen stellt, ist dabei der Wandel von einer funktionalen zu einer emergenten Führung, die je nach Aufgabenstellung und Befähigung temporär durch Teammitglieder wahrgenommen wird, ohne dass die funktionale „Bestellung" erfolgt (vgl. z. B. [12]). Diese Form der Führung muss durch die Organisation akzeptiert und unterstützt werden, so dass andere Organisationsformen ermöglicht werden (vgl. z. B. [13]).

Die Erkenntnisse aus den zuvor diskutierten Herausforderungen der Digitalisierung und damit verbundenen Megatrends, sowie auch den angesprochenen Anforderungen lassen sich kurz wie folgt zusammenfassen: Die Digitalisierung ist ein Oberbegriff für Megatrends, die als Strömungen bereits existieren und die Gesellschaft fundamental verändern. Es ist deshalb grundlegend, diese Trends zu kennen und ihre Konsequenzen zu verstehen. Im Kontext der Wirtschaft, als ein Teil der Gesellschaft, ist die Organisation der Ort, an dem sich die Entwicklungen und Veränderungen unmittelbar niederschlagen. Da die IT als wesentlicher Treiber für die aktuelle Organisationsentwicklung zu sehen ist, kommt ihrer expliziten Integration in die Wertschöpfung eine besondere Rolle zu. Aus diesem Grund wird im nachfolgenden Kapitel das zentrale Thema dieses Beitrags behandelt – der Übergang vom Business/IT-Alignment zur Business/IT-Integration.

3 Business/IT-Integration als Weiterentwicklung des Business/IT-Alignment

Die zuvor diskutierten Herausforderungen stellen also die Organisation vor die Entscheidungen, inwieweit Digitalisierung für die Wertschöpfung und die interne Struktur eine Rolle spielen soll, wie hoch der Grad der Agilität gewählt werden soll und wie die Transformation von dem heutigen Status Quo zum Zukunftsmodell aussehen soll. Damit die Überlegungen möglichst vollständig und umfassend erfolgen können, sind zunächst eine Systematisierung des Gestaltungsobjekts „Organisation“ und die Einbettung in den Kontext erfolgskritisch.

3.1 Modellbasis für die Business/IT-Integration

Ein möglicher Ansatzpunkt für die ganzheitliche Betrachtung des sozio-technischen Systems „Organisation“ kann beispielhaft das Digital Business Management (DBM) Modell sein, das von Baumöl [14] vorgeschlagen wird (vgl. Abb. 1). Dabei steht die Organisation im Kern des Modells und wird anhand der Ebenen Geschäftsstrategie (Strategie), Ablauforganisation (Geschäftsprozesse), Informations- und Kommunikationstechnik, Unternehmenskultur (Kultur) und Steuerungssystem (Steuerung) beschrieben. Diese Abbildung der Organisation geht auf den St. Galler Ansatz des Business Engineering zurück ([15], erweitert durch [16]). Das zugrunde

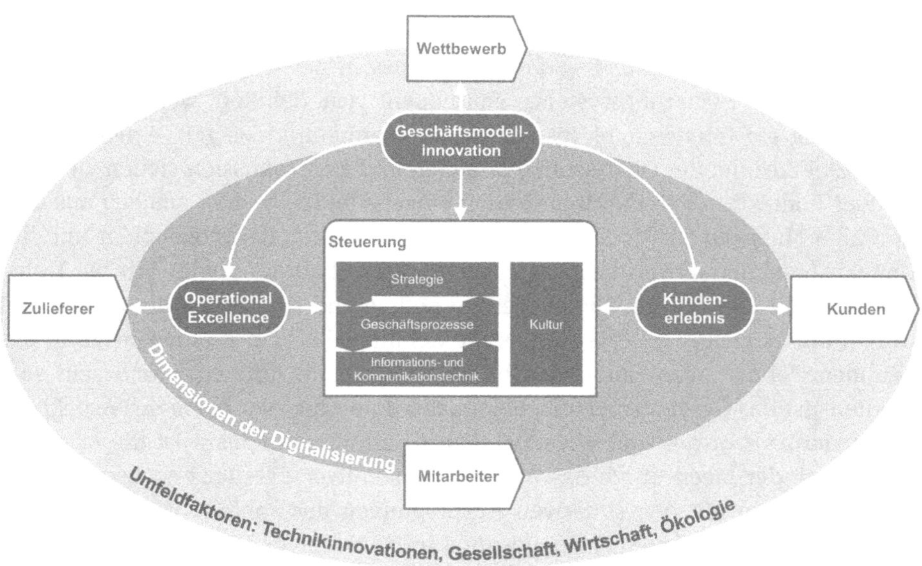

Abb. 1: Das Digital Business Management-Modell (in Anlehnung an [14]).

liegende Verständnis basiert darauf, dass die Organisation als System sich gegenseitig bedingende und beeinflussende Elemente aufweist [17]. Diese Auffassung hat sich zunächst u. a. im St. Galler Management-Modell niedergeschlagen [18], in dessen Tradition auch das Business Engineering steht. Jedes Modell erfüllt einen bestimmten Zweck und für die Analyse der Auswirkungen von IT-Innovationen auf die Organisation ist das Business Engineering-Modell mit den zuvor genannten Elementen entwickelt worden. Dabei kann die Analyse von der Geschäftsstrategie ausgehen und durch die Abbildung des Geschäftsmodells wertvolle Informationen über das Leistungsversprechen, die Märkte, die Produkt- und Servicekonfiguration und weitere Elemente des Geschäftsmodells erheben (vgl. z. B. den Business Model Canvas nach [19]). In einem nächsten Schritt sind die Auswirkungen auf die Prozessebene zu untersuchen. So haben die Festlegungen auf der Strategieebene eine unmittelbare Auswirkung auf die Prozessarchitektur, die sich z. B. in einem Prozessmodell zur Analyse abbilden lassen. Ist dieser Schritt getan, kann daraus die Aufbauorganisation abgeleitet werden. Hier lassen sich z. B. die Ansätze der Holacracy nach Robertson [8] oder der „Teal"-Organisation nach Laloux [9] abbilden und simulieren. Während die Definitionen im Rahmen der Prozessarchitektur eine unmittelbare Abbildung in der Ebene Informations- und Kommunikationstechnik finden und diese damit gestalten, haben diese drei Elemente (Strategie – Prozesse – Informations- und Kommunikationstechnik) eine Verankerung in der Unternehmenskultur. Sie beeinflusst deren Art und Weise der Ausgestaltung maßgeblich. Das gleiche gilt für die Steuerungssysteme. Das ist eine oftmals vernachlässigte Tatsache in der Organisationsentwicklung. Die Führungsphilosophie und ihre Mechanismen, z. B. in Form der Zielsysteme, die entsprechenden Incentives und Kennzahlen legen fest, wie die Mitarbeitenden sich verhalten. Hierdurch wird eine bestimmte Funktionsweise der Organisation festgeschrieben, die den Zielen entsprechen sollte. Bei einer Veränderung muss in der Regel insbesondere auch die Ebene der Steuerungssysteme konsequent neu definiert werden. So steht gleichzeitig ein interessantes Instrument zur Verfügung, das z. B. einen Ist- und einen Ziel-Zustand der Organisation abbilden und zur Diskussion stellen kann.

Der Kontext, in den die Organisation eingebettet ist, besteht aus den aus dem St. Galler Management-Modell [18] abgeleiteten Sphären der Stakeholder und des Umfelds (Technikinnovationen, Gesellschaft, Wirtschaft, Ökologie). Für die Transformation im Rahmen der Digitalisierung definierend sind in diesem Modell drei Gestaltungselemente: Erstens ist das die Schnittstelle zum Kunden in Form des „Kundenerlebnis", das „außergewöhnlich" und damit differenzierend sein soll. Zweitens ist das Geschäftsmodell zu betrachten und hier vor allem der Aspekt der Innovation. Als drittes und unverzichtbares Gestaltungselement ist die operative Umsetzung der Ideen durch das Anstreben operativer Exzellenz zu berücksichtigen. Zusammen mit den situativen Ausprägungen der Sphären definieren diese drei Gestaltungselemente die Organisation im Kern des Modells [14].

So lässt sich dieses Modell am – mehr als bekannten Beispiel „AirBnB" anhand der Ebenen des Modells von außen nach innen wie folgt durchlaufen: In der Gesellschaft hat sich die so genannte „sharing economy“ [20] als eine Strömung entwickelt. Dadurch ist die Bereitschaft entstanden, z. B. den eigenen Wohnraum anderen, fremden Menschen zur Verfügung zu stellen. Die Entwicklungen auf der Technikebene haben Plattformen [21] hervorgebracht, die es erlauben, einen technikgestützten Markt zu etablieren, bei dem Angebot (Wohnraum) und Nachfrage (Übernachtungsmöglichkeit) zusammen gebracht werden. Das Kundenerlebnis ist insofern „außergewöhnlich“, dass auf eine sehr einfache Art Angebote eingestellt werden können und die Nachfrage bequem und komfortabel, bei gleichzeitig attraktivem Preis, bedient wird. Das Geschäftsmodell von AirBnB basiert dabei auf der Integration von Daten und der Vermittlungsfunktion von Angebot und Nachfrage durch die Bereitstellung von Informationen. Die Innovation, die dabei eine ganze Branche revolutioniert hat, ist die Erzeugung einer Dienstleistung „Übernachtung“, ohne dass AirBnB dazu Vermögensgegenstände aufbauen musste und die bestehende Infrastruktur an Wohnraum nutzt. Das ist ein vollkommen anderer Ansatz, als ihn z. B. die Hotellerie verfolgt [22]. Die Anforderungen an die operative Exzellenz bestehen für AirBnB in der Stabilität und Sicherheit der Plattform, der Qualitätssicherung der bereitgestellten Daten und der Erfüllung des Dienstleistungsangebots (Eigenschaften des Wohnraums) und der Dienstleistungsnutzung (Buchungswebsite, Gastgeber-Garantie). Auf Basis dieser Inhalte und Definitionen lässt sich nun die Organisation für AirBnB definieren – verfolgtes Geschäftsmodell (vgl. hierzu z. B. den Business Model Canvas auf http://nextjuggernaut.com/blog/airbnb-business-model-canvas-how-airbnb-works-revenue-insights/), erforderliche Prozessarchitektur, daraus abgeleitete Aufbauorganisation, einzusetzende IT-Infrastruktur, entstehende, aber auch gewünschte Unternehmenskultur und geeignete Steuerungssysteme, im Sinne der Controlling-Konzeption [23]. Gleichzeitig lässt sich in diesem Zuge festlegen, zu welchem Grad „Agilität“ in den Strukturen verankert werden soll und wie sie sich manifestieren sollte.

Dieser Denk- und Entwurfsprozess ist aber nicht nur für „neue“ Organisationen geeignet, sondern kann genauso im Rahmen der Strategieentwicklung durch bestehende und etablierte Organisationen genutzt werden. Das DBM-Modell ist also ein Analyseansatz und eine Diskussionsgrundlage, um die Veränderungen durch die Digitalisierung systematisch zu begleiten. Im folgenden Kapitel ist nun zu überprüfen, inwieweit er auch als Grundlage für die Business/IT-Integration genutzt werden kann.

3.2 Vorschlag für ein Integrationsmodell

Der Weg von einem Alignment als Koordination weiterhin getrennter Bereiche hin zu der Integration, in der die Bereiche gemeinsam geplant und gesteuert werden, soll ebenfalls, wie schon zuvor der Entwurf zur digitalen Transformation modellgestützt begleitet werden. Hier stellt sich die Frage, welche Elemente des Modells eine Rolle spielen und wo Veränderungen erforderlich sind.

Eine wesentliche Anforderung, die bereits zuvor thematisiert wurde, ist die Integration der Wertschöpfung, so dass die Bereiche, die die so genannten Unterstützungsprozesse zur Verfügung stellen (Human Resources, Finanzen, Informatik etc.) nicht mehr als getrennte Welten in der Organisation neben den Kernfachbereichen bestehen. Dabei ist insbesondere die Informatik eines der bedeutsamen Integrationsobjekte, da sie in der Digitalisierung eine zentrale Rolle für die Wertschöpfung spielt. Mit Blick auf die Organisationsmuster der vergangenen Jahre, die zwar ein „Alignment" in den Vordergrund gestellt haben, dabei aber das Ziel einer integrierten Wertschöpfung nicht explizit verfolgt haben, stellt sich nun die Frage, wie eine solche Integration konkret erfolgen soll.

Das DBM-Modell wurde zunächst als ein Analyseansatz für das Potenzial durch die Digitalisierung und die daraus entstehenden Transformationserfordernisse vorgestellt. Darüber hinaus kann es als Basis für die Integration von Business und IT nützlich sein. Das Modell dient als Grundlage für die Diskussion der verschiedenen Elemente. So wird sichergestellt, dass die als relevant angesehenen Aspekte und ihre Verbindungen aufgenommen werden.

Ausgehend von den drei „äußeren" Gestaltungsdimensionen und hier als erstes der Kundenschnittstelle und dem Kundenerlebnis kann eine gemeinsame Vision von Fachbereichen und Informatik geschaffen werden. Aus diesem Schritt kann eine Innovation des Geschäftsmodells entstehen, die dazu führt, dass sowohl das Leistungsversprechen, als auch die Schlüsselressourcen und die Schlüsselaktivitäten neu geplant werden müssen (vgl. z. B. [19]). Diese Innovation mündet aber nicht zwingend in einer umfassenden Neudefinition des Geschäftsmodells, sondern es kann auch eine teilweise Redefinition erfolgen, und Teile des bestehenden Geschäftsmodells bleiben folglich erhalten. An dieser Stelle entsteht der nächste Schritt für die Integration, da bereits im Leistungsversprechen die Wertschöpfungsanteile verdeutlicht werden können. So ist es z. B. möglich, so genannte „hybride Produkte" zu definieren, die aus dem Kernprodukt und einem datengetriebenen Dienstleistungsanteil (z. B. „predictive maintenance") bestehen [24]. Ein weiterer wichtiger Bestandteil neuerer Geschäftsmodelle sind plattform-gestützten Ökosysteme [25]. In diesen Ökosystemen werden Anbieter, Nachfrager, aber auch andere Stakeholder zusammengeführt. Auf diese Weise entsteht ein Dialog über die Organisation und das Leistungsangebot und in vielen Fällen entsteht zusätzlich ein neuer Kanal für den Vertrieb [26]. Die Gestaltungsdimension der operativen Exzellenz thematisiert alle Aktivitäten, die für die Umsetzung der Geschäftsmodellinnovation erforderlich sind. Auch hier erfolgt eine zentrale Überlegung zur Integration, indem die technische Basis für die Leistungserstellung integriert mitgeplant wird.

Das Modell wird für den Zweck der Business/IT-Integration im Kern explizit um die Komponente der „Vision" und um die Komponente „Leadership" ergänzt. Darüber hinaus wird der Modellkern dahingehend verändert, dass die Ablauforganisation explizit um die Aufbauorganisation ergänzt und die Ebene der Informations- und Kommunikationstechnik in die Strategie- und Prozessebene sowie in die

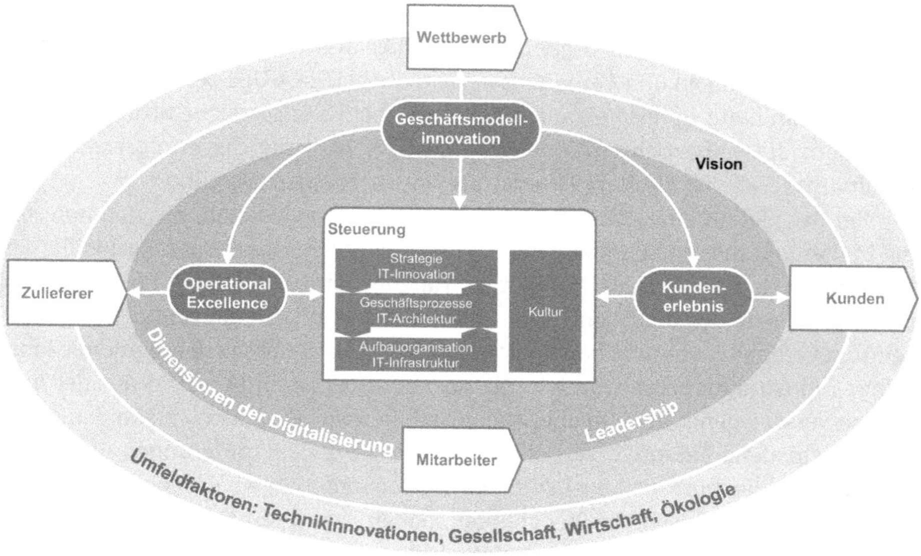

Abb. 2: Ganzheitliches Modell für die Business/IT-Integration

neue Ebene der Aufbauorganisation integriert wird. Dabei ist für die Entwicklung der Strategieebene die IT-Innovation relevant, für die Prozessebene die IT-Architektur und für die Aufbauorganisation die IT-Infrastruktur (vgl. Abb. 2).

Auf diese Weise entsteht ein Modell, das die Business/IT-Integration durch die Abbildung der für diesen Prozess relevanten Elemente und ihrer Verbindungen unterstützt. Dabei ist die Hauptfunktion das Begleiten einer strukturierten Diskussion. Die zentrale Brückenfunktion von Alignment zu Integration nehmen die gemeinsame Vision und die Führung (Leadership) ein, die auf der Basis des Modells die Integrationsschritte begleitet.

Nach diesen noch konzeptionellen Überlegungen zur Business/IT-Integration erfolgt im nächsten Kapitel der Transfer und die Diskussion mit Blick auf die Aktivitäten zur Digitalisierung und daraus entstehenden Anforderung zur Business/IT-Integration bei der Hamburg Port Authority.

4 Organisationsentwicklung im digitalen Zeitalter – die Hamburger Port Authority als Fallbeispiel und Referenz

Die Diskussion in der Digitalisierung wird häufig durch Start-Ups und deren Wirkungen auf Märkte und Industrien dominiert. Die größeren Herausforderungen und auch spannenden Entwicklungen entstehen aber durch die Transformation bestehender und etablierter Organisationen. Hier treffen die neuen Organisationsmuster, Einstellungen und Verhaltensweisen, die bei Start-Ups bereits in der „DNA“ verankert sind, auf in der Vergangenheit aber ebenso erfolgreiche Strukturen. Das Verändern dieser Strukturen unter gleichzeitiger Nutzung der erfolgreichen und beständigen Teile ist die Herausforderung, die es zu meistern gilt.

Ein Beispiel für eine etablierte und erfolgreiche Organisation, die sich nun mitten in dieser Transformation befindet, ist die Anstalt des öffentlichen Rechts für den Hamburger Hafen (ehemals Hamburger Hafenbehörde) Hamburg Port Authority (HPA) [27]. Sie ist für den Hamburger Hafen und alle mit diesem zentralen Logistikzentrum verbundenen Aufgabenbereiche mit Blick auf die Wasserwege und die landseitige Infrastruktur verantwortlich. Die Anstalt selber ist im Jahr 2005 aus der Integration verschiedener behördlicher Organisationen für den Hafen entstanden.

Verschiedene Faktoren, zu denen auch die Logistikanforderungen durch den Welthandel, die Infrastruktur-bedingten Herausforderungen durch die Lage des Hafens sowie ökologische Treiber gehören, haben dazu geführt, dass ein Programm zur Digitalisierung des Hafens gestartet wurde (vgl. ausführlich dazu [28]). Seinen Anfang nahm das Programm anlässlich der Welthafenkonferenz in Hamburg im Jahr 2015 [29]. In einem konsequent geführten Innovationsprozess wurden im Jahr 2012 verschiedene Projekte entwickelt, die in einem neu geschaffenen Bereich der HPA ausgearbeitet und auf der Welthafenkonferenz präsentiert wurden. Allein der so genannte Projekt-Cluster „smartPort logistics“ bearbeitete 18 Teilprojekte. Mit diesem Teil des Programms wurde der erste Schritt für die Transformation der HPA eingeleitet. So konnten verschiedene Themenbereiche der Digitalisierung bearbeitet und ausprobiert werden, ohne das Tagesgeschäft der HPA zu stören oder sogar zu lähmen, was bei Transformationen dieser Größenordnung in Organisationen häufig der Fall ist – selbst wenn die Transformation sorgfältig aufgesetzt wird. Die oben bereits angesprochenen Megatrends aus dem Kontext der Digitalisierung, die dabei aufgegriffen wurden, sind vor allem die Konnektivität, Globalisierung und Nachhaltigkeit (Neo-Ökologie), aber auch die gesellschaftliche Wissenskultur und Cyber-Security als ein Teilbereich der Sicherheit als Megatrend spielen eine Rolle. Die verschiedenen Initiativen und Ergebnisse sind dokumentiert und finden sich bei [30].

Diese Initiative hat zwei wichtige Funktionen erfüllt: Zum einen hat sie es ermöglicht, innovative Themen zu diskutieren und zu bearbeiten und zum anderen wurden dadurch Machbarkeitsstudien und erste „Beweise“ entwickelt. Ein solcher „proof of concept“ erweist sich in der Regel als hilfreich, um zu zeigen, dass Ideen erfolgreich sein können, wie sie konkret aussehen können und somit die Unsicherheit vor dem Unbekannten zu nehmen. Gleichzeitig ist sie ein guter Ankerpunkt für die Entwicklung einer Digitalisierungsstrategie, die eine Business/IT-Integration unterstützt. Der Rahmen für eine solche Strategie soll im Folgenden eingeführt werden. Er dient in einem nächsten Schritt als Basis für die Anwendung des Integrationsmodells für die Ausgestaltung der Strategie.

4.1 Themenspektrum einer Digitalisierungsstrategie als Ausgang für die Business/IT-Integration

Auch wenn der Beweis der grundsätzlichen Machbarkeit von Innovationen ein erster wichtiger Schritt ist, muss konsequenterweise in einem nächsten Schritt die strategische Entwicklung geplant werden. Auch in der beschleunigten Arbeitsweise der heutigen Zeit, ist die strategische Planung nicht unbedeutend geworden – eher im Gegenteil.

Bezeichnend für die Zeit ist aber auch, dass sich die Bedingungen und Anforderungen der strategischen Planung verändert haben. So lässt sich heute nicht mehr so einfach ein konkreter Maßnahmenplan entwickeln, der ein klares Ergebnis oder einen klaren Zielzustand für die nächsten drei bis fünf Jahre ausweist. Vielmehr kann der Weg und ein Entwicklungsprozess aufgezeigt werden, der mögliche Ergebnisse skizziert. Die Flexibilität – oder im oben beschriebenen Sinne – Agilität der Organisation ist dann die wesentliche Grundvoraussetzung, um diesen grundlegenden Weg und die daraus resultierende Zielsetzung zu verfolgen. Das Ergebnis, aber auch die Mittel, können sich zwischenzeitlich fundamental verändern. Aus diesem Grund sind die Werte der Organisation, die Vision und die gemeinsamen Bilder sowie die Führungsprinzipien wesentliche Grundpfeiler für eine erfolgreiche Organisationsentwicklung auf Basis der Strategie. Nach wie vor sollte aber weiterhin gelten, dass die Strategie kein Organisationshandbuch sein kann und deshalb nicht zu sehr auf die konkrete operative Umsetzung eingeht.

Einer der zurzeit wohl meistgestellten Fragen im Kontext der Strategieentwicklung ist die nach dem konkreten Inhalt einer Digitalisierungsstrategie. Es gibt dazu erste Anregungen, doch die endgültige Antwort im Sinne einer „good“ oder „best practice“ steht noch aus. Das ist auch nicht weiter überraschend, da die konkrete Ausgestaltung von den Umfeldbedingungen, dem Geschäftsmodell, den angestrebten Innovationen und der Unternehmenskultur abhängt. Dennoch lassen sich aus einer generischen Sicht einige Inhalte identifizieren, die für eine Digitalisierungsstrategie relevant sind und das Ziel der Business/IT-Integration mitverfolgen. Diese Inhalte sind für die Digitalisierungsstrategie der HPA entwickelt worden und befinden sich aktuell im „Realitätstest“.

Zu den für die Digitalisierungsstrategie der HPA verfolgten Kernthemen gehören die Vision, Einbettung in den Kontext, Vernetzung mit dem Umfeld, die Stoßrichtungen für das (digitale) Geschäftsmodell und die grundlegende Struktur der Organisation, die als fundamentaler „Träger“ dient um die Veränderungen umzusetzen.

- **Vision:** Die Vision ist, wie in Kapitel 3.2 bereits thematisiert wurde, ein Instrument, um die Menschen mit unterschiedlichen Ausbildungen, Erfahrungen, Kenntnisstand und Veränderungsbereitschaft für die Themen und anstehenden Veränderungen zu sensibilisieren und, soweit wie möglich, zu begeistern. Die verschiedenen Möglichkeiten der Visionsentwicklung, wie z. B. Open Spaces oder auch die Arbeit mit Bildern, können im Vorfeld der Strategieentwicklung zum Einsatz kommen und dabei bereits eine Offenheit für die anstehenden Themen erzeugen.

- Zur Veranschaulichung wird die Vision der HPA im Folgenden dargestellt: Die Hamburg Port Authority (HPA) versteht die Digitalisierung als globalen Megatrend, der zur Gestaltung des Hafens der Zukunft förderlich ist. Mit smartPORT ist die Digitalisierung im Hamburger Hafen bereits heute gelebte Praxis und nicht bloß eine reine Zukunftsvision. Sie ist fester Bestandteil des Hafenalltags.
- Die HPA hat mit smartPORT die Vision, den Hamburger Hafen zu einem der intelligentesten Häfen der Welt zu machen.
- Der Hamburger Hafen ist ein tideabhängiger Überseehafen und erfüllt eine wichtige Hub-Funktion in der Metropolregion Hamburg und zur Verteilung von Feederladung in die Nord- und Ostseeregion. Die Digitalisierung liefert einen wesentlichen Beitrag zur Optimierung der internen Hafenprozesse (Port Operations). So kann die Effizienz des Waren- und Verkehrsflusses durch den Hafen, der als wichtiger Teil der Lieferkette gilt, sowohl unter ökonomischen als auch ökologischen Gesichtspunkten gesteigert werden. Dabei basieren die Chancen der Digitalisierung im Hafen im Wesentlichen auf zwei Säulen: Einerseits verfolgt die HPA das Ziel, das Verkehrsmanagement hochintegriert mittels intelligenter IT-Systeme abzubilden und mit einem ganzheitlichen Leitstand die Synergien der verschiedenen multimodalen Verkehrsträger zu steigern. Andererseits liefern intelligente Infrastrukturen detailliertere und damit bessere Erkenntnisse über die aktuelle Lage, wodurch den Akteuren im Hafen zahlreiche datenbasierte Entscheidungsoptionen geliefert werden.
- Ein ganzheitlicher und hochintegrierter Leitstand für die Verkehrsträger Straße, Schiene und Wasser hilft dabei, die mehrgliedrige Transportkette von Waren im Hafen zu optimieren. Dieser Effizienzgewinn verhilft dem Hamburger Hafen, eine höhere Anzahl von Warentransporten auf der gleichen Fläche und mit der gleichen Anzahl an Verkehrsträgern abzufertigen. Erforderlich dafür ist nicht nur der Aufbau einer einheitlichen und möglichst strukturierten Datenbasis sowie deren Pflege und Nutzung, sondern auch eine übergreifende Verfügbarkeit und Integration dieser Daten in zahlreichen Systemen.
- Um diese Daten – möglichst in Echtzeit – zu erhalten und schließlich zu nutzen, sind durchgängige intelligente Infrastrukturen und Suprastrukturen aller Hafenakteure erforderlich. Dazu zählen Sensoren und Aktoren in Kaimauern, Gleisanlagen, Schleusen und Brücken, Zufahrten, Hafenbecken oder Terminalbrücken genauso wie moderne Funktechnologien wie LoRaWAN oder 5G um den Anwendungsfällen der Zukunft zu entsprechen. Dazu zählen natürlich Use-Cases wie beispielsweise das Fahren von autonomen LKWs, Schiffen oder Schuten, genauso wie autonome Rangiervorgänge der Hafenbahn oder das autonome „vertäuen“ von Schiffen an Kaimauern mittels Magneten. Der intelligente Container, der sich auf allen Verkehrsträgern den jeweils effizientesten

Weg sucht, gehört hierzu ebenso wie Drohnen zur Instandhaltung oder auch intelligente Lichtsignalanlagen zur effizienteren Gestaltung von Übergangstechnologien wie dem Platooning. Zur „Königsdisziplin“ zählt die Vereinheitlichung des Verkehrs- und Infrastrukturmanagements sowie -monitorings.

- Die Digitalisierung ist damit für die HPA Mittel zum Zweck und lässt bisherige Träume sukzessive Wirklichkeit werden.
- **Einbettung in den Kontext:** Dieses Kernthema dient dazu, den Einfluss, den die aktuellen gesellschaftlichen und technischen, aber auch politischen Entwicklungen haben, für die Organisation und die strategische Entwicklung einzuordnen und konkret zu übertragen. Für die HPA sind die relevanten Entwicklungen die zuvor bereits genannten Megatrends und in der Konsequenz die daraus entstehenden Anforderungen an die Organisation. Dieser Schritt unterstützt die Konkretisierung der Vision und das Verständnis für die Ausgangsbasis und Begründung der Veränderung.
- **Vernetzung mit dem Umfeld:** Mit diesem Kernthema wird die zu gestaltende Beziehung der Organisation mit dem Umfeld adressiert. Ein wichtiger Trend der Digitalisierung wird ebenfalls an dieser Stelle angesprochen: Etablierte Organisationen suchen Partnerschaften mit verschiedenen anderen Akteuren aus unterschiedlichen Bereichen. So wird häufig mit Start-Ups, Universitäten oder anderen wissenschaftlichen Institutionen zusammengearbeitet, um Themen zu bearbeiten und anzutreiben, die in der bestehenden Organisation, aus welchen Gründen auch immer (z. B. Ressourcenknappheit, Expertise, aber auch Widerstand), (noch) nicht bearbeitet werden können. Darüber hinaus ist die Vernetzung mit anderen Initiativen in diesem Kontext ein wertvoller Beitrag zum Lernen und Verstehen, was Digitalisierung bedeutet und welche Ausprägungen es geben kann. Gleichzeitig kann, je nach Position der Organisation, auch eine Vernetzung mit der Politik und Verbänden ein wichtiger Schritt sein.
- **Stoßrichtungen für das (digitale) Geschäftsmodell:** Das Geschäftsmodell ist der Träger für die Wertschöpfung. Nur, wenn sich das Geschäftsmodell entwickelt, kann also das angestrebte Leistungsversprechen auch am Markt angeboten werden. Wichtige Themen, die an dieser Stelle konkretisiert werden müssen, sind das angesprochene Leistungsversprechen, die dazugehörenden Produkt- und Dienstleistungsausprägungen und allenfalls noch die Kundensegmente. Damit sind die wesentlichen Themen für das Verständnis der einzuschlagenden Richtung gesetzt, die operative Gestaltung des Geschäftsmodells ist aber die Aufgabe der entsprechenden Akteure in der Organisation.
- **Struktur der Organisation:** Dieses Kernthema ist die Essenz der zuvor diskutierten Themen und stellt die Konsequenz der Erkenntnisse für die Organisationsentwicklung dar. In diesem Themenfeld lassen sich die zukünftigen Entwürfe für die Ablauf- und Aufbauorganisation und auch erste Initiativen vorstellen. Auch hier sollte der strukturgebende Rahmen entwickelt werden, ohne zu detailliert in die operative Umsetzung zu gehen.

Weitere Themenfelder sind mit Blick auf die individuellen Gegebenheiten und Anforderungen der Organisation natürlich beliebig zu ergänzen. So ist es in der Übergangszeit von Business/IT-Alignment zu einer Business/IT-Integration möglicherweise noch zielführend, auch eine explizite Informatik- bzw. IT-Strategie zu thematisieren. Die Maßgabe der strategischen Blickrichtung und der Vermeidung von zu detaillierten Vorgaben sollte aber in jedem Fall beibehalten werden.

Wie bereits zu Beginn des Kapitels diskutiert, ist die Digitalisierungsstrategie eine relevante Grundlage für eine Business/IT-Integration. So soll nachfolgend kurz noch auf das sich im Status eines Prototypens befindliche Modell zur Business/IT-Integration am Beispiel der Organisationsentwicklung der HPA durchdacht werden.

4.2 Business/IT-Integration als Ziel der Organisationsentwicklung

Der Integrationsprozess erfordert eine ganzheitliche Betrachtung der beteiligten Themenfelder. Aus diesem Grund ist das Integrationsmodell aus Abb. 2 eine gute Unterstützung, um die relevanten Themen und ihre Abhängigkeiten zu analysieren und zu definieren.

Der Anfang wird mit den drei die Organisationsentwicklung gestaltenden Elementen gemacht:

- **„Außergewöhnliches“ Kundenerlebnis**
  Der Startpunkt des Integrationsmodells ist das Kundenerlebnis und damit die Gestaltung der Kundenschnittstelle. Ein zentraler Ansatzpunkt für den Hamburger Hafen und die HPA sind Angebote für die Kunden, die ihre Logistikkette reibungslos und bequem unterstützen und dabei den Hafen als attraktiven Partner positionieren. So sind sämtliche Dienstleistungen, die die Einfahrt, die Ladeaktivitäten und Ausfahrt aus dem Hafen effizienter gestalten, ein Bestandteil des „außergewöhnlichen“ Kundenerlebnisses. Das bedeutet in der Konsequenz, das die Mission, die sich die HPA mit dem Fokus auf eine „präzise und sichere Hafeninfrastruktur, sichere Verkehrswege und effiziente, transparente Kommunikation auf dem Wasser und an Land“ gegeben hat und die Anforderungen des Marktes und der Logistikkunden, hier als Treiber für die Gestaltung der Kundenschnittstelle dienen.
- **Geschäftsmodellinnovation**
  Die Innovation des Geschäftsmodells wird zum einen getrieben durch das oben genannte Leistungsversprechen, das aus der Kundenperspektive auf der Integration von Informationen aus zuvor vollkommen getrennten Quellen zur effizienten Nutzung des Hafens basiert. Zum anderen wird das Leistungsversprechen durch die Nutzung aktueller Technikinnovationen (z. B. Internet der Dinge, Robotik, 3-D-Druck, künstliche Intelligenz) weiterentwickelt. Gleichzei-

tig entsteht ein innovativer Schub durch die Vernetzung mit anderen Häfen weltweit und der dadurch entstehenden Kooperation.

- **Operative Exzellenz**
  Für die Umsetzung dieser Initiativen im Rahmen der „operativen Exzellenz" sind hier drei Handlungsbereiche von Bedeutung. Das sind erstens die Produktionsfaktoren: Das bedeutet eine konsequente Ausrichtung auf Daten als wesentlichen Produktionsfaktor. Die Sammlung, Speicherung (auch: Auffindbarkeit) und Analyse der Daten müssen entsprechend geplant und entwickelt werden. Daran angeschlossen ist natürlich auch die Frage der „Cyber-Security" und damit die Sicherung und Sicherheit der Daten. Als zweiten Handlungsbereich ergibt sich die IT-Infrastruktur: Die Stabilität und Funktionsfähigkeit der IT-Infrastruktur ist eine Grundvoraussetzung für die Umsetzung des Leistungsversprechens. Dazu gehört sowohl die „klassische" IT-Infrastruktur (z. B. ERP-Systeme, Netzwerk(e), Datenbanken, Telekommunikation) als auch die neue Infrastruktur in Form von Apps und anderen Anwendungen sowie Sensoren (Internet of Things), die oftmals unmittelbar vom Kunden genutzt werden. Nur dadurch wird die Vernetzung der verschiedenen Akteure, die für die effiziente Hafennutzung durch den Kunden wichtig ist, ermöglicht. Der dritte Handlungsbereich ist die Aus- und Weiterbildung der Mitarbeitenden, damit sie den neuen Anforderungen gerecht werden und eine spannende und zufriedenstellende Arbeitsumgebung haben können.
- **Modellkern: Organisation als Träger der digitalen Transformation**
  Mit den Überlegungen zu den drei gestaltenden Elementen des Integrationsmodells ist die Basis für die Entwicklung der Organisation geschaffen. Eine erste Ausprägung ist die konkrete Digitalisierungsstrategie, die u. a. auch als Basis für die Definition des zukünftigen Geschäftsmodells dienen sollte. Hier ist die Nutzung der innovativen Technik, aber auch der Basis-IT-Infrastruktur ein integrierter Bestandteil in der Ausgestaltung sowohl des Leistungsversprechens mit den Produkten und Dienstleistungen, als auch in der Gestaltung der Absatz- und Kommunikationskanäle, Schlüsselaktivitäten, -ressourcen und -partnerschaften. Aus den Festlegungen zur Strategie entstehen die Anforderungen an die Prozessarchitektur. Dazu müssen sowohl die Prozesse zum Kunden, zwischen den verschiedenen Wertschöpfungspartnern und in der Organisation selber entwickelt werden. Zum Kunden sind das z. B. Kommunikations- und Leistungsprozesse, zu den Wertschöpfungspartnern fallen hierunter z. B. ebenfalls Kommunikations- und hier auch Produktionsprozesse, in der Organisation selber müssen z. B. Bereitstellungs- und Qualitätssicherungsprozesse, Prozesse der Forschung und Entwicklung, aber auch der Rekrutierung und Ausbildung überdacht und allenfalls neu gestaltet werden. Damit die Veränderungen der Prozessarchitektur umgesetzt werden können, ist die Verbindung zur IT-Architektur unmittelbar zu etablieren. Aus diesem Grund wird vorgeschlagen, die Trennung der Ebenen aus dem Ausgangsmodell aufzuheben und

> die Gestaltung von Prozess- und IT-Architektur integriert durchzuführen. Ein Vorgang, der heute in vielen Organisationsentwicklungsprojekten bereits vollzogen wird. Die Aufbauorganisation richtet sich idealerweise an der Prozessarchitektur aus. In bestehenden Organisationen ist das nicht immer möglich. Ein Weg für die Transformation ist es, ein Zielbild der Aufbauorganisation zu entwerfen und auf dem Weg dahin Zwischenschritte zu etablieren. Das gilt insbesondere in dem oben diskutierten Kontext der Business/IT-Integration. Hier gilt es, zwei Perspektiven zu betrachten: Erstens ist zu überlegen, ob und wo die Prinzipien von agilen Organisationen umgesetzt werden sollen und inwieweit Hierarchien bestehen bleiben sollen und müssen. Der damit verbundene Transformationsprozess wird wahrscheinlich schrittweise mit Zwischenformen erfolgen müssen. Zweitens entstehen zurzeit verschiedene Rollen, wie z. B. Chief Digital Officer, die für den Übergang erforderlich sind. Das Verhältnis zur etablierten Rolle des Chief Information Officer muss dabei geklärt werden. Aus einer langfristigen Perspektive ist es für die Integration wahrscheinlich erforderlich, das auch eine neue und integrierte Rolle geschaffen wird.

Nach der Betrachtung der fachlichen Ebenen des Modells, sind die Auswirkungen auf die Unternehmenskultur bzw. eigentlich die Unternehmenskulturen zu untersuchen. Sie wird einerseits bestimmt durch die bestehende und nachkommende Generation der Mitarbeitenden und andererseits durch die neuen Anforderungen und die angestrebten Veränderungen. Bestehende Werte in der Organisation müssen mit neuem Leben gefüllt werden oder neue Werte müssen hinzugenommen werden. Im Zentrum stehen hier das Wissen und der Wissensaufbau als Treiber für die Kulturentwicklung. Doch auch weitere Maßnahmen, wie die Mitarbeit an Digitalisierungsinitiativen auch außerhalb der eigenen Organisation, ein „Mentoring“ zwischen technikversierten und weniger technikversierten Mitarbeitenden oder die Nutzung einer so genannten „digital factory“ als Innovationskern mit eigenen Strukturen und einer eigenen Kultur, die dann in die bestehende Organisation übertragen werden, können zu einer Kulturentwicklung beitragen.

An dieser Stelle setzt auch das Thema „Leadership“ an. Die Entwicklung der Unternehmenskultur und die Aufbauorganisation setzen auch Rahmenbedingungen für die Führung. Während die klassische Hierarchie eine funktionale Führung stützt, ist bei einem Übergang zu eher agilen Strukturen eine emergente Führung ein nützlicher Ansatz. Dieser Transformationsschritt muss mitgeplant werden, da hier auch eine, je nach Ausprägung, fundamentale Veränderung der Führungskultur und -philosophie erfolgen muss.

Eine weitere, erfolgskritische Ebene ist die der Unternehmenssteuerung, also im Wesentlichen des Controllingsystems. Diese Ebene ist deshalb so zentral, weil sie durch die gesetzten Ziele und Incentives sowie die eingesetzten Messgrößen und Maßnahmen ganz wesentlich zwei Dinge beeinflusst: erstens, welche Entscheidungen getroffen werden und zweitens, wie sich Menschen verhalten. So muss für Veränderungen im Kontext der Digitalisierung das bestehende Steuerungssystem auf seine zukünftige Eignung überprüft und höchstwahrscheinlich angepasst werden. Es gibt zwei Bereiche, in denen heute neu gedacht werden muss. Der eine Bereich ist vor allem der Umgang mit innovativen Initiativen, die sich nicht an den klassischen Kriterien der „Business Cases" im Projektmanagement gemessen werden können. Auch fließt hier die bereits diskutierte Erkenntnis ein, dass das übliche Zielsystem nicht mehr ohne weiteres definiert werden kann. Es sind also Steuerungsmechanismen für die „Unsicherheit" zu finden, bei dem der Prozess der Zielerreichung und die grundlegende Stoßrichtung in den Vordergrund treten. Der zweite Bereich ist die integrierte Messung des IT-Einsatzes mit entsprechend ausgerichteten Kennzahlen (z. B. Verfügbarkeit von Prozessen, Just-in-time Ankunft von Container-Schiffen). So wird die Anforderung der Business/IT-Integration in den Kennzahlensystemen gestützt. Erfolgt diese auf den Wertbeitrag der IT ausgerichtete Betrachtung nicht, ist eine erfolgreiche Integration fraglich.

Das vergleichsweise einfache Durchspielen des Modells zeigt bereits interessante Ansatzpunkte für eine weitere Diskussion in der Organisation. Damit wird auch eine Beteiligung der Bereiche ermöglicht, so dass ein gemeinsames Bild der zukünftigen Organisation entsteht.

5 Fazit

Ein Unternehmenslenker in der Schweiz sagte vor einiger Zeit sehr treffend: „The future is digital" und im Nachsatz „... if you like it or not." [31]. Die Tatsache, dass Digitalisierung so intensiv diskutiert wird, ist also wohl nur zum Teil einem Hype geschuldet, sondern ist vielmehr Ausdruck eines Megatrends, der langsam und kontinuierlich die Gesellschaft und ihre Institutionen verändert.

Noch herrscht viel Unsicherheit, wie mit dieser Entwicklung umzugehen ist. Zwei Erkenntnisse, die aber heute schon festgehalten werden können, sind erstens, dass die Organisation als sozio-technisches System in ihrem Zusammenspiel verändert werden muss – das ist ein Teil der digitalen Transformation. An dieser Stelle ist insbesondere die Informatik als Organisationseinheit betroffen, die vollständig in die Wertschöpfung integriert werden muss. Das wurde zuvor in dem Beitrag unter dem Stichwort der Business/IT-Integration diskutiert. Zweitens wächst die Erkenntnis, dass der Versuch einer zielorientierten Planung von Ergebniszuständen eher nicht mehr erfolgversprechend ist. Vielmehr muss der Weg – oder besser: der Prozess zur Zielerreichung – zum Objekt der Planung, Steuerung und Kontrolle werden. So entsteht ein adaptiver – oder um auch hier das Wort der Stunde zu nutzen – ein agiler Prozess. Damit er gelebt werden kann, muss die Organisation an den geeigneten Stellen dieses Paradigma übernehmen und verinnerlichen.

Die strategische Entwicklung im heutigen Kontext ist also ein individualisierter Prozess, bei dem jede Organisation ihr Lern- und Entwicklungspotenzial nutzen muss. Damit die hieraus gewonnenen Erkenntnisse aber für die Allgemeinheit nutzbar gemacht werden können, ist gerade zum Thema der Digitalisierung eine Vernetzung von ganz verschiedenen Akteuren wichtig. Es ist wertschöpfend, wenn sich Unternehmen, als Ausdruck der Organisation, mit Universitäten und Forschungsinstituten, öffentlichen Institutionen und der Gesellschaft und ihren Individuen auf verschiedenen Wegen vernetzen. So entstehen ein Erfahrungsaustausch und eine Diskussion, die generelle Muster erkennen und übertragen lassen und das Thema aus der Zone der Unsicherheit in die Zone des Verstehens bringen kann.

6 Literatur

[1] Zukunftsinstitut. 2016. „Megatrends Übersicht". Verfügbar unter: www.zukunftsinstitut.de/dossier/megatrends/ (letzter Zugriff: 12. 03. 2018).

[2] Raab, G., Unger, A., Unger F. 2016. Marktpsychologie: Theorien zur Informationsverarbeitung. S. 117–130. Wiesbaden: Springer Gabler.

[3] Döbler, T. 2014. Das Ende der Verbindlichkeit? Veränderungen sozialer Beziehungen durch mobiles Kommunikationsverhalten. In: Wimmer J., Hartmann, M. (Hrsg.). Medienkommunikation in Bewegung. S. 139–154. Wiesbaden: Springer.

[4] Klaffke, M. 2014. Generationen-Management – Erfolgsfaktor Generationen-Management–Handlungsansätze für das Personalmanagement. S. 3–25. Wiesbaden: Springer Gabler.

[5] Bostrom, R. P., Heinen, J. S. 1977. MIS Problems and Failures: A Socio-Technical Perspective PART I: THE CAUSES. In: MIS Quarterly. Jg. 1. Heft 3. S. 17–32.

[6] Luczak, D. 2017. Agil – Erfolgsfaktor agiles Unternehmenssystem. In: Ramsauer, C; Kayser, D (Hrsg.); Schmitz, C.: Erfolgsfaktor Agilität – Chancen für Unternehmen in einem volatilen Marktumfeld. S. 17–32. Weinheim: Wiley-VCH.

[7] Kuhrmann, M./Linssen, O. 2014. Welche Vorgehensmodell nutzt Deutschland? In: Projektmanagement + Vorgehensmodelle.

[8] Robertson, B. J. 2016. Holacracy: Ein revolutionäres Management-System für eine volatile Welt. München: Vahlen.

[9] Laloux, F. 2016. Reinventing Organizations visuell – Ein illustrierter Leitfaden sinnstiftender Formen der Zusammenarbeit. München: Vahlen.

[10] Westerman, G., Bonnet, D., McAfee, A. 2014. Leading digital: Turning technology into business transformation. Massachusetts: Harvard Business Review Press.

[11] Sinek, S. 2011. Start with why: How great leaders inspire everyone to take action. New York: Penguin Books.

[12] Lang, R., Rybnikova, I., Wald, P. M. 2014. Virtuelle Führung: Aktuelle Führungstheorien und-konzepte. S. 355–386. Wiesbaden: Springer Gabler.

[13] Northouse, P. G. 2013. Leadership: Theory and Practice. Los Angeles: Sage Publications.

[14] Baumöl, U. 2016. Die digitale Transformation und die erfolgsorientierte Unternehmenssteuerung – die Geschichte einer Revolution? In: Zeitschrift Controlling. Jg. 28. Heft 4–5. S. 230–234.

[15] Österle, H. 1995. Business Engineering. Berlin u. a.: Spinger.

[16] Baumöl, U. 2008 Changemanagement in Organisationen – Situative Methodenkonstruktion für flexible Veränderungsprozesse. Wiesbaden: Gabler.

[17] Ulrich, H., Krieg, W. 1972/74. St.Galler Management-Modell. Bern u. a.: Haupt.

[18] Rüegg-Stürm, J., Grand, S. 2015. Das St. Galler Management-Modell. 2. Auflage. Bern: Haupt.

[19] Osterwalder, A., Pigneur, Y. 2010. Business Model Generation. New Jersey: Wiley John + Sons.
[20] Hamari, J., Sjöklint, M., Ukkonen, A. 2016. The sharing economy: Why people participate in collaborative consumption. In: Journal of the Association for Information Science and Technology. Jg. 67. Heft 9. S. 2047–2059.
[21] Belk, R. 2014. You are what you can access: Sharing and collaborative consumption online. In: Journal of Business Research. Jg. 67. Heft 8. S. 1595–1600.
[22] Zervas, G., Proserpio, D., Byers, J. W. 2017. The Rise of the Sharing Economy: Estimating the Impact of Airbnb on the Hotel Industry. In: Journal of Marketing Research. In-Press.
[23] Reichmann, T., Kißler, M., Baumöl, U. 2017. Controlling mit Kennzahlen – Die systemgestützte Controlling-Konzeption. München: Vahlen.
[24] Leimeister, J. M., Glauner, C. 2008. Hybride Produkte–Einordnung und Herausforderungen für die Wirtschaftsinformatik. In: Wirtschaftsinformatik. Jg. 50. Heft 3. S. 248–251.
[25] Weinreich, U. 2016. Lean Digitization: Digitale Transformation durch agiles Management. Berlin u. a.: Springer-Gabler.
[26] Jung, R., Nüesch, R., Plazibat, A. et al. 2016. Digitalization Strategy: Drivers, Potentials and the Road to Implementation – A Case from the Media Company Ringier. In: Zeitschrift Controlling. Jg. 28. Heft 4–5. S. 248–253.
[27] Hamburg Port Authority, „Hamburg Port Authority". https://www.hamburg-port-authority.de/ (letzter Zugriff: 12. 03. 2018).
[28] Saxe, S.,Baumöl, U. 2016. Digitalisierung @ Hamburg Port Authority (HPA) – Herausforderungen, Potenziale und der Weg zur Umsetzung. In: Zeitschrift Controlling. Jg. 28. Heft 4–5. S. 254–265.
[29] iaph. „iahph 2015". www.iaph2015.org/ (letzter Zugriff: 12. 03. 2018).
[30] Hamburg Port Authorty. „SmartPort". www.hamburg-port-authority.de/de/hpa-360/ smartport/ (letzter Zugriff: 12. 03. 2018).
[31] Ponti, S., Baumöl, U. 2016. Die Digitale Transformation als Herausforderung für die Unternehmensführung. In: Zeitschrift Controlling, Jg. 28. Heft 4–5.

Jochen Fauser, Benjamin Juntermanns, Matthias Voigt und Patrick Wader

10 Vom Getriebenen zum Treiber der Digitalisierung – die neue Rolle des CIO

1 Der CIO im Rampenlicht der digitalen Transformation

Technologie dringt immer stärker in die Kern-DNA fast aller Unternehmen vor. Sie wird intern zum Effizienztreiber, gegenüber dem Kunden zu einem primären Interaktionskanal und kann Jahrhunderte alte Geschäftsmodelle obsolet machen oder stark verändern – Amazon oder Spotify sind hierfür prominente Beispiele. Unternehmen müssen hier Schritt halten, Veränderungen und Innovationen bewerten und mitgehen, um nicht von digitalen Wettbewerbern überholt zu werden. Die digitale Transformation stellt Unternehmen damit vor bisher nie dagewesene Herausforderungen: Marktdynamiken, Kundenbedürfnisse und technologischer Fortschritt setzen Unternehmen permanent unter Druck und zwingen sie dazu, sich ständig neuen Anforderungen zu stellen. Unternehmen, die Entwicklungen nicht vorhersehen und für ihre Zwecke und die des Kunden nutzen können, droht das Aus – insbesondere, da das Zusammenspiel unterschiedlicher Trends eine enorme Wucht erzeugt.

Dem Chief Information Officer (CIO) kommt bei den Herausforderungen der digitalen Transformation eine besondere Bedeutung zu: Traditionell ist er in vorderster Front für die Technologie in Unternehmen zuständig, insbesondere wenn es darum geht, Technologievorhaben umzusetzen und zu managen. Diese Rolle wird jedoch anspruchsvoller denn je. Als oberster Technologe im Unternehmen obliegt es oftmals ihm, digitale Trends zu erkennen und zu bewerten, ist er doch alleine in der Lage die digitalen Fähigkeiten im Unternehmen industrialisieren und etablieren zu können. Dabei ist er für alle Facetten der digitalen Transformation zuständig.

1.1 Der CIO muss neue Anforderungen und gestiegene Komplexität managen

IT als Bestandteil der Kernwertschöpfung. Die Komplexität, die ein CIO als Herr über die Unternehmenstechnologie handhaben muss, steigt rasant an. Nicht nur werden Technologien immer umfangreicher, integrierter und decken ein breiteres Spektrum ab. Ebenfalls ist zu beobachten, dass CIOs immer stärker auch für Bereiche zuständig sind, die traditionell als „Produkt-IT“ oder „Business-IT“ stärker in

https://doi.org/10.1515/9783110545395-010

den Geschäftsbereichen lagen. So ist beispielsweise im Automobilsektor zu beobachten, dass CIOs immer stärker auch die IT im Fahrzeug bereitstellen und managen müssen, ein Bereich der lange in der Verantwortung der Ingenieure lag – das „Connected Car" ist nun eine gemeinsame Aufgabe für Fachbereich und IT. Dies begründet sich stark in der Vernetzung von Services im Automobil aus den Marketing- und Sales-Bereichen, sowie in einem stetig wachsenden Ökosystem an internen und externen Dienstleistungen. Die Verbindung der Soundanlage mit Musikdiensten wie Spotify, die Möglichkeit Daten und Statistiken auf das Smartphone zu übertragen und möglicherweise mit Versicherungsunternehmen zu teilen, oder der Aufbau von Verkehrsinformationen in Echtzeit, sind bereits Realität. War der CIO früher klassisch für Einsatz und Betrieb von IT-Systemen zuständig sowie Einsatz und Nutzung von ERP-Systemen die größte Sorge, muss er sich nun mit intelligenten Maschinen und Sensoren auseinandersetzen, Daten nutzbar machen, managen und interpretieren und die IT von Produkten verantworten, die direkt von Endkunden genutzt werden – eine enorme Bandbreite an Themen mit großer Komplexität liegt plötzlich im Spielfeld des CIOs. Ebenso dringt die Digitalisierung tief in unternehmensinterne Prozesse vor und muss entsprechend unterstützt werden. Sensorgesteuerte Lieferketten mit vollautomatisierter Lagerlogistik, durch Virtual- oder Augmented Reality unterstützte Wartungs- und Reparaturprozesse oder automatisierter IT-Support und Self-Help Portale sind prominente Beispiele.

Es entstehen zahlreiche neue und digitale Services, die in der Verantwortung des CIOs liegen. Kundenfokussierte Bereiche bilden dabei nur die Spitze des Eisbergs. Diese müssen oftmals schnell auf- und ausgebaut werden, um agil auf sich ständig verändernde Kundenanforderungen zu reagieren. Zwar haben diese Services eine große Sichtbarkeit und stehen stark im Fokus der Geschäftsbereiche, da sie oftmals direkte Auswirkungen auf den Erfolg des Unternehmens haben. Sie werden jedoch von einem großen Unterbau an Kern- und zuliefernden Fähigkeiten getragen. Ohne diese kann das Unternehmen nicht bestehen. Nur durch eine effektive Verarbeitung liefern Daten einen Mehrwert oder können überhaupt auswertbar und handhabbar gemacht werden. Diese untermauernden Services müssen durch die IT zuverlässig, effizient und effektiv bereitgestellt werden können, um digitale Services überhaupt erst effektiv einbinden zu können – bestehen aber oftmals aus einer über Jahre gewachsenen, heterogenen IT-Landschaft. Müssen nun digitale Services schnell und flexibel entwickelt werden, um Kundenanforderungen rasch zu erfüllen, entstehen oftmals Schwierigkeiten: Eine agile Entwicklung trifft auf eine heterogene Legacy-Welt mit monolithischen Altsystemen, die eine schnelle Umsetzung verhindert.

Dieser Unterbau ist dem Fachbereich oft nicht oder nur teilweise bewusst. Dies führt schnell zu Frustration und Unverständnis, wenn die Umsetzung kundenorientierter Anforderungen hierdurch verhindert wird oder Kosten für deren Umsetzung höher ausfallen als ursprünglich gedacht. Dauerhaft wird ein Unternehmen mit einer solchen Legacy-Landschaft nicht mit Marktentwicklungen Schritt halten können. Dies gelingt nur, wenn die alte, monolithische Architekturwelt aufgebrochen wird und mithilfe von Enterprise Architecture und einer modernen IT-Organisation eine zukunftsfähige Systemlandschaft aufgebaut wird. Es bedarf also zunächst eines „Hausputzes", um interne Services schlank und effizient aufzustellen und innovative und digitale Services überhaupt zu ermöglichen.

1.2 Die neue Rolle des CIO – Der CIO als Unternehmer

CIOs sollten also beide Bereiche – den kundenfokussierten Part, als auch die verarbeitende Systemlandschaft – beherrschen, um langfristig erfolgreich im Unternehmen agieren zu können. Die Verantwortung über den Betrieb und die Weiterentwicklung bilden dabei nur die Grundlage, die ein CIO beherrschen muss [1]. So sehen über 60 % aller Befragten in einer Deloitte-Umfrage den CIO in der Verantwortung, neben dem klassischen Betrieb der IT-Systeme, Kosteneffizienz und IT-Sicherheit zu gewährleisten (siehe Abb. 1) [2]. Weiterhin sehen Geschäftseinheiten

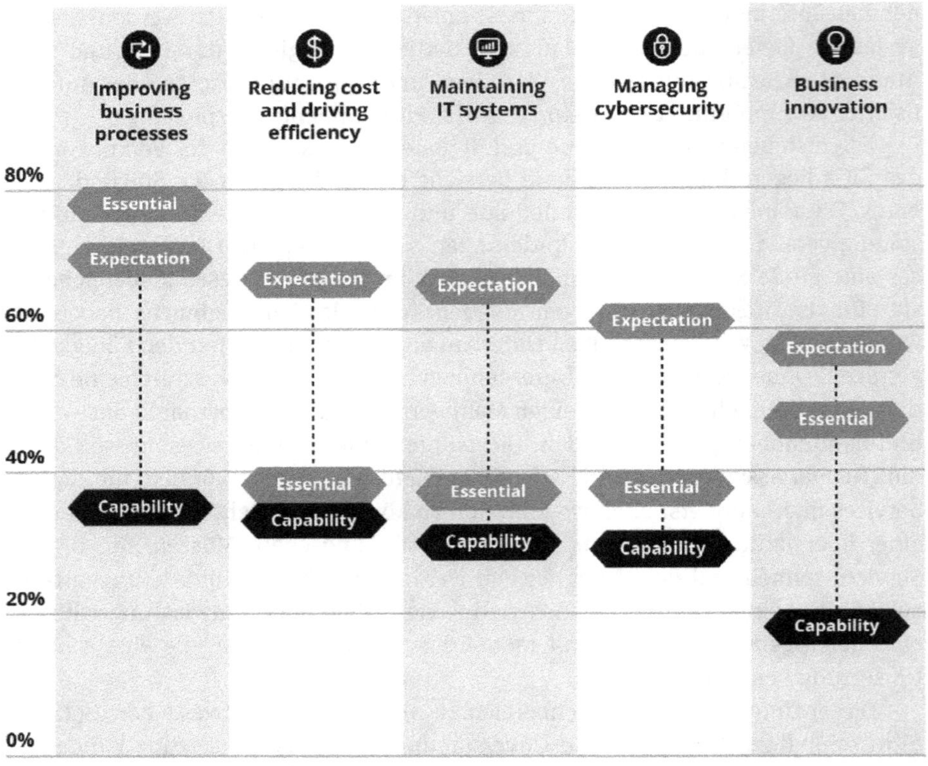

Capability is a business expectation of IT	Capability is currently leading or excellent in their IT org
Capability is essential to success	--- Gap between expectation and current capability

Abb. 1: Deloitte CIO Survey 2017 (vgl. [1]).

den CIO ebenfalls in der Verantwortung, die Verbesserung von Geschäftsprozessen anzutreiben (über 70 %) und digitale Fähigkeiten oder Innovationen im Fachbereich zu etablieren (über 60 %). Diese Aufgaben werden als essentiell betrachtet, um Unternehmenserfolg voranzutreiben. Dabei glauben nur weniger als die Hälfte der CIOs (weniger als 40 %), dass ihr Unternehmen für diese Herausforderungen gut aufgestellt ist. Es klafft eine große Lücke zwischen den Erwartungen der Geschäftsbereiche und den tatsächlich vorhandenen Fähigkeiten. Diese Lücke gilt es zu schließen.

War es in der Vergangenheit ausreichend, mit dem technologischen Verständnis dafür zu sorgen, die IT-Einheit möglichst effizient zu betreiben und für operative Exzellenz zu sorgen, ist dies inzwischen nur noch die Grundlage, die den CIO dazu befähigt, sich Herausforderungen der digitalen Ära zu stellen.

Die Einnahme einer strategischeren Rolle im Unternehmen hilft dem CIO, Herr der Komplexität zu werden und proaktiv eine gestalterische Rolle einzunehmen, um nicht permanent von technologischen Anforderungen getrieben zu sein. Hierzu gehört auch, dass der CIO Synergien erkennt und eine geordnete IT-Funktion sicherstellt. CIOs müssen aktiv auf die Partner aus den Geschäftsbereichen zugehen und mit ihnen auf Augenhöhe diskutieren, technologisch- und digital-basierte Veränderungen im Unternehmen identifizieren, bewerten und vorantreiben [3]. Sie werden so gleichsam zum technologischen Unternehmer im Unternehmen; derjenige, der technologische Initiativen erarbeitet und vorantreibt. Zwar nehmen diese Rolle aktuell nur wenige ein (34 %) [4], Vorstandsebenen haben hier jedoch eine klare Erwartungshaltung. CIOs sehen ebenfalls die Notwendigkeit, ihre Rolle in die eines „Business Co-Creators" zu verändern, der auf Augenhöhe mit den Geschäftseinheiten die Digitalisierung im Unternehmen vorantreibt.

Viel stärker als zuvor ist daher ein Verständnis des Geschäfts, des Kunden und des Marktes gefordert, um Gefahren und Potenzial von neuen Technologien frühzeitig adäquat bewerten zu können. Dies gilt nicht nur für den CIO selbst, sondern auch für seine Teams, die die Umsetzung verantworten. Diese müssen dazu lernen und neben technischem Verständnis auch Business-Know-How mitbringen. Mitarbeiter müssen sich vernetzen und Innovation, Risikotoleranz und kontinuierliche Verbesserung in der Unternehmenskultur verankern [5]. All dies kann jedoch nur gelingen, wenn ein gemeinsames Verständnis der Digitalisierung entsteht und sowohl Fach- als auch IT-Seite das Thema gemeinschaftlich angehen. Es obliegt den CIOs, dies zu initialisieren, digitale Themen ins Unternehmen zu tragen, diese auf der Management-Agenda zu etablieren und gemeinsam mit dem Fachbereich umzusetzen.

2 Kontrolle über die digitale Transformation durch Fokus auf vier Kernfelder

Eine erfolgreiche digitale Transformation erfordert eine Betrachtung aus unterschiedlichen Perspektiven. Der CIO sollte einen flexiblen, aber eindeutigen Plan

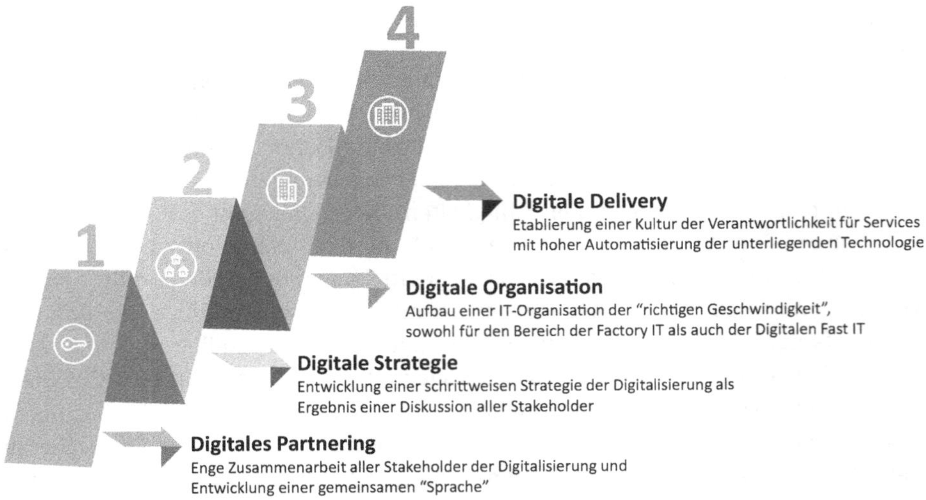

Abb. 2: CIO Handlungsfelder der Digitalen Transformation.

mit einer klaren Vision und greifbaren Zielen definieren. Dies ermöglicht ihm das Thema proaktiv zu gestalten und vom Getriebenen zum Treiber der Digitalisierung zu werden. Hierfür sind insbesondere folgende vier Handlungsfelder der digitalen Transformation zu adressieren, die in Abbildung 2 zusammengefasst sind.

2.1 Überblick zu den vier Handlungsfeldern

Digitales Partnering – Ganzheitlich und vertrauensvoll
Im digitalen Partnering identifiziert der CIO die wesentlichen Stakeholder der Digitalisierung im gesamten Unternehmen. Häufig wird das Thema gleichzeitig von verschiedenen Bereichen getrieben. Zwar wird der CIO in dieser Verantwortung gesehen, er ist dabei aber nur ein Stakeholder unter zahlreichen. Es ist erforderlich, die Historie und Interessen im Unternehmen zu verstehen, um die Digitalisierung zielgerichtet mitzugestalten. Wesentliches Ergebnis des digitalen Partnering ist ein vertrauensvolles Verhältnis zwischen den Stakeholdern, ein gemeinsames Vokabular zur Digitalisierung sowie eine erste Vorstellung und Vision davon, welche Erwartungen in Bezug auf die Digitalisierung im Unternehmen bestehen.

Digitale Strategie – Schrittweise, Gemeinschaftlich und Flexibel
Eine erfolgreiche digitale Strategie beschreibt eine schrittweise Transformation des Unternehmens hin zu einer digital leistungsfähigen Organisation. Diese Schritte umfassen auch die Erfüllung von Voraussetzungen der Digitalisierung. Diese Voraussetzungen sind häufig Kernbestandteile einer leistungsfähigen, „traditionel-

len" IT-Organisation, wie z. B. ein effektives Prozessmanagement, Security Management und Enterprise Architecture Management. Die Etablierung einer gemeinsamen digitalen Strategie unter Mitwirkung aller Stakeholder ist erforderlich und setzt auf die genannte Vorstellung und Vision des digitalen Partnerings auf. Lokale, isolierte digitale Zielbilder der IT und anderer Unternehmensbereiche, wie dem Marketing oder von einzelnen Geschäftseinheiten, können nicht die notwendige Kraft entfalten, die durch die digitale Transformation erreicht werden kann. Schließlich sollte eine digitale Strategie Raum für Veränderung lassen und sich flexibel den schnell ändernden Anforderungen des Marktes anpassen. Langzeitpläne von drei bis fünf Jahren können an der Marktentwicklung vorbeiführen – so langfristig sollten nur Eckpfeiler der Digitalisierung vorgegeben werden.

Digitale Organisation – Die Right-Speed IT

Zur Umsetzung der gemeinschaftlichen digitalen Strategie benötigt es eine digitale Organisation. Dabei ist die Right-Speed IT das Target Operating Model einer digital leistungsfähigen IT-Organisation. In diesem Operating Model bewegen sich Projekte und Linienaufgaben in einem Spektrum zwischen der stabilitätsorientierten Factory IT und der geschwindigkeitsorientierten Fast IT. Jeder Service kann in einer funktionierenden Right-Speed IT in einem Kontinuum von Stabilität (Factory IT) und Geschwindigkeit (Fast IT) entwickelt und betrieben werden. Voraussetzung hierfür ist jedoch vorab die Etablierung einer Factory IT für Services, die einen erhöhten Bedarf an Stabilität haben und einer Fast IT für Services, die das volle Potential der Digitalisierung ausschöpfen sollen. Schlussendlich geht es um das Erhalten bewährter Prozesse und Practices aus der Factory IT und Integration agiler Arbeitsweisen und Experimentierlust der Fast IT.

Digitale Delivery – DevOps

Während die Right-Speed IT die Makroperspektive auf eine digital leistungsfähige IT-Organisation beschreibt, liefert DevOps Antworten auf Fragen der operativen Umsetzung der Organisation in autonomen Teams. Dabei verzahnt DevOps zwei ganz wesentliche Bestandteile: DevOps beschreibt einerseits ein eigenverantwortliches und ganzheitliches Organisationsprinzip von Teams und damit eine organisatorische und kulturelle Komponente. Andererseits umfasst DevOps die Gestaltung eines hochautomatisierten Entwicklungs-, Deployments- und Betriebsansatzes von Services. Dieser Ansatz beruht wiederum auf Applikations- und Cloud-Architekturen, die in hohem Maße entkoppelt sind – Microservices ist dabei ein entsprechendes Architekturpattern. Bevor der CIO jedoch den Weg in eine DevOps-Organisation einschlägt, sollte geklärt werden, ob die Organisation die Voraussetzungen für eine solche Transformation erfüllt. Auf Basis der individuellen Ausgangssituation kann der CIO dann mit einem entsprechenden DevOps Archetyp starten.

Werden alle vier Handlungsfelder betrachtet und entsprechend ausgeplant, kann die digitale Transformation erfolgreich initialisiert werden. Die IT-Organisation wird auf digitale Herausforderungen vorbereitet, um zusammen mit den Geschäftseinheiten digitale Anforderungen zu definieren und gemeinsam umsetzen zu können.

Im Folgenden werden wir die vier Themenfelder im Detail darstellen und konkrete Handlungshinweise zur Gestaltung einer digital leistungsfähigen Organisation geben.

2.2 Digital Partnering – Die gemeinsame Sprache mit dem Fachbereich

Unternehmen können die digitale Transformation nur meistern, wenn sie ein gemeinsames Vorgehen von Geschäftsbereichen und IT sicherstellen. In dem Maße, in dem sich digitale Technologien Geschäftsfelder und die Art und Weise wie Geschäft gemacht wird, verändern, muss sich die IT und ihre Leistungserbringung ebenfalls anpassen. Ein Konsens ist erforderlich: Was soll technologisch umgesetzt werden, weil es Mehrwert für den Kunden bringt? Was ist technologisch abbild- und umsetzbar? Mit der Beantwortung dieser einfachen Fragen geht ein schwieriger Prozess der Konsensfindung einher.

Eine gemeinsame digitale Vision

Der CIO steht hier als Katalysator für neue Technologien in der Verantwortung, Kundenbedürfnisse und Geschäftsanforderungen zu verstehen und die Machbarkeit der technischen Umsetzung zu bewerten. Nur, wenn die Geschäftsbereiche ein Verständnis für einhergehende Kosten und Risiken entwickeln, können realistische Einschätzungen und ein gemeinsames Vorgehen erzielt werden. Im Kontext der digitalen Transformation ist dies eine besondere Schwierigkeit, denn Cloud-Technologien, hochglänzende Frontend Use Cases und „Minimum Viable Products" von externen Anbietern mit fehlender Integration und geringem Umfang erzeugen oftmals das Bild, dass diese Technologien leicht einsetzbar sind und wenig Integrationsarbeit benötigen. Dabei ist insbesondere ein funktionierendes Backend ein Erfolgsfaktor für eine langfristig erfolgreiche digitale Transformation. Daher ist ein wichtiger erster Schritt, die Geschäftsbereiche für Einfluss, Potential, Kosten und Risiken digitaler Technologien auf die Geschäftswelt zu sensibilisieren. Hierzu bedarf es eines proaktiven und konstanten Austauschs, der durch den CIO initialisiert und getrieben wird. Er muss alle relevanten Stakeholder frühzeitig einbinden und Erklärungsarbeit leisten.

„Augmented Reality" (AR) ist hierbei ein interessantes Beispiel. Wurde diese Technologie zunächst von der Gaming Industrie aufgegriffen, gewinnen zunehmend Einsätze in operativen Geschäftsbereichen an Bedeutung, und dies in teilweise unerwarteten Gebieten. So wird AR-Technologie bereits erfolgreich eingesetzt,

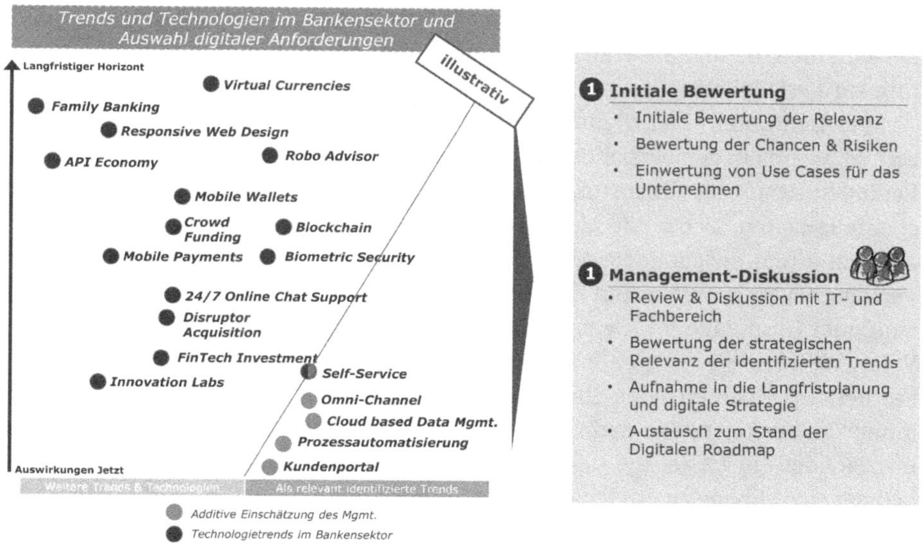

Abb. 3: Beispielhafte Darstellung eines Trend Monitors und seiner Nutzung.

wenn es darum geht komplexe Maschinen, wie beispielsweise in der Energiegewinnung zu reparieren. Blaupausen, Betriebsanleitungen und Experteneinschätzungen können dabei mittels AR-Brillen direkt ins Blickfeld eingeblendet werden und somit die Reparatur erleichtern. Ebenfalls werden „Virtual Reality" (VR) und AR erfolgreich im Trainingsbereich eingesetzt. Sozialarbeiter, beispielsweise, können mithilfe AR spielend leicht geschult werden, um versteckte Hinweise auf Missbrauch in Wohnungen von gefährdeten Kindern zu erkennen.

Der genannte Einsatz von VR/AR kann von CIOs beispielhaft genutzt werden, um zu verdeutlichen, welches Potential digitale Technologien haben und wie sie Einzug in Unternehmen halten können, um Digitalisierung auf die Agenda der Führungsebenen zu bringen. Es muss jedoch mehr getan werden, um Digitalisierung vom bloßen Schlagwort zu einem tatsächlichen Unternehmensziel zu machen. Zur Erstellung einer gemeinsamen digitalen Vision müssen alle wesentlichen Stakeholder im kontinuierlichen Austausch stehen. Um diesen Austausch zu ermöglichen, bietet sich ein standardisiertes Format über regelmäßige Management-Termine an. Neben der regelmäßigen Überprüfung und Anpassung der digitalen Roadmap sollte dies ein Trend-Monitoring (siehe beispielhafte Darstellung eines Trend-Monitors für den Bankensektor unter Abb. 3) umfassen, bei dem neue Technologien und Trends frühzeitig erkannt und bewertet werden. Diese Vorarbeit sollte durch eine gemeinsame Arbeitsgruppe aus IT- und Fachmitarbeitern getrieben werden und bereits erste Einsatzmöglichkeiten, Chancen und Risiken beleuchten. Wichtige Trends können dann in einem regelmäßigen Austausch auf Management-Ebene diskutiert werden, um deren Einfluss auf die digitale Strategie zu bewerten. Mithilfe dieses Formats kann der Fachbereich zusammen mit der IT partnerschaftlich die digitale Transformation planen und steuern. Ein digitales Partnering wird ermöglicht.

Die Definition einer digitalen Vision ist ein wichtiger erster Schritt, der nur gelingt, wenn ein gemeinsames Verständnis des Themas besteht. Um einen solchen Veränderungsprozess anzustoßen, kann die Nutzung von Workshops und Off-Sites ebenfalls helfen. Dedizierte „Lab-Formate", bei denen wissenschaftlich fundierte Ansätze durch ausgebildete Moderatoren genutzt werden, um ein gemeinsames Verständnis zu schaffen und den notwendigen Weg zu skizzieren, bieten hierfür eine gute Grundlage [6]. Gemeinsame Geschäftsreisen, beispielsweise ins Silicon Valley, können dies ebenfalls unterstützen. Zusätzlich können frühzeitig externe Partner, Inkubatoren oder Start-Ups eingebunden werden, um „Aufbruchsstimmung" zu erzeugen, den Mehrwert neuer Technologien greifbarer zu machen und insbesondere Begeisterung und Überzeugung für die digitale Transformation auf Management-Ebene zu erreichen. Inkubatoren können als Art „Labor" dabei unterstützen, erste Erfahrungen zu sammeln, digitale Technologien besser zu verstehen und erste Schritte in einer relativ risikoarmen Umgebung zu gehen.

Verankerung in der operativen Zusammenarbeit

Auch um die operative Zusammenarbeit zwischen Fachbereich und IT zu erproben, können Inkubatoren ein gutes Mittel sein. Grundsätzlich muss es zu einer Annäherung kommen, um erfolgreich digitale Services zu etablieren. Ein gemeinsames Verständnis ist zwingend notwendig, um digitale Themen erfolgreich anzugehen und umzusetzen. Kundenzentriertheit ist dabei nicht nur für den Fachbereich, sondern auch für die IT ein wichtiges Kernkonzept. Zugehörige Werkzeuge, wie Customer Journeys oder Personas müssen Einzug in die alltägliche Zusammenarbeit finden und nicht zuletzt muss eine gemeinsame Arbeitsweise festgelegt werden. Agile Methoden wie SCRUM erfordern solch eine gemeinschaftliche Arbeitsweise und bilden die Grundlage für DevOps. Dies wiederum ist die Grundlage, um einen digitalen Reifegrad zu erlangen, der die Digitalisierung langfristig und erfolgreich im Unternehmen verankert [7].

2.3 Transformation zur Digitalisierung in mehreren Schritten

CIOs haben mit der digitalen Transformation alle Hände voll zu tun: Konsumenten haben einen unbändigen Hunger nach immer neuen, pfiffigen Apps, die ihr Leben noch leichter machen. Fachbereiche greifen diese Nachfrage auf und erwarten vom CIO und seiner Delivery Unit schnelle Umsetzung neuer Features. Dabei geht es auch um unternehmensinterne Digitalisierung, wie z. B. sensorgesteuerte Lieferketten mit vollautomatisierter Lagerlogistik. Es entsteht die Kernfrage: Wie mache ich meine IT-Organisation fit, um die rasante digitale Delivery **selbst zu treiben**

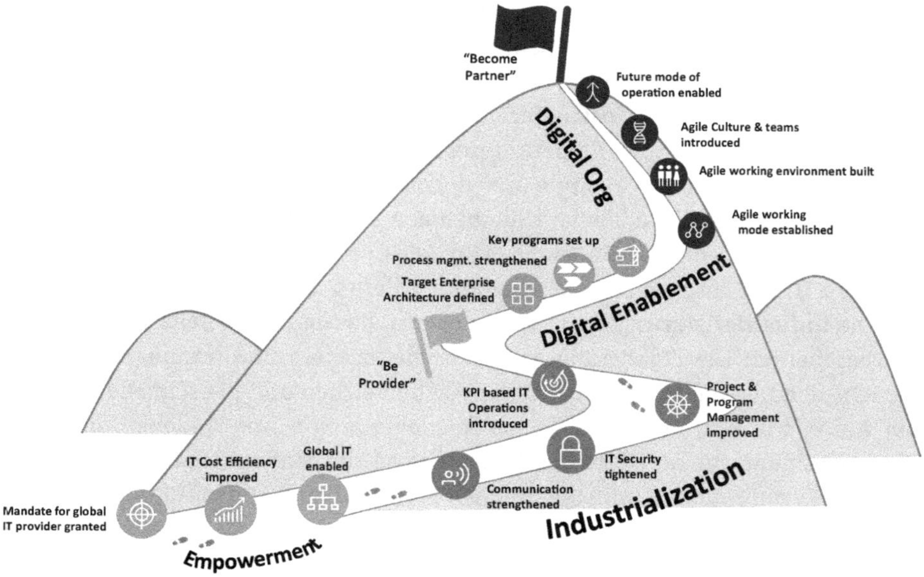

Abb. 4: Etappen einer digitalen Transformation.

und nicht von den Entwicklungen getrieben zu werden? Dies erfolgt in dem Prozess der Digitalen Transformation. Zielbild des Prozesses ist die digitale Strategie.

Zahlreiche Projekte der digitalen Transformation haben gezeigt: Die Digitalisierung von bestehenden Geschäftsmodellen kann grundlegende Veränderung mit sich bringen. Dabei geht die Digitalisierung häufig mit einer konsequenten Umsetzung lange bekannter Maßnahmen einher. Digitalisierung ist also weder komplett radikal neu, noch „alter Wein in neuen Schläuchen“, die Wahrheit liegt vielmehr in der Mitte.

Digitalisierung als Transformation in mehreren Schritten

Auf dem Weg zur Digitalisierung ist eine Transformation in vier Schritten notwendig und wird exemplarisch unter Abbildung 4 visualisiert:

1. Das Empowerment, also die Erzielung eines globalen Mandats für die IT-Organisation,
2. die Industrialisierung, also der Aufbau einer leistungsfähigen IT-Organisation,
3. das Digital Enablement, also das Setup einer Applikationslandschaft, die das notwendige „Backend“ zur Nutzung in digitalen „Frontends“ ermöglicht und
4. die Etablierung digitaler Geschäftsmodelle an sich, also das Schaffen einer digitalen Arbeitskultur und -umgebung, die Etablierung neuer Methoden und die Entwicklung digitaler Geschäftsmodelle.

Das **Empowerment** der IT-Organisation ist eine Grundvoraussetzung für die Etablierung einer digital leistungsfähigen Organisation. Es umfasst das Mandat der

Geschäftsführung für die IT-Organisation, der zentrale IT-Dienstleister für die Gesamtunternehmung zu sein. Hierfür ist bei stark dezentral aufgestellten Unternehmen und damit IT-Organisationen vorerst eine Transformation erforderlich, die häufig die Steigerung der Kosteneffizienz zum Ziel hat, z. B. durch Etablierung von Shared Service Centern. Die Steuerung der IT erfolgt dann zentral von einer globalen IT. Nur eine effiziente, zentrale und globale IT ist in der Lage, das Potential der Digitalisierungsmöglichkeiten im Unternehmen auszuschöpfen: Denn nur in einer global standardisierten IT können neue digitale Customer Journeys an eine funktionierende IT und ein standardisiertes, harmonisiertes Backend „andocken".

Die **Industrialisierung** der IT ist ein Thema, das den CIO bereits seit Jahrzehnten beschäftigt: Die Etablierung einer kosteneffizienten und leistungsfähigen IT. Entscheidend ist dabei die Nähe zu den Fachbereichen und die schnelle Reaktion auf Anforderungen, meist durch eine Ausrichtung von Applikations-Unit in der IT-Organisation auf die Kern-Geschäftsprozesse der Unternehmung. Industrialisierte IT-Organisationen mit einem hohen Reifegrad sind zudem in der Lage „auf Sicht zu fahren", also mit einem geeigneten, KPI-gestützten Steuerungssystem das IT-Umfeld zu gestalten und mögliche Schwachstellen frühzeitig zu erkennen und gegenzusteuern. Auch ein effektives Programm- und Projektmanagement ist wesentlich, um den Delivery-Anforderungen an die IT gerecht zu werden und Services in Zeit und Budget zu liefern. Digitale Assets der Geschäftsbereiche und der IT müssen durch eine funktionierende und proaktive IT-Security geschützt werden. Die Transformation, die sich durch die Industrialisierung der IT ergibt, muss zusammen mit der Transformation aus dem Empowerment durch aktive Kommunikation und Change Management für die IT-Organisation begleitet werden. Kommunikation und Change sind Chefsache – der CIO hat die Verantwortung, die gesamte IT-Mannschaft im Veränderungsprozess mitzunehmen.

Das **Digital Enablement** umfasst im Kern die Gestaltung einer kontrollierten Applikationslandschaft, die in der Lage ist, zukünftigen digitalen Frontend-Applikationen, die nötigen APIs, zur Verfügung zu stellen. Längst steht dies auf dem Plan vieler CIOs, allerdings fehlte hierfür häufig das Budget. Die Digitalisierung liefert dem CIO nun die nötigen Argumente für ein Investment. Redundante, heterogene und eng gekoppelte IT-Landschaften haben sich in der Vergangenheit immer wieder als Hindernis der Digitalisierung herausgestellt. Frontends, die mit den benötigten Backends „hart verdrahtet" werden, mussten dabei auf eine Vielzahl von Systemen zurückgreifen und Daten selbst konsolidieren und integrieren. Dies verhinderte die gewünschte Geschwindigkeit. Ein Lösungsansatz sind also standardisierte APIs. Zum Aufbau einer solchen Digital-enabling Applikationslandschaft ist ein funktionierendes Enterprise Architecture Management wesentlich – es schafft nachhaltige Transparenz und stellt sicher, dass diese auch erhalten bleibt. Die einzelnen Bereiche der Applikationslandschaft können durch Application Program Manager „bestellt" werden, mit dem Ziel einer zukunftsorientierten, nachhaltigen und digital-fähigen Applikations- und Schnittstellenwahl.

Die Etablierung digitaler Geschäftsmodelle im engeren Sinne bezieht sich oft auf zwei Bereiche: die interne Digitalisierung mit Verbesserung oder radikalem Umdenken der Kernwertschöpfungsprozesse und die externe Digitalisierung mit der Entwicklung neuer digital basierter Geschäftsmodelle für den Kunden. Beide Bereiche der Digitalisierung erfordern neue Fähigkeiten im Unternehmen, die der CIO häufig nicht intern, sondern nur vom Arbeitsmarkt einholen kann. Zudem müssen Arbeitsbedingungen geschaffen werden, die eine kreative und agile Arbeitsweise ermöglichen oder fördern. Eine „Löwenaufgabe" ist schließlich das Schaffen einer digitalen Kultur. Hierzu zählen das Fördern von Eigenverantwortung und die Bereitschaft „auszuprobieren" und Fehler zu machen. Auf Basis dieser Voraussetzungen können dann digitale Lösungen und Produkte entwickelt werden. Dieser letzte, „steile Weg" der digitalen Strategie ist besonders durch eine intensive Zusammenarbeit aller Stakeholder geprägt und kann nur gemeinsam funktionieren.

Die eben beschriebenen vier Etappen beschreiben die Zielsetzung der Digitalisierung aus der Perspektive einer Transformation in mehreren Schritten. Wie diese Schritte konkret ausgestaltet werden, ist ein weiteres Gestaltungselement der Strategie, die durch das Digital Strategy Framework gestützt wird.

Digital Strategy Framework

Das Digital Strategie Framework verbindet die Geschäfts- und IT-Anforderungen zu einer gemeinsamen digitalen Strategie [8]. Sie ist der gemeinsame Ausgangspunkt der Zieldefinition digitaler Aktivitäten der IT-Organisation. Anders als in der traditionellen Top-down-Definition einer IT-Strategie aus der Vorgabe des Business, kommt bei der digitalen Strategie das Management aus IT und Business zusammen und leitet die gemeinsame digitale Vorgehensweise im Zuge des Digital Partnerings ab. Weiter ist zu beachten:

- Die digitale Strategie ist Bestandteil der IT-Strategie; beide Strategien sind nicht gleichzusetzen.
- Die IT-Strategie ist das originäre Zielbild der IT-Organisation, die digitale Strategie ist das Ergebnis einer gemeinsamen Zielsetzung aller Stakeholder der Digitalisierung im Unternehmen.
- Die digitale Strategie definiert einen Teil der Projekte und Services der IT-Strategie.

Im Folgenden fokussieren wir die digitale Strategie. Sie gibt Leitplanken für die Gestaltung der digitalen Zukunft des Unternehmens vor. Gleichzeitig muss die Strategie ein hohes Maß an Flexibilität aufweisen, um fortlaufend relevante Entwicklungen in Markt und Technologie aufzugreifen zu können. Dabei sind festgelegte Drei- bis Fünf-Jahres-Pläne mit Langfristinitiativen nicht zielführend. Vielmehr sollte ein ständiger Austausch mit allen Stakeholdern erfolgen und Pläne „auf Sicht" aktualisiert werden.

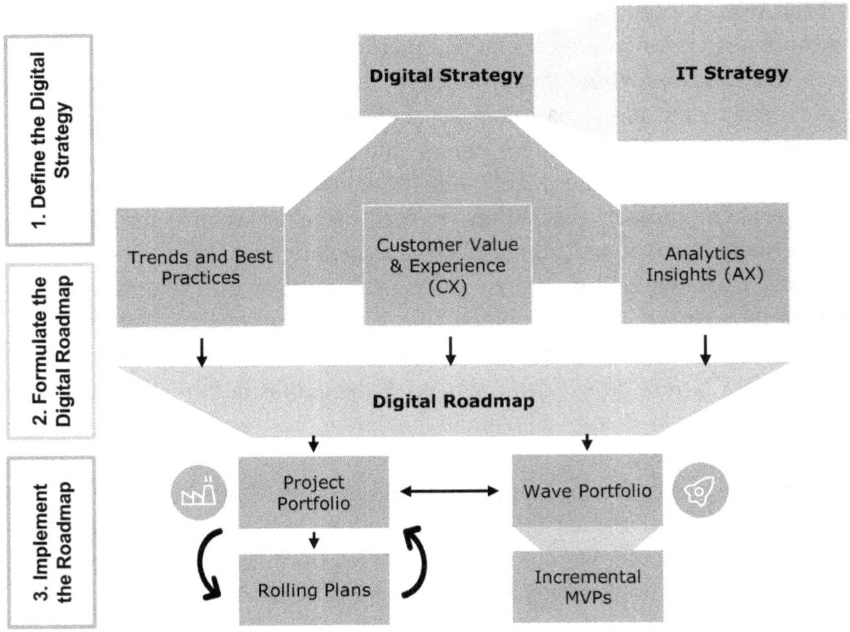

Abb. 5: Framework zur Erstellung einer Digital Strategy.

Ausgangspunkt der digitalen Strategie ist die Perspektive „Customer Value und Customer Experience". Sie beschreibt den Nutzenbeitrag der IT, der vom Kunden der IT wahrgenommen wird – und wie dieser vom Kunden erlebt wird. Neben Trends und Best Practices vom Markt fließen auch Erkenntnisse aus der unternehmenseigenen Analytics Capability ein [9]. Eine Erkenntnis aus dieser Capability könnte z. B. eine detaillierte Segmentierung der Kundengruppen sein, die häufig weitaus differenzierter ist als angenommen.

Die digitale Strategie wird in einer digitalen Roadmap operationalisiert. Aus der Roadmap werden Initiativen abgeleitet, die entweder durch eine Factory IT oder Fast IT führend umgesetzt werden. Die Factory IT fokussiert dabei auf die Entwicklung und den stabilen und sicheren Betrieb von Kernapplikationen des Unternehmens, während die Fast IT im Kern digitale Applikationen entwickelt und betreibt mit der Maxime von Experimentierfreude und Kundenorientierung. Aus der Entstehung der Factory IT und Fast IT ergibt sich eine Vielzahl von Abhängigkeiten beider Bereiche. Eine Kernaufgabe des CIOs ist es, den „Ausgleich" beider Bereiche sicherzustellen.

Im Wave-Portfolio der Fast IT werden digitale Anwendungen als Minimal Viable Products (MVPs) in inkrementellen Sprints entwickelt. Die Priorisierung der Anforderungen erfolgt fortlaufend über ein Backlog. Ein Gesamtbudget wird für die dynamische Bearbeitung der Anforderungen eingesetzt. Häufig benötigen digitale

Anwendungen eine Anbindung an die Backend-Logik und Backend-Daten. Diese stellt die Factory IT zur Verfügung.

Die Factory IT plant Aufwände aus der Fast IT in das eigene Projektportfolio ein und verfolgt die Umsetzung der Maßnahmen. Budgets zu Initiativen werden in einer rollierenden Planung nachgehalten und gegebenenfalls umverteilt, falls Mittel nicht voll ausgeschöpft werden. Anforderungen, die nicht bedient werden können, ordnet man zukünftigen Releases zu.

Die digitale Strategie gibt die Zielrichtung für die IT-Organisation und involvierten Stakeholder vor. Zum Erreichen dieser Ziele dient eine effektive IT-Organisation die ein Gleichgewicht aus Stabilität und Sicherheit sowie von Geschwindigkeit und Experimentierfreude herstellt. Das entsprechende Target Operating Model richtet sich nach dem Modell der Right-Speed IT.

2.4 Digitale Organisation – Die Right-Speed IT

Die Transformation der IT im Unternehmen ist längst in vollem Gange – oft nicht geplant, sondern **de-facto**. Um den digitalen Anschluss nicht zu verpassen, sind in vielen Konzernen inzwischen zahlreiche digitale **Schnellboote** unterwegs. Diese bringen die neuen, digitalen Services an den Markt, meist auf der Basis des bestehenden, analogen Produktportfolios. Versicherungen bieten Apps für dynamische KFZ-Versicherungen, angepasst an die Laufleistung und den Fahrstil der Kunden. Automobilhersteller bieten ihre Fahrzeuge als Mobilitätsdienstleistungen an, jederzeit buchbar über Apps, auf dem schnellen Weg zum Biergarten. Nach Hause fährt der Kunde natürlich mit der Bahn und meldet das Auto einfach wieder ab.

Diese Schnellboote in den Organisationen sind manchmal ohne Zutun der CIOs entstanden. Fachbereiche entwickeln sich im Unternehmen zu Technologie-Experten und begegnen der IT-Organisation fachlich häufig auf Augenhöhe. CIOs ziehen nach und bieten den Fachbereichen eigene, agile Service Delivery Teams an. Damit hat der **CIO zwei Bereiche zu steuern**: Die Factory IT, ITIL-konform, effizient und sicher zur Entwicklung und zum Betrieb der bestehenden Großsysteme, wie ERP- und CRM-Umgebungen. Und die Fast IT, die neuen agilen Service Delivery Teams, die nahe an die Fachbereiche heranrücken und mit hochautomatisierten Continuous Delivery Pipelines neue App-Versionen im Wochen-Zyklus auf den Markt bringen.

Nur eine funktionierende Factory IT ermöglicht eine effektive Fast IT. Mit anderen Worten, der CIO sieht sich vor der schönen neuen Welt der Digitalisierung mit einigen Hausaufgaben aus vergangenen Tagen konfrontiert: Setzt das bestehende IT Portfolio Management sowohl die IT-Strategie als auch bestehende Business Anforderungen um? Funktioniert das Projekt-Management und werden neue Anwendungen und Infrastruktur in Zeit und Qualität geliefert? Ermöglicht die bestehende Enterprise und Application Architecture die Anforderungen der Digitalisierung?

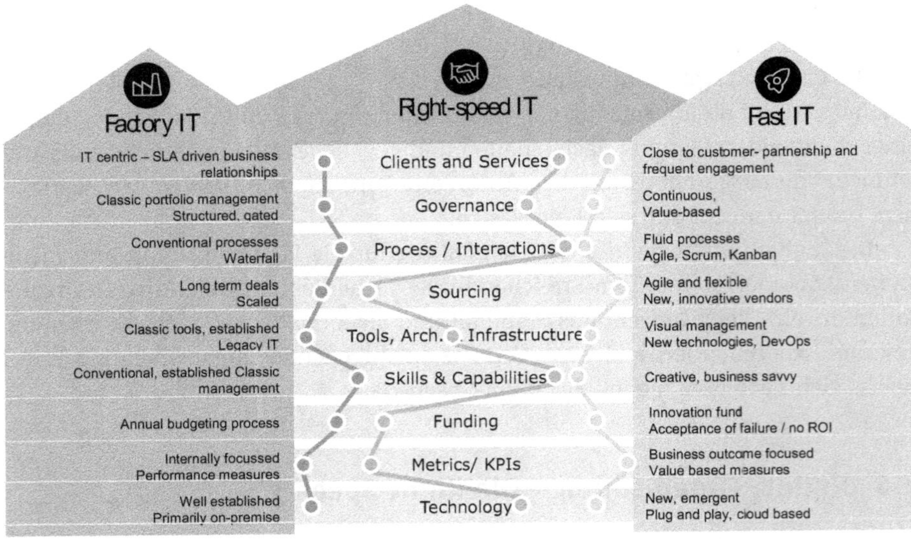

Abb. 6: Right-Speed IT Dimensionen.

Zwischen der Factory IT und Fast IT kann es potentiell zu einem Disconnect kommen: Beide Bereiche haben unterschiedliche Herangehensweisen, unterschiedliche Tools und Methoden und ggf. auch unterschiedliche „Mindsets" bei den Mitarbeitern. Dieser potentielle Disconnect wirft zahlreiche Probleme auf: Die Agile Entwicklung kann häufig nicht so schnell wie sie möchte und muss sich weiterhin mit der Factory IT zu Release-Zyklen abstimmen. Die Verantwortlichen der Großsysteme haben derweil daran zu beißen, dass das was einst richtig schien, dem **neuen agilen Ausprobieren** weichen soll. Die neue Zielrichtung in vielen Unternehmen heißt weg von der Applikationsorientierung hin zur ganzheitlichen Orientierung an Produkten. **Ende-zu-Ende**-Betrachtungen sind gefragt, mit dem Ziel den Kundenanforderungen in Bezug auf das Produkt gerecht zu werden. Die komplexe Wirkkette, die hinter dem Öffnen meines Autos per App steht, ist mir als Kunde im besten Falle gleichgültig.

Nach dem Etablieren einer erfolgreichen Fast IT – oft auch bezeichnet als die digitale Einheit der IT – müssen Factory IT und Fast IT zu einer Einheit geformt werden. Neben dem Beitrag jedes Mitarbeiters hat auch das Management einen erheblichen Anteil an der erfolgreichen Umsetzung. Beide Modi bringen sowohl Vorteile, als auch Nachteile mit sich. Right-Speed IT bedeutet, die Geschwindigkeit der IT je nach Anwendungsszenario anzupassen. Die Implementierung einer Right-Speed IT spiegelt sich in zahlreichen organisatorischen Dimensionen wider, die in der nachfolgenden Abbildung 6 dargestellt sind.

Dabei ist die Orientierung an Factory IT oder Fast IT keine „Schwarz oder Weiß"-Entscheidung, sondern muss je nach Dimension und Situation individuell angepasst werden. Diese Anpassung der Geschwindigkeit nennt man Right-Speed IT:

Fast IT-Projekte, wie etwa die Integration von Wearables in Arbeitsabläufe, fordern – getrieben durch Innovationen – besonders schnelle Umsetzungszyklen. Dabei agieren diese Projekte weitestgehend losgelöst von den Factory IT-Dimensionen und berücksichtigen beispielsweise alternative Sourcing-Ansätze wie Crowd Sourcing, um den eher langwierigen und formellen Request for Proposal-Prozess zu umgehen. Kernaspekt digitaler Projekte ist eine Arbeitsweise, die auf schnelle Resultate abzielt und lange Konzeptionsphasen vermeidet. Scrum hat sich als de-facto-Standard zur Entwicklung digitaler Produkte etabliert und wird in Konzernen teilweise in skalierenden Formen angewendet (Large Scale Scrum, LeSS). Wesentlicher Aspekt agiler Projekte ist zudem eine IT-Architektur und Technologie, die eine kundenorientierte, experimentierfreudige Anwendungsentwicklung ermöglicht. Hierzu gehören das Architektur-Pattern Microservices und Continuous Integration und Continuous Deployment Pipelines zur Entwicklung von Anwendungen mit geringen Abhängigkeiten zu Drittsystemen und der Möglichkeit rascher Deployments umgesetzter Kundenanforderungen.

Factory IT-Projekte, wie zum Beispiel das Upgrade eines hoch integrierten ERP-Systems, orientieren sich – getrieben durch Sicherheitsaspekte – primär an den Factory IT-Dimensionen mit vereinzelten Fast IT-Einflüssen. Ein weitreichendes Template Rollout wird nur erfolgreich in einem phasenweisen Vorgehen zu bewerkstelligen sein. Ein Prozesskonzept kann nicht nach Trial & Error Prinzip ausgerollt werden. Auch sind die Metriken zu einem etablierten, aber zu verbesserndem System häufig anders als im digitalen Umfeld. Der Fokus liegt dabei häufig auf einer Skalierung von Lösungen und einer Sicherstellung von Hochverfügbarkeit. Auch werden Beauftragungen in einem siebenstelligen Euro-Bereich nicht nach freier User-Story-Gestaltung erfolgen, sondern zahlreiche Entscheidungsgremien durchlaufen, um eine Investitionsabsicherung sicherzustellen.

Befinden sich Projekte an der Schnittstelle zwischen Factory und Fast IT, bedienen sie sich beider Ausprägungen. Tatsächlich werden viele digitale Anwendungen auf Anwendungen der Factory IT zurückgreifen. Eine Car Sharing App wird so natürlich auf Kundendaten aus dem Kundenaccount zurückgreifen oder die Verfügbarkeit von Fahrzeugen in Abhängigkeit des Standorts ermitteln. Die Accountdaten sowie die Fahrzeuglokation und -verfügbarkeit kommen dabei aus dem Backend und nicht selten müssen Backend-Anteile nach Factory IT Prozessen mit festen Jahres-Releases gehandhabt werden, obwohl die App selbst in Sprints entwickelt wird. DevOps ist ein ganzheitlicher technischer sowie organisatorischer Ansatz der IT-Entwicklung und Betrieb in der richtigen Geschwindigkeit ermöglicht.

Die Right-Speed IT beschreibt also den Rahmen für ein Target Operating Model, das den unterschiedlichen Anforderungen an Entwicklung und Betrieb von IT-Services gerecht wird [7]:

- Sie ermöglicht sichere und zuverlässige Backendapplikationen (Factory IT),
- digitale Piloten und Leuchtturmprojekte und „schnelldrehende" Feature-Evolutionen" digitaler Anwendungen sowie
- individuelle Geschwindigkeiten für Applikationen, die Anforderungen aus beiden Welten gerecht werden müssen.

Die Right-Speed IT gibt den Rahmen für ein effektives Operating Modell vor. Die operative Umsetzung und damit Sicherstellung der „digitalen Delivery" der Right-Speed IT in eigenverantwortlichen Teams erfolgt nach dem Arbeitsmodell DevOps.

2.5 Digitale Delivery – DevOps als operatives Arbeitsmodell agiler Teams

Die Orientierung an Produkten und Services bewährt sich nicht nur aus Kundensicht, sondern auch für den CIO. Teams übernehmen ganzheitlich Verantwortung für Produkte und Services, das Verweisen auf die andere Abteilung ist passé. Insbesondere die Kluft zwischen der Applikationsentwicklung und dem Betrieb wird überbrückt. In **DevOps** Teams rücken beide Lager zusammen und sorgen gemeinsam für den Erfolg der Produkte und Services – in ihnen werden Produkte und Services von einem Team entwickelt und betrieben, in ganzheitlicher Verantwortung. Dabei geht es bei DevOps längst nicht nur um eine bessere Erfüllung von Kundenanforderungen durch schnellere Feature-Entwicklung und stabileren Betrieb. Für den CIO ist DevOps auch ein Kostenhebel, weil Profile nun sowohl Betrieb, als auch Entwicklung zumindest ansatzweise beherrschen müssen. Dadurch können Kapazitäten in beiden Bereichen eingespart werden, die Mitarbeiter in DevOps Teams werden mit beiden Tätigkeiten vollständig ausgelastet. Oft spricht man hier von „T-Shaped" Profilen der Mitarbeiter: horizontal haben die Mitarbeiter ein breites, wenn auch flaches Wissen, das eigene Spezialgebiet beherrschen sie in der Tiefe.

Möchten CIOs ihre IT im Rahmen eines DevOps Modells neu ausrichten, ergeben sich oftmals große Herausforderungen. So hat die gewünschte Autonomie von DevOps Teams potentiell ein geringeres Maß an Kontrolle aus der Gesamtsicht der IT zur Folge. Es kann zu Transparenzeinbußen kommen, wenn z. B. Releases nicht mehr zwischen den DevOps Teams synchronisiert werden müssen. Ebenfalls fehlt ein gesamtheitlicher Überblick über den Umsetzungsstatus von Anforderungen. Im Kern ergibt sich die Folgende mehrerer Fragen: Welche Prozesse oder Aufgaben sollten autonom und repliziert in jedem DevOps Team stattfinden und welche sollten weiterhin im Sinne einer gesamtheitlichen IT-Governance übergreifend ausgeführt werden? Diese Frage stellt sich unter anderem in Bezug auf die Prozesse Demand Management, Release Management, Availability Management, Capacity Management und Enterprise Architecture Management. Eine Antwort hierauf liefert das DevOps Cube Entscheidungsmodell.

Das DevOps Cube Entscheidungsmodell

Die Antwort auf die Frage nach dem DevOps Operating Model kann nicht generisch sein, sondern muss die jeweiligen Gegebenheiten der betrachteten Organisation berücksichtigen. Das DevOps Cube Entscheidungsmodell (siehe Abb. 7) liefert eine erste Entscheidungshilfe, welche Form der DevOps-Organisation (Archetyp) unter welchen organisatorischen Voraussetzungen zu wählen ist. Wesentlich ist dabei: In hochkomplexen Ausgangssituationen einer IT-Organisation ist von einer unmittelbaren Einführung von DevOps abzusehen. Es sind dann vorerst Rahmenbedingungen zu schaffen, die eine erfolgreiche Transformation ermöglichen.

Die Ausgangssituation der IT-Organisation wird dabei von zwei wesentlichen Dimensionen bestimmt: Die Komplexität der Organisation ergibt sich aus einer Reihe von Faktoren, wie

- der Anzahl von Produkten und Services der Organisation (wenige klar definierte vs. zahlreiche z. T. unklar definierte),
- der Grad der funktionalen Gliederung der Organisation (Silo vs. Prozessorientiert),
- der Komplexität der Infrastruktur- und Applikationsarchitektur (entkoppelt, überschaubar, gemanagt vs. monolithisch, historisch gewachsen, stark verteilt) und
- der Homogenität der existierenden Prozesse und Technologien (abgestimmt, klar definiert, überschaubar vs. redundant, intransparent und in hoher Anzahl).

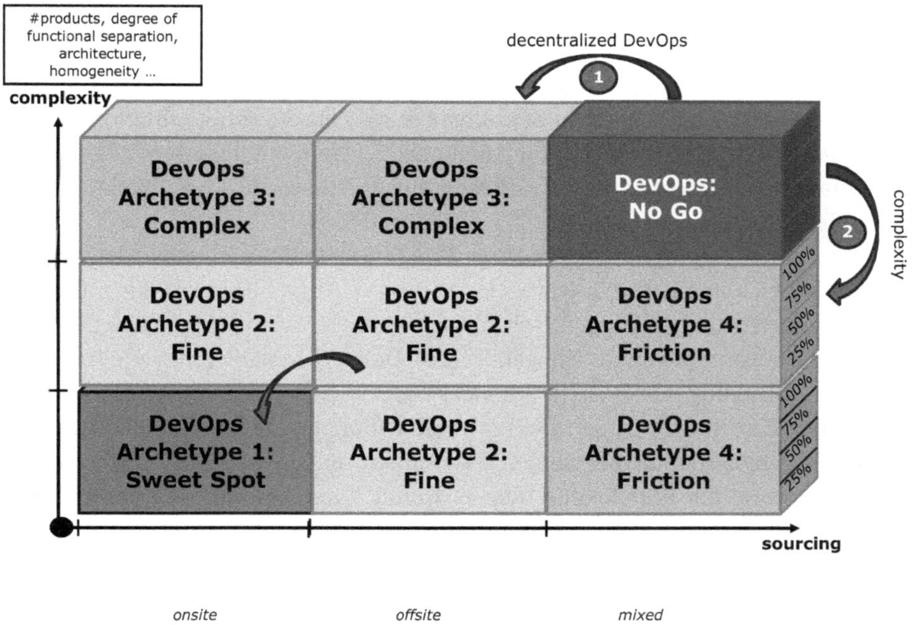

Abb. 7: DevOps Cube Entscheidungsmodell.

Die zweite Dimension beschreibt den Sourcing-Ansatz der IT-Organisation:

- Onsite bedeutet, dass alle Design-, Development- und Operations-Aktivitäten in nicht-verteilten Teams zentral in der IT-Organisation erbracht werden.
- Offsite bedeutet, dass autonome Team Offsite den Service Lifecycle für Design, Development und Operations von Services verantworten.
- Mixed bedeutet, dass die Verantwortlichkeiten und Kompetenzen für Design, Development und Operations über mehrere Locations und damit Teams verteilt sind.

Anhand dieser beiden Dimensionen unterscheidet das DevOps Cube Entscheidungsmodell vier Ausgangssituationen für die Einführung einer DevOps Organisation – wobei wir bei einer Ausgangssituation von DevOps abraten – sowie drei korrespondierende Archetypen einer DevOps Organisation.

1. Situation „Sweet Spot“: Die IT-Organisation verantwortet wenig komplexe Produkte und Services, ist funktional wenig gegliedert und hat eine klar strukturierte und entkoppelte IT-Architektur. In Bezug auf das Sourcing werden Design, Development und Operate Onsite erbracht. In dieser Situation ist die Einführung von DevOps am günstigsten und eine Transformation überschaubar komplex. Klassisches Beispiel einer solchen Organisation wären lokale Agenturen mit einer überschaubaren Anzahl von Kundenprojekten.
2. Situation „Fine“: In dieser Ausgangssituation liegt eine niedrige bis mittlere Komplexität vorhandener Produkte und Services, der unterliegenden IT-Architektur sowie der entsprechenden funktionalen Gliederung der IT-Organisation vor. Design, Development und Operations werden entweder ausschließlich Onsite oder ausschließlich Offsite erbracht. In dieser Situation sollte eine DevOps Transformation mit entsprechender Transformationserfahrung des Management-Teams „gut“ zu bewältigen sein. Diese Ausgangssituation ist häufig in mittelständischen Unternehmen oder Konzernen mit einem höheren Reifegrad der IT-Organisation in Hinblick auf Prozesse und IT-Architektur anzutreffen.
3. Situation „Complex/Friction“: Diese Ausgangssituation ist entweder geprägt von hoher Komplexität in Hinblick auf Produkt- und Servicestruktur, funktionaler Glieder und/oder historisch gewachsener IT-Architektur; alternativ ist die Situation geprägt durch ein gemischtes Delivery-Modell mit verteilter Leistungserbringung von Design, Entwicklung und Betrieb. In dieser Situation ist bei der Einführung einer DevOps Organisation mit hoher Komplexität bzw. wesentlichen Herausforderungen zu rechnen, entweder im Hinblick auf das Management der Komplexität oder in Hinblick auf den Umgang mit Entwicklung und Betrieb nach DevOps in einem gemischten Sourcing-Ansatz. Diese Ausgangssituation ist typisch für gewachsene mittelständische Unternehmen und Konzerne mit noch nicht begonnener oder gerade erfolgender Transformation der Produkt- und Service-Komplexität und IT-Architektur sowie des Sourcing-Modells.

4. Situation „No-Go“: Diese Ausgangssituation ist das „Gegenstück“ zum Sweet Spot; es liegt eine hohe Komplexität vor im Hinblick auf Produkte und Services, der funktionalen Gliederung und der IT-Architektur. Diese ist gepaart mit einem Mixed Sourcing Ansatz und verteilten Teams mit verteilten Kompetenzen in Design, Development und Operation. In dieser Situation raten wir von einer unmittelbaren Einführung von DevOps ab und empfehlen Maßnahmen, die einen Übergang zur Ausgangssituation Complex/Friction erlauben. Dies kann einerseits durch z. B. Vereinfachung der Produkt-/Service-Struktur und/oder andererseits durch einem Shift zu einem klaren Offsite Sourcing erfolgen. Insbesondere Konzerne mit starker funktionaler Gliederung, einem sehr breiten IT Service Portfolio sowie nicht synchronisierten Transformationen im Sourcing finden sich in dieser Ausgangssituation wieder.

Wir empfehlen für die jeweilige Ausgangssituation einen angepassten Archetyp. Dieser DevOps Archetyp beschreibt ein grundsätzliches Setup der DevOps Organisation. Individuelle Anpassungen an die spezifischen Gegebenheiten der jeweiligen Organisation müssen in jedem Falle vorgenommen werden.

Bei Archetyp 1 handelt es sich um das einfachste Setting der DevOps Zielorganisation. Die Entwicklungs- und Betriebsprozesse werden vollständig und autonom in den DevOps Teams erbracht. In Archetyp 2 handelt es sich um eine Mischform, in der sich die in den DevOps Teams erbrachten Prozesse und die dezentral erbrachten Prozesse die Waage halten. Im Archetyp 3 und 4 werden Kernentwicklungs- und Betriebsprozesse in den DevOps Teams gebündelt und übergreifende Prozesse größtenteils außerhalb der Teams erbracht. Archetyp 3 hat den Fokus auf ein zentralisiertes, übergreifendes Anforderungsmanagement, Release-Management und Architekturmanagement, wohingegen Archetyp 4 auf ein effektives Zusammenarbeitsmodell verteilter Teams und eine ausgeprägte Kommunikationskultur fokussiert.

3 Fazit

Für den CIO gibt es also viel zu tun. Die IT-Organisation kann und muss einen wesentlichen Beitrag zur Wettbewerbsfähigkeit, auch (noch) nicht digitaler Unternehmen leisten. Die IT-Organisation ist mehr als ein Cost-und Service-Center. Sie ist das Spielfeld, auf dem die Zukunft vieler Unternehmen entschieden wird.

Der CIO steht dabei besonders im Fokus. Er muss nicht nur seine IT-Organisation bereit für die digitale Transformation machen – über den Einsatz einer „Right-Speed IT“ und der Nutzung von DevOps und agilen Methoden. Er muss ebenfalls Technologie-Innovation und -Disruption seinen Kollegen aus den Geschäftsbereichen verständlich machen und für ein gemeinsames Vorgehen bei der Anpassung der gesamten Organisation an die Anforderungen einer digitalen Welt sorgen.

Dabei bleibt eines festzuhalten: Die Potentiale der Digitalisierung sind herausragend. Mit einem strukturierten Vorgehen können CIOs einen wertvollen Beitrag zum Unternehmenserfolg leisten und die IT vom Provider zum Business Partner und Treiber der Digitalisierung entwickeln.

4 Literatur

[1] Deloitte. „CIO Survey 2017". [Online]. www2.deloitte.com/de/de/pages/technology/articles/global-cio-survey-2017.html (letzter Zugriff: 12. 03. 2018).

[2] Deloitte. „Global CIO Survey 2016/17 – Navigating Legacy". [Online]. www2.deloitte.com/us/en/pages/chief-information-officer/articles/cio-survey-navigating-legacy.html (letzter Zugriff: 12. 03. 2018).

[3] Forrester. 2017. Predictions 2018: CIOs Make The Chief Digital Officer Obsolete. https://www.forrester.com/report/Predictions+2018+CIOs+Make+The+Chief+Digital+Officer+Obsolete/-/E-RES139879 (letzter Aufruf: 05. 04. 2018)

[4] Deloitte. Stepping up: The CIO as digital leader. [Online]. www2.deloitte.com/insights/us/en/focus/cio-insider-business-insights/cio-leading-digital-change-transformation.html (letzter Zugriff: 12. 03. 2018).

[5] Deloitte. CIO Leading Digital Change Transformation. [Online]. dupress.deloitte.com/dup-us-en/focus/cio-insider-business-insights/cio-leading-digital-change-transformation.html (letzter Zugriff: 12. 03. 2018).

[6] Deloitte. University Press. Taking the Reigns as a CIO. [Online]. www2.deloitte.com/content/dam/insights/us/articles/taking-the-reins-as-a-cio/DUP507_Taking-reins-as-CIO_vFINAL2.pdf (letzter Zugriff: 12. 03. 2018).

[7] Deloitte. Achieving Digital Maturity. 2017. [Online]. www2.deloitte.com/insights/us/en/focus/digital-maturity/digital-mindset-mit-smr-report.html (letzter Zugriff: 12. 03. 2018).

[8] Wirtschaftsinformatik & Management. 2017. Digital Effectiveness – der Weg von der Factory IT zur Right-Speed IT. Wiesbaden: Springer.

[9] Deloitte. Aligning the Organization for Its Digital Future. [Online]. www2.deloitte.com/ie/en/pages/public-sector/articles/Allinging-the-organisation-for-digital-future.html (letzter Zugriff: 12. 03. 2018).

III Best Practices für aktuelle IT-Trends und -Herausforderungen

Olaf Resch

11 Best Practice für die API-Economy

1 Einleitung

APIs sind zunächst einmal Programmschnittstellen, die einen Datenaustausch zwischen Softwaresystemen ermöglichen. Auf der Basis solcher APIs bildet sich aktuell ein neuer Teil der Gesamtwirtschaft heraus, der zumindest teilweise eigenen Gesetzmäßigkeiten gehorcht und der deshalb als API-Economy bezeichnet wird. Das Ziel dieses Artikels ist es, herauszuarbeiten was an der API-Economy wirklich neu ist und wo angeknüpft werden kann. Der Leser sollte so Entscheidungshilfen für die Bewertung der API-Economy hinsichtlich der eigenen Organisation erhalten. Dazu wird möglichst auf etablierte Best Practice Bezug genommen, die für einzelne Aspekte der API-Economy hilfreiche Impulse liefern. Eine zusammenhängende Best Practice für die API-Economy fehlt bisher jedoch noch.

Der Beitrag diskutiert zunächst die Begriffe API, API-Ökosystem, API-Business und API-Economy und stellt diese in einen Zusammenhang. Im Anschluss werden dann die besonderen Steuerungsbedarfe identifiziert. Der Beitrag schließt mit einem Fazit.

2 Von der API zur API-Economy

API steht für Application Programming Interface, deutsch: Programmschnittstelle. Über eine API können die Funktionalitäten des einen Programmes aus einem anderen Programm heraus genutzt werden. Beispielsweise kann ein Termineintrag für einen Kundenbetreuer in einem Kalenderprogramm mithilfe der Kalenderprogramm-API durch ein Kundenmanagementprogramm erfolgen. Eine API ist somit eine zusätzliche Möglichkeit der Interaktion mit einem Programm als das User Interface, deutsch: Benutzerschnittstelle.

APIs werden häufig in Form von Representational State Transfer (REST)-APIs (vgl. [1]) realisiert. REST ermöglicht den Zugriff über die gebräuchlichen Internetprotokolle Http und Https. Beispielsweise repräsentiert die URL: https://doaj.org/api/v1/search/articles/it-management den Aufruf einer API des DOAJ (Digital Open Access Journals)-Verzeichnisses [2]. Das DOAJ gibt daraufhin eine Menge an Daten zurück, die durch die aufrufende Anwendung ausgewertet werden können, in diesem Fall Informationen zu Open Access-Artikeln zum Thema IT-Management. Gibt man die URL in einen Webbrowser ein, so werden die Daten einfach nur angezeigt. Das ist aber nicht der eigentliche Sinn einer REST-API, sondern die Daten sind

https://doi.org/10.1515/9783110545395-011

normalerweise dafür gedacht, von einer Anwendung ausgewertet zu werden, beispielsweise indem über die Einträge iteriert wird, die relevanten Informationen extrahiert und weiterverwendet werden. Die Rückgabedaten werden häufig in Form von JavaScript Object Notation (JSON)-Dokumenten (vgl. [3]) ausgegeben. JSON ermöglicht eine Strukturierung mithilfe von vorgegebenen Datenformaten, z. B. Text und Zahl, Objekten und Feldern. Aktuell verbreitet sich GraphQL (vgl. [4]) als Alternative zu REST und bietet eine einfachere Abfrage spezifischer Daten, was einerseits den Datenverkehr verringert und andererseits die Weiterverarbeitung erleichtert.

Als weitere häufig zum Einsatz kommende Technologie sei noch OAuth (vgl. [5]) für die Authentifizierung genannt. Allerding kann der Zugriff auch ohne Authentifizierung erfolgen, wie das DOAJ-Beispiel zeigt oder die Authentifizierung kann mithilfe eines API-Schlüssels realisiert werden, der dann einen Bestandteil der REST-URL bildet.

Eine andere Möglichkeit zur Realisierung von Programmschnittstellen sind Mashups. Anders als REST-APIs arbeiten Mashups nicht im Hintergrund durch Datenaustausch, sondern sind Elemente, die in Oberflächen, meist Websites, eingebunden werden. Beispiele für Mashups sind der Youtube Videoplayer (vgl. [6]) oder die Einbindung von Karten mithilfe von Openstreetmap und diverser Erweiterungen (vgl. [7]). Das Ergebnis eines REST-Aufrufes sind Rückgabedaten, das Ergebnis eines Mashup-Aufrufes sind Oberflächenelemente. Beide nutzen jedoch Funktionalitäten außerhalb des konsumierenden Systems, auf die über eine Programmschnittstelle zugegriffen wird. Deshalb handelt es sich bei beiden um APIs.

Jenseits von REST-APIs, GraphQL und Mashups existieren aber auch noch weitere Möglichkeiten, APIs zu realisieren und es gibt auch andere Datenformate als JSON und andere Authentifizierungsmechanismen als OAuth.

Sofern APIs systematisch genutzt werden, um ein Gesamtsystem zu erstellen und die zugrundeliegenden einzelnen Softwaresysteme dessen Bausteine bilden, entsteht ein API-Ökosystem. Der aus der Natur entlehnte Begriff soll zum Ausdruck bringen, dass sich das System laufend verändert. Diese laufende Veränderung ist einerseits geplant und gewollt, geschieht andererseits aber auch durch ungeplante Seiteneffekte, Fehler, etc., sodass ein API-Ökosystem tendenziell komplexer ist als ein Monolith oder ein System mit nur wenigen Schnittstellen.

Beispielsweise könnte ein System, das den Vertrieb unterstützt, verschiedene APIs kombinieren: die REST-API eines Kalendersystems, Erwähnungen des Kunden in wissenschaftlicher Literatur mithilfe der DOAJ REST-API, allgemeine Informationen zum Kunden aus einem Youtube-Mashup und Adressinformationen via dem Openstreetmap-Mashup. Dieses verteilte System ist vergleichsweise einfach erweiterbar und somit inhärent agil. Beispielsweise könnte das Youtube-Mashup durch das Vimeo-Mashup (vgl. [8]) ersetzt werden oder es könnten zusätzliche Informationen über die News-REST-API (vgl. [9]) eingebunden werden.

Neben der Rolle als Konsument von APIs kann das Vertriebsunterstützungssystem natürlich auch als Anbieter fungieren und mithilfe von APIs eigene Funktionalitäten bereitstellen, die dann von anderen Systemen genutzt werden können. Es ist evident, dass dieses System zwar höchst agil ist, die Agilität aber nicht vollständig der eigenen Kontrolle unterliegt, sondern Änderungen auch von den einzelnen APIs ausgehen können, beispielsweise durch die Modifikation von Schnittstellenbeschreibungen. Die daraus resultierende Komplexität des API-Ökosystems bedarf eines entsprechend ausgefeilten Managements.

Sofern mit der Bereitstellung der API direkt wirtschaftliche Ziele verfolgt werden, handelt es sich um ein API-Business. Akteure, die ein API-Business betreiben, haben sowohl als Anbieter als auch als Nachfrager eigene Interessen. So wollen Anbieter von APIs einen Erlös erwirtschaften und müssen entscheiden, ob dieser Erlös direkt, beispielsweise über eine transaktionsabhängige Gebühr, oder indirekt, beispielsweise über Werbung, erzielt wird. Ein weiteres Anbieterinteresse liegt regelmäßig in einer hohen Kundenbindung. Die Kunden streben dagegen tendenziell eine möglichst breite Auswahlmöglichkeit an. Weitere Ziele von Kunden sind ein möglichst geringer Preis für eine gegebene Qualität und ein Angebot, das möglichst alle benötigten Funktionalitäten abdeckt.

Anbietern und Kunden ist gemein, dass sie ein großes Bedürfnis haben, ihren jeweiligen Partnern vertrauen zu können. Dieses Vertrauen kann durch ein nachvollziehbares Geschäftsmodell etabliert werden, beispielsweise ist davon auszugehen, dass das Youtube-Mashup auch weiterhin kostenfrei angeboten wird, oder durch die Reputation des Partners. Im Falle der DOAJ-API ist dies das DOAJ, das als akademisch geprägte und finanzierte Institution, die glaubhaft eine Premium-Funktionalität kostenfrei anbieten kann. Derartige – offensichtlich das Vertrauen fördernde – Faktoren sind bei Anbietern von APIs aber keineswegs immer anzutreffen. Die wirtschaftlichen Aspekte des API-Business fügen der bereits existierenden Komplexität des API-Ökosystems eine zusätzliche Ebene hinzu und begründen damit zusätzliche Managementbedarfe.

Beispielsweise könnte das zuvor skizzierte Vertriebsinformationssystem kommerziell angeboten werden. Dafür könnte eine monatliche Gebühr erhoben werden, was einen recht guten Kompromiss der Kundenbindung darstellen würde. Der professionelle Kunde könnte dieses Geschäftsmodell nachvollziehen, was der Vertrauensbildung dient. Die Leistung könnte alternativ aber auch umsonst angeboten werden, um zunächst eine hohe Kundenbasis aufzubauen. Allerdings erkennt auch der Kunde, dass die Leistung nicht für immer kostenlos sein wird und die Unsicherheit hinsichtlich der späteren Preise und Konditionen wirkt im Zweifelsfalle einer Vertrauensbildung eher entgegen. Außerdem muss der Anbieter eine längere Phase der Erlöslosigkeit gut durchkalkulieren und finanzieren können.

Das Zusammentreffen der Einzelinteressen von Anbietern und Nachfragern wird konsequenterweise als API-Economy bezeichnet. In der API-Economy ergeben sich optimale API-Ökosysteme prinzipiell durch Angebot und Nachfrage. Es gibt allerdings auch hier Akteure, die das Funktionieren der API-Economy als Ganzes beeinflussen, z. B. den Staat oder Normierungsgremien. So kann der Staat bei-

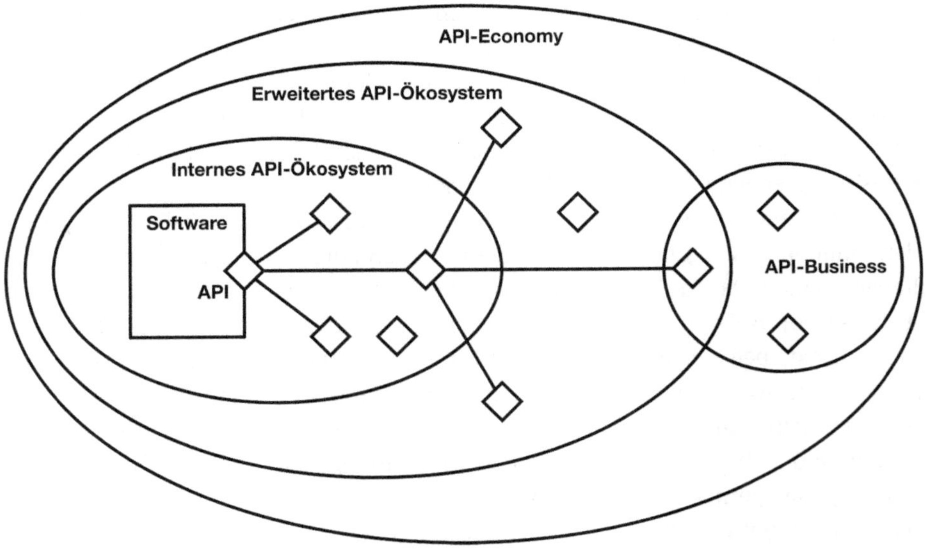

Abb. 1: API-Economy.

spielsweise Gesetze erlassen, welche die Datenverarbeitung außerhalb der Europäischen Union erschweren, was einerseits heimische Anbieter stärkt, aber andererseits die Auswahlmöglichkeiten der Nachfrager mindert.

Abbildung 1 zeigt die Ebenen der API-Economy. Ausgehend von der API als Programmschnittstelle, können mithilfe von APIs systematisch API-Ökosysteme geschaffen werden, in denen Funktionalitäten via APIs angeboten, konsumiert und kombiniert werden. Diese Funktionalitäten können auch aus externen Quellen stammen und externen Partnern angeboten werden. Sofern diese Geschäftsbeziehung nicht einfach nur der Vereinfachung der Zusammenarbeit dient, sondern eigenständige Erlösinteressen verfolgt, handelt es sich dann um ein API-Business. Die Gesamtheit der Einzelinteressen und deren Koordination durch Angebot und Nachfrage bildet die API-Economy.

3 API-Economy als Abstraktionsebene der Industrie 4.0

Ein zentrales Element der Digitalisierung ist die Industrie 4.0. Grob lässt sich diese als extrem vernetzte und automatisierte Wertschöpfung beschreiben: vom automatisierten Einkauf mithilfe künstlicher Intelligenz, über selbststeuernde Produktionsprozesse, bis zum abgestimmten Vertrieb über passende Websites. Unter dem Begriff Industrie 4.0 wird aber auch ein ganzes Sammelsurium an Technologien,

z. B. 3D-Drucker und vernetzte Produktionsmaschinen thematisiert. Es ist evident, dass ein derart umfangreiches Gebilde nur sehr schwer zu steuern ist. Der eigentlich zentrale Aspekt der Vernetzung gerät in der Industrie 4.0 häufig in den Hintergrund, da eine Vielzahl von Details behandelt wird.

Die API-Economy reduziert die Objekte der Industrie 4.0 auf ihre Funktionalitäten und deren Preise. Beispielsweise wird der 3D-Drucker – der an sich ein komplexes Gebilde aus Hardware, Software und Verbrauchsmaterialen darstellt – auf die Funktionen Scannen, Drucken, etc. sowie eine möglicherweise dafür zu entrichtende Vergütung reduziert. Die Funktionen können über APIs angesprochen, kombiniert und vermarktet werden und das zentrale Element der Vernetzung wird somit auf einer abstrakteren Ebene steuerbar.

4 Management in der API-Economy

Wie zuvor dargelegt wurde, umfasst die API-Economy mehrere Ebenen, die alle spezifischen Steuerungsnotwendigkeiten aufweisen. So müssen zunächst die einzelnen APIs funktionieren und erst dann kann daran gedacht werden, aus den einzelnen Bausteinen API-Ökosysteme zusammenzusetzen. Sofern dann auch APIs von Fremdanbietern genutzt werden, müssen diese technisch und organisatorisch integriert werden. Erst wenn das eigene Ökosystem eine hohe Reife aufweist und wirklich fehlerfrei funktioniert, kann dieses eventuell auch Geschäft im Sinne eines API-Business generieren.

Die gute Nachricht lautet, dass vieles keineswegs so neu ist, wie es auf den ersten Blick erscheint und dass durchaus Erfahrungen und Best Practice existieren, die für das Management in der API-Economy hilfreich sind.

4.1 Management der APIs

Eine wesentliche Managementaufgabe in diesem Bereich ist die Gestaltung und Umsetzung der Schnittstelle. Dazu ist es notwendig, die Schnittstelle im Detail zu beschreiben und diese Beschreibung auch im laufenden Betrieb aktuell zu halten. Alle Konsumenten der API müssen über geänderte Schnittstellenbeschreibungen rechtzeitig, im Vorfeld informiert werden. Ein Werkzeug zur Unterstützung dieser Aufgaben ist Swagger (vgl. [10]). Swagger umfasst eine Serie von Werkzeugen, die zumindest teilweise kostenfrei unter einer Apache-Lizenz angeboten werden. Swagger erlaubt es, Schnittstellen mithilfe eines Editors zu beschreiben (Swagger Editor) und aus diesen abstrakten Beschreibungen Code für verschiedene Umgebungen zu generieren (Swagger Codegen). Ein weiteres Swagger-Werkzeug (Swagger UI) ermöglicht die Publikation von testbaren Schnittstellenbeschreibungen, wie beispielsweise hier zu sehen: https://doaj.org/api/v1/docs#!/Search/get_api_v1_search_applications_search_query

Weitere Managementaufgaben der API sind die Steuerung der Sicherheit, der Zugriffsrechte und das laufende Monitoring sowie die nachträgliche statistische Auswertung von Zugriffen. Für die Zugriffsrechte kommt heute oft das Protokoll OAuth 2.0 zum Einsatz. Für OAuth 2.0 existieren viele Bibliotheken, beispielsweise für node.js und Java. Alternativ kann die Zugriffskontrolle aber auch über einen einfachen API-Schlüssel erfolgen. Um es ganz generell auszudrücken, bietet eine OAuth-Implementierung mehr Möglichkeiten, beispielsweise temporäre Zugriffsrechte oder die Übertragung von Rechten an Dritte. Für eine einfache Authentifizierung reicht ein API-Schlüssel, der dann einfacher nutzbar ist als OAuth.

Jede Schnittstelle ist auch immer ein Sicherheitsrisiko und bedarf eines entsprechenden Managements. Dazu gehört auch eine laufende Überwachung der API-Nutzung sowie eine statistische Auswertung, um Sicherheitsvorfälle direkt oder zumindest nachträglich erkennen zu können. Monitoring und Statistik liefern aber auch wichtige Daten für Abrechnungszwecke, zur Lastverteilung und für die Planung der Infrastruktur.

Mittlerweile gibt es fertige Lösungen, die das zuvor skizzierte API-Management sehr gut unterstützen, z. B. das Open Source Werkzeug WSO2 (vgl. [11]) und normalerweise ist es deshalb nicht sinnvoll, Ressourcen in die Neuentwicklung einer eigenen Software für das API-Management zu investieren [12]. Dies sieht für die späteren Schichten allerdings anders aus, wie im Abschnitt über Technologische Unterstützung dargelegt wird.

4.2 Management des API-Ökosystems

Das API-Ökosystem ist durch die systematische Verteilung und Vernetzung von Funktionalitäten über die Grenzen einzelner Anwendungen hinweg gekennzeichnet. Deshalb muss entschieden werden, welche Funktionalitäten von welchem System oder Fremdanbieter bezogen werden und welche Funktionalitäten welchem Nachfrager angeboten werden sollen. Im einfachsten Fall werden nur eigene APIs genutzt und das Management umfasst dann nur ein internes Ökosystem, meist werden aber auch externe APIs genutzt und APIs auch Dritten angeboten, sodass ein erweitertes Ökosystem gesteuert werden muss.

Management von Services

Einzelne Funktionalitäten lassen sich zu Services zusammenfassen und gemeinsam betrachten. Ein Service wird hier pragmatisch als ein Funktionsbündel bezeichnet, das von einem Service-Geber angeboten und normalerweise auch von mindestens einem Service-Nehmer konsumiert wird. Für das Management von Services existieren zumindest zwei etablierte Wissensgebiete, Service Orientierte Architekturen (SOA; vgl. [13]) und ITIL (vgl. [14]). SOA-Expertise ist gut dokumentiert und meist auch in den Unternehmen vorhanden, sie liefert vor allem erprobte

Vorgehensweise für die Identifikation von Services, die Bündelung von Funktionalitäten und die Kombination von Services zu Anwendungen, zu Geschäftsprozessen und zu einem Gesamtsystem. Allerdings muss die SOA auf aktuelle technische Gegebenheiten angepasst werden, beispielsweise auf die Nutzung von REST. Etwas neuer in der Diskussion stehen sogenannte Microservice-Architekturen (vgl. [15]), diese verfolgen prinzipiell die gleichen Ziele wie SOAs. Für die Umsetzung von Microservice-Architekturen existieren neben dem grundsätzlichen Architekturprinzip der Serviceorientierung aber auch zeitgemäße Umsetzungstechnologien, sodass Microservices durchaus als aktuelle Weiterentwicklung von SOAs angesehen werden können.

Die ITIL ist eine der umfangreichsten und weitverbreitetsten Best Practice. Sie enthält eine Fülle von Wissen zur Gestaltung der organisatorischen Beziehung von Service-Anbieter und -Nachfrager sowie zur Steuerung der Verfügbarkeit und der Sicherheit von Services und der für die Service-Erbringung notwendigen Infrastruktur. Aber auch hier sind natürlich Anpassungen notwendig, insbesondere die konsequente Vermeidung einer Über-Dokumentation.

Internes Ökosystem

Die durch die Organisation selbst betriebenen und entwickelten APIs bilden das interne API-Ökosystem. Das sind vor allem die APIs auf der Grundlage selbstentwickelter Software oder angepasster Open Source Software. Eine Grauzone bilden APIs von Standardsoftware, da diese zwar intern betrieben werden, aber immer auch den Vorgaben des Herstellers unterliegen. Eine Software, die keine API aufweist, kann höchstens über den Workaround manueller Schnittstellen eingebunden und dann als Teil des Ökosystems betrachtet werden.

Das Management des internen API-Ökosystems ist von zentraler Bedeutung und stellt eine Grundvoraussetzung für einen zielgerichteten Einsatz von APIs dar. Ausgangspunkt dafür ist die genaue Kenntnis der eigenen Infrastruktur – darunter wird hier die gesamte Technik, inkl. Hardware, Betriebs- und Anwendungssystemen verstanden. Das mag sich zwar zunächst trivial anhören, stellt aber viele Organisationen vor eine erhebliche Herausforderung. Eine hinreichende Transparenz wird insbesondere durch ein gelebtes Enterprise Architecture Management (EAM) erreicht. Auch für das EAM existieren Best Practice, wie beispielsweise TOGAF (The Open Group Architecture Framework; vgl. [16]). TOGAF unterscheidet für das EAM mehrere Phasen. Diese bündeln sowohl Modellierungs- als auch Umsetzungstätigkeiten. Somit garantiert TOGAF – sofern es konsequent angewandt wird – das immer ein gültiges Modell der betrieblichen Realität besteht. Optimierungen erfolgen zunächst auf der Basis des Modells und werden dann gesteuert umgesetzt. Auf jeden Fall herrscht zu jedem Zeitpunkt Transparenz, da Modell und Realität immer konsistent bleiben.

Eventuell muss auch die technische Infrastruktur erweitert werden, einerseits, um die höhere Netzbelastung gewährleisten zu können, und andererseits, um flexibler auf Änderungsnotwendigkeiten reagieren zu können. Als Best Practice für Letzteres wird aktuell DevOps (vgl. [17]) diskutiert. DevOps erweitert den Gedanken der agilen Entwicklung auf den Betrieb. Das geschieht durch eine Verbesserung der Zusammenarbeitskultur, aber auch durch ganz konkrete Softwarewerkzeuge, die eine schnellere Inbetriebnahme und Änderung von Software und damit der Services ermöglichen.

Ein transparenzschaffendes EAM, die gezielte Betrachtung von Services, der professionelle Betrieb und eine leistungsfähige und flexible technische Infrastruktur stellen die Grundlagen für ein steuerbares internes API-Ökosystem dar. Nur wenn die Organisation diese „Hausaufgaben" gemacht und ihre eigene IT „im Griff" hat, kann auch die Erweiterung des Ökosystems gezielt und risikoarm erfolgen.

Erweitertes Ökosystem

Werden Services zu einem nicht unwesentlichen Teil von anderen Organisationen bezogen oder diesen angeboten, so erweitert sich das Ökosystem. Jetzt gilt es zusätzlich, die Vertrauenswürdigkeit der Partner und der angebotenen Services zu bewerten bzw. die eigene Vertrauenswürdigkeit zu gewährleisten. Dies kann beispielsweise durch verlässliche Absprachen in Form von Service Level Agreement (SLA) erfolgen und spätestens jetzt sollte über den Einsatz der ITIL nachgedacht werden. Sowohl das Anbieten als auch das Konsumieren externer Services ist neben den SLA auch weiteren Normen unterworfen und es gilt deren Einhaltung zu steuern, sodass in der eigenen Organisation ein funktionierendes Compliance Management vorhanden sein muss.

Konsumierte Services müssen laufend auf Änderungen der Funktionalität überprüft werden, es gilt Querverbindungen zu anderen Services zu identifizieren und daraus resultierende Anpassungen müssen rechtzeitig umgesetzt werden. Partner, die Services der Organisation nutzen, sind rechtzeitig und umfänglich über geänderte Services zu informieren und eventuell beim Änderungsprozess zu unterstützten.

Eine weitere Aufgabe ist die Beobachtung des Umfeldes hinsichtlich neuer Services, die sinnvolle Ergänzungen des Ökosystems darstellen. Auch stellt sich jetzt regelmäßig die Frage, ob Services lieber aus dem erweiterten Ökosystem bezogen oder selber bereitgestellt werden. Da diese Entscheidung auch wesentlich von betriebswirtschaftlichen Parametern, insbesondere dem Preis abhängt, wird sie unter dem Aspekt des API-Business weiter vertieft.

4.3 Management des API-Business

Erfolgt die Nutzung von Services Organisations-übergreifend und mit einer eigenständigen wirtschaftlichen Intention, so muss der geschäftliche Aspekt gesteuert werden. Das ist jedoch auch bei einem erweiterten Ökosystem keineswegs immer

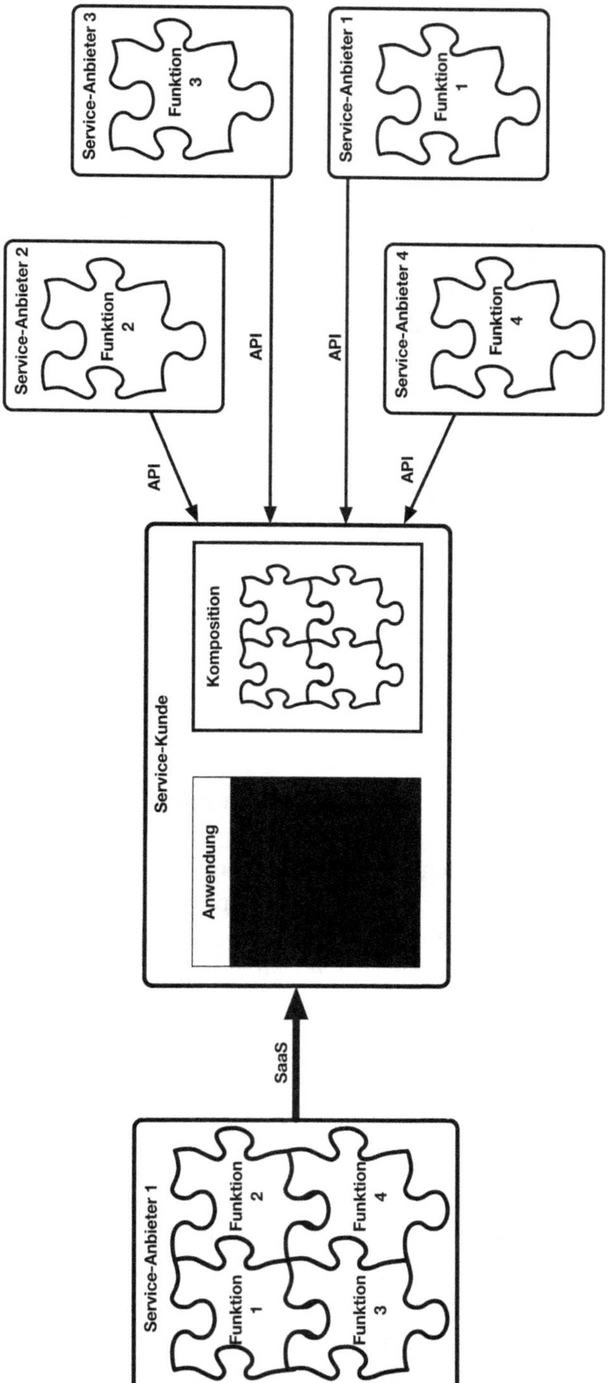

Abb. 2: API vs. SaaS.

der Fall. So kommt es durchaus öfters vor, dass Geschäftspartner APIs anbieten, um die Zusammenarbeit zu erleichtern, aber keine eigenständigen Erlösinteressen damit verfolgen.

Geschäftsmodelle, die auf Software-Services beruhen, werden schon seit längerem diskutiert, insbesondere unter den Stichworten Application Service Providing (ASP), Software as a Service (SaaS) und zuletzt Cloud. Cloud-Geschäftsmodelle werden wiederum in IaaS, PaaS und SaaS unterschieden [18]. Die Bereitstellung von Infrastruktur (Infrastructure as a Service), wie Speicher und Rechenleistung und Plattformdienstleistungen (Platform as a Service), wie Programmier- und Testumgebungen, stellen eine Standardleistung dar, die für sehr viele Organisationen weitestgehend identisch angeboten werden kann. Anwendungssoftwaredienste (Software as a Service), wie Buchhaltungsprogramme, müssen mehr Parametrisierungen ermöglichen, da hier mehr Organisationsspezifika abzubilden ist, dennoch gibt es auch hier einen großen gemeinsamen Standardkern.

Alle Cloud-Dienste benötigen APIs zu deren Integration. Der Unterschied der zuvor skizzierten Cloud-Dienste zu einem wirklichen API-Business liegt in der Granularität der angebotenen Services. Diese ist bei IaaS, Paas und SaaS sehr grob. So kann in Form von SaaS beispielsweise ein vollständiges CRM-System als Service angeboten werden. Bei einem API-Business sind die Services dagegen sehr feingranular und bündeln nur wenige spezifische Funktionalitäten. Zugespitzt: der einzelne Service ist an sich noch nicht gebrauchstauglich. Eine Menge solcher voneinander unabhängiger Services, die auch von unterschiedlichen Anbietern stammen können, werden dann beispielsweise zu einem CRM-System kombiniert. Die Services können aber auch in völlig anderen Kontexten Verwendung finden.

Abbildung 2 zeigt, wie beim SaaS-Geschäftsmodell die benötigten Funktionen bereits durch den Service-Anbieter zu einer fertigen Anwendung kombiniert werden. Die resultierende Anwendung ist prinzipiell direkt nutzbar, ihr innerer Aufbau bleibt jedoch dem Service-Kunden verborgen und ist durch diesen auch nicht wesentlich veränderbar. Beim API-Geschäftsmodell werden dagegen nur spezifische Funktionalitäten bezogen, deren Komposition zu einem sinnvollen Ganzen in den Händen des Service-Kunden liegt.

Management der Anbieterseite

Auf der Anbieterseite sind zunächst Unternehmen zu unterscheiden, die neu gegründet sind und deren Geschäftsmodell von Anfang an auf APIs beruht, von denjenigen, die bereits etabliert sind und jetzt zusätzlich auch Geschäft durch APIs generieren wollen. Natural-born-API-Anbieter stehen vor allem vor einer Vermarktungsherausforderung und dafür ist normalerweise eine längere Finanzierungsphase und ein ausgefeiltes Investitionsmanagement notwendig. Dafür können sich diese Anbieter voll und ganz auf das API-Business konzentrieren und haben keine Wechselwirkungen mit dem etablierten Geschäft zu bedenken.

Die Steuerung der Wechselwirkungen des neuen API-Business mit dem aktuellen Geschäft stellt etablierte Unternehmen vor eine nicht zu unterschätzende Herausforderung [19]. So gilt es, mögliche Kollisionen zu erkennen und zu behandeln. Im Zweifelsfalle muss entscheiden werden, ob das neue API-Business oder das etablierte Geschäft vielversprechender ist. Beispielsweise erzielt Google seinen überwiegenden Umsatz im Werbegeschäft im Zusammenhang mit Suchdienstleistungen und deshalb ist es für Google aktuell noch nicht lukrativ genug, seine Indexdaten auch Dritten über eine API anzubieten, mithilfe derer ähnliche Leistungen wie Google angeboten werden könnten. Ganz anders sieht dies bei Diensten auf Basis von künstlicher Intelligenz wie z. B. Spracherkennung aus. Diese Dienste bietet Google sehr wohl und mit einem deutlichen kommerziellen Interesse über APIs an.

Eine weitere mögliche Kollision mit bestehendem Geschäft ergibt sich an der Kundenschnittstelle. So wäre es sehr unvorteilhaft, bisher zufriedene Kunden, die eine professionelle Behandlung gewöhnt sind und ein hohes Vertrauen aufgebaut haben, mit einem unreifen API-Geschäft zu verunsichern. Deshalb ist es für etablierte Unternehmen besonders wichtig, zunächst das eigene API-Ökosystem auf einen ausgereiften Stand zu bringen und externe Angebote zunächst nur kontrolliert, mit ausgewählten Partnern zu testen, bevor ein wirklich kommerzielles API-Angebot auf einem größeren Markt angeboten wird [12]. Auch das Preismodell muss den Besonderheiten des API-Business entsprechen und es Kunden ermöglichen, Services flexibel zu beziehen. So ist es zwar auf den ersten Blick reizvoll, Kunden über Abos und Volumina an den Anbieter zu binden. Dies verringert aber aus Kundensicht den wesentlichen Vorteil der API-Economy, Services flexibel einbinden und austauschen zu können. Im Zweifelsfalle werden emanzipierte Kunden sich einen Lock-In über das Preismodell deshalb nicht gefallen lassen und flexible Modelle bevorzugen [20].

Ein API-Anbieter benötig ein konsistentes Geschäftsmodell und eine weit verbreitete Best Practice zur Gestaltung von Geschäftsmodellen ist der Business Modell Canvas (vgl. [21]). Das Werkzeug betrachtet ein Geschäft aus mehreren Perspektiven wie beispielsweise Absatzkanäle und Schlüsselaktivitäten sowie deren Beziehungen untereinander. Der Vorteil des Business Model Canvas liegt in seiner Einfachheit und der Reduktion auf das Wesentliche.

So ist es für den API-Anbieter zunächst einmal essentiell, dass originäre Wertversprechen seiner Services zu definieren. Das ist natürlich immer wichtig und muss Teil jedes Geschäftsmodells sein; in der API-Economy spielt diese Einzigartigkeit jedoch nochmals eine besondere Rolle, da der Kunde eine sehr hohe Transparenz über das Gesamtangebot von Services hat. Wenn daher Services mit identischen Funktionen und Qualitätsmerkmalen existieren, wird der Kunde diese finden und kann sie auch einfach in sein System integrieren. Das führt dann dazu, dass die Auswahl nur über den Preis läuft.

Der Business Model Canvas zielt sehr auf das interne Geschäft ab und wird dafür auch kritisiert [22]. Die Betrachtung des Umfeldes beschränkt sich auf Kunden und Lieferanten. Dies kann für ein weitverzweigtes API-Ökosystem unter Umständen zu eng gefasst sein und somit wird zusätzlich auch eine Berücksichtigung des gesamten Wertschöpfungsnetzwerkes empfohlen [22]. Diese erweiterte Sichtweise birgt jedoch immer die Gefahr, sich zu verlieren und zu viel zu spekulieren, da die Nutzung der eigenen API durch Dritte anfänglich noch nicht bekannt ist und sich auch im späteren Verlauf schnell ändern kann.

Ein Geschäftsmodell sollte einfach und transparent bleiben, damit es immer wieder an veränderte Rahmenbedingungen angepasst werden kann. Das laufende Monitoring dieser Rahmenbedingungen ist deshalb eine weitere wichtige Managementaufgabe. Spätestens zu dem Zeitpunkt, wo der Service gegen Entgelt angeboten wird, muss dieser professionell erbracht und abgerechnet werden und der Kunde muss einen Support erhalten, was beispielsweise durch die bereits erwähnte Best Practice ITIL durchgängig unterstützt wird.

Management der Nachfragerseite

Die Nutzung fremder Kompetenzen für die Leistungserstellung ist kein Novum, sondern schon seit jeher Bestandteil wirtschaftlichen Handelns. Beispiele sind die Beauftragung von Zulieferern und die Beschäftigung von Beratern sowie die Nutzung von Standardsoftware, Programmiersprachen und Klassenbibliotheken. Make or Buy ist einer der Klassiker in der Managementdiskussion. Die Integration fremder Kompetenzen ist somit nicht grundsätzlich neu. Allerdings kann in der API-Ökonomie nicht ohne Weiteres auf bestehende Erfahrungen der Lieferantenbewertung zurückgegriffen werden. Das liegt daran, dass die Integration von APIs wesentlich dynamischer möglich ist, als beispielsweise die Integration einer Klassenbibliothek. APIs können prinzipiell zur Systemlaufzeit in Reaktion auf veränderte Rahmenbedingungen „on-the-fly“ ausgewählt, integriert und ausgetauscht werden. Dieses Potenzial erzeugt jedoch auch eine wesentlich größere Komplexität auf Seiten der Nachfrager. Dieser muss jetzt eine Vielzahl potenzieller Lieferanten, mit denen eventuell nur selten und nur unter bestimmten Rahmenbedingungen eine Geschäftsbeziehung eingegangen wird, steuern. Diese Steuerung kann unmöglich mit einem traditionellen Lieferantenmanagement gelingen, bei dem persönliche und langfristige Beziehungen im Vordergrund stehen. Die Auswahl muss quasi in Echtzeit erfolgen und das funktioniert nur automatisiert unter Verwendung einer exakten und maschinenlesbaren Beschreibung von Services. Der Nachfrager muss sich zu 100 % darauf verlassen können, dass der Service auch so funktioniert wie beschrieben, da jeder Service für das Funktionieren des Gesamtsystems verantwortlich ist. Auf der anderen Seite kann sich auch der Anbieter auf die (zeitnahe) Vergütung seiner Leistung verlassen, wenn diese ebenfalls automatisiert ist.

Sofern dies gelingt – Beherrschen der Komplexität, automatisierte Auswahl des am besten passenden Service sowie reibungslose Serviceerbringung und -vergütung – ist die dynamische Integration fremder Kompetenzen mithilfe von APIs für die Nachfragerseite extrem reizvoll, da sich das Gesamtsystem laufend an verän-

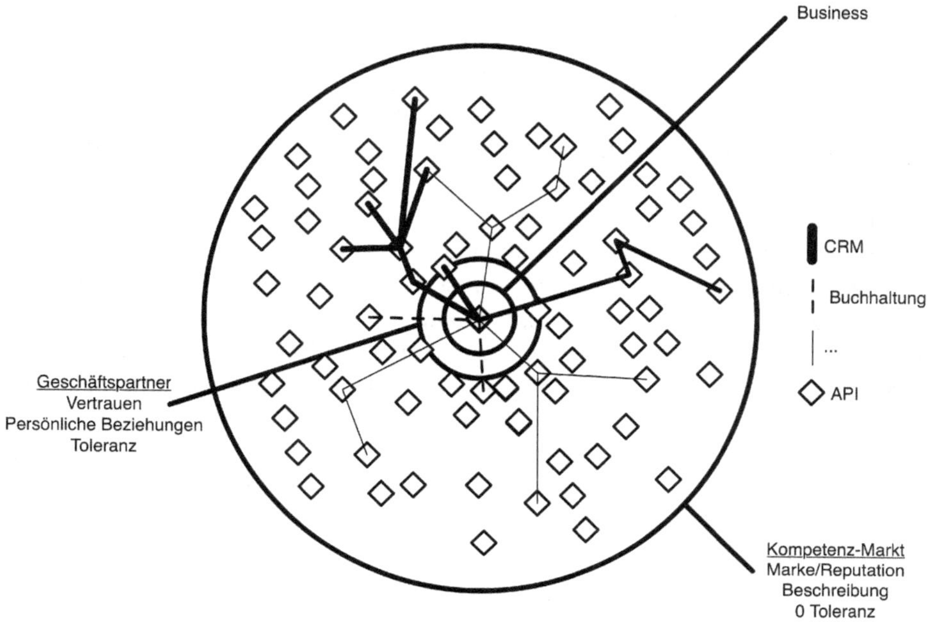

Abb 3: Einbinden von APIs.

derte Rahmenbedingungen anpasst. Die Integration fremder Kompetenzen ist wesentlich einfacher möglich und es müssen auch nur die Kompetenzen eingekauft werden, die im Einzelfall benötigt werden. Die einzelne Organisation kann sich noch viel besser auf Kernkompetenzen konzentrieren und alles, was nicht dazu gehört, wird ohne nennenswerte Transaktionskosten via APIs eingebunden.

Abbildung 3 zeigt die Komposition von Anwendungen auf der Basis API-basierter Kompetenzen, die aus einem erweiterten API-Ökosystem stammen. Der Rückgriff auf den extrem großen Markt ermöglicht die flexible Nutzung passgenauer Kompetenzen. Allerdings sind die resultierenden Geschäftsbeziehungen eher sporadisch und kurz und somit kann die Vertrauensbildung nicht mit tradierten Instrumenten erfolgen. Sofern sich ein Anbieter auf diesem Kompetenz-Markt nicht vollständig sicher ist, seine Leistung exakt so wie beschrieben realisieren zu können – beispielsweise weil es sich um eine gänzlich neue Leistung handelt – sollte er diese Leistung zunächst nur ausgewählten Geschäftspartnern anbieten, die aufgrund der persönlichen Beziehung eine höhere Toleranz aufweisen.

Auch auf der Nachfragerseite ist das Vorhandensein eines sehr reifen eigenen IT-Systems unabdingbar. Dieses muss transparent und hinreichend flexibel sein, was eine entsprechende Architektur wie SOA oder Microservices und ein diszipliniertes EAM voraussetzt. Damit die konkrete Auswahl der APIs automatisiert erfolgen kann, braucht das System eine entsprechende Entscheidungs-Komponente.

Management von Marktplätzen

Marktplätze unterstützen das Zusammentreffen von Angebot und Nachfrage. Sie spielen für das Funktionieren der API-Economy eine besondere Rolle, weil es für den einzelnen Nachfrager normalerweise nicht oder nur mit einem unverhältnismäßig hohen Aufwand möglich wäre, sich Transparenz hinsichtlich aller Angebote zu verschaffen. Diese Transparenz ist jedoch wichtig, um die Potenziale aller APIs auch wirklich nutzen zu können. Von daher fällt diese Aufgabe prinzipiell den Marktplätzen zu. Ein Marktplatz stellt eine einheitliche Beschreibungssprache zur Verfügung. Diese ermöglicht die automatisierte Auswahl der APIs sowie deren reibungslose Integration. Der Marktplatz erlangt im regulären Geschäftsbetrieb eine sehr gute Übersicht über das Angebotsverhalten und die Nachfrage nach APIs. Wenn Serviceunterbrechungen auftreten, kann der Marktplatz diese Informationen mit der entsprechenden Servicebeschreibung vergleichen und Abweichungen feststellen. In diesem Fall kann die (fehlerhafte) API eventuell ganz aus dem Markt genommen werden oder zumindest kann eine entsprechende Information an die Nachfrager kommuniziert werden.

Der Marktplatz wird somit zum zentralen Informationsmedium. Die daraus resultierende vollständige Transparenz sorgt mittelbar für eine hohe Motivation der Anbieter, ihre Services zu 100 % gemäß ihrer Servicebeschreibung zu erbringen. Diese Dienstleitungen des Marktplatzes – Transparenz und Verlässlichkeit – sind für die Nachfrager extrem wichtig, weil die konsumierten Services eng mit den eigenen Systemen verzahnt sind. Es bestehen daher wesentliche Vorteile, APIs über einen Marktplatz zu beziehen und nicht direkt von den Anbietern und dafür sind Nachfrager auch bereit, einen entsprechenden Preis zu bezahlen.

Es existieren bereits einige Anbieter, die Marktplatzfunktionen wahrnehmen, beispielsweise ProgrammableWeb (vgl. [23]) und RapidAPI (vgl. [24]). Bei ProgrammableWeb handelt es sich lediglich um ein kuratiertes API-Verzeichnis, das allerdings sehr umfangreich ist. Nachfrager erhalten somit eine gewisse Übersicht und Anbieter können ihre Services publik machen. Die Auswahl, Einbindung und Abrechnung von APIs geschieht dann aber bilateral zwischen Anbieter und Nachfrager. ProgrammableWeb ist somit noch sehr weit entfernt von der hier skizzierten zentralen Funktion eines Marktplatzes in der API-Economy. RapidAPI geht diesbezüglich weiter und vereinfacht zusätzlich die Integration durch eine einheitlich aufgebaute REST-URL und durch eine zentrale Abrechnungsfunktion. Aber auch RapidAPI richtet sich zunächst an den menschlichen Entscheider, der APIs auswählt und mehr oder weniger manuell in sein eigenes System integriert. Somit wird aktuell kein Marktplatz den Bedürfnissen der API-Economy nach einer automatisierten Integration gerecht.

Technologische Unterstützung

An dieser Stelle offenbart sich ein deutlicher Bedarf nach einer besseren technologischen Unterstützung. So existierte bereits bei SOAs die Idee eines Universal Description, Discovery and Integration (UDDI, vgl. [25]) als einem zentralen und automatisiert nutzbaren Verzeichnis von Services. Tatsächlich gab es auch einen real existierenden kommerziellen Marktplatz, das UDDI Business Registry (UBR), der von Microsoft, IBM und SAP betrieben, aber dann in 2005 eingestellt wurde [26]. Solch ein zentrales UDDI kommt den Anforderungen an Transparenz, Integration und Automatisierung wesentlich näher als die heutigen Marktplätze. Allerdings stellt ein klassisches UDDI erhebliche Anforderungen an die maschinenlesbare Spezifikation von Services. Hier können die Fortschritte in der Künstlichen Intelligenz deutliche Vereinfachungen herbeiführen und tolerantere Beschreibungsmöglichkeiten ermöglichen. Eine weitere Schlüsseltechnologie für die API-Economy sind Smart Contracts (vgl. [27]), die den Abschluss von automatisch ausführbaren Verträgen ermöglichen und somit die vertrauensvolle Zusammenarbeit in vergleichsweise anonymen Netzwerken fördern.

Es existieren bereits vielversprechende API-Management-Systeme, diese fokussieren aber noch sehr auf das Management der einzelnen APIs. Auch wenn dies wichtig ist und in Zukunft wichtig bleiben wird, muss zusätzlich auch die Vernetzung besser unterstützt werden und dazu gehört auch die ökonomische Vernetzung durch Angebot und Nachfrage. Die dazu notwendigen Technologien existieren bereits und es stellt sich eher die Frage, wer es „anpackt“ und die nächste große Plattform schafft.

4.4 Management der API-Economy

Die API-Economy im Sinne einer Gesamtwirtschaft ergibt sich aus dem erweiterten API-Ökosystem, durch Angebot und Nachfrage sowie durch die wirtschaftlichen Einzelinteressen der Akteure. Aber natürlich kann auch in eine Gesamtwirtschaft steuernd eingegriffen werden. Das macht die Politik, die Gesetze erlässt und Vorhaben fördert, aber auch Branchenverbände wie eco oder BITKOM, z. B. durch Standardisierungsinitiativen, Publikationen und Veranstaltungen. Aktuell findet sich hier allerdings noch sehr wenig und die vorherrschenden Themen ergeben sich aus den klassischen Cloud-Geschäftsmodellen mit grobgranularen Services. Wünschenswert wäre ein stärkeres europäisches Engagement für das Zukunftsthema API-Economy, nicht zuletzt, um den Digitalisierungsrückstand gegenüber anderen Regionen der Welt einholen zu können.

5 Fazit

Die API-Economy ist kein Heilmittel für eine unreife IT. Sofern ernsthaft – und damit ist der produktive Einsatz jenseits von Testsystemen gemeint – fremde Kompetenzen punktuell via APIs integriert werden sollen, muss das eigene System transparent sein und leicht verändert werden können. Das ist normalerweise nur dann möglich, wenn die eigene IT serviceorientiert aufgebaut und strukturiert mit dem eigenen Geschäft verzahnt ist. Sofern diese Voraussetzungen gegeben sind, ist die API-Economy ein exzellentes Mittel zur Konzentration auf Kernkompetenzen und zur Realisierung einer völlig neuen Dimension von Agilität.

Auch für Anbieter in der API-Economy ist eine reife und leistungsfähige IT ein absoluter Hygienefaktor. Während Geschäftspartner, mit denen eine persönliche Beziehung gepflegt wird, durchaus einmal einen Fehler verzeihen, ist auf einem anonymen Markt 0 %-Toleranz zu erwarten. Das ist auch durchaus verständlich, da die Nachfrager sich im Zweifelsfalle zu 100 % auf den Service verlassen und ihr eigenes Geschäft davon abhängig machen. Neben einzigartigen Kompetenzen als Angebot müssen Anbieter daher auch über exzellente operative Fähigkeiten verfügen. Dafür können sich erfolgreiche Anbieter einen großen Teil ihres traditionellen Vermarktungsaufwandes – wie beispielsweise den persönlichen Vertrieb und die Werbung – sparen. Der Traum, dass die reine Leistung sich lohnt, wird somit endlich wahr.

Aktuell fehlt es dafür noch an wirklich transparenten Marktplätzen. Das kann sich aber jeden Tag ändern, weil die dafür notwendigen Schlüsseltechnologien durchaus vorhanden sind. Eine stärkere öffentliche Aufmerksamkeit für das Thema API-Economy würde es wahrscheinlicher machen, dass eine entsprechende Plattform ausnahmsweise einmal aus Europa kommt.

Ganz zum Schluss sei hier nochmals angemerkt, dass sich die API-Economy in verschiedene langfristige Entwicklungen eingliedert, wie die Konzentration auf Kernkompetenzen, die Verringerung von Transaktionskosten und den Trend zu feingranularen Systemen. Es existiert daher bereits eine große Expertise in Form von Best Practice, wissenschaftlichen Abhandlungen und natürlich auch als Experten in den Unternehmen. Diese Expertise gilt es nicht zu vergessen, sondern zu nutzen und an die aktuellen technologischen Möglichkeiten und Marktgegebenheiten anzupassen.

6 Literatur

[1] Fielding, Roy Thomas. 2000. Architectural Styles and the Design of Network-based Software Architectures (Diss.). Chapter 5 REST [Online]. www.ics.uci.edu/~fielding/pubs/dissertation/rest_arch_style.htm (letzter Zugriff: 12. 03. 2018).
[2] DOAJ API [Online]. https://doaj.org/api/v1/docs (letzter Zugriff: 12. 03. 2018).
[3] JSON [Online]. www.json.org (letzter Zugriff: 12. 03. 2018).
[4] GraphQL [Online]. http://graphql.org (letzter Zugriff: 12. 03. 2018).
[5] OAuth [Online]. https://oauth.net (letzter Zugriff: 12. 03. 2018).
[6] YoutubePlayer [Online]. www.youtube.com/html5 (letzter Zugriff: 12. 03. 2018).
[7] Openstreetmap Web-Services [Online]. http://wiki.openstreetmap.org/wiki/List_of_OSM-based_services (letzter Zugriff: 12. 03. 2018).
[8] Vimeo-Player [Online]. https://developer.vimeo.com/player (letzter Zugriff: 12. 03. 2018).

[9] News API [Online]. https://newsapi.org (letzter Zugriff: 12. 03. 2018).
[10] Swagger [Online]. https://swagger.io (letzter Zugriff: 12. 03. 2018).
[11] WSO2 [Online]. http://wso2.com (letzter Zugriff: 12. 03. 2018).
[12] Vucovic, M., Laredo, J., Muthusamy, V. et al. 2016. Riding and Thriving on the API Hype Cycle. In: Viewpoints. S. 35–37.
[13] SOA Manifest [Online]. www.soa-manifesto.org/default_german.html (letzter Zugriff: 12. 03. 2018).
[14] ITIL [Online]. www.axelos.com/best-practice-solutions/itil (letzter Zugriff: 12. 03. 2018).
[15] Lewis, J., Fowler, M. Microservices [Online]. https://martinfowler.com/articles/microservices.html (letzter Zugriff: 12. 03. 2018).
[16] TOGAF [Online]. www.opengroup.org/subjectareas/enterprise/togaf (letzter Zugriff: 12. 03. 2018).
[17] Debois, P. Agile Infrastructure & Operations [Online]. www.jedi.be/presentations/agile-infrastructure-agile-2008.pdf (letzter Zugriff: 12. 03. 2018).
[18] Mell, P., Grance, T. The NIST Definition of Cloud Computing [Online]. http://nvlpubs.nist.gov/nistpubs/Legacy/SP/nistspecialpublication800–145.pdf (letzter Zugriff: 12. 03. 2018).
[19] Resch, O. 2015. API-Economy eine Situationsbestimmung in: Berliner Schriften zu modernen Integrationsarchitekturen. S. 1–11. Aachen: Shaker Verlag.
[20] Mayer, M., Mertens, M., Resch, O. et al. Bitkom Leitfaden: FROMSOA2WOA [Online]. www.digitalestadt.org/bitkom/org/noindex/Publikationen/2016/Leitfaden/From-SOA2WOA/160128-FromSOA2WOA-Leitfaden.pdf (letzter Zugriff: 12. 03. 2018).
[21] Osterwalder, A., Pigneur, Y. 2010. Business Model Generation. Hoboken.
[22] Hellbe, S., Leung, P. Digital Transformation How APIs drive Business Model Change and Innovation [Online]. http://liu.diva-portal.org/smash/get/diva2:823796/FULLTEXT01.pdf (letzter Zugriff: 12. 03. 2018).
[23] ProgrammableWeb [Online]. www.programmableweb.com (letzter Zugriff: 12. 03. 2018).
[24] RapidAPI [Online]. https://rapidapi.com (letzter Zugriff: 12. 03. 2018).
[25] UDDI [Online]. http://uddi.xml.org (letzter Zugriff: 12. 03. 2018).
[26] Krill, P. Microsoft, IBM, SAP discontinue UDDI registry effort [Online]. www.infoworld.com/article/2673442/application-development/microsoft--ibm--sap-discontinue-uddi-registry-effort.html (letzter Zugriff: 12. 03. 2018).
[27] Nicholas, J. S. Smart Contracts [Online]. http://w-uh.com/download/WECSmartContracts.pdf (letzter Zugriff: 12. 03. 2018).

Georg Disterer und Carsten Kleiner

12 Integration mobiler Endgeräte in die betriebliche IT-Landschaft

1 Mobile Endgeräte

Mit der Einführung des iPhones im Jahr 2007 kam der Durchbruch für mobile Endgeräte – Smartphones, aber auch Tablets und entsprechende Notebooks; sie haben seitdem eine rasante Verbreitung im Privatleben vieler Menschen erfahren. Diese Verbreitung ist vor allem durch die attraktiven Nutzungsmöglichkeiten der Geräte zu erklären: Sie sind komfortabel zu transportieren und zu bedienen, bieten mobilen und einfachen Zugriff zu alltäglich genutzten Standardanwendungen wie Telefonie und Internet und eröffnen durch viele web-basierte Anwendungen („Apps") eine große Vielfalt von Einsatzmöglichkeiten „jederzeit und überall". Die Geräte verfügen über Speicher- und Verarbeitungskapazitäten sowie Möglichkeiten der Vernetzung (2G/3G/4G, WLAN), wie sie vor wenigen Jahren nur für stationäre Endgeräte verfügbar waren. Zudem können durch verschiedene Sensoren der jeweilige Kontext in die Informationsverarbeitung einbezogen werden: Körperzustand (Blutdruck, Körpertemperatur, etc.), Ort und Bewegung (Lokation, Geschwindigkeit, Beschleunigung, Höhe, etc.), Umgebung (Außentemperatur, Nah- und Fernfeld, Verkehrssituation, ...) [1]. Gegenüber stationären Endgeräten führt dies zu Einsatz- und Nutzungsszenarien nach dem Motto „anything, anywhere, anytime".

Von überragender Bedeutung für die schnelle und umfassende Verbreitung mobiler Endgeräte im Privatleben ist das positive Benutzererlebnis. Dies besteht nicht nur aus der nutzen- und funktionsorientierten Reaktion auf die effektive und effiziente Lösung bestimmter Aufgaben (Usability), sondern auch aus der emotionalen Reaktion auf ansprechendes Design und komfortable Bedienung (Look & Feel). Im Lebenszyklus der Geräte fällt den Anbietern eine Differenzierung bei Nutzen und Funktionen zunehmend schwerer, so dass die Gestaltung der Geräte und der Bedienoberflächen an Bedeutung gewinnt, die Wettbewerbsfaktoren also von einer Entwicklung „vom Funktionieren zum Erleben" [2] geprägt sind. Die Geräte werden nicht nur nach sachlichen Nutzenkriterien beschafft, sondern auch nach Unterhaltungswert und Image; Mode und Zeitgeist haben starken Einfluss auf die Auswahl der Geräte [1].

Einige der Nachteile, die mobile Endgeräte aktuell im Vergleich zu stationären Geräten aufweisen, werden voraussichtlich durch weitere technische Entwicklungen gemildert werden. Die meist kleineren Tastaturen werden ersetzt oder ergänzt durch die Möglichkeit des einfachen Anschlusses größerer Tastaturen oder der Nutzung ausklappbarer oder virtueller Tastaturen. Ebenso werden neue Interaktionsformen mit Sprache, Gestik u.ä. die Nutzung weiter vereinfachen. Die Einschränkun-

https://doi.org/10.1515/9783110545395-012

Tab. 1: Einsatz stationärer und mobiler Endgeräte [Schätzungen nach 4, 5, 6].

	Nutzung stationärer Endgeräte (PCs)	Nutzung mobiler Endgeräte (Smartphones, Tablets, Notebooks, ..., Multimedia und 3G)
betrieblicher Einsatz	... Einsatz seit über 30 Jahren in Unternehmen etabliert ~ 50 % aller Mitarbeiter sind damit ausgestattet	... Einsatz seit über 10 Jahren in Unternehmen etabliert ~ 32 % der Mitarbeiter sind damit ausgestattet
privater Einsatz	... Einsatz seit über 20 Jahren etabliert ~ 75 % der Bevölkerung in Deutschland (ab 14 Jahre)	Einsatz seit über 10 Jahren etabliert ~ 65 % der Bevölkerung in Deutschland (ab 14 Jahre)

gen der kleineren Bildschirme werden gemildert durch den einfachen Anschluss an TV-Geräte, die Nutzung mobiler Projektion an Zimmer- oder Hauswände oder durch den Einsatz von Virtual Reality-Brillen. Nutzungsdauern der Geräte werden verlängert mit Batterien höherer Kapazität und durch neue Möglichkeiten des einfachen und schnellen Aufladens der Batterien.

Viele der genannten Vorteile mobiler Endgeräte können auf den betrieblichen Einsatz mobiler Endgeräte übertragen werden und entfalten positive Nutzungs- und Unterstützungsmöglichkeiten. Die Verbreitung begann etwa zu Beginn des Jahrtausends – verbunden mit den Namen RIM und Blackberry, und nahm deutlich zu, nachdem Apple die ursprünglich für Konsumenten entwickelten Geräte stärker für betriebliche Zwecke propagierte. Im betrieblichen Einsatz kann insbesondere in typischen Arbeitssituationen profitiert werden, in denen weniger und kürzere Zeiten am (stationären) Schreibtisch im Büro, sondern mehr und längere Zeiten „unterwegs" – im Haus und auf Dienstreisen verbracht werden, währenddessen Kontakte und Arbeitsbeziehungen zu Kolleginnen/Kollegen, Projektmitarbeiterinnen/Projektmitarbeitern, Kunden, Lieferanten usw. direkt gepflegt werden können.

Der erhebliche Umfang des Einsatzes mobiler Endgeräte im privaten und betrieblichen Einsatz ist Tabelle 1 zu entnehmen.

Dem Quadranten für die Nutzung mobiler Endgeräte im privaten Einsatz ist dabei ein wesentlicher Grund zu entnehmen, warum Unternehmen den Einsatz im betrieblichen Bereich forcieren: Für viele Menschen ist die Nutzung mobiler Endgeräte selbstverständlich, insbesondere bei jüngeren Menschen ist die nahezu kontinuierliche Nutzung weit in das Privatleben vorgedrungen: 95 % aller Jugendlichen im Alter zwischen 12 und 19 besitzen ein Smartphone [3].

Beim betrieblichen Einsatz mobiler Endgeräte wirken Effekte, die unter dem Begriff „Consumerization" zusammengefasst werden. Traditionell haben sich in der IT neue Geräte und Technologien erst im betrieblichen Einsatz in Unternehmen bewährt und wurden dann auch für private Zwecke genutzt. Dieser Innovationspfad beschreibt die Adoption zum Beispiel von PCs, Laserdruckern, Scannern,

WLAN und Internet-Anschluss. Jedoch verläuft der Innovationspfad bei mobilen Endgeräten wie Smartphones und Tablets meist umgekehrt: Die Benutzer kennen die Geräte aus der privaten Nutzung und tragen sie in die Unternehmen im Zuge einer „user-driven innovation“ [7]. Die überragende Rolle von Apple bei dieser Entwicklung ist bekannt: Erst wurden – überwiegend junge – Menschen angesprochen auf private Einsatzszenarien (Musikhören, mobile Kommunikation, Spielen) und unter Verwendung einer modernen Anmutung und Betonung des Freizeitvergnügens. Erst später wurden auch Unternehmen angesprochen und im Zuge des Marketings auf betriebliche Nutzenpotentiale aufmerksam gemacht.

Die Mechanismen derartiger Innovationspfade sind wissenschaftlich noch nicht vollständig erschlossen und werden unter verschiedenen Überschriften geführt: „reverse technology-adoption“ [8, 9, 10] oder „consumer driven technology diffusion“ [11]. Für die IT-Verantwortlichen in Unternehmen ist dabei eine Umstellung erforderlich: Die Benutzer übertragen ihre Ansprüche und Erfahrungen aus der privaten Nutzung mobiler Endgeräte in die betriebliche Nutzung, vor allem ihre Ansprüche nach einem Benutzererlebnis inklusive ansprechendem Look & Feel und nach Nutzungsdauern der Geräte, die nicht von funktionalen Anforderung des Betriebs und der steuerlichen Abschreibung der Anschaffungskosten, sondern von Modewellen und schnell wechselnden individuellen Präferenzen geprägt sind [1]. Diesen Ansprüchen kann beim betrieblichen Einsatz nicht immer vollständig entsprochen werden, da dort Kriterien wie Sicherheit, Stabilität und Wartbarkeit eine wesentliche größere Bedeutung haben (müssen). Zudem ist damit zu rechnen, dass die Benutzer ihr eher ungezwungenes und manchmal unvorsichtiges Verhalten bei der Nutzung mobiler Endgeräte von der privaten auf die betriebliche Nutzung übertragen.

Prinzipiell ist der betriebliche Einsatz mobiler Endgeräte durch Notebooks bekannt, mit denen aus der Nähe via VLAN oder WLAN oder aus der Ferne über Internet/VPN auf Unternehmensanwendungen zugegriffen werden kann. Der betriebliche Einsatz von Smartphones und Tablets ist jedoch deutlich komplexer, denn die Einsatzszenarien sind sehr unterschiedlich: „anything“ (privat und betrieblich), „anywhere“ (mobiler Einsatz), „anytime“ (während Arbeits- und Freizeit). Die Anbindung der Geräte an die Unternehmens-IT erfolgt über offene Kanäle und öffentliche Netze. Zudem sind die am Markt aktuell gehandelten Endgeräte heterogen. Deren schneller technischer Wandel, die kurzen Versionszyklen sowie die speziellen Systemumgebungen erschweren den betrieblichen Einsatz zusätzlich: Die derzeit dominierenden Plattformen iOS und Android sowie deren Ausführungsumgebungen weisen noch nicht die Stabilität und Reife auf, die andere betriebliche IT-Umgebungen längst erlangt haben. Die Anzahl der von vielen Benutzern eingesetzten Versionen der Systemumgebungen ist groß, zudem liefern Anbieter ihre Geräte teilweise mit speziell angepassten Systemumgebungen aus (zum Beispiel „provider-branded Android“), so dass von einer erheblichen Fragmentierung in Bezug auf Merkmale wie Systemversion, Bildschirmgröße, verfügbare Sensoren u.ä. [12] ausgegangen werden muss.

Ferner sind die Systemplattformen mobiler Endgeräte das Ziel vieler Versuche, Sicherheitsvorkehrungen zu unterlaufen oder auszuhebeln; entsprechend sind häufig Anpassungen zur Erhöhung der Sicherheit notwendig. Aus allen diesen Gründen muss weiter in kurzen Taktungen mit technischen Änderungen der Systemumgebungen durch die Anbieter der Geräte gerechnet werden.

Insgesamt stellt der Einsatz mobiler Endgeräte erhebliche Anforderungen bezüglich der Sicherheit sowie der Einhaltung interner und externer Regeln zur Informationsverarbeitung. Wegen der eingesetzten Technologien und des Umgangs damit werden zusätzliche und neue Risiken verursacht. Daher ist eine systematische Einbindung mobiler Endgeräte in die betriebliche Informationsverarbeitung notwendig. Bedroht sind vor allem die Grundwerte der Vertraulichkeit, Integrität und Verfügbarkeit der Unternehmensinformationen und -systeme. So wird die Vertraulichkeit verletzt, wenn Unbefugte Zugang zu schutzwürdigen Personen- oder vertraulichen Unternehmensdaten erlangen, weil sie Endgeräte missbrauchen oder Datenübertragungen abhören. Manipulationen, die durch unsichere Endgeräte ausgeführt werden, bedrohen die Integrität der Unternehmensdaten. Die Verfügbarkeit ist in Gefahr, wenn Endgeräte nicht vollumfänglich funktionieren oder lokal gespeicherte Daten für zentrale Systeme nicht verfügbar sind.

Zudem wird insgesamt die Komplexität der zu beherrschenden Informationstechnik gesteigert, wenn viele verschiedene Endgeräte und Systeme eingesetzt werden. Dadurch entstehen zusätzliche Sicherheitsrisiken, zugespitzt formuliert „Complexity is the enemy of security“ [13]. Das Bedrohungspotential nimmt beim Einsatz mobiler Endgeräte gegenüber dem Einsatz stationärer, zentraler Netze und Systeme zu [14]. Zudem steigen durch die Einbindung mobiler Endgeräte die Anzahl und die Heterogenität der eingesetzten Plattformen und Geräte deutlich, die Detektion von Angriffen wird deutlich schwieriger.

2 Technische Ansätze zur Einbindung mobiler Endgeräte

Für den betrieblichen Einsatz mobiler Endgeräte sind verschiedene technische Lösungen denkbar, die sich danach unterscheiden, in welchem Umfang Geschäftsanwendungen entweder auf den Endgeräten oder auf zentralen Servern ablaufen. Ziel ist einerseits die Isolierung betrieblicher Anwendungen zum Erhalt der Informationssicherheit, andererseits die weitestgehend unveränderte Verwendung gewohnter Oberflächen und Funktionen der Endgeräte zur Sicherung des Benutzererlebnisses. Abbildung 1 stellt das Spektrum technischer Lösungsansätze als Varianten der Verteilung einer Geschäftsanwendung zwischen mobilen Endgeräten und Servern dar; die Ansätze werden anschließend skizziert, eine ausführlichere Darstellung ist in [1] zu finden.

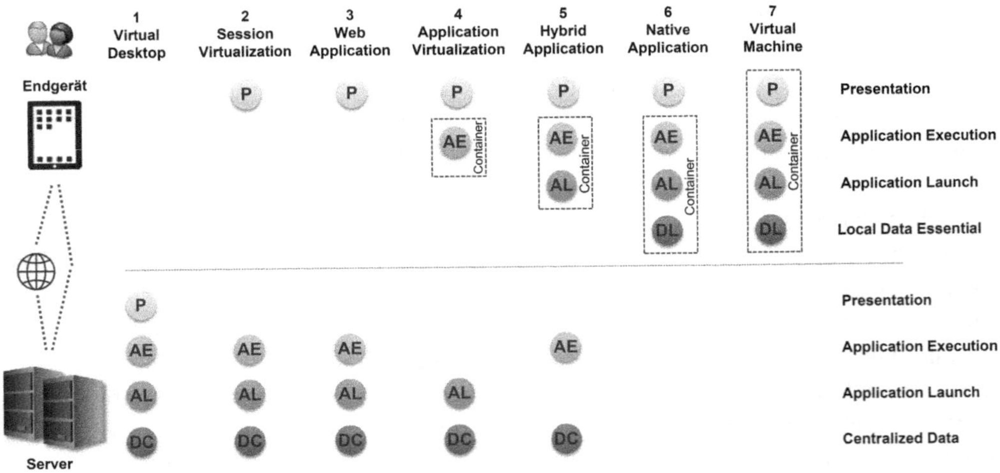

Abb. 1: Technische Lösungsansätze.

Beim virtuellen Desktop (1) wird vom Endgerät eine virtuelle Maschine oder Anwendung auf einem zentralen Server gestartet und dort komplett ausgeführt (vergleichbar mit dem Einsatz von Terminalservern für PCs). Dafür sind allerdings hohe Bandbreiten bei geringer Latenz sowie die Installation und Pflege einer entsprechenden Systemplattform zur Virtualisierung notwendig.

Eine Sitzungsvirtualisierung (2) ist einem virtuellen Desktop ähnlich, jedoch wird die Aufbereitung der Benutzeroberfläche vom Endgerät übernommen. Da die Unternehmensanwendung auf dem Endgerät nur angezeigt und nicht ausgeführt wird, hat sie keinerlei Einfluss auf das System des Endgeräts; zudem werden keine Daten lokal abgelegt. Auch dieser Ansatz ist nur mit zuverlässigen Netzverbindungen großer Bandbreite nutzbar.

Web-Anwendungen (3) sind spezielle Implementierungen der Sitzungsvirtualisierung und besitzen große praktische Bedeutung beim Einsatz mobiler Endgeräte. Die Anwendung wird von einem Web-Server bereitgestellt, auf den Clients werden herkömmliche Web-Browser eingesetzt. Die Positionierung in Abbildung 1 gilt, sofern der Browser nur der Darstellung dient, also zum Beispiel bei klassischem HTML. Web-Anwendungen mit JavaScript sowie erweiterten Funktionen von HTML5 werden heute in der Praxis häufig eingesetzt, da sie mithilfe von Frameworks relativ einfach zu realisieren sind und zugleich auf mobilen sowie auf stationären Geräten genutzt werden können. Hierbei wird allerdings ein Teil der Anwendungslogik auf dem Endgerät ausgeführt, damit wäre dies als hybride Anwendung – weitere Diskussion siehe (5) – anzusehen. Der technologische Aufwand sowie die erforderlichen Bandbreiten für klassische Web-Anwendungen sind relativ gering, so dass sie meist mit aktuell verfügbaren Netzkapazitäten einsetzbar sind. Allerdings sind die Bedrohungen – im Vergleich zu (1) und (2) – größer, da auf dem Endgerät durch den Web-Browser, zumindest prinzipiell, Code mit unerwünschten Nebenwirkungen ausgeführt werden könnte.

Bei der Anwendungsvirtualisierung (4) wird die ausführbare Anwendung auf einem Server im gesicherten Unternehmensnetz bereitgestellt. Beim Start der Anwendung bezieht das Endgerät eine ausführbare Datei vom Server und führt diese dann lokal aus. In der Regel geschieht dies in einem isolierten Teil des Endgeräts (auch als „Sandbox" oder „Container" bezeichnet). Die Risiken eines unberechtigten Zugriffs auf die Anwendung sowie der Kompromittierung des Endgeräts sind damit gering. Allerdings ist die Integrität des Betriebssystems des Endgeräts bedeutend. Ferner wird dieser Ansatz bisher technologisch nur wenig unterstützt, so dass ein relativ hoher Aufwand für eine Bereitstellung auf verschiedenen Mobil-Plattformen entsteht.

Bei hybriden Anwendungen (5) werden die Vorteile von Web-Anwendungen mit denen nativer Anwendungen – weitere Diskussion siehe (6) – kombiniert. Dazu werden Web-Anwendungen ergänzt um Teile, die lokal auf dem Endgerät ausgeführt und mit JavaScript, HTML5 oder nativen Programmiersprachen umgesetzt werden. Die Implementierung wird dabei heutzutage durch Frameworks wie jQuery Mobile oder Sencha Ext JS (für Web-Anwendungen) beziehungsweise Werkzeugen, wie Titanium und Hyperloop (für native Anwendungen) so gut unterstützt, dass der Aufwand für eine Bereitstellung auf mehreren Mobil-Plattformen meist vertretbar erscheint. Bezüglich Sicherheitsaspekten sind hybride Anwendungen jedoch wie native Anwendungen anzusehen. Das gilt selbst für hybride Web-Anwendungen, bei denen konkret keine der lokal ausgeführten Funktionen genutzt werden, denn bereits die prinzipielle Ausführbarkeit von externem Code auf dem Mobilgerät stellt eine Schwachstelle dar. Dennoch sind hybride Anwendungen mit einem Web-Browser als Ausführungsumgebung nativen Anwendungen vorzuziehen, da die Bedrohung geringer ausfällt und durch die Ausführung in gesicherten Containern eingedämmt werden kann und so der drohende Schaden deutlich verringert ist. Hybride Anwendungen können das typische Look & Feel eines Endgeräts bieten und gerätespezifische Funktionen nutzen. Zudem ist ein Offline-Betrieb prinzipiell möglich. Die technischen Anforderungen an die Endgeräte sind deutlich höher und eine Abhängigkeit zum Anbieter eines eingesetzten Frameworks kann entstehen.

Native Anwendungen (6) sind besonders aus dem Consumer-Bereich bekannt. Dabei werden Anwendungen in der jeweiligen Entwicklungsumgebung der Plattform erstellt, dann im jeweiligen Verteilungskanal (zum Beispiel App Store, Play Store) bereitgestellt, vom Benutzer bezogen und lokal auf dem Endgerät installiert und ausgeführt. Neben dem für die Plattform typischen Look & Feel ist ein Offline-Betrieb bei lokaler Datenspeicherung möglich. Im betrieblichen Einsatz sollte die Auswahl der Anwendungen eingeschränkt werden, da die Ausführung externer Anwendungen auf dem Gerät große Sicherheitsrisiken birgt, auch wenn die Schutzmechanismen der zugrundeliegenden Betriebssysteme ständig verbessert werden. Unter anderem hierzu wird daher meist zusätzlich eine Software zum

Mobile Device Management (MDM, vgl. Abschnitt 5) eingesetzt. Zur Entwicklung nativer Anwendungen sind profunde Entwicklungskenntnisse und hoher Entwicklungsaufwand – bei der Unterstützung mehrerer Plattformen sogar für verschiedene Umgebungen – notwendig.

Bei virtuellen Maschinen (7) wird die Idee der Virtualisierung von Anwendungen auf die Virtualisierung von Plattformen erweitert. Dabei wird auf den Endgeräten ein vollständig getrenntes System für die betriebliche Nutzung in Form einer virtuellen Maschine einschließlich Anwendungslogik eingerichtet. Dies geschieht meist in dezidierten Installationsvorgängen, dann wird beim Aufruf von Anwendungen bzw. dem Start des betrieblichen Bereichs auf dem Gerät eine virtuelle Maschine ausgeführt. Deren Ausführung erfolgt so in einem isolierten und gesicherten Bereich.

Die Abgrenzung der virtuellen Maschine zu einer in einem gesicherten Bereich ausgeführten nativen Anwendung („Container“) ist dabei fließend, abhängig von der Tiefe der Integration der Virtualisierung in das mobile Betriebssystem. Je tiefer die Trennung angesiedelt ist, desto besser ist die Lösung aus Sicherheitsaspekten. Technologien für diese Varianten (zum Beispiel Blackberry Balance, Samsung Knox, Android for Work auf Ebene der mobilen Betriebssysteme) befinden sich seit kurzem auf dem Markt. Lösungen auf höheren Ebenen (oft durch Mobile Device Management realisiert, vgl. Abschnitt 5) sind bereits länger am Markt vertreten.

Ein Vergleich aller Lösungsansätze zeigt: Je größer der Anteil der Unternehmensanwendung ist, der auf dem Endgerät ausgeführt wird (also von links nach rechts in Abb. 1), desto:

- ... besser kann eine Anwendung an das jeweilige Bedienungsmodell eines Endgeräts angepasst werden. Allerdings wird zugleich die Implementierung der Anwendung aufwändiger und komplexer.
- ... wichtiger ist die Sicherstellung der Datensicherheit auf dem Endgerät, da ein größeres Bedrohungspotential besteht. Lokal auszuführende Anwendungen oder Anwendungsteile sind gezielt zu sichern. Bei lokal gespeicherten Unternehmensdaten sind adäquate Sicherungen vorzusehen.
- ... eher ist die Implementierung einer offline-fähigen Anwendung möglich.
- ... größer wird der Eingriff in die Systemumgebung des mobilen Geräts bei nicht ausschließlich dienstlicher Nutzung.

Die Vor- und Nachteile der Lösungsansätze verhalten sich gegenläufig und sind bei einer Entscheidung abzuwägen. Bei weniger sicherheitskritischen Anwendungen können eher die Vorteile der weiter rechts stehenden Ansätze (vgl. Abb. 1) genutzt werden. Beispielsweise werden native iPhone-Apps immer komfortabler wirken als Web-Anwendungen. Umgekehrt werden für sicherheitskritische Anwendungen eher die weiter links stehenden (vgl. Abb. 1) Lösungsansätze gewählt.

3 Compliance-Anforderungen und deren Einhaltung

Die wichtigsten Compliance-Anforderungen für mobile Endgeräte ergeben sich vor allem aus Gesetzen wie dem Bundesdatenschutzgesetz BDSG, lassen sich aber ebenso aus Regelwerken wie den IT-Grundschutz-Katalogen des BSI oder Vorgaben aus ISO 27000 ableiten. Bei der folgenden Diskussion wird vorausgesetzt, dass vor der Nutzung mobiler Endgeräte eine den Sicherheitsanforderungen genügende IT-Umgebung vorliegt; diskutiert wird „nur" der durch mobile Endgeräte zusätzlich ausgelöste Bedarf an Sicherheitsmaßnahmen [1]. Ausgangslage sind also bestehende und hinreichende Sicherheitsmaßnahmen, die für mobile Endgeräte zu erweitern oder zu übertragen sind. Davon ausgehend, dass in aller Regel personenbezogene Daten (zum Beispiel von Kunden, Mitarbeitern o. a.) verarbeitet werden, werden in der Horizontalen von Abbildung 2 die Anforderungen nach der Anlage zum § 9 BDSG aufgeführt, die laut Gesetz mit geeigneten technischen und organisatorischen Maßnahmen zu erfüllen sind. Diesen Anforderungen werden geeignete Maßnahmen gegenübergestellt, dabei wird unterschieden, ob sie vornehmlich dezentral auf den mobilen Endgeräten und bei den Benutzern (oben in Abb. 2) oder zentral auf Serversystemen (unten in Abb. 2) umzusetzen sind.

Die **Zutrittskontrolle** verlangt Maßnahmen, Unbefugten die Nutzung oder Zerstörung von IT-Systemen oder Geräten zu verwehren. Technische und physische Maßnahmen, wie sie etwa zur Sicherung von Rechnerräumen oder stationären Endgeräten bekannt sind, scheiden bei mobilen Endgeräten weitestgehend aus. So basiert eine Zutrittskontrolle nur auf der Vorsicht und Sorgfalt der Benutzer, die es durch Hinweise und durch geeignete Anweisungen in Form von Richtlinien zu stärken gilt. Übliche Einsatzszenarien mobiler Endgeräte im öffentlichen Raum (Bahn, Flugzeug, Café) erhöhen nicht nur das Risiko eines Diebstahls, sondern auch das der Einsichtnahme auf den Bildschirm und damit des einfachen Ausspähens sensibler Daten über „Shoulder Surfing". Hierfür ist die Aufmerksamkeit der Benutzer zu wecken und deren Sensibilität zu schärfen. Zudem sind Meldepflichten und Meldewege für den Fall des Verlusts eines Endgeräts (durch Verlieren oder Diebstahl) zu etablieren. Serverseitig ist mit technischen Netzzugangskontrollen zu gewährleisten, dass nur autorisierte Endgeräte Zugang zum internen Netzwerk eines Unternehmens erhalten.

Maßnahmen der **Zugangskontrolle** sollen die Nutzung der IT-Systeme durch Unbefugte verhindern. Für die Endgeräte ist daher ein Passwortschutz notwendig, zudem ist durch Anweisungen zu verhindern, dass Unbefugte bei Wartungs- und Reparaturarbeiten Zugang erhalten, etwa wenn ein Gerät zum „Handy-Doktor des Vertrauens" des Benutzers gegeben wird. Serverseitig sind Benutzer mobiler Endgeräte den etablierten Authentisierungsmechanismen des Unternehmens zu unterwerfen.

Zugriffskontrollen sollen sicherstellen, dass betriebliche Anwendungen des Unternehmens ausschließlich durch dafür ausdrücklich Berechtigte genutzt wer-

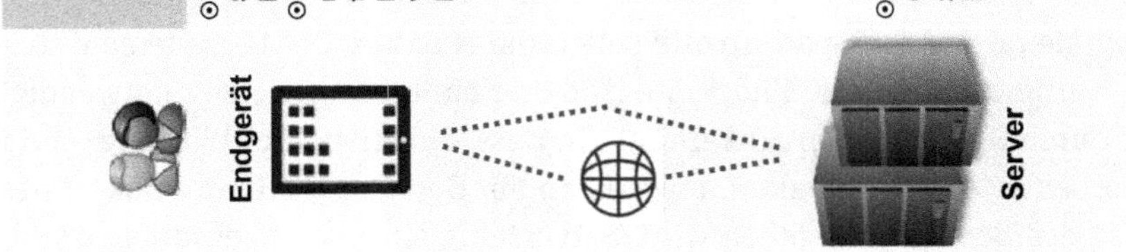

	Anforderungen nach BDSG							
	Zutrittskontrolle	Zugangskontrolle	Zugriffskontrolle	Weitergabekontrolle	Eingabekontrolle	Auftragskontrolle	Verfügbarkeitskontrolle	Trennungsgebot
Endgerät	⊙Vorsicht und Sorgfalt des Benutzers ⊙Meldepflichten und -wege für Benutzer bei Verlust von Endgeräten	⊙Passwortschutz der Endgeräte ⊙Regeln zu Wartung und Reparatur	⊙Virenschutz für Endgeräte ⊙Schutz vor Zugriff auf Anwendungen durch Unberechtigte	⊙Container bei lokaler Speicherung ⊙Verschlüsselung bei Übertragung ⊙Unterbindung von Screenshots und Zwischenablage in Geschäftsanwendungen ⊙Unterbindung der Nutzung fremder Cloud-Dienste ⊙Zulassen und Ausführen von wipe-out	./.	⊙Ausschließlich dafür vorgesehene Anwendungen haben Zugriff auf Daten ⊙Unterbindung von Screenshots und Zwischenablage in Geschäftsanwendungen ⊙Unterbindung der Nutzung fremder Cloud-Dienste	./.	⊙Ausschließlich dafür vorgesehene Anwendungen haben Zugriff auf Daten ⊙Unterbindung von Screenshots und Zwischenablage in Geschäftsanwendungen ⊙Unterbindung der Nutzung fremder Cloud-Dienste
Server	⊙Integrität des Geräts: Netzzugangskontrolle	⊙Authentifizierung der Benutzer	⊙Kontrolle der Rollen/Berechtigungen der Benutzer	⊙Verschlüsselung bei Übertragung ⊙Beauftragen und Auslösen von wipe-out	⊙Eindeutige Zuordnung von Geräten und Benutzern ⊙Protokollierung	⊙Kontrolle und Prüfung der Geräte und lokalen Datenverarbeitung	⊙Datensicherung (Backup) lokaler Daten ⊙Vorkehrungen für Recovery der Endgeräte ⊙Bereitstellung von Ersatzgeräten	./.

Abb. 2: Sicherheitsanforderungen und grundlegende Maßnahmen.

den können. Die Nutzung der auf den Endgeräten installierten Anwendungen oder Anwendungsteile muss also für Unbefugte, die Zugriff auf das Endgerät haben, unterbunden werden. Dafür werden heute in der Regel Methoden zur Authentisierung genutzt. Die Endgeräte müssen zudem mit wirksamen Maßnahmen zum Virenschutz ausgestattet sein, damit die Zugriffskontrollen nicht unterlaufen werden (zum Beispiel mit „back door"). Serverseitig sind Benutzer mobiler Endgeräte den etablierten Berechtigungssystemen zu unterwerfen, die meist an die o. g. Authentisierung gebunden sind.

Mit Maßnahmen der **Weitergabekontrolle** soll verhindert werden, dass Daten unbefugt gelesen, kopiert, verändert oder entfernt werden. Dies wird in der Regel durch technische Vorkehrungen wie Container erreicht, durch die betriebliche Anwendungen und Daten gekapselt und so vor Unbefugten geschützt werden. Zusätzlich müssen Daten bei der Übertragung – etwa zwischen Server und Endgeräten – sowie bei der Speicherung auf Endgeräten verschlüsselt werden. Um das Unterlaufen dieser Sicherungsmaßnahmen zu verhindern, muss ggf. separat und zusätzlich verhindert werden, dass Daten durch Screenshots oder Zwischenablagen aus den geschützten Bereichen transferiert und dass externe Cloud-Dienste zur Übertragung und Speicherung von Daten genutzt werden. Für den Fall des Verlusts eines Endgeräts oder bei Ende des Arbeitsverhältnisses eines Benutzers muss – als ultima ratio – auf einem Endgerät ein Löschvorgang initiiert und ausgeführt werden können („remote wipe-out"). Einige dieser Funktionen werden durch Software zum Mobile Device Management (vgl. Abschnitt 5) bereitgestellt.

Spezielle Maßnahmen der **Eingabekontrolle** sind auf Seiten der Endgeräte nicht notwendig, da diese in der Regel personalisiert sind und damit einen Rückschluss von Eingaben, Änderungen oder Löschungen auf den Benutzer zulassen. Serverseitig ist eine eindeutige Zuordnung von Endgeräten und Benutzern vorzuhalten, damit bei der Übertragung eingegebener, geänderter oder gelöschter Daten vom Endgerät zum Server die Zuordnung zum jeweiligen Benutzer gelingt und Schnittstellen zu zentralen Systemen der Eingabekontrolle (etwa Protokollierung) angesprochen werden können. Dies kann durch Software zum Mobile Device Management (vgl. Abschnitt 5) unterstützt werden.

Zur **Auftragskontrolle** muss auf den Endgeräten sichergestellt werden, dass ausschließlich dafür vorgesehene Anwendungen Zugriff auf die jeweiligen Daten haben. Dies wird in der Regel durch Container erreicht, die betriebliche Anwendungen und Daten kapseln. Das Unterlaufen dieser Sicherungsmaßnahmen durch Screenshots, Zwischenablage oder Cloud-Dienste (siehe oben) ist zusätzlich technisch zu verhindern. Zudem müssen für das Unternehmen Möglichkeiten der Kontrolle und Prüfung der Endgeräte bestehen. Dafür scheint eine organisatorische Lösung wie etwa ein regelmäßiges Vorlegen der Endgeräte zur Prüfung kaum praktikabel, so dass entsprechende technische Maßnahmen im Zuge der Netzzugangskontrolle durchzuführen sind. Diese können ebenfalls durch Software zum Mobile Device Management und entsprechende Services realisiert werden.

Spezielle Maßnahmen der **Verfügbarkeitskontrolle** sind auf Seiten der Endgeräte nicht sinnvoll, da klassische Maßnahmen wie das Anlegen von Datensicherungen dezentral beim Benutzer unkomfortabel wären und neue Risiken bergen. Daher müssen lokale und zentrale Datenbestände regelmäßig synchronisiert werden, damit zentrale Maßnahmen zur Datensicherung greifen. Serverseitig sind daher Verfahren der regelmäßigen zentralen Sicherung aller lokal gespeicherten Daten zu implementieren. Bei ausreichend kurzen Zeiträumen der Synchronisierung ist das Restrisiko eines Verlusts lokaler Daten vergleichbar niedrig wie beim Verlust von anderen Arbeitsunterlagen, die Benutzer mobil bearbeiten. Entsprechend müssen Verfahren aufgesetzt werden, mit denen nach einem Notfall ein Recovery für die Endgeräte durchgeführt werden kann. Vorkehrungen müssen getroffen werden, um bei technischen Ausfällen von Endgeräten Benutzer, die auf mobile Geräte angewiesen sind, zeitnah mit Ersatz auszustatten.

Zur Sicherung des **Trennungsgebots** müssen auf den Endgeräten ähnliche Maßnahmen und Vorkehrungen wie zur Auftragskontrolle getroffen werden. Serverseitig sind keine zusätzlichen Maßnahmen notwendig.

Über die hier am Datenschutz ausgerichteten Anforderungen hinaus gibt es eine Reihe weiterer Compliance-Anforderungen, die zu beachten sind. Bei gleichzeitiger privater und betrieblicher Nutzung der Endgeräte („dual use“) sind die Lizenzen der eingesetzten Software auf Eignung zu prüfen. Bei der Freigabe oder Duldung des privaten Einsatzes betrieblicher Geräte und Lizenzen muss die Zulässigkeit der privaten Nutzung von Programmen (Kommunikation, Office, etc.) gewährleistet sein.

Anders als stationäre Endgeräte, die innerhalb der betrieblichen Umgebung Unternehmen weitreichende physische und technische Zugriffs- und Sicherungsmöglichkeiten bieten, sind mobile Endgeräte meist der alleinigen Obhut der Benutzer ausgesetzt. Auch technische Lösungen wie Mobile Device Management (MDM; vgl. Abschnitt 5) können nur einen Teil der Sicherungsanforderungen erfüllen. Damit kommt den Benutzern besondere Verantwortung für einen vorsichtigen und sorgfältigen Umgang mit den Geräten zu. Zudem sind eine Reihe der genannten Anforderungen und Maßnahmen nicht ausschließlich technischer, sondern organisatorischer Art und erfordern auch entsprechendes und regelkonformes Verhalten der Benutzer. Die Maßnahmen und Hinweise zum geeigneten Verhalten sollten den Benutzern durch Anleitungen und Richtlinien bekannt gegeben werden. Zusätzlich sind Initiativen und Aktionen zum Aufbau eines ausreichenden Sicherheitsbewusstseins („security awareness“) bei den Benutzern notwendig, um den spezifischen Risiken mobiler Endgeräte zu begegnen.

Insgesamt sind die Benutzer mit Richtlinien zu adäquatem Verhalten zu verpflichten, die in der Regel mindestens folgende Inhalte zum Einsatz mobiler Endgeräte umfassen:

– Hinweis auf Gültigkeit bereits bestehender Benutzerbestimmungen und Sicherheitsrichtlinien auch für den Einsatz mobiler Endgeräte

- Verbot des Unterlaufens technischer Sicherheitsmaßnahmen oder ähnlicher Änderungen am Endgerät („jailbreaking“, „rooten“)
- Hinweis auf besondere Pflicht zu Aufmerksamkeit und Sorgfalt im Umgang mit mobilen Endgeräten
- Hinweis auf Pflicht zur kritischen Prüfung automatisch bereitgestellter Gerätefunktionen, die Einfluss auf die Datenintegrität haben können (zum Beispiel automatisierte Datensicherung auf Cloud-Servern des Systemanbieters)
- Verbot, Unbefugten den Zugang zu den Endgeräten zu gewähren (auch nicht zu Wartung/Reparatur)
- Recht des Arbeitgebers auf Zugriff auf lokal gespeicherte betriebliche Daten und auf Inspektion des Endgeräts, Überprüfung von Systemeinstellungen (Virenschutz), Änderung von Konfigurationen, auch wenn das Gerät Eigentum des Nutzers ist
- Hinweise auf Meldepflichten und -wege bei Ausfall oder Verlust des Geräts
- Hinweise auf zulässige und unzulässige Software (white/black list)
- Hinweise zur Organisation und zu Abläufen der Datensicherung und ggf. Rücksicherung

4 Technische Vorkehrungen für Informationssicherheit

Die konzeptionellen Anforderungen, die aus dem BDSG und anderen Regelwerken an die Einbindung mobiler Endgeräte abzuleiten sind, sind im Abschnitt 3 diskutiert. Hier sollen technische Realisierungen diskutiert werden, die diesen Anforderungen entsprechen [1], dabei wird nach Vorkehrungen auf den Endgeräten (siehe Tab. 2) und auf zentralen Systemen (siehe Tab. 3) unterschieden.

4.1 Vorkehrungen auf Endgeräten

Alle Maßnahmen auf den Endgeräten können nur zuverlässig greifen, wenn sichergestellt ist, dass die Endgeräte selbst nicht kompromittiert sind. Damit werden zum Beispiel automatisierte Screenshots oder ungewünschte Zugriffe auf die Zwischenablage verhindert. Dazu ist ein zuverlässiger Viren- und allgemeiner Schädlingsschutz zu installieren, stets zu aktualisieren und aktiv zu halten; dies kann durch MDM-Anwendungen unterstützt und überwacht werden [14].

Für eine **Zutrittskontrolle** sind nur wenige technische Vorkehrungen möglich, im Wesentlichen müssen organisatorische Maßnahmen eine ausreichende Sorgfalt der Benutzer sichern, um den Zugriff Unbefugter auf die Endgeräte zu verhindern. Zudem sind Meldepflichten und -wege für den Fall des Geräteverlusts festzulegen.

Nach kurzer Zeit ohne Benutzeraktion müssen die Geräte automatisch gesperrt und eine erneute Authentifizierung zur Reaktivierung erzwungen werden.

Zugangskontrolle ist die Notwendigkeit einer Authentifizierung der Benutzer am Gerät einzurichten. Dies ist zum Beispiel durch ausreichend komplexe Passwörter, Entsperrmuster, biometrische Identifizierung, Signaturkarten oder Token zu erreichen. Abzuwägen sind das angestrebte Sicherheitsniveau und der zumutbare Aufwand für die Benutzer, andernfalls werden Maßnahmen unterlaufen und zum Beispiel zu lange Passwörter als Notiz festgehalten. Auch für scheinbar komplexe Authentisierungsmethoden sind oftmals erfolgreiche Angriffsmuster bekannt, wenn auch teilweise mit hohem Aufwand verbunden. Vorsorge muss getroffen werden für Situationen der Wartung oder Reparatur der Geräte, um auch dann eine ausreichende Zugangskontrolle zu sichern. Gegebenenfalls müssen die Geräte vorher in den originalen Auslieferungszustand gesetzt und nachher mit entsprechenden – vorher zu erstellenden – Datensicherungen neu bespielt werden.

Ergänzend sind **Zugriffskontrollen** einzurichten, um mit dezidierten Benutzerberechtigungen die Nutzung von Anwendungen und enthaltenen Daten zu kontrollieren, und so bei überwundenen Zutritts- und Zugangskontrollen nur Aktionen (z. B. Telefon) zuzulassen, die als risikolos angesehen werden. Dies kann durch systemseitige Trennung von Benutzerbereichen (wie bei Blackberry Balance) oder durch die Einrichtung verschiedener virtueller Maschinen auf den Endgeräten erreicht werden. Für Unternehmensanwendungen sind Verfahren der lokalen Authentisierung und Berechtigungsvergabe an zentrale Systeme anzuschließen und bevorzugt Sicherheitsverfahren einzusetzen, die auf den Besitz eines Sicherheitsgerätes (wie Token o.ä.) ausgerichtet sind.

Eine **Weitergabekontrolle** bezüglich lokal gespeicherter Daten geschieht zuvorderst durch die Verschlüsselung von Daten bei der Übertragung bzw. Speicherung. Die Übertragung zu zentralen Unternehmenssystemen ist durch Verwendung von Protokollen, die Ende-zu-Ende verschlüsseln (wie https), oder von verschlüsselnden VPNs hinreichend zu sichern (zum Beispiel bei Nutzung öffentlicher nicht verschlüsselnder Hotspots). Die Verschlüsselung lokal gespeicherter Daten erfolgt bei einigen Plattformen standardmäßig. Allerdings kann die ausreichende Sicherung der zugehörigen Entschlüsselungsinformationen meist nicht vollständig beeinflusst werden. Daher ist zusätzlich eine Verschlüsselung der Anwendung inklusive aller Daten mit vom Unternehmen bereitgestellten Authentisierungsmechanismen (siehe oben) vorzusehen. Derartig verschlüsselte Container werden von MDM-Software meist angeboten. Dabei ist neben separater Verschlüsselung für einzelne Anwendungen auch eine gemeinsame Verschlüsselung für mehrere Anwendungen zur leichteren gemeinsamen Nutzung von Daten möglich, sofern identische Authentisierungsmechanismen eingesetzt werden.

Zusätzlich ist Sorge zu tragen, dass Daten nicht unzulässig kopiert werden, zum Beispiel durch automatisiert angefertigte Screenshots oder Zugriffe auf die Zwischenablage. Der Zugriff auf die Zwischenablage oder auf den Datenaustausch zwischen Anwendungen kann durch Blockieren dieser Funktionen in den Anwendungen verhindert werden. Wenn damit den Benutzern ein nicht vertretbarer Komfortverlust droht, etwa weil Telefonnummern nicht übernommen werden können, so kann bei manchen Plattformen die Übertragung in die Zwischenablage verschlüsselt oder die übertragbaren Daten eingeschränkt werden. Ebenso muss verhindert werden, dass Daten über allseits beliebte Cloud- oder Messenger-Dienste gezielt oder unbeabsichtigt weitergegeben werden. Diese Dienste sollten möglichst für betriebliche Daten unwiderruflich deaktiviert werden, das gilt auch für manuelle oder automatisierte Komplettsicherungen der Geräte in der Cloud. Andernfalls kann die Weitergabe deutlich erschwert werden, indem die Daten in (pseudo-)proprietären Formaten abgelegt sind, da die Dienste in der Regel automatisiert nur auf bestimmte Dateiformate zugreifen.

Jedenfalls muss für den Fall des Verlusts oder Diebstahls von Endgeräten eine komplette Löschung aller lokalen Unternehmensdaten sowie, im Falle der ausschließlich betrieblichen Nutzung, eine Rücksetzung in den Auslieferungszustand aus der Ferne (remote) möglich sein. Bei einigen Geräten wird diese serienmäßig geboten, auch MDM-Software weist diese Funktionen auf.

Maßnahmen zur **Eingabekontrolle** erscheinen nicht erforderlich, da die Geräte meist eindeutig Benutzern zugeordnet sind und die Zugriffe auf Unternehmensanwendungen mittels der Authentisierungen nachzuverfolgen sind.

Bei der **Auftragskontrolle** ist ergänzend zur Weitergabekontrolle dafür Sorge zu tragen, dass nur dafür vorgesehene Anwendungen Zugriff auf Unternehmensdaten erhalten. Bei den meisten Endgeräten wird dies systemseitig sichergestellt, da auf lokal gespeicherte Daten nur von dedizierten Anwendungen zugegriffen werden kann. Ergänzend können mit MDM-Software Container genutzt werden, um Zugriffe auf Daten zu regeln.

Zur **Verfügbarkeitskontrolle** sind geeignete Datensicherungen vorzusehen und die Durchführung regelmäßiger Sicherungsläufe zu regeln und zu kontrollieren. Vom Benutzer lokal durchgeführte Sicherungsläufe müssen einfach und komfortabel sein. Dabei müssen dann die Sicherungsdaten verschlüsselt und vor allem auf geeignete Medien abgelegt werden. Während die Durchführung von Sicherungsläufen oft zu den Standardfunktionen der Geräte zählt, ist die Verwahrung lokaler Sicherungsdaten problematisch. Eine (wohlmöglich automatisierte) Speicherung in der Cloud des Geräteherstellers ist für Unternehmensdaten nicht akzeptabel. Die Wiederherstellung einer Sicherung ohne IT-Fachkenntnisse bleibt kritisch. Insgesamt wird die Verfügbarkeitskontrolle daher besser durch zentrale Sicherungen der Daten erfolgen.

Die Einhaltung des **Trennungsgebots** ähnelt der Sicherstellung der Auftragskontrolle: Eine strikte Trennung der Daten zwischen Anwendungen bzw. Anwendungsgruppen kann lokal durch Konfiguration der Endgeräte oder Einstellungen der MDM-Software erfolgen. Zudem wirken Maßnahmen der Weitergabekontrolle zur Einhaltung der Trennung: Die Unterdrückung der Weitergabe über Screenshots

Tab. 2: Technische Maßnahmen auf den Endgeräten.

	Kontrolle von							
	Zutritt	Zugang	Zugriff	Weitergabe	Eingabe	Auftrag	Verfügbarkeit	Trennung
Spezifische Anwendung auf dem Gerät	●							
Authentisierung bei Anwendung			●		○			
Spezifische Vorkehrungen in der Unternehmensanwendung			●	●		○		○
Clientseitige Verschlüsselung für Online-Speicher								●
Authentisierung beim Gerät		●			○			
Backup und Recovery-Tool (zentral gesteuert)		○					●	
Virenschutz auf Gerät	○	○	○	○		○		○
VPN-Client				●				
Verschlüsselter Container				●		●		●
Remote Wipe Empfänger				●				
Getrennte Bereiche mit Authentisierung			●	●		○		●

Funktion wird ggf. von MDM-Software unterstützt ● primär ○ sekundär (unterstützend)

oder Zwischenablage sorgt für eine Trennung der Daten. Auf entsprechende Funktionen ist bei der Eigenentwicklung von Anwendungen also zu verzichten. Ebenso ist die Nutzung externer Cloud-Dienste auszuschließen oder eine Verschlüsselung der Daten einzurichten, die auch gewährleistet, dass die Daten ausschließlich auf dem Endgerät zu entschlüsseln sind. Selbst eine sicher erscheinende Verschlüsselung birgt jedoch Restrisiken bei der Übertragung von Daten auf Cloud-Dienste, da die Verschlüsselung fehlerhaft sein kann. Zudem können Angreifer in ihren eigenen Arbeitsumgebungen unbemerkt Entschlüsselungsverfahren mit hohem Aufwand einsetzen (brute force).

Die Unterstützung der geschilderten Sicherheitsmaßnahmen durch eine MDM-Software oder vergleichbare Anwendungen auf den Endgeräten hat auch Nachteile durch systemseitige Einschränkungen der Plattformen der eingesetzten Endgeräte. Zum Beispiel kann das Durchsetzen ausreichend komplexer Passwörter nur gelingen, wenn systemseitig diese Regeln unterstützt werden und an Anwendungen (etwa über eine API) durchgereicht werden. Bei proprietären und abgeschlossenen Systemen verbleibt eine Abhängigkeit vom Systemanbieter und den systemseitig angebotenen Funktionen. Auch wenn die meisten der aktuellen Plattformen gewisse Grundfunktionen bieten, so ist das für zukünftige Versionen der Plattformen keineswegs sicher. Möglichkeiten der Einflussnahme der Unternehmen auf die Systemanbieter erscheinen gering, sodass Unternehmen letztlich nur die Entscheidung bleibt, gewisse Plattformen grundsätzlich nicht zu nutzen.

Zudem werden die Sicherheitsfunktionen von MDM-Software nicht auf der Ebene der Betriebssysteme der Endgeräte aktiv, da diese Ebene den Systemanbietern der Endgeräte vorbehalten ist. Sicherheitslücken, die in oder durch die Betriebssysteme verursacht werden, sind mit MDM-Software kaum zu schließen, meist noch nicht einmal zu entdecken. Daher kommt der Integrität der Betriebssysteme der Endgeräte eine große Bedeutung zu.

4.2 Vorkehrungen in zentralen Systemen

Zur **Zutrittskontrolle** sind, neben etablierten Mechanismen zur Netzwerksicherheit wie mehrstufige Sicherheitsgateways und Beschränkungen offener Ports zur Einbindung mobiler Endgeräte, VPN-Server zu betreiben, um den Geräten Zugang zum Unternehmensnetzwerk zu bieten.

Zur **Zugangskontrolle** sind an den Zugangspunkten der Endgeräte ins Unternehmensnetzwerk sichere Verfahren zur Authentisierung vorzusehen. Weit verbreitet ist der Zugang über VPN, dabei können passwort-geschützte Zertifizierungen beim Anmelden auf dem VPN-Server eingesetzt werden. Damit ist zugleich die Verschlüsselung der Datenübertragung zwischen Endgeräten und Zentralsystemen einzurichten. Zusätzlich zur Kontrolle beim Netzzugang kann eine Anmeldung beim jeweiligen Anwendungssystem erzwungen werden, wenn die besonderen Sicherheitsanforderungen der Anwendung dies verlangen.

Die Maßnahmen zur **Zugriffskontrolle** werden nicht wesentlich von bereits bestehenden Maßnahmen verschieden sein, ggf. sind jedoch zusätzliche spezifische Einstellungen für mobile Geräte und Anwendungen vorzunehmen.

Für die **Weitergabekontrolle** sind zentral zusätzlich zu den zuvor erwähnten Maßnahmen weitere Funktionalitäten zu realisieren. Dazu gehört etwa die Definition der betrieblich zu nutzenden mobilen Anwendungen (ggf. inkl. Virenschutzsoftware und angepasster Versionen von Standardanwendungen), um diese zentral für die Endgeräte bereitzustellen. Ferner ist die Festlegung gemeinsamer Sicherheitsbereiche für Anwendungen zum Datenaustausch sowie die entfernte Löschung von Geräten vorzusehen. Die Nutzung verschlüsselter Protokolle zwischen Endgerät und Unternehmensnetz ist ebenfalls erforderlich, sofern dies nicht bereits durch andere Maßnahmen erfolgt ist. Diese Funktionen können durch Einsatz eines MDM-Systems oder durch eigene Software implementiert werden.

Für die **Eingabekontrolle** wird in zentralen Systemen üblicherweise bereits eine Protokollierung durchgeführt werden; diese ist auch bei der Nutzung der Systeme mit mobilen Endgeräten zu verwenden. Zusätzlich ist die Zuordnung der Endgeräte und Authentisierungsinformationen zu Benutzern zu verwalten. Beim Einsatz von MDM-Software wird dies unterstützt und die Verwaltung der Endgeräte mit der zentralen Benutzer- bzw. Identitätsverwaltung verknüpft, um Redundanzen zu vermeiden.

Zur **Auftragskontrolle** muss in den zentralen Systemen konfiguriert werden, welche Daten auf welche Weise (lesen, schreiben, löschen) von welchen Anwendungen auf den mobilen Endgeräten verarbeitet werden dürfen. Zudem muss regelmäßig überprüft werden, ob die Endgeräte weiterhin integer (also nicht gerootet) sind, Schutzsoftware aktiv und aktualisiert ist. Derartige Maßnahmen werden in der Regel vom Anbieter der Endgeräte und von MDM-Software unterstützt.

Eine **Verfügbarkeitskontrolle** erfolgt durch regelmäßige, zentral initiierte Datensicherungen der auf den Endgeräten lokal gespeicherten Unternehmensdaten; dafür ist eine entsprechende Software vorzuhalten. Die Sicherungsläufe sollten nicht die reguläre Nutzung der Endgeräte beeinträchtigen, also etwa nur bei ausreichender Bandbreite durchgeführt werden. Ferner ist bei gleichzeitiger privater und betrieblicher Nutzung der Endgeräte auf die ausschließliche Sicherung der Unternehmensdaten zu achten, um einschlägige Datenschutzvorschriften einzuhalten. Die Trennung der privaten von den Unternehmensdaten kann dabei je nach Realisierungsmodell (vgl. Abschnitt 2) einfach bis hochkomplex sein. Im Regelfall umfasst die Software zur Datensicherung auch Funktionen zur Wiederherstellung der Daten auf neuen oder reparierten Endgeräten. Zu erwarten ist, dass dafür – wie für die initiale Einrichtung und Erstinstallation von Geräten – IT-Fachkenntnisse benötigt werden.

Zudem muss für Fälle des Verlusts, des Diebstahls oder des Ausfalls von Endgeräten eine ausreichende Anzahl von Ersatzgeräten vorgehalten werden, um betroffenen Benutzern eine möglichst friktionsfreie Weiterarbeit zu bieten.

Wenn auf den Endgeräten lokal nur Kopien zentraler Datenbestände vorliegen, sind vollständige Datensicherungen der lokalen Bestände nicht notwendig, da neue oder reparierte Geräte dann mit MDM-Software mit allen erforderlichen Anwendungen und Einstellungen bespielt werden können. Die benötigten Daten werden beim nächsten Start der Anwendungen auf dem Endgerät automatisch wieder aus den Zentralsystemen beschafft. Werden auf den Endgeräten Daten erfasst oder geändert, dann beschränkt sich der mögliche Datenverlust bei Diebstahl oder Ausfall eines Endgeräts auf lokale Daten, die noch nicht synchronisiert wurden. Dieses Risiko sollte bei der Konfiguration der Zeitpunkte und Umfänge der Synchronisierungsläufe berücksichtigt werden. Die Synchronisation von Daten zwischen Endgeräten und Zentralsystemen kann in den entsprechenden Anwendungen programmiert oder durch den Einsatz von Datenbanksystemen, die eine solche Synchronisation unterstützen, realisiert werden.

Das **Trennungsgebot** wird neben den zuvor erwähnten Maßnahmen durch die Bereitstellung zentraler Datenablagen im Unternehmensnetz, auf die von den Endgeräten komfortabel zugegriffen werden kann, erfüllt.

Die Umsetzung einer Einbindung mobiler Endgeräte in die betriebliche Informationsverarbeitung sollte etablierten Sicherheitsstandards und Vorgaben folgen.

Tab. 3: Technische Maßnahmen auf den zentralen Systemen.

	Kontrolle von							
	Zutritt	**Zugang**	**Zugriff**	**Weitergabe**	**Eingabe**	**Auftrag**	**Verfügbarkeit**	**Trennung**
Rollenbasierte Zugriffsverwaltung			●					
Backup und Recovery-Management der Endgeräte							●	
Automatisierte Daten-Synchronisation							●	●
Authentisierung bei Anwendung		○						
Security Information and Event Monitoring	○	○	○	○	○	○	○	○
Bereitstellung und Provisionierung Software-Pool für mobile Endgeräte				●			○	
Konfiguration der Sicherheitsbereiche/-richtlinien für Endgeräte, Auslieferung auf Geräte				●		○	○	
Verwaltung der mobilen Endgeräte	●				○			
Identity Management (inkl. Authentisierung)			●		○			
VPN-Server	●	●						
Remote Wipe Auslöser				●				
Integritätsprüfung der Endgeräte	○					○		
Bereitstellung gesicherter Online-Speicher				○		○		●

Funktion wird ggf. von MDM-Software unterstützt ● primär ○ sekundär (unterstützend)

Darüber hinaus sind die Sicherheitsmechanismen dringend regelmäßig zu überprüfen (siehe Abschnitt 6) und ständig zu überwachen, um verbleibende Lücken oder Fehler aufzudecken. Da die Komplexität und Heterogenität der Systeme die Detektion von Angriffen deutlich erschwert, steigt die Bedeutung von Überwachungssystemen des „Security Information and Event Management" (SIEM), die kontinuierliches Monitoring und Erkennung komplexer Angriffsmuster bieten. Derartige Systeme werden mittlerweile angeboten, benötigen aber erheblichen Aufwand zur Anpassung und Konfiguration.

5 Mobile Device Management/Enterprise Mobility Management

Beim Einsatz mobiler Endgeräte sind bei allen technischen Lösungsansätzen (siehe Abschnitt 2) zur Sicherstellung der Compliance ähnliche Anforderungen zu bewältigen, wenn auch mit unterschiedlichem Umfang. Viele dieser Aufgaben werden unter dem Begriff Mobile Device Management (MDM) zusammengefasst und durch entsprechende Werkzeuge technisch unterstützt. Diese Werkzeuge nutzen Schnittstellen, die von den Betriebssystemen der Endgeräte zur zentralen Administration und Konfiguration bereitgestellt werden [15]. Grundlegende Funktionen der Werkzeuge aus den Bereichen Inventarisierung, Fernkonfiguration, Wartung und Überwachung in Echtzeit sowie Überwachung sicherheitsrelevanter Einstellungen sind in Tabelle 4 überblicksartig dargestellt. Die meisten Funktionen unterstützen unmittelbar die in Abschnitt 4 geschilderten technischen Vorkehrungen.

Von großer Bedeutung ist eine einfache Integration der Endgeräte in die bestehende IT-Umgebung eines Unternehmens, da meist auf bereits bestehende Systeme zugegriffen wird. So existieren in allen Unternehmen Systeme für Email sowie zur Benutzer- und Rechteverwaltung („identity management"), die auch für mobile Geräte genutzt werden sollten. Zudem sollte die Einrichtung eines Katalogs zur Verwaltung und Verteilung von Anwendungen, die auf mobilen Geräten eingesetzt werden dürfen, unterstützt werden. Dies ist besonders wichtig bei technischen Lösungsansätzen, bei denen wesentliche Teile der Anwendungen auf den Endgeräten ausgeführt werden (siehe Abschnitt 2). Unterstützt werden sollten die Verwaltung und Kontrolle von Richtlinien, etwa zum Verbot der Installation bestimmter Anwendungen zum File Sharing, sowie automatische Maßnahmen im Falle der Verletzungen von Richtlinien, wie etwa die Benachrichtigung des Anwenders über die Verletzung oder die Sperrung des Zugangs, solange Richtlinien nicht eingehalten werden. Ferner spielt im betrieblichen Umfeld – insbesondere zur Erfüllung von Compliance-Anforderungen – die Nachvollziehbarkeit der aktiven Funktionalitäten und Schutzmaßnahmen sowie ggfs. auch verletzter Richtlinien und dadurch eingeleiteter Maßnahmen eine große Rolle.

Tab. 4: Funktionen zur Unterstützung von Mobile Device Management.

Betriebliche Funktionen	**Administrative Funktionen**
– Unterstützung mehrerer Betriebssysteme/ Plattformen – Unterstützung privater und betrieblicher Geräte – Unterstützung bei der Verteilung von Anwendungen und Versionen (roll-out) – Integration in bestehende IT-Umgebung – Nachvollziehbarkeit des Betriebs des MDM-Systems (Logs & Reports)	– Verwaltung der Endgeräte – Backup-Funktion zur Verfügbarkeitskontrolle – Verwaltung von Richtlinien – Verwaltung von Anwendungskatalogen – Verwaltung von Zertifikaten – Rollenbasiertes Berechtigungssystem
Allgemeine Sicherheitsfunktionen	**Spezifische Sicherheitsfunktionen**
– Überwachung/Konfiguration von Betriebssystem-versionen und Einstellungen der Endgeräte – Fernüberwachung des Verhaltens der Geräte – Überwachung des Passwortschutzes der Geräte – Root Detection – Verhinderung von Schadsoftware – Remote Lock and Wipe – Bereitstellung verschlüsselter Kanäle zur Kommunikation – Trennung privater und betrieblicher Bereiche	– Kontrolle und Beschränkung der auf Endgeräten installierten Anwendungen (Black- und Whitelisting) – Kontrolle und Beschränkung der auf Endgeräten verfügbaren Systemfunktionen – Überwachung anwendungsspezifischer Richtlinien (App-Policy-Kopplung) – Technische Durchsetzung von Richtlinien – Durchsetzung von Maßnahmen bei Verletzung von Richtlinien – Bereitstellung gesicherter Container auf dem Gerät für Anwendungen

Zur Unterstützung von MDM werden Software-Produkte angeboten, die entweder spezifisch MDM aufgreifen oder Ergänzungen zu klassischen Enterprise-Produkten sind. Zunehmend wird die Bezeichnung „Enterprise Mobility Management Suite (EMM)“ verwendet [16], um deutlich zu machen, dass die Funktionalitäten über die reine Geräteverwaltung weit hinausgehen [17]. So werden zunehmend mobile Geräte über klassische Handys und Tablets hinaus in die Geräteverwaltung integriert; dies können PCs und Notebooks, aber auch Kleinstgeräte aus dem Bereich des Internet of Things sein [18]. Im Zuge einer beginnenden Marktkonsolidierung sind einige Spezialanbieter vom Markt verschwunden oder deren MDM/EMM-Produkte in Enterprise-Produkte führender Software-Anbieter integriert worden [18]. Dennoch zeigen Studien, dass die o.g. spezifischen Funktionen aus dem Bereich des MDM auch von Spezialanbietern gut abgedeckt werden [19], deren Systeme aufgrund des engeren Fokus womöglich weniger aufwändig zu installieren und zu betreiben sind.

Vor einer Softwarebeschaffung sind spezifische Anforderungen eines Unternehmens mit den angebotenen Funktionalitäten der Software-Produkte zu vergleichen, zudem ist die Möglichkeit der Integration in die bestehende IT-Infrastruktur zu prüfen. Die Werkzeuge zu MDM/EMM sind weitestgehend unabhängig von der

Wahl technischer Lösungsansätze (Abschnitt 2), jedoch nimmt der Schutzbedarf mit zunehmender Verlagerung von Anwendungsfunktionen und Daten auf die Endgeräte zu. Daher wird ein Einsatz dieser Werkzeuge umso wichtiger und die Anforderungen an deren Funktionalität umso umfangreicher, je weiter rechts die gewählten Ansätze in Abbildung 1 liegen. Als wichtiger Aspekt beim Vergleich sind neben einer optimalen Abdeckung der erforderlichen Funktionalitäten auch die Beschaffungs- und Betriebskosten der Systeme zu betrachten und in Relation zum Nutzen zu setzen.

Beim Einsatz von Softwareprodukten zu MDM/EMM ist zu beachten, dass technische Maßnahmen zur Steigerung der Sicherheit zugleich Einschränkungen für die Benutzer der Endgeräte mit sich bringen. So werden strenge Sicherheitsmaßnahmen Benutzer eher anspornen, die Schutzmaßnahmen zu unterlaufen; dies gilt insbesondere beim Einsatz von Geräten in privatem Eigentum. Daher ist eine zur Unternehmenskultur passende Balance zwischen rechtlichen und sicherheitsrelevanten Anforderungen einerseits sowie Benutzerfreundlichkeit und Funktionsumfang andererseits von großer Bedeutung [20]. Eine ausreichende Sensibilität der Benutzer für Datensicherheit ist dabei bedeutsam.

6 Schwachstellenanalyse im Rahmen der Sicherheitsprüfung

Umfang und Bedeutung des Einsatzes mobiler Endgeräte erfordern zur Gewährleistung der Datensicherheit, die getroffenen Maßnahmen und Vorkehrungen (Abschnitt 4) regelmäßig zu überprüfen, um die Grundwerte von Vertraulichkeit, Integrität und Verfügbarkeit zu schützen. Zu untersuchende Schwachstellen sind dabei zu kategorisieren nach technischen sowie organisatorischen und personellen Schwachstellen [21]. Die technischen Schwachstellen können am Endgerät, bei der Übertragungen von Daten sowie bei zentralen Systemen auftreten [22].

Auf den Endgeräten ist zu prüfen, ob lokal gespeicherte Daten mit gängigen Standards (bspw. Advanced Encryption Standard, AES) verschlüsselt abgelegt sind. Die Programme auf den Endgeräten sollten vor unzulässigen Änderungen durch Angreifer geschützt sein. Mit den Programmen sollten nur minimale Zugriffsrechte auf Daten ausgeübt werden können. Möglichkeiten des Zugriffs oder Eingriffs für Steuerungs- und Kontrollzwecke sollten vorhanden sein (blacklist, whitelist, remote lock and wipe out) [22].

Bei Einsatz von MDM-Systemen (siehe Abschnitt 5) ist im Rahmen einer Aufbauprüfung die Angemessenheit der eingesetzten MDM-Funktionen sowie im Rahmen einer Funktionsprüfung deren Wirksamkeit zu prüfen.

Datenübertragungen zwischen Endgeräten und zentralen Systemen sollten mindestens in der Transportschicht (Secure Socket Layer, SSL) verschlüsselt erfolgen. Zur Übertragung sollten ausreichend sichere Protokolle (z. B. HTTPS) genutzt werden [22].

Bei zentralen Systemen ist sicherzustellen, dass der Zugriff von mobilen Endgeräten nur unter den etablierten Authentisierungsmechanismen und Berechtigungssystemen erfolgen kann [2]. Ferner sind alle Sicherheitsanforderungen zu prüfen, die auch bereits ohne den Einsatz mobiler Endgeräte in den zentralen Systemen zu erfüllen sind. Dazu gehören die besondere Absicherung von Datenbankservern, Patchmanagement und aktuelle Versionen für System- und Anwendungssoftware sowie die Nutzung sicherer Authentisierungsmechanismen.

Organisatorisch muss – etwa durch Festlegung und Durchsetzung entsprechender Prozesse im Update- und Patchmanagement – abgesichert sein, dass nur Endgeräte in integrem und aktualisiertem Systemzustand eingesetzt werden. Ebenso ist die Konfiguration und Parametrisierung der Berechtigungssysteme kontrolliert vorzunehmen und regelmäßig zu überprüfen. Die Durchsetzung, nicht jedoch die initiale Festlegung, kann für mobile Endgeräte ggf. durch MDM-Systeme unterstützt werden.

Die Benutzer sind hinreichend zu sensibilisieren, ihre ungezwungene und manchmal unvorsichtige Nutzung mobiler Endgeräte im privaten Bereich nicht auf den betrieblichen Einsatz der Geräte zu übertragen. Die Benutzer sind auch aufmerksam zu machen und entsprechend zu verpflichten, dass die Zutrittskontrolle bei mobilen Endgeräten maßgeblich ihrer Vorsicht und Sorgfalt obliegt. Ebenso ist durch Verhaltensregeln klarzustellen, dass Maßnahmen der Zugangskontrolle von den Benutzern nicht leichtfertig oder missbräuchlich unterlaufen werden dürfen.

7 Fazit

Mobile Endgeräte haben innerhalb weniger Jahre im Privatleben eine breite Akzeptanz gefunden. Die betriebliche Nutzung der Geräte nach dem Motto „jederzeit und überall“ verspricht große Verbesserungspotentiale, wirft jedoch auch diverse organisatorische und technische Fragen auf. Insbesondere die Gewährleistung der Ordnungsmäßigkeit (Compliance) und Sicherheit erfordert eine Reihe technischer und organisatorischer Maßnahmen und Vorkehrungen zur Integration mobiler Endgeräte in die betriebliche Informationsverarbeitung.

Die Chancen und Risiken des betrieblichen Einsatzes mobiler Endgeräte sind zu beeinflussen durch die passende Auswahl aus einem relativ breiten Spektrum technischer Lösungsansätze zur Integration mobiler Endgeräte. Zusätzlich sind Aufgaben zur Steuerung und Kontrolle sowie zur Administration und Konfiguration der Geräte zum Beispiel mithilfe von Werkzeugen wie Mobile Device Management oder Enterprise Mobility Management Systemen zu bewältigen. Schließlich sind auch organisatorische Maßnahmen wie etwa Schulungen vorzusehen, um das Sicherheitsbewusstsein der Mitarbeiter auf ein ausreichendes Niveau zu heben.

Der Einsatz mobiler Endgeräte in der betrieblichen Informationsverarbeitung muss auch als Teil jener Zentrifugalkräfte angesehen werden, die Anstrengungen um zentrale Steuerung und Kontrolle der IT entgegenstehen. Einzelne Benutzer und ganze Fachabteilungen werden immer leichter wichtige Komponenten zur Informationsverarbeitung an zentralen IT-Abteilungen vorbei beschaffen und einsetzen können: von „Bring Your Own Software“ für traditionelle Anwendungssoftware oder Apps für mobile Endgeräte, die im Web oder in App Stores gekauft oder gemietet werden, bis hin zu „Bring Your Own Service“, bei dem Services (zum Beispiel Cloud-Dienste zur Verarbeitung oder Speicherung von Daten) mit wenigen Clicks von jedem Arbeitsplatz verfügbar sind. Diese Autonomie von Mitarbeitern und Fachabteilungen ermöglicht die schnelle Nutzung technischer Innovationen durch eine bedarfsnahe Auswahl von Geräten, Software und Services. Neuartige und kreative IT-Nutzungen sind daher erstrebenswert, weil damit Flexibilität und Produktivität gesteigert werden können und die an der Auswahl beteiligten Mitarbeiter eine höhere Motivation erlangen. Allerdings werden zugleich zentrale Steuerungs- und Kontrollmechanismen geschwächt, obwohl sie zur Aufrechterhaltung von Compliance und Sicherheit notwendig erscheinen. Damit wird deutlich, dass der bekannte und grundlegende Zielkonflikt Innovation und Flexibilität einerseits und Stabilität und Effizienz andererseits auch am betrieblichen Einsatz mobiler Endgeräte aufbricht.

8 Literatur

[1] Disterer, G., Kleiner, C. 2016. Sicherer Einsatz mobiler Endgeräte im Unternehmen. In: Knoll, M., Meinhardt, S. (Hrsg.). Mobile Computing – Grundlagen, Prozesse und Plattformen, Branchen und Anwendungsszenarien. S. 27–52. Wiesbaden: Springer-Verlag.

[2] Bechinie, M., Murtinger, M., Tscheligi M. 2013. Strategisches Experience Management. HMD – Praxis der Wirtschaftsinformatik 50. S. 87–96, 294.

[3] Feierabend, S., Plankenhorn, T., Rathgeb, T. 2016. JIM-Studie 2016 – Jugend, Information, (Multi-) Media. MPFS Medienpädagogischer Forschungsverbund Südwest (Hrsg.). www.mpfs.de/fileadmin/files/Studien/JIM/2016/JIM_Studie_2016.pdf (letzter Zugriff: 27. 03. 2018).

[4] Bitkom Research (Hrsg.). 2016. Bitkom Digital Office Index – Eine Untersuchung zum Stand der Digitalisierung in deutschen Unternehmen. www.bitkom.org/noindex/Publikationen/2016/Sonstiges/Bitkom-Digital-Office-Index-Ergebnisbericht/2016-05-31-Bitkom-Digital-Office-Index-Studienbericht.pdf (letzter Zugriff: 12. 03. 2018).

[5] TNS Infratest (Hrsg.). 2016. Monitoring-Report Wirtschaft Digital 2016. www.tns-infratest.com/wissensforum/studien/pdf/bmwi/kantar-tns-monitoring-report-2016-langfassung.pdf (letzter Zugriff: 12. 03. 2018).

[6] BVDW (Hrsg.): OVK-Report für digitale Werbung (2017/01): Online und Mobile – Zahlen und Trends im Überblick. https://www.bvdw.org/fileadmin/bvdw/upload/publikationen/ovk/OVK_Report_Digitale_Werbung_2017_01.pdf (Zuletzt aufgerufen: 27. 03. 2018).

[7] Györy, A., Cleven, A., Uebernickel, F. et al. 2012. Exploring the Shadows: IT Governance Approaches to User-Driven Innovation. Proc. of the 20th European Conference on Information Systems (ECIS). S. 1–12.

[8] Andriole, S. J. 2012. Managing Technology in a 2.0 World. IT Pro. 1/2, S. 50–57.
[9] Moore, G. 2011. Systems of Engagement and The Future of Enterprise IT – A Sea Change in Enterprise IT, AIIM (Hrsg.). www.aiim.org/futurehistory (letzter Zugriff: 12. 03. 2018).
[10] Harris, M., Patten, K., Regan, E. et al. 2012. Mobile and Connected Device Security Considerations: A Dilemma for Small and Medium Enterprise Business Mobility? Proc. of the 18th Americas Conference on Information Systems (AMCIS). S. 1–7.
[11] Niehaves, B., Köffer, S., Ortbach, K. 2012. IT Consumerization – A Theory and Practice Review. Proc. of the 18th Americas Conference on Information Systems (AMCIS). S. 1–9.
[12] Opensignal (Hrsg.). Android Fragmentation Visualized. opensignal.com/reports/2014/android-fragmentation/ (letzter Zugriff: 12. 03. 2018).
[13] Johnson, K. 2012. Mobility/BYOD Security Survey. SANS Institute. https://www.sans.org/reading-room/whitepapers/analyst/mobility-byod-security-survey-35210 (letzter Zugriff: 27. 03. 2018).
[14] Bundesamt für Sicherheit in der Informationstechnik. 2013. Empfehlung: IT im Unternehmen – Mobile Device Management. BSI-CS 052. Version 1.00.
[15] Petersen, D., Barchnicki, S., Pohlmann, N. 2014. Schutz- und Frühwarnsysteme für mobile Anwendungen. Datenschutz und Datensicherheit (DuD). 38. 1. S. 7–14
[16] Gartner (Hrsg.). 2015. Magic Quadrant for Enterprise Mobility Management Suites. ID:G00265477.
[17] David, S., Dikhit, R. S., Shrivastava, J. et al. 2017. Enterprise Mobility Management: An overview. International Journal of Engineering Sciences & Research Technology 6(2). S. 111–116.
[18] Hochmuth, P. 2017. IDC MarketScape: Worldwide Enterprise Mobility Management Software 2017 Vendor Assessment. http://www.idc.com/getdoc.jsp?containerId=US42890217 (letzter Zugriff: 12. 03. 2018).
[19] Förster, M. 2017. Angeleint, Administration: Smartphones und Tablets verwalten. I'x 8/2017. https://www.heise.de/ix/heft/Angeleint-3780427.html (letzter Zugriff: 12. 03. 2018).
[20] Bundesamt für Sicherheit in der Informationstechnik BSI. 2014. Sicheres mobiles Arbeiten – Problemstellung, Technische Voraussetzungen und Lösungswege anhand der Anforderungen für mobile Endgeräte in der Bundesverwaltung.
[21] Disterer, G. 2016. Systematisierung von IT-Risiken, in: WiSt Wirtschaftswissenschaftliches Studium, Bd. 45. Nr. 9. S. 460–467.
[22] Khan, M. J. 2016. Mobile App Security Audit Framework. In: ISACA Journal. Nr. 4. S. 14–17.

Sebastian Büsch, Volker Nissen und Stefan Ritter

13 Akzeptanzmodell für Innovationen im Bereich Business Intelligence

1 Einleitung

Unter Business Intelligence (BI) wird hier, nach Kemper et al. [1], ein integrierter, unternehmensspezifischer, IT-basierter Gesamtansatz zur betrieblichen Entscheidungsunterstützung verstanden. BI-Applikationen bilden Teilaspekte einer BI-Gesamtlösung ab. Eine BI-Applikation ist eine Softwareanwendung, mit der bereitgestellte Daten angezeigt, konfiguriert und analysiert werden können. BI-Lösungen sind seit mindestens 20 Jahren breit verfügbar. So führte beispielsweise die SAP AG ihre Lösung bereits im Jahre 1997 im Markt ein. Obwohl sich im BI seither viele neue und innovative Konzepte und Technologien entwickelt haben, werden diese von Unternehmen trotz offensichtlicher Vorteile in der Praxis oftmals nur sehr zögerlich angenommen oder sogar abgelehnt [2]. BI-Applikationen können betriebliche Daten automatisiert laden und analysieren, um durch entsprechende Aufbereitung der Ergebnisse operative oder strategische Entscheidungen zu unterstützen oder diese gegebenenfalls sogar zu automatisieren. Trotz der faktisch hohen Automatisierbarkeit im Rahmen hochmoderner BI-Applikationen werden Prozesse der Datensammlung, Auswertung und Aufbereitung in vielen Unternehmen noch manuell durchgeführt. Dies überrascht, denn die Vorzüge und theoretischen Grundlagen des Online Analytical Processing (OLAP) und des Data Warehousing sind lange bekannt. Die Akzeptanz von BI-Applikationen mit den dazugehörigen Technologien ist de facto noch nicht durchgehend in den Unternehmen vorhanden.

Nach der Definition von Schumpeter [3] beinhaltet eine Innovation „[...] doing new things or doing things that are already being done in a new way.“ Damit gehören zu Innovationen sowohl technische Weiterentwicklungen als auch neue Methoden. Dabei hängt die Neuartigkeit nicht davon ab, zu welchem Zeitpunkt etwas ursprünglich entdeckt wurde. Vielmehr ist die Innovation eine subjektive Wahrnehmung eines jeden Einzelnen: „An Innovation is an idea, or object that is perceived as new by an individual [...] The perceived newness of the idea for the individual determines his or her reaction. If the idea seems new to the individual, it is an innovation.“ [4] Für die Zwecke dieses Beitrages soll eine BI-Innovation wie folgt definiert werden:

> Eine **BI-Innovation** ist eine angewandte Technologie, die BI-Systeme verändert und von potentiellen Anspruchsgruppen als neu wahrgenommen wird.

Im Kontext dieses Beitrages ist die Frage von Bedeutung, ob BI-Innovationen die Adoption von BI-Applikationen fördern können und wie der Adoptionsprozess

https://doi.org/10.1515/9783110545395-013

einer BI-Innovation in Unternehmen positiv beeinflusst werden kann. Wir untersuchen dies zunächst generell sowie anschließend fallstudienbasiert am konkreten Beispiel von In-Memory-Datenmanagement (IMDM). IMDM ist eine Innovation, bei der die Daten vollständig im Hauptspeicher vorgehalten und verarbeitet werden. Die schnelleren Zugriffszeiten und spaltenorientierte Speicherung ermöglichen gegenüber einer klassischen Datenbank eine wesentlich performantere Datenbereitstellung in BI-Applikationen. Trotz zunehmender Anforderungen an eine schnelle Informationsversorgung sind aktuell Antwortzeiten von mehreren Minuten oder gar Stunden bei komplexen Anfragen im Bereich BI keine Seltenheit. Dennoch wird IMDM als Innovation weiterhin in der Praxis zögerlich angenommen [5].

Die tendenziell langsame Adoption im Bereich BI betrifft sowohl Gesamtlösungen als auch einzelne Innovationen innerhalb des BI-Feldes. Hier stellt sich die Frage, warum das so ist. Der vorliegende Beitrag liefert hierzu Ansätze für eine Erklärung, in dem die Faktoren aufgedeckt werden, welche die Akzeptanz und damit die nachfolgende Adoption von BI-Innovationen maßgeblich beeinflussen. Dabei wird das differenzierte Akzeptanzverständnis von Lucke [6] zugrunde gelegt, das zwischen Akzeptanzsubjekt, -objekt und -kontext unterscheidet. Gleichzeitig integrieren wir die unterschiedlichen Akzeptanzarten von Kollmann [7]. Akzeptanz in diesem Sinne betrifft somit sowohl die Voraussetzungen der Adoption einer BI-Innovation, die Adoption selbst als auch die anschließende Nutzung der Innovation. Konkret soll folgende Forschungsfrage beantwortet werden:

– Welche Faktoren beeinflussen die Übernahme und Nutzung einer BI-Innovation in Unternehmen?

Eine subsidiäre zweite Forschungsfrage untersucht, unter Anwendung des hier entwickelten Akzeptanzmodells, welchen Einfluss die BI-Innovation IMDM auf die Akzeptanz von BI-Applikationen hat.

Aus wissenschaftlicher Sicht ist das Ziel ein besseres theoretisches Verständnis in einem bislang wenig beachteten Forschungsbereich. Aus praktischer Sicht sollen mit Verfolgung dieser Fragestellungen BI-Entwicklungen und Projekte durch ein besseres Verständnis des Anwender- und Entscheiderverhaltens effektiver durchgeführt werden. BI-Anbieter und das IT-Management in Kundenunternehmen werden in die Lage versetzt, das zu erwartende Akzeptanzurteil vorab zu prognostizieren und mögliche Gründe für die Ablehnung einer BI-Innovation im Einführungsprozess zu neutralisieren. Gleichzeitig können die identifizierten Akzeptanzfaktoren bei der künftigen Softwareentwicklung berücksichtigt werden.

Nachfolgend werden zunächst grundlegende Begrifflichkeiten geklärt und der Stand der Forschung skizziert. Anschließend wird die in unserer Untersuchung verwendete Forschungsmethodik begründet und erläutert. Dann folgt die Präsentation der Ergebnisse in Form eines Modells, mit dem auf Basis der identifizierten Einflussfaktoren eine differenzierte Aussage ermöglicht wird, inwieweit die Adoption einer BI-Innovation in der Praxis wahrscheinlich ist oder nicht. Ein Blick auf weiteren Forschungsbedarf rundet die Darstellungen ab.

2 Grundlagen der Diffusions- und Akzeptanzforschung

2.1 Adoptionsprozess von Innovationen

Viele Arbeiten zur Adoption von Innovationen gehen auf die Innovationsdiffusions-Theorie von Rogers [4] zurück. Rogers analysiert das Ergebnis individueller Entscheidungen zur Übernahme einer Innovation im Zeitverlauf. Die Diffusion ist eine Betrachtung der Aggregation einzelner Innovationsentscheidungen und beschreibt, wie schnell sich eine Innovation im Markt durchsetzt. Der Entscheidungsprozess eines Individuums kann über verschiedene Phasen abgebildet werden, welcher in der Diffusionsforschung als Adoptionsprozess bezeichnet wird.

Weitergehende Forschungen entwickeln diesen Adoptionsprozess fort und beschreiben Determinanten, die eine Entscheidung zur Übernahme, sowie die Dauer der Phasen charakterisieren können. Eine Weiterentwicklung nach Kollmann [7] und Wriggers [8] ist in Abbildung 1 dargestellt.

In der Phase „Interesse“ rücken eventuelle Verwendungsmöglichkeiten in das Bewusstsein des Nachfragers. In der anschließenden Bewertungsphase erfolgt die Bewertung der Innovation, beispielsweise durch eine Kosten-Nutzen-Abwägung. Falls möglich, wird die Innovation in einem Versuch getestet und somit die Meinungsbildungsphase abgeschlossen. Die Entscheidung für oder gegen eine Innovation findet nicht zu einem bestimmten Zeitpunkt statt. Während die Entscheidung für eine Innovation in der Adoptionsphase vorgenommen wird, kann die Entscheidung gegen eine Innovation in mehreren Phasen erfolgen. Beispielsweise kann eine Ablehnung schon bei der Interessensphase erfolgen oder aber erst bei der Bestätigungsphase am Ende, wenn Nutzer die Innovation kritisch hinterfragen und nachträglich noch ablehnen.

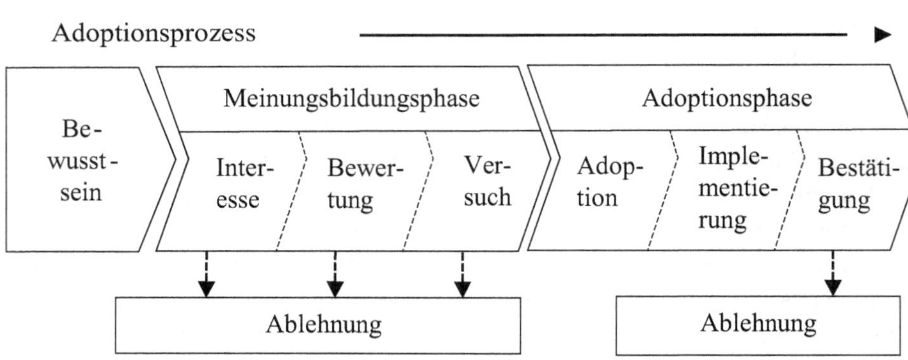

Abb. 1: Adoptionsprozess (angelehnt an [8]).

2.2 Begriff der Akzeptanz und Akzeptanzprozess von Innovationen

Das Wort Akzeptanz drückt im Allgemeinen aus, dass etwas oder eine Person, bzw. deren Verhalten, durch eine andere Person gutgeheißen oder gebilligt wird. Akzeptanz ist stets von Bedeutung, wenn es um die Implementierung sozialer oder rechtlicher Normen geht. Lucke [6] gliedert Akzeptanz in drei Dimensionen: Akzeptanzsubjekt, -objekt und -kontext. Das Subjekt zeigt, basierend auf seinem System von Werten und Normen, eine generelle Bereitschaft etwas zu akzeptieren. Das zu akzeptierende Objekt muss daher, im Kontext dieses Wertesystems des Subjekts eine grundlegende Akzeptierbarkeit aufweisen. Beispielsweise ist der Genuss von Fleisch als Akzeptanzobjekt für einen Vegetarier als Akzeptanz-Subjekt im Allgemeinen nicht akzeptierbar.

Die Beziehung zwischen Akzeptanzsubjekt und -objekt steht vor dem Hintergrund von Umweltbedingungen, dem Akzeptanzkontext. Hierzu können organisatorische Rahmenbedingungen zählen. Zusammengefasst kann diese Betrachtung von Lucke in einer Frage formuliert werden: „Wer akzeptiert was unter welchen Bedingungen?"

Aus dieser Einordnung folgt, dass Akzeptanz keine immanente Eigenschaft eines Objektes ist, die eine zeitlose Gültigkeit besitzt. Vielmehr wird Akzeptanz innerhalb dieses Spannungsfeldes als „Ergebnis eines wechselseitigen Prozesses" von den Beteiligten aktiv konstruiert und stellt das Resultat eines Akts rationaler Einsicht und innerer Überzeugung dar. Sie kann definiert werden als „... die Chance, für bestimmte Meinungen, Maßnahmen, Vorschläge und Entscheidungen bei einer identifizierbaren Personengruppe ausdrückliche oder stillschweigende Zustimmung zu finden und unter angebbaren Bedingungen aussichtsreich auf deren Einverständnis rechnen zu können" [6].

Für Zoellner et al. [9] stellt sich Akzeptanz im Spannungsfeld zwischen einer positiven Bewertung und einer Handlung dar. Diese kann rein passiv im Sinne einer (stillen) Befürwortung oder aktiv im Rahmen einer tatsächlichen Unterstützung erfolgen. Für die betriebliche Praxis ist vor allem die stille Ablehnung problematisch, da diese nicht leicht zu erkennen ist. Im Umkehrschluss bedeutet dies, dass Akzeptanzprobleme vorliegen können, auch wenn es keinen aktiven Widerstand gibt. Aus den bisherigen Ausführungen kann gefolgert werden, dass sich Akzeptanz nicht durch Druck erzwingen lässt.

Kollmann [7] versteht Akzeptanz als eine Zusammenfassung einzelner Phasen (Zwischenakzeptanzen) entlang des Adoptionsprozesses und betrachtet damit die Akzeptanzforschung als verlängerten Arm der Adoptionsforschung (Abbildung 2).

Die Zwischenakzeptanzen bezeichnet Kollmann [7] als Einstellungs-, Handlungs- und Nutzungsakzeptanz, die zusammen die Gesamtakzeptanz darstellen. Wie Abbildung 2 verdeutlicht, wird die Nutzungsakzeptanz sowohl durch die Handlungsakzeptanz und durch die Einstellungsakzeptanz beeinflusst. Hierbei

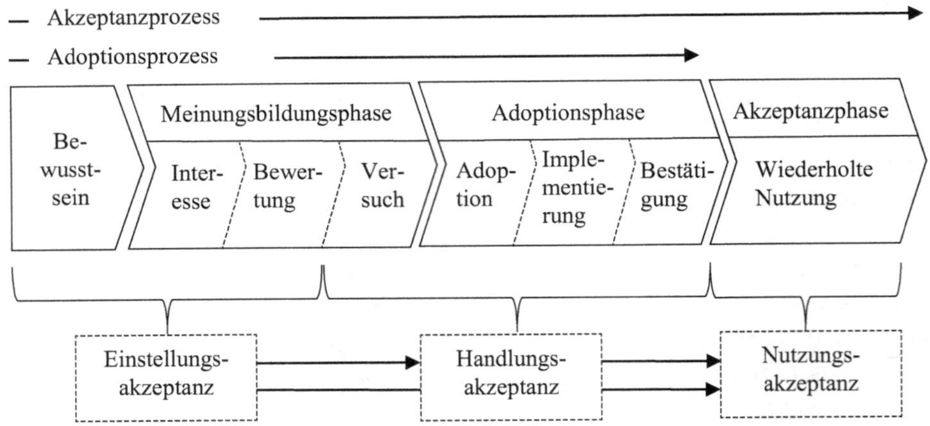

Abb. 2: Akzeptanzprozess in Abgrenzung zum Adoptionsprozess (angelehnt an [7] und [8]).

werden die Erwartungen bewertet, die sich aus der Einstellungs- und Handlungsakzeptanz ergeben haben. Die Handlungsakzeptanz wird wiederum von der Einstellungsakzeptanz beeinflusst.

Ein häufig zitiertes Modell innerhalb der Akzeptanzforschung des Information Systems Research ist das Technologie-Akzeptanz-Modell (TAM) nach Davis et al. [10], das im Zeitverlauf kontinuierlich weiterentwickelt wurde. Eine zentrale Aussage des TAM besagt, dass die Akzeptanz für ein Informationssystem grundlegend vom wahrgenommenen Nutzen und der wahrgenommenen Bedienbarkeit abhängig ist.

DeLone und McLean [11] beschäftigen sich mit dem Erfolg von Informationssystemen und entwickeln das IS Success Model. Sie stellten drei Determinanten heraus, die den Erfolg eines IT-Systems beschreiben: Die Informationsqualität, die Systemqualität und die Servicequalität. Diese Faktoren beschreiben, inwiefern die Nutzerzufriedenheit steigt und damit die Intention ein System zu nutzen. Wixom und Todd [12] entwickeln diese Forschung weiter. Sie unterscheiden bei der Nutzerzufriedenheit zwischen System- und Informationszufriedenheit, welche durch die Systemqualität und Informationsqualität beeinflusst werden. Dabei beziehen Sie auch das TAM von Davis et al. [10] mit ein. Sie fanden sowohl eine Kausalität zwischen Informationszufriedenheit und wahrgenommenem Nutzen, als auch eine Wirkungsbeziehung zwischen Systemzufriedenheit und wahrgenommener Bedienbarkeit.

Das Task-Technologie-Fit Model (TTF) von Goodhue et al. [13] arbeitet hingegen heraus, dass die Nutzerzufriedenheit und damit die Effektivität höher ist, wenn die Technologie mit der Aufgabe des Nutzers kompatibel ist.

Das Prozessakzeptanzmodell (PAM; siehe Abbildung 3) von Müllerleile und Nissen [14][15] schließlich erklärt, warum manche Unternehmensprozesse gelebt

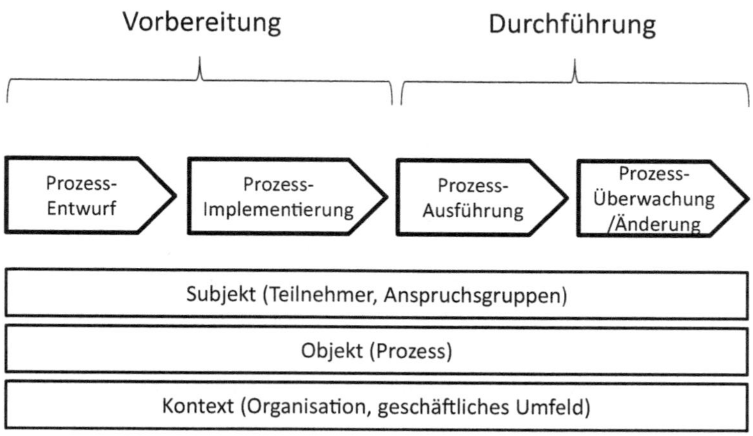

Abb. 3: Gesamtstruktur zur Prozessakzeptanz nach Nissen und Müllerleile [15].

und andere umgangen werden. Dazu werden, wiederum aufbauend auf der Differenzierung in Akzeptanzsubjekt, -objekt und -kontext, Einflussfaktoren in den Phasen Prozess-Entwurf, -Implementierung, -Nutzung und -Verbesserung auf dem Wege qualitativer empirischer Sozialforschung sowie experimenteller Forschung identifiziert. Die in der vorliegenden Arbeit verfolgten Überlegungen haben einige Gemeinsamkeiten mit dem PAM, doch liegt ein wesentlicher Unterschied darin, dass es bei der Akzeptanz von BI-Innovationen nicht um die Akzeptanz für einen Prozess, sondern für ein konkretes Objekt (die Innovation) geht.

Die zugrunde liegende Forschungsfrage nach Faktoren der Übernahme einer BI-Innovation und dem Einfluss auf die Akzeptanz von BI-Applikationen benötigt zur Beantwortung eine integrierte Sichtweise auf Akzeptanz. Daher soll das zu entwickelnde Akzeptanzmodell für BI-Innovationen sowohl die Einstellungs-, als auch Handlungs- und Nutzungsakzeptanz beinhalten. Unter Rückgriff auf Lucke [6] soll im BI-bezogenen Fall folgende Akzeptanzdefinition zugrunde gelegt werden:

> **Akzeptanz** bezeichnet eine affirmativ positive Einstellung von Individuen zu einer BI-Innovation (Einstellungsakzeptanz), sowie die ausdrückliche oder stillschweigende Billigung der Übernahme dieser Innovation ins eigene Unternehmen (Handlungsakzeptanz), als auch die wiederholte Nutzung einer die BI-Innovation beinhaltenden BI-Applikation (Nutzungsakzeptanz).

3 Forschungsmethodik

Aus der Forschungsliteratur werden Faktoren identifiziert, welche Einfluss auf die Akzeptanz von BI-Applikationen haben oder die spätere Adoption im Unternehmen beeinflussen. Dazu findet eine strukturierte Literaturanalyse nach Webster und Watson [16] statt. Das Vorgehen der ergänzenden empirischen Untersuchung ist geleitet von Methoden der qualitativen Sozialforschung [17]. Interviews erscheinen hier als besonders geeignete Methode, da sich durch den offenen Charakter eines Interviews in einem wenig untersuchten Themengebiet mögliche Akzeptanzfaktoren gut identifizieren lassen [18].

Die Empirie wurde genutzt, um die in der Literaturanalyse gewonnenen Faktoren zu überprüfen bzw. zu ergänzen. Zudem konnten die Faktoren, die bisher ohne Phasenbezug zugeordnet waren, einzelnen Phasen des Adoptions- beziehungsweise Akzeptanzprozesses zugeordnet werden. Aufgrund der moderaten Anzahl von Interviewpartnern wurde vor dem Hintergrund unterschiedlicher relevanter Subjektklassen (Management, Anwender im Fachbereich, IT) darauf verzichtet, subjektbezogene Akzeptanzfaktoren zu erheben. Der für Verallgemeinerungen notwendige Stichprobenumfang war in praktischer Hinsicht nicht zu erreichen. Der Fokus lag in der Empirie auf den objekt- und kontextbezogenen Einflussfaktoren der Akzeptanz. Subjektbezogene Einflussfaktoren der Akzeptanz wurden jedoch in der Literaturstudie erhoben.

Die 8 Leitfaden-Interviews fanden Mitte 2016 einzeln teils persönlich, teils telefonisch statt. Es wurden Personen befragt, die im Entscheidungsprozess zur Übernahme neuer IT-Innovationen involviert sind und hier mehrjährige praktische Erfahrung haben. Die Gesprächspartner decken ein breites Spektrum von betrieblichen Funktionen, sowohl in den Fachbereichen (z. B. Logistikleiter, Controller), dem Management, als auch in der IT (z. B. BI-Architekten, Experten für In-Memory-Datenmanagement) ab. Ergänzend wurden auch Unternehmensberater als externe Fachleute für Innovationsprozesse in die Untersuchung einbezogen. Die Untersuchung erstreckte sich auf verschiedene Branchen.

Die Interviews wurden digital aufgezeichnet, anschließend transkribiert und dann mittels einer qualitativen Inhaltsanalyse [19] ausgewertet. Innerhalb der Inhaltsanalyse wird die Methodik des offenen Kodierens [20] verwendet. Durch die generierten Schlagworte (Codes) kann eine Verknüpfung bestehender Konzepte der Literaturstudie vorgenommen werden. Zudem begünstigt die Kategorisierung der Codes die Modellbildung.

4 Anforderungen an die Akzeptanzforschung im Bereich BI

Der Bereich BI zeichnet sich durch eine Reihe von Besonderheiten aus, die bei der Erforschung von BI-Innovationen berücksichtigt werden sollten. So erfolgt die Entscheidungsfindung (im weiteren Sinne) zur Einführung und Nutzung von BI-

Applikationen und BI-Innovationen typischerweise durch Vertreter aus Management, Fachbereichen und der IT.

Im Unterschied zu operativen Systemen (wie z. B. ERP-Systemen) ist die Nutzung von analytischen BI-Applikationen in Unternehmen überwiegend freiwillig. Verantwortliche im Fachbereich können selbst entscheiden, inwiefern BI-Applikationen zu nutzen sind. Dies hat zur Folge, dass innovative BI-Applikationen oftmals nur von wenigen Nutzern eines Werkes verwendet werden. Andere Standorte lehnen BI-Applikationen eventuell ab, obwohl sie vergleichbare Problemstellungen haben. Betriebswirtschaftlich ist dies in der Regel nicht sinnvoll, weil durch einen breiteren Nutzerkreis die Amortisierung der Investition beschleunigt würde. Daher wäre es hilfreich, die BI-Applikation möglichst akzeptanzfördernd zu gestalten und damit die Nutzungsakzeptanz sicherzustellen.

Die Existenz vieler heterogener Systeme und Werkzeuge im Bereich BI stellt eine weitere Besonderheit dar. Anhand der genannten Besonderheiten können nun Anforderungen an ein Modell zur Erklärung der Akzeptanz von Innovationen im Bereich BI abgeleitet werden.

Die Adoption einer BI-Innovation ist ein phasenorientierter Prozess. Dies erfordert für ein Modell zur Erklärung von Akzeptanz die Abbildung der verschiedenen Phasen. Zudem beschreibt Akzeptanz sowohl die Einstellung zu einer BI-Innovation als auch deren Übernahme und Nutzung in Unternehmen. Damit erfordert das

Tab. 1: Anforderungen an ein Modell zur Erklärung von Akzeptanz im Bereich BI.

Quelle der Anforderungen	Anforderungen an das Modell
Theoretische Grundlagen: – Akzeptanz als dynamischer, phasenorientierter Prozess – Akzeptanz beschreibt Einstellung, Übernahme und Nutzung Besonderheiten im Bereich BI: – Nutzungsakzeptanz von BI-Applikation entscheidend	– Abbildung verschiedener Phasen – Abbildung der Einstellungs-, Handlungs- und Nutzungsakzeptanz
Theoretische Grundlagen: – Akzeptanz steht im Spannungsfeld von Subjekt, Objekt und Kontext Besonderheiten im Bereich BI: – Unterschiedliche Akteure (Subjektklassen) – Heterogene Systeme, Tools und Werkzeuge	– Abbildung von Subjekt, Objekt und Kontext – Abbildung unterschiedlicher Subjekte – Spezifikation des Akzeptanzobjektes
Forschungsfrage: – Welche Faktoren beschreiben die Übernahme und Nutzung einer BI-Innovation in der Praxis?	– Abbildung Akzeptanzfaktoren der Übernahme einer BI-Innovation (Diffusionsforschung) – Abbildung Akzeptanzfaktoren zur Nutzung von BI-Applikationen (Akzeptanzforschung)

Modell eine Abbildung von Einstellungs-, Handlungs- und Nutzungsakzeptanz. Die Nutzungsakzeptanz ist vor dem Hintergrund der quasi freiwilligen Nutzung von BI-Applikationen in Unternehmen besonders wichtig.

Zur Beantwortung der Forschungsfrage, welche Faktoren die Übernahme einer BI-Innovation beschreiben, ist die Adoptionsforschung (Diffusionsforschung) einzubeziehen. Ein Modell zur Akzeptanzerklärung für den Bereich BI muss daher die Faktoren enthalten, welche die Übernahme einer BI-Innovation beschreiben. Für die Phase der eigentlichen Nutzung im Unternehmen sind zusätzlich die Faktoren einzubeziehen, welche die Nutzung der BI-Applikationen beschreiben. Hierzu werden Ergebnisse der Akzeptanzforschung herangezogen.

Nach dem Akzeptanzverständnis von Lucke [6] kann ein Objekt je nach Subjekt und Kontext unterschiedliche Akzeptanz erfahren. Daraus ergibt sich, dass ein Modell zur Erklärung der Diffusion und Akzeptanz im Bereich BI Faktoren beinhalten sollte, die dem Subjekt, Objekt und Kontext zugeordnet sind. Die Einbeziehung des Kontextes stellt außerdem sicher, dass im Modell unterschiedliche Situationen und Bedingungen berücksichtigt sind. Da am Akzeptanzprozess im Bereich BI mehrere Akteure beteiligt sind, sollte ein Modell diese verschiedenen Akzeptanzsubjekte berücksichtigen. Zugleich besteht durch die technische Heterogenität im BI-Bereich die Anforderung, das Akzeptanzobjekt genau zu spezifizieren. Tabelle 1 fasst diese Anforderungen in einer Übersicht zusammen.

5 Stand der Akzeptanzforschung in Wirtschaftsinformatik und Business Intelligence

Im Rahmen einer strukturierten Literaturanalyse sollte zunächst der aktuelle Forschungsstand der Adoptions- und Akzeptanzforschung von Innovationen im Umfeld von BI ermittelt werden. Es geht um die Frage, inwiefern bestehende Theorien und Modelle der Adoptions- und Akzeptanzforschung im Bereich BI vorliegen, die für die Beantwortung der Forschungsfrage geeignet sind. Für die Beurteilung der Eignung bestehender Theorien und Modelle werden die zuvor aufgestellten Anforderungen an ein Modell zur Erklärung der Akzeptanz von BI-Innovationen genutzt.

In einer ersten Phase der Literaturanalyse wurde in wissenschaftlichen Publikationsdatenbanken mit grundlegenden Begriffen für das betrachtete Themengebiet gesucht. Anschließend wurde die gefundene Literatur sukzessiv verdichtet und inhaltlich geprüft. Es ergaben sich 27 relevante Quellen. Davon sind einige dem Bereich der allgemeinen Wirtschaftsinformatik (WI) zuzuordnen, andere dem spezifischeren Anwendungsfeld BI. Die ausgewählte Literatur wurde in eine Konzeptmatrix übertragen (Tabelle 2). Jeweils ein Konzept stellt die **objekt-, subjekt- und kontextbezogene Faktoren** der Akzeptanz dar. Bei der Literaturanalyse wurde zudem erkannt, dass subjektbezogene Faktoren weiter in **psychographische** und **sozioökonomische Faktoren** untergliedert werden können. Psychographische Faktoren betrachten individuelle Bestimmungsfaktoren, die das Verhalten von Menschen beeinflussen. Zu diesen gehören beispielsweise die Persönlichkeit, Einstellung oder Erwartungen von Subjekten. Die sozioökonomischen Faktoren beinhalten hingegen individualspezifische Größen, wie das Geschlecht, Alter oder das Einkommen. Auch das Konzept **kontextbezogene Faktoren** kann weiter in **organisatorische** und **umweltbezogene Faktoren** untergliedert werden. Organisatorische Faktoren betrachten die internen Abläufe und Ausgestaltung einer betriebswirtschaftlichen Einheit. Dazu zählt beispielsweise das Veränderungsmanagement oder die Bereitstellung von Ressourcen. Zu den umweltbezogenen Faktoren zählen die Wettbewerbslage oder konkurrierende Organisationen. Eine Gesamtübersicht aller Einflussfaktoren auf die Akzeptanz von BI-Innovationen ist im Anhang zu finden. Die Literaturquellen werden mit Nummern abgekürzt.

Um die Grundlagen der Akzeptanzforschung zu ermitteln und mögliche Forschungslücken im Bereich BI zu identifizieren, wurde neben dem Fokusbereich BI der Akzeptanzbegriff auch aus der Sicht eines weit gefassten Begriffes der Wirtschaftsinformatik untersucht, wobei Akzeptanz einer vielschichtigen Betrachtung unterliegt. Dies erscheint angemessen, da die im Rahmen dieser Arbeit betrachtete Entscheidung für oder gegen eine Innovation sowohl die Einbeziehung einstellungsbildender Faktoren vor der Anschaffung der Innovation erfordert, als auch eine Berücksichtigung des Kontinuums von Nutzungsmöglichkeiten nach der Anschaffung [42]. Die Tatsache, dass die Beantwortung der Forschungsfrage eine Untersuchung von Akzeptanz in Zusammenhang mit Informationssystemen erfordert, stützt zusätzlich diesen Fokus in der Aufarbeitung der Forschung, wobei auch Erkenntnisse aus der Betriebswirtschaftslehre in die Untersuchungen mit eingeflossen sind.

Die Konzeptmatrix signalisiert, dass die objekt- und kontextbezogenen Akzeptanzfaktoren im Bereich WI und BI vergleichsweise intensiv erforscht sind. Dabei fällt auf, dass im Bereich WI das Objekt häufiger als der Kontext betrachtet wurde, wohingegen im Bereich BI der Kontext öfter untersucht wurde. Möglich ist, dass der Kontext eine größere Bedeutung im Bereich BI als in der sonstigen WI hat und daher oft Bestandteil der Untersuchungen ist. Insbesondere die organisatorischen Faktoren erscheinen unter dieser Annahme bedeutungsvoll. Umweltbezogene und sozioökonomische Faktoren wurden im Bereich BI seltener untersucht.

Insgesamt wurden 69 Faktoren identifiziert, die einen Einfluss auf die Akzeptanz im Bereich BI haben können. Diese sind im Anhang unter Angabe der jeweiligen Literaturquelle wiedergegeben. Bei 48 Faktoren konnten jeweils andere Autoren anhand empirischer Forschung bereits einen Einfluss bestätigen. Zur Strukturierung der Faktoren wurde eine zweistufige Kategorisierung in Anlehnung an die identifizierten Konzepte vorgenommen.

Tab. 2: Aktueller Stand der Akzeptanzforschung von WI und BI i.m Vergleich.

Konzepte	**WI**										**BI**																
	21	**22**	**23**	**4**	**24**	**11**	**25**	**12**	**7**	**8**	**26**	**27**	**28**	**29**	**30**	**31**	**32**	**2**	**33**	**34**	**35**	**36**	**37**	**38**	**39**	**40**	**41**
Objektbezogene Faktoren	●	●		●	●	●	●	●	●	●	●		●	●		●		●		●	●	●		●		●	●
Subjektbezogene Faktoren:																											
Psychografische Faktoren		●		●	●	●	●	●	●	●	●	●		●		●		●		●					●		
Sozioökonomische Faktoren				●			●		●	●								●									
Kontextbezogene Faktoren:																											
Organisatorische Faktoren	●	●				●	●	●	●		●	●	●	●	●	●	●	●	●		●	●		●	●		●
Umweltbezogene Faktoren	●								●				●					●									
Phasen Akzeptanzprozess:																											
Meinungsbildung	●			●					●	●	●	●	●	●						●							
Entscheidung	●		●	●		●			●	●	●	●	●	●						●							
Implementierung				●		●			●	●					●	●	●			●	●		●	●			●
Nutzung		●	●		●	●	●	●	●	●								●		●	●	●		●	●	●	●
Konsequenz																			●				●		●		

Tab. 3: Erfüllung der in Tabelle 1 definierten Anforderungen in der Forschungsliteratur.

Anforderungen Modell	**WI**										**BI**																
	21	**22**	**23**	**4**	**24**	**11**	**25**	**12**	**7**	**8**	**26**	**27**	**28**	**29**	**30**	**31**	**32**	**2**	**33**	**34**	**35**	**36**	**37**	**38**	**39**	**40**	**41**
Verschiedene Phasen			●	●		●			●	●										●							
Einstellungs-, Handlungs- und Nutzungsakzeptanz			●			●			●	●																	
Faktoren zur Übernahme einer Innovation	●		●	●					●	●	●	●	●	●						●							
Faktoren zur Nutzung von Informationssystemen					●		●	●	●	●								●		●	●	●		●	●	●	●
Subjekt, Objekt und Kontext		●				●			●			●	●	●		●		●				●					
Unterschiedliche Subjekte																											
Spezifikation des Akzeptanzobjektes																											

Als Unterkategorien des Objektes wurden **Informationsqualität**, **Systemqualität**, **Bedienbarkeit**, **Nutzen** und **Innovation** definiert. Die Informationsqualität ist beispielsweise durch die Vollständigkeit oder Aktualität der Daten beschrieben. Sie ist ein Kriterium zur Beurteilung der inhaltlichen Anforderung der Anwender an BI-Applikationen. Die Systemqualität charakterisiert dagegen die Funktionalität (z. B. Flexibilität oder Zuverlässigkeit) einer BI-Applikation [11]. Die Unterkategorien Bedienbarkeit und der Nutzen basieren auf dem TAM [10]. Die Bedienbarkeit beschreibt, inwieweit ein Anwender eine BI-Applikation als beherrschbar wahrnimmt. Der Nutzen beschreibt, inwiefern ein Anwender in der BI-Applikation einen Vorteil erkennt. Schließlich wurde für die Kategorie Objekt noch die Unterkategorie Innovation identifiziert. Die dieser Kategorie zugeordneten Faktoren basieren überwiegend auf den Forschungen von Rogers [4] und wurden von Kollmann [7] und Wriggers [8] für den Kontext der WI übertragen und bestätigt.

Als ein offener Forschungsbedarf für den Bereich BI ist die Phasenorientierung im Akzeptanzprozess zu sehen. Diese wurde in der WI vor allem durch Kollmann [7] und Wriggers [8] untersucht. Folglich kann sich die vorliegende Arbeit für den spezielleren Bereich der BI-Innovationen bei der Modellentwicklung an diesen Autoren orientieren. Während die Nutzung von BI-Applikationen relativ gut untersucht ist, blieben bisher der dynamische Charakter von Akzeptanz sowie die getrennte Betrachtung von Akzeptanz-Subjekt, -Objekt und -Kontext unberücksichtigt. Vergleicht man die untersuchten Publikationen mit den Anforderungen an ein Modell zur Erklärung von Akzeptanz im Bereich BI, wie sie im vorigen Abschnitt definiert wurden, ergibt sich das in Tabelle 3 dargestellte Ergebnis.

Die Ergebnisse der Konzeptmatrix lassen den Schluss zu, dass die betrachteten Untersuchungen den Anforderungen nicht vollständig gerecht werden, ja oft nur rudimentär sind. Insbesondere eine Zuordnung von Faktoren zur Einstellungs-, Handlungs- und Nutzungsakzeptanz blieb bisher unberücksichtigt. Keine der identifizierten Publikationen betrachtet unterschiedliche Akzeptanzsubjekte oder nimmt eine präzise Spezifikation des Akzeptanzobjektes vor. Die gezielte Betrachtung von (Technologie-)Innovationen im Bereich BI fehlt bisher in der Forschung. Insbesondere die Adoption von IMDM als Innovation im Bereich BI ist nicht erforscht. Da keines der bestehenden Modelle in der Literatur alle Anforderungen zur Beantwortung der Forschungsfragen erfüllt, soll ein eigenes Modell entwickelt werden, das den Stand der Forschung einbezieht, jedoch über diesen hinausgeht. Hierzu wird eine ergänzende empirische Untersuchung durchgeführt, deren Ergebnisse nachfolgend dargestellt sind.

6 Ergänzungen anhand der empirischen Studie (Interviews)

Das Ziel der empirischen Untersuchung ist die Überprüfung und Ergänzung der bereits identifizierten Faktoren der Literaturstudie. Dabei sollen mithilfe leitfadenbasierter Experteninterviews die Faktoren den einzelnen Phasen des Akzeptanzprozesses zugeordnet werden. Im Ergebnis konnten 253 Codes generiert und anschließend zu Einflussfaktoren zusammengefasst werden. Durch die Analyse der Interviews konnten 16 neue Faktoren identifiziert und 33 Faktoren der Literaturrecherche bestätigt werden. Weitere Details können der Übersicht im Anhang entnommen werden. Diese Faktoren werden im nächsten Abschnitt den einzelnen Phasen und Elementen des BI-Akzeptanzmodells zugeordnet, um Transparenz zu schaffen. Nachfolgend sind zunächst kurz die im Rahmen der Empirie neu identifizierten Faktoren kursiv wiedergegeben.

Als objektbezogene Faktoren konnten zusätzlich für die Kategorie Informationsqualität die **Glaubwürdigkeit**, **Konsistenz** und die **Reproduzierbarkeit** als Faktoren identifiziert werden. Außerdem wurden die Faktoren **Personalisierung** und **Einbettung** in der Kategorie Bedienbarkeit gefunden. Der Kategorie Nutzen konnten drei neue Faktoren hinzugefügt werden: **Komplexitätsabbildung**, **Konfigurierbarkeit** und **Variable Granularität**. Weiterhin wurde für die Kategorie Innovation der Faktor **erwartbare Rentabilität** identifiziert. Dabei konnten die Unterkategorien aus der Literaturanalyse für die Kategorie Objekt bestätigt werden.

Dem Kontext wurden als neue Faktoren die **strategische Entscheidung**, der **Reifegrad von BI** und die **Häufigkeit der Änderungen** von BI-Applikationen hinzugefügt. Umweltbezogene Faktoren konnten um das **Marketing der Hersteller** und den **Preis der Innovation** erweitert werden.

7 Synthese: Modell der Akzeptanzbildung bei BI-Innovationen

Die Ergebnisse der Literaturstudie und der empirischen Untersuchung hinsichtlich relevanter Einflussfaktoren auf die Akzeptanz von BI-Innovationen werden nun in einem Gesamtmodell zusammengeführt. Dieses Modell berücksichtigt darüber hinaus die in Abschnitt 4 formulierten Anforderungen an ein solches Modell. Hierzu gehört insbesondere die Strukturierung in Phasen sowie die Abbildung von Akzeptanz im Spannungsbogen von Subjekt, Objekt und Kontext.

7.1 Abbildung Phasen & Subjekte

Die empirische Untersuchung zeigte, dass sich nicht alle Codes eindeutig den verwendeten Phasen von Wriggers [8] und Kollmann [7] detailliert zuordnen lassen. Jedoch weisen die Ergebnisse darauf hin, dass die nachfolgenden Phasen bestehen:

- Phase 1: Meinungsbildung (Einstellungsakzeptanz)
- Phase 2: Entscheidung (Handlungsakzeptanz)
- Phase 3: Implementierung
- Phase 4: Nutzung (Nutzungsakzeptanz)

Entsprechend der Phasen kann eine Unterscheidung in Einstellungsakzeptanz, Handlungsakzeptanz und Nutzungsakzeptanz vorgenommen werden. Diese drei Voraussetzungen müssen vorliegen, damit eine BI-Innovation im Unternehmen vollständig adoptiert wird.

Die im Rahmen der Literaturstudie betrachteten Modelle und Theorien gehen davon aus, dass die genannten Phasen von **einem** Akzeptanzsubjekt durchlaufen werden. Die empirische Untersuchung machte jedoch deutlich, dass im Rahmen der Übernahme einer BI-Innovation unterschiedliche Subjekte existieren, deren Bedeutung in den Phasen der Akzeptanz einer BI-Innovation variiert:

- Subjektbereich 1: Management
- Subjektbereich 2: Mitarbeiter im Fachbereich (Anwender)
- Subjektbereich 3: IT-Mitarbeiter

Die **Meinungsbildungsphase** wird von Subjekten aller drei betrachteten Unternehmensbereiche durchlaufen. Bei der Konfrontation mit einer BI-Innovation erfolgt beim Management, dem Fachbereich und der IT zunächst eine Meinungsbildung bzgl. der Innovation. Beim Fachbereich und der IT wird die Meinung durch erwartete Veränderungen an die tägliche Arbeit geprägt. Manager hingegen beurteilen die Innovation in Hinblick auf eine mögliche Kaufentscheidung.

Die **Entscheidungsphase**, welche die Entscheidung für oder gegen eine BI-Innovation umfasst, wird allein vom Management durchlaufen. Zwar können potenziell andere Subjekte einen Einfluss auf die Entscheidung haben, doch wurde dieser wechselseitige Einfluss der Meinungsbildungsphase zugeordnet. Die Entscheidung zum Kauf einer BI-Innovation liegt letztlich beim Management.

Die **Implementierungsphase** beschreibt die Einführung einer Innovation inklusive der Anpassung oder Neuentwicklung von BI-Applikationen unter Berücksichtigung der betrachteten BI-Innovation (z. B. In-Memory-Datenbanken). Sie wird größtenteils von der IT in Abstimmung mit dem Fachbereich durchlaufen. Häufig sind in dieser Phase noch externe Dienstleister beteiligt. Die Schwierigkeit besteht darin, die in der Meinungsbildungsphase gebildeten Erwartungen adäquat umzusetzen.

Die **Nutzungsphase** beschreibt, inwiefern die in der Implementierungsphase entwickelten neuen BI-Applikationen vom Fachbereich genutzt werden. Auch das Management und der IT-Bereich sind potenzielle Nutzer von BI-Applikationen.

7.2 Spezifikation Akzeptanzobjekte

Zwei Akzeptanzobjekte sind zu differenzieren:
- Objekt 1: BI-Innovation
- Objekt 2: BI-Applikation (in der die BI-Innovation genutzt wird)

Es geht im Unternehmen zunächst um die Frage, ob eine BI-Innovation eingeführt werden soll (Meinungsbildung hinsichtlich Erwerb und Implementierung). Später wird diese BI-Innovation dann gegebenenfalls innerhalb einer BI-Applikation praktisch genutzt. Folglich kann die BI-Innovation der Meinungsbildungs- und Entscheidungsphase und die BI-Applikation der Nutzungsphase zugeordnet werden.

7.3 Abbildung Kontext

Die Akzeptanz eines Subjektes gegenüber einem Objekt kann bei verschiedenen organisatorischen Bedingungen und Einflüssen der Umwelt unterschiedlich ausfallen. Die Ergebnisse der empirischen Untersuchung machten dies sehr deutlich, da es nicht möglich war, alle identifizierten Faktoren entweder dem Akzeptanz-Subjekt oder -Objekt zuzuordnen. Die verbliebenen Faktoren waren dem Kontext zuzuordnen. Die Relevanz des Kontextes über alle Phasen verdeutlicht, dass das ganze Modell stets unter Berücksichtigung der Situation, der organisatorischen Rahmenbedingungen und der Umwelt anzuwenden ist.

Hervorzuheben ist in der Meinungsbildungsphase und der Nutzungsphase der BI-Anwendungsfall als zentraler Einflussfaktor. Für die Adoption förderlich ist, wenn ein konkretes Problem im Fachbereich besteht, das durch die BI-Innovation behoben werden kann. Die Vorteile der Innovation werden auch nur klar, wenn eine gewisse BI-Reife im Unternehmen vorhanden ist. Chamoni und Gluchowski [43] beschreiben den BI-Reifegrad als Qualität bereits im Unternehmen genutzter BI-Systeme, die sich in fünf verschiedene Stufen unterteilen lässt. Die Reifegrade weisen verschiedene Eigenschaften in Bezug auf die Schlüsselbereiche Fachlichkeit, Organisation und Technik auf. Daraus lassen sich Empfehlungen für die stufenweise Verbesserung von BI-Prozessen ableiten.

7.4 Überblick zum Gesamtmodell ohne Akzeptanzfaktoren

Das entwickelte Modell ist in Abbildung 4 zunächst noch ohne Angabe der Einflussfaktoren zusammenfassend dargestellt. Es ergeben sich drei Hauptvoraussetzungen, die zur Akzeptanz von Innovationen im Bereich BI erfüllt sein müssen:
1. Existenz der Einstellungsakzeptanz
2. Existenz der Handlungsakzeptanz
3. Steigerung der Nutzungsakzeptanz

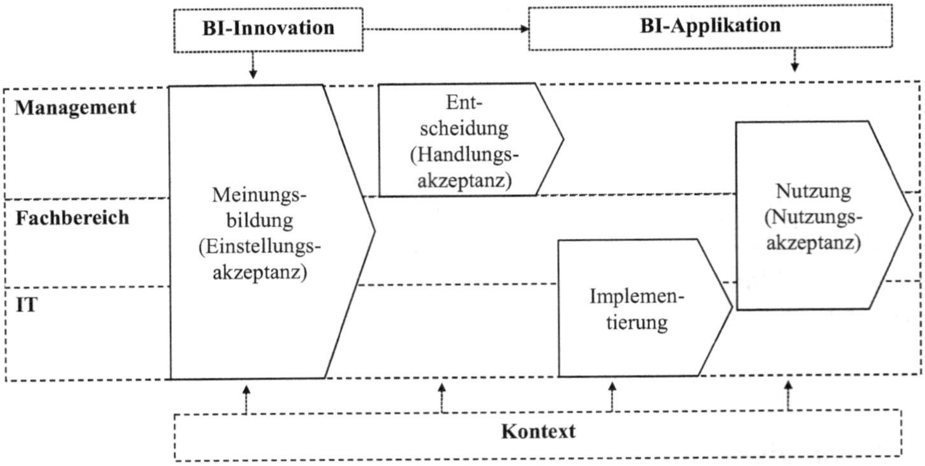

Abb. 4: Gesamtmodell der Akzeptanz von BI-Innovationen (ohne Akzeptanzfaktoren).

Damit eine Innovation übernommen wird, muss eine Handlungsakzeptanz vorliegen. Diese begründet die Entscheidung, eine BI-Innovation zu übernehmen und einzuführen. Die Handlungsakzeptanz wird in der Entscheidungsphase gebildet. Determinierend wirken dabei die Einstellungsakzeptanz und der Kontext.

Die Einstellungsakzeptanz ist die Voraussetzung für die Handlungsakzeptanz. Sie wird in der Meinungsbildungsphase gebildet und ist determiniert durch objekt- und kontextbezogene Faktoren. Die Einstellungsakzeptanz zur BI-Innovation hängt weiterhin davon ab, inwiefern eine Steigerung der Nutzungsakzeptanz bestehender BI-Applikationen durch das Innovationsobjekt erwartet wird.

7.5 Akzeptanzfaktoren in der Meinungsbildungsphase

7.5.1 Objektbezogene Faktoren

Die Einstellungsakzeptanz in der Meinungsbildungsphase wird dominiert durch den relativen Vorteil. Er beschreibt das Ausmaß, in dem eine Innovation im Vergleich zu bisher verwendeten Alternativen oder anderen Innovationen als besser wahrgenommen wird. Innerhalb der Diffusions- und Akzeptanzforschung wird dieser Faktor häufig verwendet (z. B. [4] [7] [44]). Auch im Bereich BI konnte der Faktor durch Yoon et al. [29] nachgewiesen werden. In der Meinungsbildungsphase kann der relative Vorteil einer Innovation nur in Form von Erwartungen abgebildet werden. Der wahre relative Vorteil wird erst nach der Implementierungs- und Nutzungsphase sichtbar. Der erwartete relative Vorteil einer Innovation kann über die positive Beeinflussung der Akzeptanzfaktoren einer BI-Applikation (z. B. die Antwortzeit der BI-Anwendung, Möglichkeit komplexerer Auswertungen und die

Tab. 4: Objektbezogene Einflussfaktoren der Einstellungsakzeptanz gegenüber einer BI-Innovation. Angegeben ist der Grad der Absicherung des Faktors laut Literaturstudie (L) und empirischer Untersuchung (E).

Faktor	Beschreibung	L	E
Relativer Vorteil	beschreibt das Ausmaß, inwiefern eine Innovation im Vergleich zu bisher verwendeten Alternativen oder anderen Innovationen als besser wahrgenommen wird	++	++
Wahrgenommenes Risiko	Ausmaß, inwiefern negative Veränderungen auf bisherige BI-Applikationen durch die Innovation erwartet werden	+	++
Entwicklungsgrad	Ausmaß, inwiefern die Innovation technisch weiterentwickelt ist und reif genug ist, d. h. bei einem hohen Entwicklungsgrad besteht eine geringere Fehleranfälligkeit	+	+
Erwartete Rentabilität	Ausmaß, inwiefern die Innovation ein positives Verhältnis von Nutzen zu Kosten erwarten lässt		++
Komplexität	Ausmaß, die die Schwierigkeit beschreibt, Vorteile einer Neuerung zu erkennen und sie zu verwenden	++	+
Erprobbarkeit	Ausmaß, inwieweit eine Neuerung mit möglichst geringem Aufwand vor dem Kauf getestet werden kann	++	++
Kompatibilität	Ausmaß der Übereinstimmung mit bisher eingeführten Neuerungen. Ausmaß der Übereinstimmung mit bisher verwendeten IT-Systemen (technische Kompatibilität)	++	++

Bedienbarkeit) in der Nutzungsphase beschrieben werden. Hierbei ist es wichtig, dass ein konkreter fachlicher Anwendungsfall vorliegt, der einen Leidensdruck hervorruft, von dem die jeweiligen Subjekte annehmen, dass die BI-Innovation ihn auflösen kann.

Zusätzlich zum erwarteten relativen Vorteil wurden die in Tabelle 4 genannten Faktoren auf Grundlage der Literaturstudie (L) und der ergänzenden empirischen Untersuchung (E) identifiziert. Für eine präzisere Quellenangabe wird auf den Anhang verwiesen. Ist der Faktor durch ein + + gekennzeichnet, so ist er in mindestens drei Interviews bzw. drei Literaturquellen identifiziert worden. Ein einzelnes + verweist auf ein oder zwei zugrunde liegende Quellen. Leere Spalten zeigen an, dass der jeweilige Faktor nicht aus der betreffenden Teiluntersuchung stammt.

Nicht nur Vorteile einer Innovation beeinflussen die Einstellungsakzeptanz der Akzeptanzsubjekte. Auch Risiken werden wahrgenommen. Beispielsweise kann eine Innovation negative Auswirkungen auf die Systemqualität haben. Grundsätzlich wird immer eine Abwägung zwischen den wahrgenommenen Risiken und den erwarteten relativen Vorteilen einer Innovation vorgenommen. Als neuer Einflussfaktor wurde in der empirischen Untersuchung der Entwicklungsgrad einer Innovation identifiziert. Dabei wird gefordert, dass die neuen Technologien eine gewisse Stabilität aufweisen.

Die Rentabilität einer Innovation stellt einen wichtigen Faktor in der Meinungsbildungsphase dar. Sie ist umso schwerer einzuschätzen, je komplexer eine Innovation ist. Die Komplexität stellt damit einen weiteren Einflussfaktor auf die Meinungsbildung dar. Durch eine komplexe Innovation kann die Auswirkung auf bestehende BI-Applikationen schlechter abgeschätzt werden, wodurch wiederum das wahrgenommene Risiko aus Sicht der beteiligten Subjekte steigen kann. Um die Rentabilität und mögliche Risiken einer Innovation abschätzen zu können, ist die Erprobbarkeit einer Innovation für die Einstellungsakzeptanz relevant. Außerdem ist hier die strategisch-technische Kompatibilität der Innovation mit bestehenden Konzepten im Unternehmen wesentlich.

7.5.2 Subjektbezogene Faktoren

Die Bildung der Einstellungsakzeptanz der Subjekte Management, Fachbereich und IT in der Meinungsbildungsphase ist wiederum durch subjektbezogene Faktoren (Tab. 5) determiniert. Dabei spielt in erster Linie die Einstellung des Subjektes eine Rolle. Die Einstellung zu einer Innovation bzw. zu etwas Neuem wird bestimmt durch persönliche Erfahrungen oder Eigenschaften. Insbesondere die Innovationsbereitschaft, die Bereitschaft für Veränderungen sowie relevante Vorerfahrungen gegenüber der konkreten Innovation oder ähnlichen bereits erlebten Veränderungsprozessen beeinflussen die Einstellung des Subjektes und damit die Meinungsbildung zur Innovation.

Tab. 5: Subjektbezogene Einflussfaktoren der Einstellungsakzeptanz gegenüber einer BI-Innovation. Angegeben ist der Grad der Absicherung des Faktors laut Literaturstudie (L). In der empirischen Untersuchung (E) wurden diese Faktoren aufgrund zu geringen Stichprobenumfangs nicht näher betrachtet (n.b.).

Faktor	Beschreibung	L	E
Einstellung	Persönliche innere Einstellung zum Akzeptanzobjekt	+	n.b.
Vorerfahrungen	Bisherige Erfahrungen mit Innovationen	+	n.b.
Bereitschaft für Veränderungen	Bereitschaft sich von Gewohnheiten zu lösen	+	n.b.
Innovationsbereitschaft	Bereitschaft für etwas Neues	+	n.b.
Alter	Alter des Subjektes	+	n.b.
Ablehnung gegenüber Informationssystemen	Persönliche Einstellung zu Computertechnik	+	n.b.

In Bezug auf Informationssysteme sind auch die Faktoren Alter und damit verbunden ggf. eine Ablehnung gegenüber Informationstechnik wesentliche Treiber für eine Ablehnung von Innovationen.

7.5.3 Kontextbezogene Faktoren

Die Einstellungsakzeptanz in der Meinungsbildungsphase wird weiterhin durch kontextbezogene Faktoren beeinflusst, welche in Tabelle 6 überblickartig dargestellt sind.

Die Marketingmaßnahmen der Hersteller von innovativen Produkten sind ein Faktor, welcher die Einstellungsakzeptanz der Subjekte beeinflussen kann. Dies geschieht im Fall der SAP SE beispielsweise durch produktspezifische Fachkongresse für (potenzielle) Kunden, bei denen für BI-Innovationen massiv geworben wird. Daneben spielt die BI-Reife des betreffenden Anwenderunternehmens für die Einstellungsakzeptanz eine wichtige Rolle. Diese dokumentiert sich beispielsweise in einem besseren Verständnis und spezifischeren Anforderungen nach BI-Anwendungen aus den Fachbereichen.

Als zusätzliche kontextbezogene Faktoren gegenüber der Literaturstudie wurden in der empirischen Studie die Branche und das betroffene Anwenderunternehmen identifiziert. Für einen Interviewpartner waren beispielsweise die Vorteile von Data Mining als innovativer BI-Ansatz klar. Er sah jedoch keinen Vorteil für seine Automobilbranche. Je nach Branche und Unternehmen existieren verschiedene

Tab. 6: Kontextbezogene Einflussfaktoren der Einstellungsakzeptanz gegenüber einer BI-Innovation. Angegeben ist wieder der Grad der Absicherung des Faktors laut Literaturstudie (L) und empirischer Untersuchung (E).

Faktor	Beschreibung	L	E
Marketing Hersteller	Fähigkeit des Schöpfers einer Innovation, durch seine Marketingmöglichkeiten anhand von Marktmacht, Marktdurchdringung und Marketingbudget die Akzeptanz seiner Produkte positiv zu beeinflussen		++
Reifegrad BI	Ausmaß, inwiefern die Möglichkeiten von BI im Unternehmen verstanden und ausgeschöpft sind – hierzu gehört auch, wie viele BI-Applikationen bereits genutzt werden		++
Branche & Unternehmen	Je nach Branche und Unternehmen kann die Meinungsbildung unterschiedlich ausfallen	+	+
Anwendungsfall	Ausmaß, inwiefern konkrete Anwendungsfälle im Unternehmen durch die BI-Innovation gelöst werden können (beeinflusst den erwarteten relativen Vorteil)	+	++

Anwendungsfälle, welche die Meinungsbildung beeinflussen. So können BI-Innovationen z. B. für Unternehmen besonders attraktiv sein, die wenige BI-User aber viele Daten haben und sehr schnell auf Marktveränderungen reagieren müssen.

In der Meinungsbildungsphase kann bereits eine BI-Innovation abgelehnt werden. Pohl [44] fand heraus, dass es unterschiedliche Arten von Ablehnung in dieser Phase geben kann: Die fortgesetzte Ablehnung, die spätere Übernahme und das Leapfrogging. Bei der fortgesetzten Ablehnung zieht das Subjekt keine Wiederaufnahme des Entscheidungsprozesses in Betracht und der Akzeptanzprozess wird für immer abgebrochen. Bei der späteren Übernahme pausiert der Akzeptanzprozess in dieser Phase. Entscheider haben die Möglichkeit eine Zeit abzuwarten, bis der Reifegrad von BI hoch genug ist oder mögliche Anwendungsfälle in der Zukunft entstehen. Beim Leapfrogging wird die Übernahmeentscheidung einer Innovation bewusst abgebrochen, um die nächste Innovation abzuwarten, denn es besteht die Aussicht auf eine bessere innovative Lösung in nächster Zeit. Die Existenz dieses Verhaltensmusters konnte auch durch unsere empirische Untersuchung bestätigt werden (Innovationen werden „ausgelassen“).

7.6 Akzeptanzfaktoren in der Entscheidungsphase

7.6.1 Objektbezogene Faktoren

Im vorliegenden Modell werden in der Entscheidungsphase zur Bildung der Handlungsakzeptanz objektbezogene Faktoren nicht mehr berücksichtigt. Wie die Untersuchungen ergeben haben, ist die Einstellungsakzeptanz die Voraussetzung für die Handlungsakzeptanz. Implizit wirken alle identifizierten Faktoren der Meinungsbildungsphase mit auf die Handlungsakzeptanz und damit auf die Entscheidung für oder gegen die Innovation. Die empirische Untersuchung hat jedoch gezeigt, dass hauptsächlich kontext- und subjektbezogene Faktoren die Handlungsakzeptanz hemmen können. Im Ergebnis muss aus einer positiven Einstellungsakzeptanz zu einer Innovation, welche hauptsächlich durch objektbezogene Faktoren beeinflusst wird, daher nicht zwingend eine positive Handlungsakzeptanz hervorgehen.

7.6.2 Subjektbezogene Faktoren

Auch wenn Einstellungsakzeptanz vorliegt, kann diese noch vor der konkreten Umsetzung bzw. Entscheidung für eine Innovation (Handlungsakzeptanz) durch weitere subjektbezogene Faktoren (Tabelle 7) beeinflusst werden. Die Entscheidung gegenüber der Innovation resultiert aus einer subjektiven Beurteilung der Vorteilhaftigkeit der geplanten Übernahme und basiert daher immer auf der Phase der Meinungsbildung. Insofern wirken die hier beschriebenen subjektbezogenen Faktoren der Meinungsbildungsphase auch in der Folgephase auf die Handlungsakzeptanz.

Tab. 7: Subjektbezogene Einflussfaktoren der Handlungsakzeptanz gegenüber einer BI-Innovation.

Faktor	Beschreibung	L	E
Intrinsische Motivation	Innerer Anreiz des Subjektes (Sinn der Innovation erkannt)	++	n.b.
Extrinsische Motivation	Externe Anreize des Subjektes (Vorteile durch positive Rückkopplung auf Gehalt, Aufstiegsmöglichkeiten durch Einführung der Innovation etc.)	++	n.b.
Stimmungslage	Aktuelle Stimmungslage des Subjektes im Unternehmen. (Zeitdruck, Einfluss von Kollegialität, Unternehmenskultur, ...)	+	n.b.

Nachdem die subjektive Meinungsbildung für oder gegen eine Innovation abgeschlossen ist, kommt eine Handlungsakzeptanz erst dann zustande, wenn für Subjekte zusätzlich eine konkrete, persönliche Motivation vorliegt. Erst durch eine intrinsische oder extrinsische Motivation zur Übernahme kann die positive Grundeinstellung in einer Entscheidung zur Übernahme münden, etwa wenn das Management einen persönlichen Vorteil durch die Einführung erwartet oder extrinsisch durch innovationsbezogene Ziele und Vergütung dazu angeregt wird.

Zum Zeitpunkt der Entscheidung können auch situative Einflüsse wirken. Eine vorliegende Stimmungslage beeinflusst bereits die Meinungsbildung, kann aber bei der Bildung der Handlungsakzeptanz noch für oder gegen eine Entscheidung bzgl. der BI-Innovation beeinflussen.

7.6.3 Kontextbezogene Faktoren

Trotz positiver Einstellungsakzeptanz können kontextbezogene Faktoren eine Übernahme von Innovationen im Bereich BI verhindern. Die in Tabelle 8 wiedergegebenen Faktoren wurden im Rahmen der Literaturstudie und empirischen Untersuchung identifiziert und beschreiben die Grundlagen der Handlungsakzeptanz.

Tab. 8: Kontextbezogene Einflussfaktoren der Handlungsakzeptanz gegenüber einer BI-Innovation.

Faktor	Beschreibung	L	E
Bereitschaft der Organisation	Ausmaß, inwiefern eine Organisation die nötigen Ressourcen finanzieller und personeller Art besitzt, um eine Innovation zu übernehmen	++	++
Strategische Entscheidung	Ausmaß, inwiefern die Entscheidung für eine Innovation Bestandteil der Unternehmensstrategie ist		++
Preis der Innovation	Verkaufspreis einer Innovation, gemessen in Euro		+

Die Bereitschaft der Organisation eine BI-Innovation übernehmen zu können, drückt sich im Vorhandensein notwendiger Ressourcen aus. Sie ist eine der elementaren Voraussetzungen und wurde sowohl in der Literatur als auch in der empirischen Untersuchung gefunden.

Der Faktor Strategische Entscheidung kann im Weiteren darauf Einfluss haben, ob eine BI-Innovation eingeführt wird oder nicht. Selbst wenn noch kein Anwendungsfall vorliegt, kann die Entscheidung für eine Innovation fallen, um mögliche Nutzenpotentiale zu identifizieren und zu heben. Es kann aber auch strategisch entschieden werden, die aktuelle neue Technologie zu überspringen und die nächste Technologie zu übernehmen (Leapfrogging).

Die empirische Untersuchung zeigt, dass auch der Preis Entscheider beeinflussen und damit zur Handlungsakzeptanz beitragen kann. Softwarehersteller gewähren häufig Rabatte auf neue, innovative Produkte, um die Anzahl der Installationen und Referenzkunden zu erhöhen.

7.7 Akzeptanzfaktoren in der Implementierungsphase

7.7.1 Objektbezogene Faktoren

In der Implementierungsphase liegt noch keine fertig entwickelte BI-Anwendung (im Sinne eines Objektes) vor. Hier wird, im Sinne der Vollständigkeit, der Erstellungsprozess betrachtet, welcher einen Vorschritt der Nutzungsphase darstellt. Anhand der Frage „Wer akzeptiert was unter welchen Bedingungen?“ kann als Akzeptanzobjekt die später genutzte BI-Anwendung betrachtet werden. Es existieren akzeptanzfördernde, subjektbezogene und kontextbezogene Faktoren, die bereits während der Erstellungsphase eine zukünftige Nutzung beeinflussen können. Insofern wirken auch die weiter unten für die Nutzungsphase beschriebenen objektbezogenen Faktoren bereits in der Implementierungsphase.

7.7.2 Subjektbezogene Faktoren

Inwieweit bereits während der Implementierungsphase die zukünftige Nutzungsakzeptanz positiv beeinflusst werden kann, wird außerdem durch subjektbezogene Faktoren (Tab. 9) gesteuert. Insbesondere das Image der beteiligten Subjekte spielt hier eine wesentliche Rolle. Das soziale Umfeld wirkt auf die Bereitschaft von Nutzern, im Prozess der Entwicklung neuer Anwendungen mitzuwirken. Nutzen Vorgesetzte die Innovation oder treten als Sponsor auf, so erhöht sich die Bereitschaft am Veränderungsprozess teilzunehmen [2]. Auf der anderen Seite wird von Kollegen wahrgenommen, ob sich Mitarbeiter mit einer Innovation beschäftigen, was ein frühzeitiges Commitment zur Innovation fördern oder den Druck erhöhen kann,

Tab. 9: Subjektbezogene Einflussfaktoren in der Implementierungsphase einer BI-Innovation.

Faktor	Beschreibung	L	E
Image/soziale Anpassung	Ausmaß, inwieweit ein Individuum gewillt ist, sich am Verhalten anderer zu orientieren.	+	n.b.
Kühnheit	Ausmaß, inwieweit ein Subjekt neue, unbekannte Technologien gerne testet.	+	n.b.

ebenfalls die Innovation zu nutzen bzw. in der Implementierungsphase mitzuwirken. Wie intensiv der so erzeugte soziale Druck auf die Akzeptanz wirkt, hängt von der jeweiligen subjektiven Motivation des Einzelnen ab, sich am Verhalten anderer zu orientieren (soziale Anpassung).

Die Frage einer frühzeitigen Beschäftigung von späteren Endanwendern mit einer BI-Anwendung hängt auch von der individuellen Neugierde und Kühnheit ab. Umso eher Anwender bereit sind neue, unbekannte Technologien auszuprobieren, umso eher wird bereits vor Fertigstellung einer fertigen BI-Anwendung an Prototypen mitgewirkt und Feedback vor der Fertigstellung gegeben.

7.7.3 Kontextbezogene Faktoren

Sowohl im Rahmen der Literaturstudie als auch der empirischen Untersuchung wurden kontextbezogene Faktoren der Nutzungsakzeptanz identifiziert, die sich der Phase Implementierung zuordnen lassen (Tab. 10) und großenteils aus dem Projektmanagement geläufig sind.

Tab. 10: Kontextbezogene Faktoren der späteren Nutzungsakzeptanz, die sich bereits auf die Implementierungsphase beziehen.

Faktor	Beschreibung	L	E
Einbeziehung der Anwender	Anwender werden bei der Einführung einer BI-Applikation oder bei bevorstehenden Veränderungen in die Implementierungsphase einbezogen	++	+
Verfügbarkeit & Fähigkeiten Ressourcen	Es gibt ausreichend personelle Kapazitäten mit genügend Wissen und Fähigkeiten für die Einführung einer BI-Applikation	++	++
Veränderungsmanagement	Einführung einer BI-Applikation ist durch Methoden des Veränderungsmanagement wirksam unterstützt	+	+
Schrittweise Einführung	Einführung von BI erfolgt in mehreren Stufen	+	+

Diese implementierungsbezogenen Kontextfaktoren beeinflussen die spätere System- und Informationsqualität der BI-Applikation und die weiteren objektbezogenen Faktoren der Nutzungsakzeptanz. Darüber hinaus haben diese Faktoren einen Einfluss auf die Qualität von Einführung und Vorbereitung der Anwender auf die Nutzung von BI-Innovationen. So ermöglicht es beispielsweise die frühzeitige Einbeziehung der späteren Anwender anhand eines konkreten Anwendungsfalls den Systemnutzen und die Bedienbarkeit besser an deren Anforderungen anzupassen. Die empirische Untersuchung machte deutlich, dass eine schrittweise, themenbezogene und nutzenorientierte Einführung die Nutzungsakzeptanz tendenziell fördert.

7.8 Akzeptanzfaktoren in der Nutzungsphase

7.8.1 Objektbezogene Faktoren

In der Nutzungsphase geht es um die Frage, wie intensiv eine BI-Innovation im Rahmen von BI-Applikationen genutzt wird. Sowohl die Literaturstudie als auch die ergänzende empirische Untersuchung konnten zeigen, dass die Grundvoraussetzung für die Akzeptanz von BI-Applikationen die Informations- und Systemqualität darstellen, auf die wir nachfolgend genauer eingehen.

Zunächst sollen die beeinflussenden Faktoren der Informationsqualität kurz vorgestellt werden. Die in den Interviews am häufigsten genannten Faktoren sind in Tabelle 11 zusammengefasst.

Tab. 11: Einflussfaktoren der Informationsqualität.

Faktor	Beschreibung	L	E
Glaubwürdigkeit	Anwender vertrauen den Daten und akzeptieren sie		++
Erreichbarkeit	Daten sind jederzeit abrufbar	+	
Konsistenz	Daten weisen keine Widersprüche auf		+
Reproduzierbarkeit	Daten können zu einem späteren Zeitpunkt genau so betrachtet werden, wie zu einen früheren Zeitpunkt		+
Aktualität	Daten sind aktuell	+	+
Genauigkeit	Daten liegen in einer vom Anwender gewünschten Genauigkeit vor	+	
Vollständigkeit	Daten liegen vollständig in Auswertungen vor. Es fehlen keine Stammdaten. Es fehlen keine aktuellen oder historischen Daten	+	
Formatierung	Daten liegen im richtigen Format vor	+	

Tab. 12: Einflussfaktoren der Systemqualität.

Faktor	Beschreibung	L	E
Flexibilität	System kann mit wenig Aufwand durch Anwender angepasst und erweitert sowie funktionell durch Entwickler weiterentwickelt werden	++	++
Zuverlässigkeit	System läuft stabil, ohne Fehler und ist jederzeit abrufbar	+	++
Antwortzeiten	System kann zeitnah Datenabfragen beantworten. Niedrige Ladezeiten beim Öffnen und Navigieren	++	++
Integration	System kombiniert verschiedene Datenquellen	+	+
Sicherheit	Vertraulichkeit, Verfügbarkeit und Integrität sind gegeben	+	

Die Glaubwürdigkeit wurde in fünf der acht Interviews angesprochen und erscheint daher als grundlegend. In diesem Zusammenhang wurde oft das Stichwort Transparenz genannt. Es muss klar sein, woher die Daten stammen und Gründe von eventuellen Abweichungen müssen transparent sein, um die Glaubwürdigkeit zu erhalten. Glaubwürdigkeit wird zudem dadurch erreicht, dass die Informationsqualität über einen gewissen Zeitraum besteht.

Die Systemqualität stellt eine weitere Grundvoraussetzung für die Akzeptanz von BI-Innovationen in der Nutzungsphase dar. Die am häufigsten genannten Einflussfaktoren enthält Tabelle 12.

Systemflexibilität wurde in allen Interviews angesprochen und erscheint dadurch als besonders wichtiger Faktor. Die Anwender fordern, dass eine BI-Applikation leicht anpassbar und erweiterbar ist. Ebenfalls von herausragender Bedeutung für die Nutzungsakzeptanz sind kurze Antwortzeiten. Zusammenfassend lässt sich sagen, dass System- und Informationsqualität Grundvoraussetzungen für die Akzeptanz einer BI-Applikation darstellen.

Weitere Akzeptanzfaktoren, welche die Nutzung einer BI-Applikation beschreiben, sind die wahrgenommene Bedienbarkeit (Tab. 13) und der wahrgenommene Nutzen (Tab. 14). Dies lässt sich sowohl aus der empirischen Untersuchung als auch aus bisherigen Publikationen zur Akzeptanz von BI-Applikationen ableiten.

Um die wahrgenommene Bedienbarkeit zu steigern, ist es notwendig, dass BI-Applikationen verständlich und übersichtlich sind. Insbesondere für die Zielgruppe Management ist es wichtig, den Komplexitätsgrad im Berichtswesen zu reduzieren. Durch Personalisierung kann die Übersichtlichkeit gesteigert werden, indem je nach den Bedürfnissen der Anwender die Applikation in verschiedenen Komplexitätsgraden verfügbar ist.

Auch die Benutzeroberfläche kann für die wahrgenommene Bedienbarkeit entscheidend sein. Jedoch ist dieser Faktor vom Subjekt abhängig und beispielsweise im Management sehr wichtig. Die Zielgruppe Management fordert zudem gute Visualisierungsmöglichkeiten der dargestellten Daten.

Tab. 13: Einflussfaktoren der wahrgenommenen Bedienbarkeit.

Faktor	Beschreibung	L	E
Verständlichkeit & Übersichtlichkeit	Die BI-Applikation wird von den Anwendern mit wenig Schulungsaufwand verstanden und ist beherrschbar. Sie hat überschaubare Funktionalitäten und Navigationsmöglichkeiten	+	++
Personalisierbarkeit	BI-Applikation ist anpassbar auf die Bedürfnisse der Anwender		+
Benutzeroberfläche	Benutzeroberfläche ist intuitiv, modern und ansprechend	+	+
Einbettung	BI-Applikation ist in bestehende Lösungen eingebettet		++
Standardisierung	BI-Applikation unterliegt einem für alle BI-Applikationen geltenden Standard	+	
Systemqualität	BI-Applikation besitzt eine hohe Systemqualität	++	++

Tab. 14: Einflussfaktoren des wahrgenommenen Nutzens.

Faktor	Beschreibung	L	E
Komplexitätsabbildung	BI-Applikation kann eine Komplexität abbilden, die bei manueller Berechnung nur mit großem Aufwand oder gar nicht möglich wäre		++
Automatisierungsgrad	BI-Applikation stellt Daten zur Verfügung, die automatisiert geladen werden	+	++
Konfigurierbarkeit	BI-Applikation ermöglicht Anwendern, die Aufbereitung und Visualisierung der Daten flexibel anzupassen		++
Variable Granularität	BI-Applikation ermöglicht Anwendern, Daten in unterschiedlicher Granularität zu betrachten		++
Informationsqualität	Informationsqualität der BI-Applikation ist hoch	++	++

Wichtig ist weiterhin die Einbettung der Applikation in bestehende Lösungen, mit denen die Anwender vertraut sind. Wegen der Verbreitung der Microsoft (MS) Office-Produkte wird vor allem eine Integration in MS Excel und MS PowerPoint gefordert.

Der Grad der Standardisierung von BI-Applikationen wurde von Schieder und Gluchowski [36] als Akzeptanzfaktor identifiziert und bestätigt. Er wurde daher mit in das hier entwickelte Modell aufgenommen. Dieser Faktor kann mit der Personalisierbarkeit konkurrieren. Wixom und Todd [12] wiesen weiterhin eine Korrelation zwischen der wahrgenommenen Bedienbarkeit und der Systemqualität nach. Daher ist die Systemqualität als zusätzlicher Faktor aufgeführt.

Der Nutzen einer BI-Applikation entsteht zum einen dadurch, dass eine im Vergleich zu manueller Vorgehensweise deutlich höhere fachliche Komplexität abbildbar ist, anhand derer Entscheidungen getroffen werden. Diese Komplexitätsabbildung ist in den Interviews oft in Zusammenhang mit der Automatisierung genannt worden. Eine manuelle Berechnung der Kennzahlen wäre dagegen mit hohem Aufwand verbunden oder aufgrund der Komplexität nicht möglich. Des Weiteren wurde die Konfigurierbarkeit, also die Anpassbarkeit an den jeweiligen Nutzer, als ein Faktor identifiziert, der den wahrgenommenen Nutzen einer BI-Applikation stark beeinflusst. Auch die Frage, wie variabel die Daten in der Granularität abbildbar sind, beeinflusst den wahrgenommenen Nutzen. Wixom und Todd [12] konnten ebenfalls nachweisen, dass die Informationsqualität und der wahrgenommene Nutzen einer BI-Applikation korrelieren. Daher wird die Informationsqualität als weiterer Faktor mit aufgenommen.

Zusammenfassend lässt sich sagen, dass die wahrgenommene Bedienbarkeit und der wahrgenommene Nutzen entscheidend für die Nutzungsakzeptanz sind. Die Ergebnisse der empirischen Studie lassen den Schluss zu, dass die Verständlichkeit und Übersichtlichkeit, sowie die Einbettung essentielle Faktoren sind, welche die Bedienbarkeit beeinflussen. Die empirische Untersuchung konnte zudem zeigen, dass die Komplexitätsabbildung und die Konfigurierbarkeit wichtige Faktoren sind.

7.8.2 Subjektbezogene Faktoren

Eine intensive Nutzung der BI-Innovation setzt ein gutes Verständnis des verwendeten Systems voraus. Umso besser Mitarbeiter die Innovation verstehen, umso höher wird deren Nutzung ausfallen (vgl. Tab. 15). Als Faktoren wirken z. B. Computer-Kompetenz (Computer Literacy) und Computer-Spielfertigkeit (Computer Playfulness). Auch sozioökonomische Faktoren wie der Bildungsgrad bestimmen, wie sehr die Innovation verstanden wird, was direkten Einfluss auf die Nutzung nimmt.

Tab. 15: Subjektbezogene Einflussfaktoren in der Nutzungsphase einer BI-Innovation.

Faktor	Beschreibung	L	E
Freiwilligkeit	Ausmaß, inwiefern das Subjekt die Innovation freiwillig nutzen kann bzw. eine Anweisung zur Nutzung vorhanden ist	+	n.b.
Computer-Kompetenz	Ausbildungsstand im allgemeinen Umgang mit Computern	++	n.b.
Computer-Spielfertigkeit	Ausmaß, inwiefern das Subjekt die Anwendung des Computers mit Spaß und Spiel vornimmt	++	n.b.
Bildungsgrad	Bildungsgrad des Subjektes	++	n.b.

Als weiterer Faktor determiniert die Freiwilligkeit die Bereitschaft zur Nutzung. Ist ein Anwender von der BI-Innovation überzeugt und nutzt diese freiwillig, so sind die Grundlagen für eine langfristige, erfolgreiche Nutzung vorhanden. Auf der anderen Seite kann ein Zwang zur Nutzung durch unternehmerische Vorgaben zwar kurzfristig eine Nutzung vorschreiben, doch fehlt für eine langfristige Nutzung dann die Identifikation mit der Innovation und eine intrinsische Motivation.

7.8.3 Kontextbezogene Faktoren

Der Kontext ist für die Nutzungsakzeptanz ebenfalls von Bedeutung. In Tabelle 16 sind die wirksamen Kontextfaktoren überblickartig wiedergegeben.

Einen wichtigen Kontextfaktor stellt der zugrundeliegende Anwendungsfall dar. BI-Applikationen sollten zur Aufgabenerfüllung und Problemlösung der Anwender beitragen. Auch die Servicequalität beeinflusst die Nutzungsakzeptanz. Dazu zählt beispielsweise die Fehlerbehebung und Stabilisierung bei Verlust von System- und Informationsqualität, die Bereitstellung von Zugangsdaten, sowie die Dokumentation der Applikationen. Vor allem die Dokumentation kann sowohl zur Glaubwürdigkeit der Daten, als auch zur Nachvollziehbarkeit und Verständlichkeit der Applikationen beitragen. Ergänzend kann zur Servicequalität auch gezählt werden, wie schnell und gut die Anforderungen des Fachbereiches mit der BI-Applikation umgesetzt werden können.

Tab. 16: Kontextbezogene Faktoren der Nutzungsakzeptanz.

Faktor	Beschreibung	L	E
Anwendungsfall	BI-Anwendung soll einen konkreten Prozess der Wertschöpfung des Unternehmens unterstützen oder eine fachliche Problemstellung der Mitarbeiter lösen und damit einen Mehrwert bieten	+	++
Servicequalität	Unterstützung der Anwender bei Beeinträchtigung der System- und Informationsqualität sowie bei Fragen zur BI-Applikation ist gegeben	++	++
Herkunft	BI-Applikation wurde dezentral in einem Werk oder in der Zentrale entwickelt		+
Häufigkeit von Änderungen	BI-Applikationen werden nicht häufig geändert		+
Sozialer Einfluss	Nutzen einer BI-Applikation wird durch Kollegen oder Führungskräfte beeinflusst	+	+

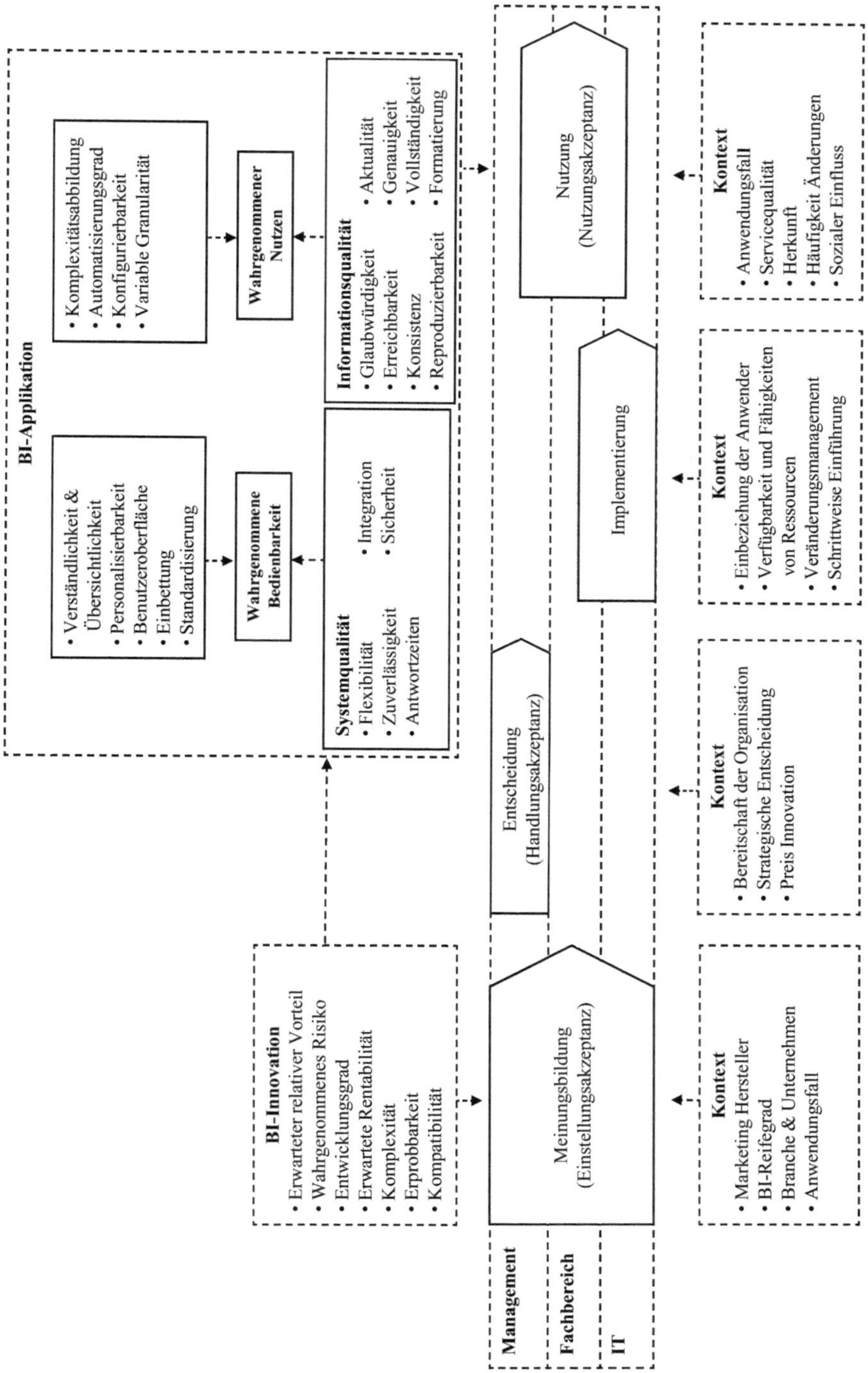

Abb. 5: Gesamtmodell der Akzeptanz von BI-Innovationen (mit Einflussfaktoren).

Weiterhin wurde die Herkunft der BI-Applikation als Kontextfaktor in der empirischen Untersuchung identifiziert – die Akzeptanz steigt tendenziell, wenn die Applikation dezentral in einem Werk (und nicht in der weit entfernten Unternehmenszentrale) entwickelt wurde. Vorteilhaft für die Nutzungsakzeptanz ist es auch, wenn BI-Applikationen relativ selten geändert werden, so dass eine Gewöhnung auf Nutzerseite stattfinden kann. Verschiedene Autoren ([2][26][29]) konnten außerdem zeigen, dass die Akzeptanz von BI-Applikationen auch einem sozialen Einfluss unterliegt.

Das bis hier schrittweise entwickelte Modell inklusive der identifizierten Akzeptanzfaktoren ist in Abbildung 5 als Gesamtergebnis dargestellt. Das Modell kann den Prozess der Übernahme (oder Ablehnung) einer Innovation im Bereich BI mithilfe der Phasen und den zugehörigen Akzeptanzfaktoren beschreiben und erklären. Das Modell kann auch prognostisch eingesetzt werden, also die zu erwartende Akzeptanz einer BI-Innovation in einem bestimmten Unternehmen oder (aggregiert) am Markt vorab schätzen, wenn die Ausprägung der wesentlichen Einflussfaktoren geklärt werden kann. Diese Möglichkeit ist vor dem Hintergrund der sehr hohen Kosten einer BI-Innovation für das Management von Anwenderunternehmen, aber auch aus Herstellersicht von Interesse. Ein solcher Einsatz zur Akzeptanzprognose ist Grundlage der nachfolgenden Fallstudien, mit der die grundsätzliche Anwendbarkeit des hier entwickelten Modells nachgewiesen wird.

8 Demonstration (Fallstudien)

8.1 Die BI-Innovation In-Memory Datenmanagement

Um die Anwendbarkeit des Modells zu prüfen, wird die Akzeptanz der BI-Innovation „In-Memory Datenmanagement“ (IMDM, Akzeptanzobjekt) für zwei verschiedene Anwendungsunternehmen und unterschiedliche BI-Applikationen betrachtet: das JIT-Reporting und die Belegflussanalyse, beide basierend auf der In-Memory Technologie der SAP SE. Dabei werden nicht alle Faktoren des Modells betrachtet, sondern eine kompakte Form zugrunde gelegt, die hier eine hinreichend genaue Akzeptanzprognose ermöglicht.

IMDM ist eine im BI-Kontext derzeit als neu wahrgenommene angewandte Technologie. Für die Umsetzung ist eine In-Memory-Datenbank (IMDB) notwendig. Eine IMDB hält Daten immer vollständig im Hauptspeicher (Arbeitsspeicher, RAM). Erfolgt eine zusätzliche Nutzung des Hauptspeichers zur Datenverarbeitung, liegt IMDM vor [45]. Der Zugriff auf den Arbeitsspeicher ist um ein Vielfaches schneller (im Bereich von vier Zehnerpotenzen) als der Zugriff auf einen klassischen Festplattenspeicher. Insbesondere beim Lesen von großen Datenmengen in BI-Systemen fällt diese Differenz ins Gewicht [46]. Ein zusätzlicher Performance-Vorteil ist durch die spaltenorientierte Speicherung bei In-Memory-basierten Lösungen zu erreichen. Hierbei sind die Attributwerte eines Datensatzes spaltenbasiert auf der Datenbank abgelegt. Dieser Ansatz beschleunigt eine Analyse und Berechnung der Daten (Datenverarbeitung) im Vergleich zur zeilenorientierten Speicherung in klassischen Datenbanksystemen. Durch IMDM entfällt größtenteils die physische Speicherung der Daten in BI-Systemen. Vielmehr ist die Architektur über virtuelle Schichten abgebildet. Durch diesen Verzicht werden Datenredundanzen und Inkonsistenzen vermieden, die Komplexität der Architektur reduziert und der benötigte Speicherplatz verringert. Gleichzeitig sind spontane und flexible Datenanalysen möglich [5].

8.2 Fallstudie 1: JIT-Reporting in der Automobilindustrie

Die BI-Applikation JIT-Reporting wird bereits bei dem betrachteten Automobilzulieferer eingesetzt. Die Applikation dient dazu, fehlerhaft erstellte Rechnungen aufgrund unvollständiger technisch generierter Bestellungen zu identifizieren. Im Ergebnis werden Rechnungen angepasst und der Automobilzulieferer kann anschließend alle Bestellungen korrekt fakturieren. Aktuell basiert die Applikation auf einer klassischen Datenbank mit einem SAP Data Warehouse. Im Rahmen einer Machbarkeitsstudie ist diese Applikation als Prototyp mit der BI-Innovation IMDM erstellt worden. Ziel der Anwendung des hier entwickelten Akzeptanz-Modells ist es, in diesem Fall die Einstellungsakzeptanz für IMDM bei dem Automobilzulieferer zu prognostizieren.

Um die Einstellungsakzeptanz zu IMDM vorhersagen zu können, ist nach dem Modell zunächst der **erwartbare relative Vorteil** zu untersuchen. Die Neuimplementierung zeigt auf, dass die Datenbereitstellung der BI-Applikation mittels der BI-Innovation IMDM von bisher 1h auf 6:30 Minuten reduziert werden kann. Damit ist eine Steigerung der Systemqualität zu verzeichnen. Aufgrund des reduzierten Zeitumfangs können die Daten statt einmal wöchentlich alle drei Stunden geladen werden, wodurch die Aktualität und damit die Informationsqualität steigt. Fraglich ist, ob ein BI-Anwendungsfall an der Stelle vorliegt (Kontextfaktor). Der fachliche Prozess der Rechnungsanpassung von JIT-Abrufen erfolgt derzeit monatlich. Es kann nach Rückfrage im Unternehmen davon ausgegangen werden, dass dieser Prozess ausreicht. Daher liegt **kein belastbarer Anwendungsfall** für die BI-Innovation IMDM vor. Da der erwartete relative Vorteil eine Grundvoraussetzung für die Einstellungsakzeptanz darstellt, kann bereits an dieser Stelle prognostiziert werden, dass für diesen Fall die Innovation IMDM keine Akzeptanz erfährt.

Bei der Betrachtung der Faktoren erwartbare Rentabilität und wahrgenommenes Risiko wird gleichfalls deutlich, dass IMDM in diesem Fall keine Akzeptanz erfährt. Die Rentabilität ist negativ, da kein fachlicher Prozess verbessert wird und somit kein Nutzen vorliegt. Das Risiko beschreibt ein Interviewpartner, der diese BI-Applikation mit betreut: „Ich habe das Gefühl, dass wir da wieder alles umbauen müssen.“ (Interview 7). Mit diesem Ergebnis kann die Akzeptanzuntersuchung beendet werden. Von der Einführung der BI-Innovation IMDM ist im betrachteten Unternehmen ohne weiteren Anwendungsfall abzusehen. Dieses Resultat bereits in einer sehr frühen Projektphase erzeugen zu können, wurde vom Management des betrachteten Unternehmens als äußerst hilfreich eingeschätzt.

8.3 Fallstudie 2: Belegflussanalyse in der Chemieindustrie

Die BI-Applikation „Belegflussanalyse“ wird ebenfalls derzeit bereits in einem Unternehmen der Chemie-Branche eingesetzt – auf Basis einer klassischen Datenbank in Form einer relativ starren, transaktionalen Liste. Die Neu-Implementierung beinhaltet die Integration von BI-Funktionalitäten durch die In-Memory-Technologie (SAP HANA) und den Einsatz eines neuen Analysetools (SAP BusinessObjects Design Studio). Durch diese umfassende Erweiterung wird die gesamte BI-Applikation von den Anwendern als neu wahrgenommen und kann daher für das betrachtete Unternehmen als BI-Innovation definiert werden. Ziel dieser BI-Applikation ist eine Analyse verbundener Geschäftsbelege innerhalb desselben Enterprise Ressource Planning Systems (hier SAP ERP), dem sogenannten Belegfluss. Die Datenanalysen, die mithilfe dieser Applikation ermöglicht werden, sollen direkt in das operative Geschäft des Unternehmens einfließen. Dafür werden, wie im BI-Umfeld üblich, innerhalb der Anwendung Belegflussanalyse flexible Analysefunktionen, wie Filterung, Aggregation, Drill-Up/Drill-Down zur Verfügung gestellt.

Zur Prognose der Akzeptanz werden die relevanten Faktoren unseres Modells nachfolgend untersucht. Der **erwartete relative Vorteil** als Grundvoraussetzung der **Einstellungsakzeptanz** der BI-Applikation wird in diesem Beispiel dadurch beeinflusst, dass eine bestehende BI-Applikation vorhanden und damit ein Vergleich möglich ist. Durch die Erweiterung der BI-Applikation um zusätzliche Kennzahlen (Bsp.: Liefertreue) und die Möglichkeit, aufgrund von IMDM Datenanfragen über einen längeren Abfragezeitraum realisieren zu können, kann in kürzerer Zeit mehr **Komplexität abgebildet** und dem Anwender aussagefähigere Informationen zur Verfügung gestellt werden. Dadurch steigt der **wahrgenommene Nutzen** der BI-Applikation. Unabhängig von der Steigerung der Komplexitätsabbildung kann durch die Performanceverbesserung von IMDM auch die **Systemqualität** in Form von schnelleren **Antwortzeiten** gesteigert werden. Weiterhin wird die **Servicequalität** verbessert, da die technische Umsetzung mit IMDM eine schnellere Anpassung und Erweiterung der BI-Applikation ermöglicht. Durch den Einsatz des neuen Tools „SAP BO Design Studio“ zur Entwicklung von BI-Applikationen kann die **Benutzeroberfläche** des Berichtes moderner gestaltet werden, wodurch die **wahrgenommene Bedienbarkeit** nach dem Modell steigt. Ein **Anwendungsfall** liegt im betrachteten Unternehmen vor: Die mehr als 40 Anwender aus verschiedenen Unternehmensbereichen sind durch die langen Antwortzeiten und Systemabbrüche bei bestimmten Abfragen aktuell unzufrieden. Durch eine Verbesserung der Antwortzeiten können Zeit und damit Kosten gespart werden. Die **erwartbare Ren-**

tabilität kann damit besser beurteilt werden, wenngleich dieser einzelne Fall noch nicht rentabel ist. Der erwartete relative Vorteil als Grundvoraussetzung und die erwartbare Rentabilität lassen positive Einstellungsakzeptanz erwarten.

Die als Prototyp entwickelte BI-Applikation „Belegflussanalyse" wurde innerhalb eines Workshops 25 Mitarbeitern des betroffenen Chemieunternehmens vorgestellt. Um Meinungen und Verbesserungsvorschläge der Teilnehmer einzuholen, wurde ein vorbereiteter Fragebogen verwendet. Der Leiter des Workshops kam auf Grundlage der Antworten sowie von Nachfragen und Diskussionen zu dem Schluss, dass übereinstimmend mit der Prognose des Modells eine insgesamt positive Einstellung bezüglich der BI-Innovation vorlag.

Jedoch können auch einige Risiken aus Anwendersicht wahrgenommen werden. Durch die Implementierung als Prototyp ist die **Zuverlässigkeit** noch nicht ganz ausgereift. Somit können Bedenken entstehen, ob die Innovation als fertiges Produkt zuverlässig sein wird. Auch die **Personalisierung** und die **Übersichtlichkeit** konnte aufgrund technischer Hemmnisse noch nicht vollständig sichergestellt werden, wodurch die **wahrgenommene Bedienbarkeit** wiederum trotz der neuen Oberfläche verschlechtert werden kann. Da bislang jedoch nur ein Prototyp vorliegt, können diese Befürchtungen im Hinblick auf das fertige System eingeschränkt werden.

Die Teilnehmerantworten im Workshop belegten, dass zum Teil Bedenken bestanden. Die Gründe dieser Bedenken lagen jedoch nicht, wie erwartet, in der Bedienbarkeit. Vielmehr äußerten die Teilnehmer die Kritik, dass mit dem Tool SAP BO Design Studio keine externen Datenquellen außerhalb von SAP integriert werden können. Weitere Bedenken wurden hinsichtlich der erwarteten Systemperformance geäußert. Wie im Modell berücksichtigt, erzeugen Marketingmaßnahmen der Hersteller häufige falsche Erwartungen bei potenziellen Käufern. Mit IMDM verbessert sich die Aktualität der Daten beziehungsweise die Komplexitätsabbildung, wohingegen die Ladezeiten in BI-Applikationen häufig nicht kürzer sind.

8.4 Diskussion

Das im vorliegenden Beitrag entwickelte Modell prognostiziert zusammenfassend aufgrund des erwarteten relativen Vorteils bei vergleichsweise geringer Komplexität in Fallstudie 2 eine Akzeptanz der BI-Innovation. Jedoch können aufgrund der prototypischen Implementierung mit eingeschränkter Erprobbarkeit noch Risiken entstehen, wodurch auch eine spätere Ablehnung in der Nutzungsphase nicht ganz auszuschließen ist.

Die beiden Fallstudien verdeutlichen, dass sich anhand der Strukturierung des Akzeptanzprozesses in verschiedene Phasen schon vorab ein recht klares Bild von der späteren Akzeptanz einer BI-Innovation gewinnen lässt, indem man die zentralen Einflussfaktoren in ihren Ausprägungen untersucht. Die Gegenüberstellung beider Fallbeispiele verdeutlicht darüber hinaus, dass ein und dieselbe BI-Innovation (wie hier IMDM) in jedem Kontext separat betrachtet werden sollte. So reichen technologiebasierte Vorteile in der BI-Applikation JIT-Reporting nicht für eine Akzeptanz aus, da kein Bedarf besteht, den Rechnungsanpassungsprozess in kürzeren Zyklen durchzuführen und somit der Business Case fehlt. Der Anwendungsfall stellt einen wichtigen Kontextfaktor im Rahmen unseres Modells dar.

Am Beispiel „JIT-Reporting" können noch weitere Konstruktionselemente des Modells evaluiert werden. Zum einen bestätigte das Vorgehen des Projektteams den phasenorientierten Charakter des Modells. Zunächst erfolgt die Meinungsbildung mit anschließender Entscheidungsphase. Gleichzeitig wurde die Interdependenz von Einstellungs-, Handlungs- und Nutzungsakzeptanz bestätigt. Da keine Steigerung der Nutzungsakzeptanz zu erwarten war, bestand im Entscheidungsteam auch keine positive Einstellungsakzeptanz. Folglich gab es auch keine Handlungsakzeptanz, die Innovation einzuführen. Zum anderen zeigt die Beauftragung einer Machbarkeitsstudie, dass mithilfe der Erprobung die Meinungsbildung bezüglich einer BI-Innovation erleichtert werden kann. Dies bestätigt, dass der identifizierte Faktor „Erprobbarkeit" einer BI-Innovation relevant ist.

Die Workshop-Ergebnisse mit Unternehmensvertretern im Beispiel „Belegflussanalyse" untermauern noch einmal, dass die modellbasierte Akzeptanzprognose grundlegend zutreffend ist. Dem entwickelten Modell unterliegt das Verständnis, dass eine BI-Applikation als ein Gesamtsystem und damit auch nur als ein Akzeptanzobjekt betrachtet wird. Auch dies konnte in der Fallstudie bestätigt werden. Die Workshop-Teilnehmer äußerten mehrfach Bedenken darüber, dass das bisherige BI-System mit seinen vielfältigen Lösungen insgesamt ersetzt werden solle. Sie erkannten nicht, dass es bezüglich der diskutierten BI-Innovation nur um eine verbesserte BI-Basistechnologie mit neuer Oberfläche ging. Die Fallstudie bestätigte auch, dass die Entscheidung zur Einführung einer BI-Innovation auch von der IT-Strategie des Unternehmens und der Budgetfreigabe (Bereitschaft der Organisation) abhängig ist.

9 Fazit

Basierend auf einer systematischen Literaturstudie sowie einer ergänzenden empirischen Untersuchung konnte ein Modell entwickelt werden, welches ein differenziertes Akzeptanzverständnis sowie die verschiedenen Phasen des Akzeptanzprozesses abbildet. Die Forschungsfrage, welche Faktoren die Übernahme einer BI-Innovation in der Praxis beeinflussen, konnte beantwortet werden. Eine zentrale Erkenntnis ist, dass für die vollständige Adoption (Kauf, Einführung und Nutzung) jeweils Einstellungs- Handlungs- und Nutzungsakzeptanz vorliegen muss, die wiederum von phasenspezifischen Faktoren abhängen.

Maßgeblich für eine positive Einstellungsakzeptanz ist der erwartete relative Vorteil einer Innovation. Diese Erwartungen werden je nach Kontext vom Management, den Fachbereichen oder dem IT-Bereich gebildet. Je nach Entwicklungsgrad der Innovationen werden auch Risiken wahrgenommen, welche möglicherweise zu einer Ablehnung der Innovation trotz offensichtlicher Vorteile führen können. Aufgrund der Komplexität ist es nötig, die BI-Innovation vorher zu erproben und damit die Erwartungen hinsichtlich der Vorteile oder Risiken zu überprüfen. Auch die Kosten der Innovation sind wichtig und wie gut der Nutzen quantifiziert werden kann, um die Rentabilität beurteilen zu können. Eine positive Einstellungsakzeptanz ist Voraussetzung für Handlungsakzeptanz, also die Entscheidung des Managements für die Innovation. Trotz positiver Einstellungsakzeptanz kann die Entscheidung jedoch negativ ausfallen, wenn die Organisation nicht die nötigen Ressourcen besitzt, der Preis zu hoch ist, oder strategische Gründe dagegen sprechen.

Zusätzlich konnten in dieser Arbeit Erfolgsfaktoren bei der Implementierung einer Innovation identifiziert werden. Wichtig sind in dieser Phase das Veränderungsmanagement mit einer schrittweisen Einführung und einer frühzeitigen Einbeziehung der Anwender. Auch die Verfügbarkeit und Fähigkeiten der personellen Ressourcen in dieser Phase haben einen Einfluss darauf, wie die Vorteile von BI-Innovationen sich materialisieren. Grundvoraussetzungen für die Nutzung sind die System- und Informationsqualität. Akzeptanzfördernd sind eine leichte Bedienbarkeit und ein hoher fachlicher Nutzen. Die beiden Fallstudien untermauern die Anwendbarkeit und Nützlichkeit des entwickelten Modells in praktischen Anwendungskontexten. Insbesondere bestätigt sich, dass ein konkreter Anwendungsfall die Voraussetzung dafür ist, dass IMDM die Akzeptanz von BI-Applikationen steigern kann.

Das hier entwickelte Modell baut auf der dynamischen Akzeptanzbetrachtung von Kollmann [7] auf und verbindet zudem zentrale Ergebnisse der Diffusionsforschung von Rogers [4] mit aktuellen Akzeptanzforschungen aus dem Bereich BI. Alle identifizierten Akzeptanzfaktoren sind konkreten Phasen des Akzeptanzprozesses zugeordnet. Damit konnte eine Forschungslücke in der BI-Akzeptanzforschung geschlossen werden, die jedoch durch weitere praktische Anwendungen in Unternehmen noch umfangreicher evaluiert werden muss. Durch den methodischen Ansatz der Triangulation wurden in dieser Arbeit mehrere Theorien und Modelle genutzt, um den Sachverhalt zu untersuchen. Dadurch beinhaltet das Modell eine Vielzahl an Faktoren, was die Identifizierung von im Einzelfall besonders relevanten Faktoren erschwert. Im Zweifel muss jeder Faktor individuell untersucht werden. In zukünftiger Forschung sollte geprüft werden, ob sich Faktoren zusammenfassen lassen.

Mit dem hier entwickelten phasenorientierten Akzeptanzmodell zur Erklärung und Prognose der Übernahme von BI-Innovationen können Dienstleister und Beratungsunternehmen den Akzeptanzprozess in Organisationen besser verstehen und ihre Kunden somit besser beraten. Eine Übertragung der Modelllogik auf andere IT-Systeme und -Bereiche wie Big Data, Predictive Analytics oder Statistikanwendungen zur Entscheidungsunterstützung erscheint plausibel.

10 Anhang: Einflussfaktoren auf Adoption und Akzeptanz von BI-Innovationen mit Quellenzuordnung

Tab. 17: Identifizierte Einflussfaktoren und Kategorien (mit Quelle).

Kat. I	Kat. II	Identifizierte Faktoren	Literaturstudie												Empirische Untersuchung							
			26	27	28	29	2	33	35	36	38	39	40	41	I1	I2	I3	I4	I5	I6	I7	I8
Objekt	Informationsqualität	Informationsqualität (Information Quality)					●		●	●	●		●	●	○	○	○	○	○	○	○	
		Informationsqualität – Erreichbarkeit (Accessibility)					●						●									
		Informationsqualität – Genauigkeit (Accuracy)								●												
		Informationsqualität – Vollständigkeit (Completeness)								●												
		Informationsqualität – Aktualität (Actuality)								●					○							
		Informationsqualität – Format (Format)								●												
		*Informationsqualität – Glaubwürdigkeit**														○	○	○		○	○	
		*Informationsqualität – Konsistenz**														○				○		
		*Informationsqualität – Reproduzierbarkeit**														○				○		
	Systemqualität	Systemqualität (System Quality)					●		●	●			●	●	○	○	○	○	○	○	○	
		Systemqualität – Zuverlässigkeit (Reliability)											●			○			○	○	○	
		Systemqualität – Antwortzeiten (Responsiveness)							●		●		○			○	○		○	○		
		Systemqualität – Flexibilität (Flexibility)							●	○			●		○	○	○	○	○	○	○	
		Systemqualität – Sicherheit (Security)							●													
		Systemqualität – Integration (Integration)							●				●							○		

Bedienbarkeit	Wahrgenommene Bedienbarkeit (Perceived Ease of Use)	○	○			○					○				○	○	○	○	○	○
	Benutzeroberfläche (User Interface)					○									○				○	
	Einfache Navigation (Ease of Navigation)							●												
	Verständlichkeit & Übersichtlichkeit (Comprehensiveness)								●						○	○	○	○	○	○
	*Personalisierbarkeit**														○	○				
	Grad der Standardisierung (Scope of Standardization)								●											
	*Einbettung**														○	○	○	○	○	○
Nutzen	Wahrgenommene Nützlichkeit (Perceived Usefulness)	●	○			○					●			○	○	○	○	○	○	○
	Automatisierungsgrad (Automatization)								●	●					○		○		○	○
	*Komplexitätsabbildung**													○		○	○	○	○	
	*Konfigurierbarkeit**													○			○		○	○
	*Variable Granularität**													○	○		○		○	
Innovation	*Erwartete Rentabilität**													○				○		○
	Erwartete Bestätigung(Expectation Confirmation)						○													
	Entwicklungsgrad Technologie (Development Technology)												○					○		
	Relativer Vorteil (Relative Advantage)			○	●	○								○	○	○		○	○	○
	Ergebnisklarheit (Result demonstrability, Output Quality)					●	○							○	○			○	○	○

Tab. 17 (fortgesetzt)

Kat. I	Kat. II	Identifizierte Faktoren	Literaturstudie												Empirische Untersuchung							
			26	27	28	29	2	33	35	36	38	39	40	41	I1	I2	I3	I4	I5	I6	I7	I8
Objekt	Innovation	Kompatibilität (Compatibility)			○	●	●								○				○			
		Komplexität (Complexity)			○	●	○			●										○		
		Sichtbarkeit (Visiblity)					○	○														
		Erprobbarkeit (Triability)					○	○								○			○		○	
		Wahrgenommenes Risiko (Perceived Risk)	●													○			○	○	○	
Subjekt	Psychographisch	Einstellung (Attitude)					○	○														
		Intrinsische Motivation (Intrinsic Motivation)	●			●																
		Extrinsische Motivation (Extrinsic Motivation)	●			●																
		Freiwilligkeit (Voluntariness)					○															
		Stimmungslage (Positive Mood)																				
		Image / soziale Anpassung					○	○														
		Nutzer Vorprägung (User Predisposition)		○																		
		Erfahrungen (Prior Experience)					○															
		Kühnheit (Venturesomeness)	●																			
		Computer Kompetenz (Computer Literacy)	○				○				●											
		Computer Spielfertigkeit (Computer Playfulness)					○															
		Computer Selbstwirksamkeit (Computer Self Efficacy)					○															

		Computer Angst (Computer Anxiety)					○														
		Bereitschaft für Veränderungen (Readiness for Change)					●														
		Innovationsbereitschaft (Personal Innovativeness)					●														
	Sozio-ökono-misch	Bildung (Educational Level)	○				○														
		Alter (Age)					○														
Kon-text	Organi-sation	Sozialer Einfluss (Social Influence)	●	○		●	●	○													○
		Schulungen (User Training)					●											○			
		Veränderungsmanagement (Change Management)					●		●						○			○			
		Einbeziehung der Anwender in der Implementierungsphase (User Participation in Implementation)					●				●			●		○				○	
		Schrittweise Einführung (Iterative development approach)					○								○						
		Qualität der Dokumentation (Quality of Documentation)										○			○						
		Bereitschaft der Organisation (Organization Readiness)			●					●								○	○	○	
		Ressourcen (Organizational resources)					●		●					●				○	○	○	
		Finanzielle Lage (Financial Considerations)								●	○								○	○	
		Staatliche Unterstützung (Government Support)			●																
		Organisationsgröße (Organization Size)			○		○			●	○										

Tab. 17 (fortgesetzt)

Kat. I	Kat. II	Identifizierte Faktoren	Literaturstudie												Empirische Untersuchung							
			26	27	28	29	2	33	35	36	38	39	40	41	I1	I2	I3	I4	I5	I6	I7	I8
Kon-text	Organi-sation	Branche & Unternehmen (Business Sector)					○								○						○	
		Organisationskultur (Organizational Culture)					○				●											
		Informationskultur (Information Culture)					●															
		Einfluss auf die BI-Strategie (Influence Business Strategy)									●											
		*Strategische Entscheidung**													○		○		○	○		
		*Reifegrad BI**													○				○	○		
		*Häufigkeit Änderungen**														○						
	Umwelt	Situative Bedingungen (Situational Constraint)				●																
		*Marketing Hersteller**														○	○		○	○		
		*Preis Innovation**														○			○			
		*Gebundenheit an Hersteller**																	○			
		*Herkunft**																		○	○	
		Konkurrenzdruck (Competitive Pressure)			○		●			●												
		Unterstützung Management (Top Management Support)			○		●		●		●			●					○			
		Kontrollen (External Controls)		○																		
		Service Qualität (Service Quality)							●	●		○			○	○		○		○		

Unterstützende Bedingungen (Facilitating Conditions)					●														
Anwendungsfall (Business Case)									●				○				○	○	○
Task-Technology-Fit	●				○					●									
Relevanz (Job Relevance)					●								○	○		○			

Legende: ○ Identifiziert, ● Identifiziert und bestätigt, Ix = Interview Nr. x, Literaturkürzel siehe Literaturverzeichnis, *Kursiver Druck* und *: neuer Faktor in empirischer Untersuchung.

11 Literatur

[1] Kemper H. G., Baars H., Mehanna W. 2010. Business Intelligence – Grundlagen und praktische Anwendungen. Eine Einführung in die IT-basierte Managementunterstützung. 3. Aufl. Wiesbaden: Vieweg.
[2] Grublješič T., Jaklič J. 2014. Business intelligence Acceptance: The prominence of organizational factors. Information System Management. 32(4). S. 299–315.
[3] Schumpeter J. A. 1947. The Creative Responses in Economic History. The Journal of Economic History 7(2). S. 149–159.
[4] Rogers E. M. 2003. Diffusion of Innovations. 5. Aufl. New York: Free Press.
[5] Knabke T., Olbrich S. 2016. Grundlagen und Einsatzpotentiale von In-Memory-Datenbanken. In: Gluchowski P., Chamoni P. (Hrsg). Analytische Informationssysteme. 5. Aufl. S. 187–203. Berlin/Heidelberg: Springer.
[6] Lucke D. 1995. Akzeptanz. Legitimität in der „Abstimmungsgesellschaft". Opladen: Leske+Budrich.
[7] Kollmann T. 1998. Akzeptanz innovativer Nutzungsgüter und -systeme: Konsequenzen für die Einführung von Telekommunikations- und Multimediasystemen. Wiesbaden: Springer.
[8] Wriggers S. 2006. Markterfolg im Mobile Commerce. Faktoren der Adoption und Akzeptanz von M-Commerce-Diensten. Wiesbaden: Springer.
[9] Zoellner, J., Rau I., Schweizer-Ries P. 2009. Projektendbericht: Erneuerbare Energien und sozialwissenschaftliche Fragen. Universität Magdeburg.
[10] Davis F. D., Bagozzi R. P., Warshaw P. R. 1989. User Acceptance of Computer Technology: A Comparison of Two Theoretical Models. Management Science 35(8). S. 982–1002.
[11] DeLone W. H., McLean E. R. 2003. The DeLone and McLean Model of Information Systems Success: A Ten-Year Update. Journal of Management Information Systems 19(4).S. 9–30.
[12] Wixom B. H., Todd P. A. 2005. A Theoretical Integration of User Satisfaction and Technology Acceptance. Information System Research 16(1). S. 85–102.
[13] Goodhue D. L. 1995. Understanding User Evaluations of Information Systems. Management Science 41(12). S. 1827–1844.
[14] Müllerleile T., Ritter S., Englisch L., et al. 2015. The Influence of Process Acceptance on BPM: An Empirical Investigation. In: Proceedings of the 2015 IEEE 17th Conference on Business Informatics (CBI 2015). S. 125–132.
[15] Nissen V., Müllerleile T. 2017. Prozessakzeptanzforschung. Warum manche Prozesse gelebt und andere umgangen werden. In: Handbuch Dienstleistungsmanagement. S. 1049–1073. München: Vahlen.
[16] Webster J., Watson R.T. 2002. Analysing the past to prepare for the future: Writing a literature review. MIS Quarterly 26(2). S. 13–23.
[17] Döring N., Bortz J. 2016. Forschungsmethoden und Evaluation in den Sozial- und Humanwissenschaften. 5. Aufl. Berlin/Heidelberg: Springer.
[18] Helfferich C. 2011. Die Qualität qualitativer Daten. Manual für die Durchführung qualitativer Interviews. 4. Aufl. Wiesbaden: VS Verlag für Sozialwissenschaften.
[19] Mayring P. 2010. Qualitative Inhaltsanalyse. Grundlagen und Techniken. 11. Aufl. Weinheim: Beltz
[20] Straus A., Corbin J. M. 1996. Grounded Theory. Grundlagen qualitativer Sozialforschung. Weinheim: Psychologie Verlag Union.
[21] DePietro R., Wiarda E., Fleischer M. 1990 The context for change: organization, technology and environment. In: Tornatzky L. G., Fleischer M. (Hrsg). The Process of Technological Innovation. S. 151–175. Lexington MA (Massachusetts): Lexington Books.
[22] Thompson R. L., Higgins C. A., Howell J. M. 1991. Personal Computing: Towards a Conceptual Model of Utilization. MIS Quarterly 15(1). 125–143. doi: 10.2307/249443.

[23] Kishore, McLean. 1998. Diffusion and Infusion: Two Dimensions of „Success of Adoption“ of IS Innovations. In: Proceedings of the 4th American Conference of the Association on Information System (AMCIS), Atlanta: AIS (AIS Electronic Library).
[24] Venkatesh V., Bala H. 2008. Technology Acceptance Model 3 and a Research Agenda on Interventions. Decision Science 39(2). S. 273–312.
[25] Venkatesh V., Morris M., Davis G. B. et al. 2003. User Acceptance of Information Technology: Towards a Unified View. MIS Quarterly 27(3). S. 425–478.
[26] Daryaei M., Shirzad M., Kumar V. 2013. Adoption of Business Intelligence. In Hotel Industry. In: Computing, Communications and Networking Technologies (ICCCNT). Tiruchengode, Indien: IEEE.
[27] Jiang Yuantao. 2009. A Conceptual Framework and Hypotheses for the Adoption of E-business Intelligence. In: Computing, Communication, Control, and Management. Sanya, China: IEEE.
[28] Chaveesuk S., Horkondee S. 2015. An integrated model of business intelligence adoption in thailand logistics service firms. In: International Conference on Information Technology and Electrical Engineering (ICITEE). Chiang Mai, Thailand: IEEE.
[29] Yoon T. E., Jeong Ghosh B., Jeong B. K. 2014. User Acceptance of Business Intelligence (BI) Application: Technology, Individual Difference, Social Influence, and Situational Constraints. In: Hawaii International Conference on System Science. Waikoloa, USA: IEEE.
[30] Emam A. Z. 2013. Critical Success Factors Model for Business Intelligent over ERP Cloud. In: IT Convergence and Security (ICITCS). Macao, China: IEEE.
[31] Anjariny A. H., Zeki A. M. 2014 Management Dimension for Assessing Organizations' Readiness toward Business Intelligence Systems. In: International Conference on Advanced Computer Science Applications and Technologies. Amman, Jordan: IEEE.
[32] Yeoh W., Popovic A. 2016. Extending the Understanding of Critical Success Factors for Implementing Business Intelligence Systems. Journal of the association for information science and technology 67(1). S. 134–147. doi: 10.1002/asi.23366
[33] Chasalow L. C., Baker E. W. 2015. Factors Contributing to Business Intelligence Success: The Impact of Dynamic Capabilities. In: Twenty-first Americas Conference on Information Systems. Puerto Rico: AIS (AIS eLibrary).
[34] Epple J., Fischer E., Bischoff S. et al. 2016. Ignored, Accepted, or Used? Identifying the Phase of Acceptance of Business Intelligence Systems. In: Nissen V., Stelzer D., Straßburger S. et al. (Hrsg). Multikonferenz Wirtschaftsinformatik (MKWI). Ilmenau, Deutschland: ilmedia.
[35] Dinter B., Schieder C., Gluchowski P. 2011. Towards a Life Cycle Oriented Business Intelligence Success Model. In: Americas Conference on Information Systems. Detroit, Michigan: AIS (AIS eLibrary).
[36] Schieder C., Gluchowski P. 2011. Towards a consolidated research model for understanding business intelligence success. Journal Decision Support Systems 54(1). S. 729–739.
[37] Bärenfänger R., Otto B., Österle H. 2014. Business value of in-memory technology – multiple-case study insights. Industrial Management & Data Systems. 114(9). S. 1396–1414.
[38] Dawson L., Belle J. P. 2013 Critical success factors for business intelligence in the South African financial services sector. SA Journal of Information Management 15(1). S. 545–547.
[39] Lutu P., Meyer B. 2008 The successful adoption and usage of business intelligence in public sector organisations: an exploratory study in South Africa. In: Bada A., Musa P. (Hrsg). Theme: Towards an ICT Research Agenda for African Development. Proceedings of IFIP WG 9.4 – University of Pretoria; Information Federation for Information Proceedings, 164–173.
[40] Dooley P. 2015. An Empirical Development of Critical Value Factors for System Quality and Information Quality in Business Intelligence Systems Implementations. Dissertation. Nova Southeastern University: ProQuest Dissertations Publishing.
[41] Wixom B. H., Watson H.J. 2001. An Empirical investigation of the factors affecting data warehousing success. MIS Quarterly (25)1. S. 17–41.

[42] Königstorfer J. 2008. Akzeptanz von technologischen Innovationen: Nutzungsentscheidungen von Konsumenten dargestellt am Beispiel von mobilen Internetdiensten, Wiesbaden: Springer.
[43] Chamoni P., Gluchowski P. 2004 Integrationstrends bei Business-Intelligence-Systemen: Empirische Untersuchung auf Basis des Business Intelligence Maturity Model. In: Wirtschaftsinformatik 46(2). S. 119–128.
[44] Pohl A. 1996. Leapfrogging bei Technologischen Innovationen: Ein Erklärungsansatz auf Basis der Theorie des Wahrgenommenen Risikos. Wiesbaden: Springer.
[45] Schmalzried D. 2013. In-Memory-basierte Real-Time Supply Chain Planung. Berlin: GITO mbH.
[46] Plattner H., Zeier A. 2011. In-Memory data management. An inflection point for enterprise application. Berlin: Springer.

Achim Schmidtmann

14 Kosten der IT-Sicherheit

1 Einleitung

Die Wirtschaft überschreitet gerade die Schwelle zur vierten industriellen Revolution. Dabei wachsen reale und virtuelle Welt zu einem Internet der Dinge zusammen, was letztlich sämtliche Bereiche des täglichen Lebens betreffen wird. Der Begriff Industrie 4.0 bedeutet also die weitergehende Digitalisierung der Industrie mit dem Ziel von intelligenten und stark individualisierten Produkten als Ergebnis einer flexibilisierten und hochgradig vernetzten (Großserien-)Produktion. Die Grenzen zwischen Business-IT und Produktions-IT und ebenso in vielen Fällen auch die von beruflicher und privater Sphäre verschwinden.

Aktuelle Ergebnisse von verschiedenen Umfragen und Studien verdeutlichen, wie verwundbar Unternehmen heute bereits für Cyber-Angriffe sind. Schon ungezielte Attacken wie die aktuellen Ransomware-Angriffe (Locky, Cryptolocker, Cryptowall oder Teslacrypt) und natürlich noch viel mehr fortschrittlichere Angriffsmethoden (Advanced Persistent Threats) führen zu teils erheblichen Beeinträchtigungen der IT sowie der mit ihr verbundenen bzw. von ihr gesteuerten Systeme/Anlagen und gefährden den Geschäftserfolg.

Industrie 4.0 und darüber hinausgehend das Internet der Dinge (Internet of Things – IoT) werden voraussichtlich keine grundlegend neuen Bedrohungsszenarien mit sich bringen, aber die Anzahl der möglichen Angriffsvektoren und auch die potentiellen Folgen eines Angriffs werden sich aufgrund der massiven Zunahme der Vernetzung und der Abhängigkeiten deutlich erhöhen. Deswegen müssen Cyber-Sicherheit, eine Ausweitung der klassischen IT-Sicherheit auf den gesamten Cyber-Raum, ins Risikomanagement der Unternehmen integriert und vielfältige Präventivmaßnahmen in Angriff genommen werden.

Diesen vielfältigen Bedrohungen gilt es mit architekturellen, technischen und organisatorischen Maßnahmen zu begegnen und dabei natürlich die Kosten nicht aus dem Blick zu verlieren, denn letztendlich müssen diese für das Unternehmen tragbar sein. Hierbei gilt es eine frühzeitige und möglichst realistische Kostenschätzung vorzunehmen, damit auf deren Basis dann in der Folge und ohne „böses Erwachen" die detaillierten Kosten der einzelnen Maßnahmen ermittelt und akkumuliert werden können.

Im Folgenden wird zuerst auf die Gründe für die hohen Kosten der IT-Sicherheit und die verschiedenen Kostenpositionen eingegangen. Danach werden die bisherigen Ansätze der Kostenermittlung von IT-Sicherheit erläutert. Anschließend werden die Ergebnisse von verschiedenen Erhebungen vorgestellt, die sich mit dem Kostenaspekt befasst haben, um auf dieser Basis eine Methode zur schnellen Schät-

https://doi.org/10.1515/9783110545395-014

zung der Kosten zu präsentieren. Den Abschluss des Beitrags bildet ein detailliertes Vorgehen zur umfassenden Ermittlung der Kosten verschiedener Maßnahmen im Rahmen des IT-Sicherheitsmanagements eines Unternehmens, das auch Sie in ihrem Unternehmen einsetzen können sowie ein Blick auf andere entscheidende Aspekte der IT-Sicherheit bzw. der Gewährleistung dieser.

2 Warum kostet IT-Sicherheit so viel?

Wie bereits in der Einführung verdeutlicht, liegen die Gründe für die hohen Kosten der IT-Sicherheit in der steigenden Komplexität der Nutzungsformen der Informatik sowie der zugrunde liegenden Technologien und Prozesse begründet. Eine Verstärkung erfährt der Effekt durch die schnelle Verbreitung, große Flächenabdeckung sowie Orts- und Zeitunabhängigkeit entsprechender Bedrohungen im Verhältnis zu den in den IT-Systemen aufbewahrten und bewirtschafteten Informationswerten [1]. In den letzten Jahren ist die Zahl der potenziellen Angreifer stark angestiegen. Diese handeln aus verschiedenster Motivation und ihr Anstieg geht nicht zuletzt auf die hohe Anzahl an Schwachstellen in IT-Systemen und Software sowie auch die breite Verfügbarkeit von geeigneten Angriffswerkzeugen und Einfallsmethoden zurück. Industrie 4.0 und das Internet der Dinge führen aktuell zu einer Vervielfältigung dieser Schwächen sowohl was die Schnittstellen, als auch die Qualität der Software und den Schutz der Hardware gegen Veränderung angeht.

Mittlerweile existiert ein funktionierender globaler Markt, auf dem Angriffswerkzeuge, Schwachstellen oder Schadsoftware (Malware) eingekauft und teilweise als Baukastensystem oder auch als Dienstleistung beauftragt werden können. Hierfür hat sich bereits der Begriff „Malware-as-a-Service" etabliert. All die benannten Risikofaktoren erfordern Maßnahmen, wenn Gefahren abgewehrt und ein gewisses Sicherheitsniveau mindestens gehalten werden soll, und diese wiederum erzeugen durch ihre Umsetzung Kosten, welche verschiedene Arten und Positionen umfassen.

Trotz all dieser fundierten Gründe für die hohen Kosten der IT-Sicherheit sollte nicht vergessen werden, dass im Schnitt nur ca. 5 % aller vorhandenen Daten in Unternehmen besonders schützenswert sind und spezielle Ansprüche an die IT-Sicherheit stellen [2]. Auch hier gilt es also genau zu differenzieren und nicht nur nach dem Motto „viel hilft viel" vorzugehen.

2.1 Was sind die Gründe für IT-Sicherheitsinvestitionen?

Es gibt eine Vielzahl von mehr oder weniger fundierten und nachvollziehbaren Gründen für IT-Sicherheitsinvestitionen. Die sinnvollen darunter beziehen sich auf den Nutzen von IT-Sicherheitsmaßnahmen, welche einerseits die Reduktion der negativen Folgen eines Sicherheitsvorfalls (Risikominimierung) und andererseits Vorteile durch die durchgeführten Maßnahmen und die damit einhergehenden Veränderungen des Unternehmens bzw. Schaffung neuer Geschäftsmöglichkeiten betreffen (Effizienzsteigerungen und neue Chancen) [3]:

- Verringerung der Häufigkeit von Sicherheitsvorfällen
- Verringerung der Schwere von Sicherheitsvorfällen
- Vermeidung von Gesetzesverletzungen
- Eröffnung neuer Geschäftsmodelle
- Vereinfachung von betrieblichen Abläufen

Daneben gibt es noch weniger fundierte Gründe, die auf einer gewissen Unsicherheit und Unwissenheit der verantwortlichen Personen basieren. So spricht Mechthild Stöwer vom Fraunhofer-Institut Sichere Informationstechnologie-SIT [4] von den Triebfedern FUD (Fear, Uncertainty und Doubt) und „Me-too“-Effekt. FUD ist sonst eher als Werbe- oder Kommunikationsstrategie zur Bekämpfung von Konkurrenten bekannt. Hier ist damit die Angst gemeint, beim Thema IT-Sicherheit eine falsche Entscheidung zu treffen und dann aufgrund der hohen Aufmerksamkeit der Medien an den Pranger gestellt zu werden. Einige Sicherheitsverantwortliche in Unternehmen schüren bewusst diese Angst, um auf diese Weise zu einem höheren IT-Sicherheitsbudget und damit möglicherweise auch zu mehr Verantwortung und Macht zu gelangen. Eine gute Unterstützung bieten dabei auch Studien von Sicherheitsfirmen und Beratungsunternehmen, welche nicht selten recht reißerisch formuliert sind.

Der „Me-too“-Effekt basiert auch auf dem Vergleich mit der Konkurrenz und der Orientierung an deren Sicherheitsniveau. IT-Sicherheit wird auf diese Weise zu einem Statussymbol für außergewöhnliche Unternehmen. In beiden Fällen erscheint eine IT-Sicherheitsinvestition sehr sinnvoll, was aber nicht mittels Daten und Fakten belegt werden kann.

2.2 Was sind die verschiedenen Kostenpositionen der IT-Sicherheit?

Dieser Beitrag befasst sich insbesondere mit präventiven Kosten, also denen, die zur Vermeidung eines Sicherheitsvorfalls beitragen. Natürlich verursacht ein Sicherheitsvorfall dann auch Kosten; diese nennt man retrospektive Kosten. Letztere kann man in erster Linie nur einigen Befragungen, Statistiken und Schätzungen entnehmen, da die betroffenen Unternehmen bzw. Personen meistens darüber schweigen. Wenn vorhanden stehen diese vergangenen Vorfälle und ihre Kosten aber als hilfreiche Vergleichswerte für die präventiven Kosten und die Beurteilung ihrer Wirtschaftlichkeit zur Verfügung, wobei eine Einschätzung der Übertragbarkeit auf das eigene Unternehmen nicht außer Acht gelassen werden darf. Dieses Thema wird in den folgenden Kapiteln noch weiter vertieft.

Präventive Kosten setzen sich zusammen aus den Ausgaben für Anschaffung, Einführung und den laufenden Betrieb der IT-Sicherheit sowie die Kosten durch die Änderung der betrieblichen Abläufe. Anschaffungskosten fallen für Sicherheitssoftware wie z. B. Antivirenprogramme, Sicherheitssysteme inkl. Hardware wie z. B. Firewalls, Intrusion Detection oder Prevention Systems oder auch spezielle Hardware z. B. für Datensicherungs- und Archivierungszwecke an. Im Rahmen der Einführung entstehen sowohl Kosten für diese neuen Anschaffungen und gegebenenfalls für eine externe Beratung bei diesem Projekt, als auch für die Schulung der Mitarbeiterinnen und Mitarbeiter, die mit diesen Werkzeugen in Zukunft arbeiten bzw. diese lenken sollen. Daneben dürfen Kosten für das Sicherheitsmanagement, in dessen Rahmen eine Sicherheitsleitlinie erarbeitet, Sicherheitsziele und ein Sicherheitskonzept für das Unternehmen festgelegt werden, nicht vergessen werden. Im laufenden Betrieb der IT-Sicherheit müssen all die genannten Systeme und Aufgaben weiter betrieben, gewartet, aktualisiert und auch weiterentwickelt werden, was fortdauernd Kosten verursacht. Hinzu kommt eine ständige Qualitätssicherung und Optimierung im Rahmen des Sicherheitsmanagements. Schließlich hat auch die Änderung der betrieblichen Abläufe aufgrund der Einführung von IT-Sicherheit zu Kosten geführt, dies sind allerdings Einmalkosten, die keine weiterführenden Verpflichtungen nach sich ziehen. Zusammenfassend gibt es also Einmal- und laufende Kosten aufgrund von technischen, organisatorischen und personellen Maßnahmen, die im Rahmen der IT-Sicherheit ergriffen werden.

Ein entscheidendes Problem dabei ist aber, dass das Verhalten von IT-Sicherheitsinvestitionen oft nicht dem von klassischen Investitionen gleicht. Die Ermittlung verlässlicher Kennzahlen zur Bewertung der Investitionen ist recht schwierig, da IT-Sicherheitsinvestitionen oft reine Vorsorgeinvestitionen sind und somit in erster Linie keine Kosteneinsparungen mit sich bringen, sondern durch die Verhinderung von Verlusten potentielle Kosten vermeiden oder verringern. Wenn also die Wahrscheinlichkeit hoch ist, dass ein Risiko mit einem hohen Schadensausmaß eintreten wird, sollte eine Investition zur Minderung dieses Risikos erfolgen.

Allerdings kann nicht immer nach rationalen Merkmalen gehandelt werden, denn es ist durchaus möglich, dass ein Risiko, dessen Eintrittswahrscheinlichkeit äußerst gering ist, unbedingt vermieden werden sollte, da das Ausmaß beim Eintreten des Risikos einen nicht wiederherstellbaren Schaden hervorrufen könnte. Hinzu kommt, dass Risiken immer subjektiv wahrgenommen werden und so ein verfälschtes Bild entstehen kann. In einigen Fällen führt das dazu, dass für Außenstehende offensichtlich große Risiken nicht vermieden werden, da der neutrale Blick intern fehlt. Deswegen bieten sich qualitative Metriken als Grundlage an, aber auch sie leiden darunter, dass viele der verwendeten Werte dann nur Annahmen sind [5].

Welche Ansätze, sich den IT-Sicherheitskosten anzunähern, es trotz dieser Schwierigkeiten gibt, verdeutlicht der nächste Abschnitt.

3 Welche Ansätze zur Berechnung der IT-Sicherheitskosten gibt es?

Nachdem wir nun die Gründe für IT-Sicherheitsinvestitionen und die verschiedenen Kostenpositionen der IT-Sicherheit kennengelernt haben, wird nun dargestellt, mit welchen Ansätzen IT-Sicherheitskosten bzw. die Investitionen in die IT-Sicherheit bisher berechnet bzw. eigentlich ja immer nur geschätzt wurden, da die Berechnung auf Schätzwerten basiert.

Aus dem Projektmanagement und der Softwareentwicklung sind verschiedene Schätzverfahren und -methoden bekannt [6], die sich auch auf diesen Themenbereich gut übertragen lassen bzw. dort schon Einsatz finden, wie im Folgenden verdeutlicht wird. Und zwar gibt es dort die Kategorisierung in:
- Algorithmische Methoden
- Vergleichsmethoden
- Kennzahlenmethoden und
- Vorgehensweisen sowie Querschnittsverfahren

Nach [7] wird neben dieser Kategorisierung bei der Anwendung der Methoden noch nach Einsatzfeldern und Einsatzzeitpunkten unterschieden. Dieses trifft hier ebenfalls zu und erfolgt teilweise in den Darstellungen der einzelnen Methoden.

Der vielleicht einfachste und möglicherweise auch nicht falsche Ansatz ist die Anwendung einer alten „Faustregel" aus der Versicherungsbranche. Die Versicherungsrechnung besagt, dass die Kosten 2% der zu erwartenden Schadenshöhe betragen [1]. Dieses recht triviale Vorgehen ist den Algorithmischen Methoden zuzurechnen. Da die Versicherungswirtschaft in den letzten Jahren das Themengebiet IT-Sicherheit erst richtig für sich entdeckt hat und seit wenigen Jahren auch Cyber-Versicherungen anbietet, wird sich ihr Berechnungsansatz sicherlich auch bereits verfeinert haben oder in naher Zukunft verbessern.

Ein ähnlich trivialer Ansatz ist die Pareto-Verteilung bzw. das Paretoprinzip (80/20-Regel), welches nach [2] auch für die IT-Sicherheit gilt. 20 % der möglichen IT-Sicherheitsmechanismen richtig eingesetzt, liefern 80 % Schutz vor potentiellen Bedrohungen. Hieraus lässt sich schlussfolgern, dass in einem ersten Schritt mit dem Einsatz der richtigen IT-Sicherheitsmaßnahmen mit einem relativ geringen Aufwand, ein angemessener Schutz für IT-Systeme hergestellt werden kann. Für die weiteren Schritte zur Reduzierung des Risikos mit IT-Sicherheitsmaßnahmen wird dann ein hoher bis sehr hoher Aufwand benötigt. Allerdings macht dieser Ansatz keinerlei konkrete Angaben über die Investments, um festzulegen, was diese 20 % IT-Sicherheitsmaßnahmen sind, die zu 80 % Schutz führen.

Bevor später noch auf weitere Algorithmische Methoden bzw. Kennzahlenmethoden eingegangen wird, werden nun zuerst Vergleichsmethoden und Vorgehensweisen sowie Querschnittsverfahren vorgestellt. Zu den Vergleichsmethoden gehören u. a. die Analogiemethode und die Expertenschätzung. Bei ersterer erfolgt die Ermittlung mittels Vergleich zu bereits durchgeführten IT-Sicherheitsmaßnahmen im eigenen aber sehr viel häufiger wohl in anderen, dem eigenen aber sehr ähnlichen Unternehmen bezogen auf die Branche, Größe und weitere Faktoren. Dabei müssen gegebenenfalls Auf- und Abschläge für verschiedene Kriterien ins Kalkül gezogen werden. Diese Methode kann in der Folge dann auch als IT-Sicherheitsbenchmarking fortgeführt werden. Sie birgt jedoch den Nachteil, dass der Vergleich immer mit der Vergangenheit stattfindet und somit neue Entwicklungen nicht einbezogen werden.

Die Expertenschätzung, Burghardt (vgl. [7]) benennt hier mehrere Möglichkeiten u. a. Einzelschätzung, Mehrfachbefragung und Delphi-Methode, setzt sich demgegenüber aus der Schätzung der einzelnen umzusetzenden Ergebnisse und Tätigkeiten zusammen, was unter Beteiligung von ein oder mehreren Experten durchgeführt wird. Diese Methode umfasst also auch das typische Beratungsgeschäft in der IT-Sicherheit und dort speziell die Beratung bzgl. der notwendigen Maßnahmen und damit der erforderlichen Investition(-en) in die IT-Sicherheit. Im Gegensatz zur Analogiemethode können Experten auch aktuelle Themen mit in die Schätzung einfließen lassen. Ihr Wissen basiert zwar auch auf vergangenen Projekten, aber sie sollten möglichst die neuen Entwicklungen verfolgen und mit in ihre Entscheidungen und Vorschläge gegenüber den Kunden einfließen lassen.

Die Kategorie Vorgehensweisen sowie Querschnittsverfahren (nach [6]) verbindet Methoden, die auf der Aufgabenstruktur basieren und solchen, die sich auf die Tragfähigkeit oder Verfügbarkeit des Budgets stützen. Die Top-Down-Schätzung ist ein Verfahren, das schon zu einem sehr frühen Stadium und ohne Detailwissen durchgeführt werden kann. Bezogen auf das Thema IT-Sicherheit benötigt das Top-Down-Verfahren keine vorausgehende Analyse und Bewertung des aktuellen Sicherheitsniveaus bzw. der Sicherheitsrisiken. Somit sind die Ergebnisse auch nicht sehr akkurat. Gibt es dagegen bereits z. B. eine weitergehende Prüfung der aktuellen Gefährdungslage und darauf aufbauend eine Schutzbedarfsfeststellung und einen Basis-Sicherheitscheck, so kann die Bottom-Up-Schätzung verwendet werden. Mit diesem Verfahren werden auf Basis der Kostenschätzungen für die relevanten Teilbereiche Gesamtkosten ermittelt. Hierzu sind allerdings, wie gerade dargestellt, sehr viel weitreichendere Untersuchungen notwendig, die viel Zeit und Aufwand in Anspruch nehmen, wie am Ende dieses Abschnitts auch noch einmal dargestellt wird.

Neben diesen beiden Vorgehensweisen findet man in der Literatur (u. a. [6], [7]) auch die Aufwandsschätzmethode Price-to-win. Bei dieser hängen die Kosten vom verfügbaren Budget des Kunden und damit von der Tragfähigkeit des Projekts ab. Übertragen auf den Themenbereich IT-Sicherheit würde das bedeuten, dass IT-Sicherheit so viel kosten darf, wie der Kunde bereit und fähig ist, dafür zu bezahlen. Dieses Vorgehen erscheint der Realität in sehr vielen Unternehmen heutzutage allerdings sehr nahe. Dabei geht es meistens jedoch eher um die generelle Bereitschaft, welche sich aber durch verschiedene Methoden, wie sie z. B. bereits bei den Gründen oben mit angeführt wurden, verstärken kann. Der Kunde ist dabei die Geschäftsführung oder der Vorstand und sie bestimmen über das (interne) Budget für IT-Sicherheitsmaßnahmen.

Die Parkinson-Methode, welche auf das Gesetz von Parkinson aus seinem satirischen Buch über den British Civil Service „Work expands to fill the available volume" zurückgeht, ist zwar keine Schätzmethode, stellt aber ebenfalls die Realität sehr treffend dar. Wird demnach ein sehr großes Budget für die IT-Sicherheit zur Verfügung gestellt, so wird dieses auch vollständig aufgebraucht werden, ohne dass es womöglich nötig war. Diese Methode ist also vielmehr ein Plädoyer für die sinnvoll gesteuerte und begründete Verwendung eines zugeteilten Budgets, die es auch erlaubt, Teile nicht zu verwenden, wenn diese nicht zu einer verbesserten Zielerreichung beitragen.

Nach der Darstellung dieser teilweise sehr einfachen, aber möglicherweise nicht realitätsfernen Schätzverfahren, wird nun insbesondere auf eine komplexere Kennzahlenmethode näher eingegangen, die aber auch auf Erfahrungen bzw. Daten aus der Vergangenheit beruht.

Diese Methode ist ROSI, die den ‚Return on Security Investment' über die Berechnung der Annual Loss Expectancy (ALE – jährliche Verlusterwartung) als Funktion von Kosten für Schadenbeseitigung, Kosten für Gegenmaßnahmen und Verbesserungsquotient der IT-Sicherheit im Unternehmen ermittelt. Sie stellt eine Analogie zum klassischen Return on Investment dar, mit dem Ziel, dass alle IT-Sicherheitsmaßnahmen realisiert werden sollen, die einen positiven Return on Security Investment aufweisen. Es geht also um Einsparungen der Kosten der wahrscheinlichen Schäden, die durch die Investitionen in IT-Sicherheitsmaßnahmen erzielt wurden. Die folgende Formel bietet eine alternative Berechnung von ROSI als Verhältnisgleichung [8]. Dabei wird das Gefährdungspotenzial (Risk Exposure) mit der prozentualen Abschwächung der Risiken (Risk Mitigated) multipliziert.

$$ROSI = \frac{\left(Risk\ Exposure \times Risk\ Mitigated\right) - Solution\ Cost}{Solution\ Cost}$$

Ein Security Investment ist dann vorteilhaft, wenn ROSI > 0 ist. Ist ROSI ≤ 0 so rechnet sich die Investition nach dieser Berechnungsformel nicht oder verhält sich neutral [9]. In diesem Fall sollte aber bedacht werden, dass Investitionen in die IT-Sicherheit nicht nur den Vorteil der abgeschwächten Risiken, sondern auch noch andere wie z. B. eine bessere Außendarstellung, oder verbesserte Prozesse etc. haben können.

Zur Verdeutlichung der Formel soll folgendes Beispiel einer Passwort-Verwaltungssoftware dienen (in Anlehnung an [8]): Bei der 12345 GmbH gab es in der Vergangenheit bereits Vorfälle, bei denen Passwörter gehackt wurden. Es wird geschätzt, dass die durchschnittlichen Kosten für Schäden und Produktivitätsverluste wegen dieser Hacks 5.000 € betragen. Aktuell gibt es ca. vier dieser Vorfälle pro Jahr. Die 12345 GmbH erwartet, dass mindestens drei der vier Hacks pro Jahr durch die Lizenzierung und Nutzung einer Passwort-Verwaltungssoftware vermieden werden können. Ein Hack wird trotzdem erfolgreich sein, da nicht alle Mitarbeiterinnen und Mitarbeiter die Software korrekt und vollständig nutzen werden. Die Kosten für die Lizenzen betragen 5.000 € pro Jahr.

- Gefährdungspotenzial: 5.000 €, 4 × pro Jahr = 20.000 €
- Risikominderung: 75 %
- Kosten der Lösung: 5.000 €

$$ROSI = \frac{\left(20.000\,€ \times 75\,\%\right) - 5.000\,€}{5.000\,€} = 2$$

Die Passwort-Verwaltungssoftware ist demnach die Investition wert, aber nur unter der Annahme, dass die Kosten für eine Katastrophe 5.000 € betragen, dass die Software 75 % der zukünftigen Hacks verhindert und dass die Softwarelizenzen insgesamt 5.000 € kosten.

All diese Zahlen sind aber nur geschätzt und eine Risikominderung um 75 % kann auch bedeuten, dass drei Hacks mit geringen Schäden verhindert werden, ein Hack mit sehr großen Schäden aber trotzdem erfolgreich ist. In diesem Fall müsste ROSI eigentlich negativ werden. Hier offenbart sich die Schwierigkeit der ROSI-Gleichung: die Ermittlung von aussagekräftigen und akkuraten Werten für die einzelnen Faktoren. Grobe Schätzungen sind als Grundlage präziser Rechnungen überaus fraglich.

Jedoch gibt es bis heute noch keinen Standard zur Bestimmung des finanziellen Risikos von Sicherheitsvorfällen. Ebenso gibt es auch keine standardisierten Methoden zur Bestimmung der risikomindernden Wirksamkeit von Sicherheitslösungen. Sogar bei der Feststellung der Kosten dieser Lösungen gibt es große Varianzen. Einige beinhalten die oben bereits erwähnten Kostenpositionen, wobei Kosten durch die Änderung der betrieblichen Abläufe häufig außer Acht gelassen werden. Auch das obige Beispiel beinhaltet eine Veränderung von Abläufen durch die Nutzung der Passwort-Verwaltungssoftware. Andere dagegen beinhalten noch weitere interne Kosten wie z. B. indirekte Gemeinkosten und lassen auch langfristige (negative oder positive) Auswirkungen auf die Produktivität miteinfließen. Es gilt also für die ROSI-Gleichung wiederholbare und konstante Messgrößen festzulegen, die zwar keine hohe Genauigkeit, aber gleichermaßen aussagekräftige gute Ergebnisse liefern.

Eine Methode um das Gefährdungspotenzial zu berechnen, ist die oben bereits erwähnte jährliche Verlusterwartung (ALE). Sie berechnet die Gesamtkosten, die eine Institution innerhalb eines Jahres übernehmen muss, wenn keine Maßnahmen zur Risikominimierung ergriffen wurden. Dabei multipliziert sie die geschätzte jährliche Quote des Auftretens eines Verlustes (ARO) mit dem prognostizierten Umsatzverlust (SLE), der bei einem einmaligen Eintreten eines Sicherheitsvorfalls entsteht (ALE = ARO × SLE). Wiederum gibt es nun aber keine Standards, um ARO und SLE zu schätzen. Aber es gibt einige Statistiken basierend auf realen Schadensmeldungen und Befragungen von IT-Sicherheitsverantwortlichen. Was diese Statistiken aussagen und wie sie einzuschätzen sind, wird im folgenden Abschnitt behandelt.

Vorher soll noch auf zwei weitere Messgrößen, und zwar dem Verlust von geistigem Eigentum und dem Produktivitätsverlust verbunden mit einem Sicherheitsvorfall, eingegangen werden [8]. Der Diebstahl von geistigem Eigentum führt mindestens zu Kosten in Höhe des Wertes dieses Eigentums, wofür es branchenübliche Bilanzierungs- und Bewertungsmodelle gibt. Ist kein nennenswertes geistiges Eigentum vorhanden, bedarf es natürlich auch keiner Bewertung und Einbeziehung in die Methode.

Die durch verringerte Produktivität aufgrund von Nicht-Verfügbarkeit von Systemen und Daten entstandenen Kosten sind für viele Unternehmen entscheidender als die Kosten der Daten- oder Systemwiederherstellung. Diese Kosten lassen sich dann auch mit einer recht einfachen Formel berechnen, wie das folgende Beispiel verdeutlicht:

- Zahl der Mitarbeiterinnen und Mitarbeiter: 100
- Ausfallzeit: 5 Stunden
- Durchschnittlicher Stundenlohn: 50 €

$$Produktivitätsverlust = 100 \times 5\ Stunden \times \frac{50\ €}{Stunden} = 25.000\ €$$

Die relevanten Ausfallzeiten für diese Berechnung müssen allerdings über Mitarbeiterbefragungen gewonnen werden, da ein Systemausfall nicht unbedingt auch die Arbeit von Mitarbeiterinnen und Mitarbeitern beeinflusst, z. B. wenn er mitten in der Nacht stattfindet.

Die andere zu ermittelnde Kennzahl ist die Risikominderung, also die Bewertung der risikomindernden Vorteile durch die Durchführung einer IT-Sicherheitsmaßnahme bzw. die Nutzung einer Sicherheitseinrichtung. Auch diese Messgröße ist schwierig zu bestimmen, was allein darin begründet liegt, dass Sicherheit keinen greifbaren Mehrwert generiert, sondern vielmehr Wertabflüsse und damit Verlust verhindert. Und ein verhinderter Verlust ist meistens einer, der gar nicht offenbar wird. So führt die neue Passwort-Verwaltungssoftware, wie oben angenommen, zu 3 Hacks weniger pro Jahr, jedoch ist in der Realität dann ungewiss, ob der Grund dafür wirklich in der neuen Software liegt oder es einfach weniger Hacker gab, die versucht haben, Passwörter des Unternehmens zu knacken. Außerdem muss beachtet werden, dass weder Risiken noch Sicherheitslösungen isoliert betrachtet werden dürfen, da sie sich gegenseitig beeinflussen bis hin zur vollständigen Abhängigkeit voneinander.

Darüber hinaus werden Sicherheitslösungen auch so gestaltet, dass sie keinen zu starken Einfluss auf die Benutzbarkeit von Systemen und damit die Produktivität im Unternehmen haben. Schließlich verlieren diese Lösungen über die Zeit an Effektivität, da sich die Umwelt ändert und neue Risiken entstehen. Nach [8] sollte deswegen eine Sicherheitsbewertung durchgeführt werden, die auf einem konsistenten Verfahren beruht, was wiederum die Vergleichbarkeit erhöht. Sie sollte die dargestellten Probleme, wie z. B. die Auswirkungen der Umsetzungsentscheidungen, die aus Gründen der Benutzerfreundlichkeit und Produktivität getroffen wurden, berücksichtigen.

Schließlich gilt es noch die Messgröße „Kosten der Lösung" näher zu betrachten. Wie bereits erläutert, setzt sie sich nicht nur aus den einmaligen Anschaffungskosten zusammen, sondern sollte die „Total Cost of Ownership" (TCO) umfassen. Und auch hier ist das Thema Produktivität wieder sehr wichtig, weil Sicherheit fast immer auf Kosten der Bequemlichkeit geht. Die meisten Sicherheitslösungen führen zu Produktivitätsverlusten aufgrund von neuen Anforderungen an die Mitarbeiterinnen und Mitarbeiter, die Zeit kosten. Deswegen müssen bei der Berechnung der Kosten einer Lösung die Auswirkungen dieser auf die Produktivität unbedingt mit eingerechnet werden, da diese unter Umständen die Unwirtschaftlichkeit einer Sicherheitsinvestition und damit eine Entscheidung gegen sie bedingen.

Für langfristige Investitionen, und IT-Sicherheitsinvestitionen gehören sicherlich auch dazu, werden Finanzfachleute den Kapitalwert (Net Present Value – NPV) als Kennzahl verwenden, um den Zeitwert des Geldes zu berücksichtigen. Allerdings ist dabei die Genauigkeit von Timing, Ausmaß der Kosten und Vorteile während der Lebensdauer der Investition sehr wichtig, um vergleichsweise aussagekräftige Ergebnisse zu erzielen, was bei der Verwendung für Sicherheitsinvestitionen ein Problem ist. ROSI dagegen berücksichtigt den Zeitwert des Geldes nicht, kann aber vergleichbare Zahlen mit ungenauen (aber konsistenten) Daten liefern. In diesem Fall ist es wichtiger, aussagekräftige als präzise Ergebnisse zu erreichen.

Allerdings sollten auch die Schwachstellen der ROSI-Berechnung nicht vergessen werden. Einerseits wird bei ihr von einer gleichbleibenden Risikobehandlung ausgegangen und andererseits wird das Risiko der IT-Sicherheitsinvestition an sich nicht berücksichtigt, denn es könnte ja eine Fehlinvestition sein. Ebenfalls außer Acht gelassen werden sogenannte Switching und Opportunity Costs. Switching Costs entstehen durch eine Ablösung der technischen Plattform oder durch neu erwachsene Folgekosten aus einer vorhandenen Technologie. Die Kosten durch den nicht erzielten Nutzen, den das Unternehmen aus anderen Investitionen hätte ziehen können, das sind Opportunity Costs. Um auch diese Kostenarten miteinzubinden, bietet es sich an, ROSI in Kombination mit anderen Verfahren, wie z. B. der Risikomatrix, anzuwenden [5].

Zusammenfassend lässt sich sagen, dass ROSI einen sinnvollen Ansatz zur Berechnung des Return on Security Investment für Sicherheitsaufwendungen darstellt, insbesondere, wenn die angesprochenen Besonderheiten der Faktoren bzw. einzelnen Messgrößen, wie z. B. die Einbeziehung der Produktivität, beachtet werden. Nichtsdestotrotz ist diese Methode nur umfassend nutzbar, beantwortet also die Frage nach den Kosten der IT-Sicherheit im Unternehmen, wenn vorher eine umfassende Analyse der Bedrohungssituation mit einer Erfassung aller Bedrohungen und eine Bewertung der Risiken und Beantwortung der Frage, wie groß Eintrittswahrscheinlichkeit und Schadenshöhe eines potentiellen Schadensereignisses sind, stattgefunden hat. Natürlich kann sie ebenso auf einzelne Investitionen angewandt werden und ermöglicht dann dort eine hilfreiche Entscheidungsunterstützung. Gleichzeitig bietet ROSI aber auch die Vergleichbarkeit verschiedener Sicherheitsmaßnahmen sowie auch die Vergleichbarkeit der Investitionen in Sicherheitsmaßnahmen mit anderen Investitionen außerhalb der IT-Sicherheit.

Auch negative ROSI-Werte halten immer mehr Organisationen nicht davon ab, IT-Sicherheitsinvestitionen durchzuführen. Daneben sind diese Investitionen eine Antwort auf die gestiegene Aufmerksamkeit und Sensibilität für IT-Sicherheit in der Öffentlichkeit. Immer mehr Menschen sind sich der zunehmenden Bedeutung der IT-Sicherheit im Zuge der Digitalisierung bewusst. Der Kunde fordert also IT-Sicherheit oder zumindest stellt sie einen klaren Wettbewerbsvorteil dar. Hinzu kommen gesetzliche Vorgaben z. B. im Rahmen der neuen EU-Datenschutzgrundverordnung oder des IT-Sicherheitsgesetzes, die Unternehmen dazu bringen, auch ohne Renditeaussichten zu investieren.

Die folgende Tabelle gibt noch einmal einen Überblick über die verschiedenen vorgestellten Methoden sowie Hinweise zu ihrem Einsatz.

Tab. 1: Methoden und Hinweise zu ihrem Einsatz.

Methode	**Einsatz**
2 %-„Faustregel“ aus der Versicherungsbranche	Einfache Rechnung bei ermittelter zu erwartender Schadenshöhe – also erst ermitteln, dann Prozentsatz berechnen, insoweit ist Vorarbeit notwendig.
Paretoprinzip (80/20-Regel)	Die möglichen IT-Sicherheitsmechanismen müssen eruiert werden, um dann 20 % von ihnen richtig einzusetzen, um 80 % Sicherheit zu erreichen. Somit muss auch hier im Voraus analysiert werden.
Analogiemethode	Im Optimalfall können die Werte eines vergleichbaren Unternehmens übernommen werden (gleiche Branche, Größe, etc.), wenn dieses bereit ist, sie öffentlich zu machen. Es bleiben aber Vergangenheitswerte und es gibt sicherlich auch Unterschiede zwischen den Unternehmen, die sich auf die IT-Sicherheitsbedarfe auswirken.
Expertenschätzung	Experten bzw. IT-Sicherheitsberater gibt es einige und sicherlich können auch einige mit wichtigen Erfahrungen und Vergleichswerten aufwarten. Auch dieses sind aber Vergangenheitswerte und sie mögen für die Zukunft nur begrenzt gelten.
Top-Down	Das Management macht eine Zielvorgabe und diese wird auf die verschiedenen Risiken bzw. Sicherheitsmaßnahmen heruntergebrochen. Offen ist, auf welcher Grundlage diese Zielvorgabe erstellt wird und inwieweit sie den wirklichen Bedarfen entspricht.
Bottom-Up	Risiken werden analysiert, Sicherheitsmaßnahmen festgelegt und deren Kosten ergeben kumuliert die Gesamtkosten. Die Voraussetzung ist also eine umfangreiche Untersuchung der IT-Sicherheitslage, was Zeit und Aufwand bedeutet.
Price-to-win	Das Budget wird bestimmt durch die Tragfähigkeit für das Management. Wurde diesem im Vorfeld genug Angst eingeflößt und drücken Kunden und Compliance-Vorgaben, dann fällt es sehr viel größer aus. Dabei wurde der wirkliche Bedarf aber nicht ermittelt.
Parkinson-Methode	Ist das Budget unbegrenzt, so kennen auch die möglichen Sicherheitsmaßnahmen kein Ende. Es gibt viel zu tun, aber 100 % Sicherheit werden trotzdem nicht erreicht. Die Methode bietet also keinen Mehrwert bei der Ermittlung der Kosten der IT-Sicherheit.
Kennzahl IT-Sicherheitsbudget	Wie der folgende Abschnitt zeigt, gibt es Erhebungen und Prognosen zur Kennzahl IT-Sicherheitsbudget insbesondere im Verhältnis zum IT-Budget. Mit den dort benannten Prozentwerten kann auf Basis des IT-Budgets direkt ein IT-Sicherheitsbudget als Gesamtwert ermittelt werden.
ROSI	Notwendige Kennzahlen zur Berechnung müssen durch eine detaillierte und umfassende Analyse ermittelt werden. Werden dann noch Produktivität sowie auch Switching und Opportunity Costs mit beachtet (weitere Verfeinerungen der ROSI-Methode), so ist es die Methode mit der größten Zielerreichung aber auch mit viel Ermittlungsaufwand.

4 Welche Kosten benennen aktuelle Statistiken zur IT-Sicherheit?

Obwohl sich eine Vielzahl von Beratungsunternehmen, Analysten, Marktforschungsunternehmen und Hochschulen in den letzten Jahren mit den Risiken, Schäden und ihren Folgekosten und dem Budget der IT-Sicherheit auseinandergesetzt haben, fehlen klare und leicht übertragbare Aussagen über die Kosten der IT-Sicherheit. In vielen Fällen münden die Untersuchungen auch nur in sehr allgemeinen Prozentsätzen über die Gesamtentwicklung der IT-Sicherheit. Am nächsten kommen dem hier angestrebten Ziel sicherlich die Befragungsergebnisse, die Aussagen über das aktuelle IT-Sicherheitsbudget und auf diesem basierende Schätzungen für die Zukunft machen, allerdings sind die Resultate dabei einerseits natürlich Vergangenheitswerte und andererseits häufig nur ein bestimmter Prozentbereich abhängig vom gesamten IT-Budget, welches wiederum abhängig von der Unternehmensgröße und der Branche ist.

Eine Studie des SANS-Instituts (Escal Institute of Advanced Technologies) aus 2016 bestätigt den allgemeinen Trend, dass Unternehmen aller großen Branchen mehr Geld für IT und insbesondere für IT-Sicherheit ausgeben. Als größte Treiber wurden dabei der Schutz sensibler Daten, regulatorische und rechtliche Anforderungen, also die Einhaltung der Compliance-Vorgaben, sowie die Reduzierungen von Sicherheitsvorfällen und Verletzungen der IT-Sicherheit von außen benannt. Allerdings budgetieren nur 23 % der befragten Unternehmen die Kosten für IT-Sicherheitsinvestitionen auf eine separate, im Nachhinein identifizierbare Kostenstelle, so dass das Controlling dieser Kosten und insbesondere eine metrisch-basierte Messung über die Erfolgsquote und Sinnhaftigkeit von IT-Sicherheitsinvestitionen erschwert wird. Gleichzeitig führen die aus diesem Grund fehlenden Kennzahlen und damit der fehlende Nachweis des Wertes bzw. der Rendite dieser Investitionen zu Frust bei den Beteiligten und zu zukünftiger Vernachlässigung bei den Verantwortlichen. Diese benötigen Sichtbarkeit, Methoden und Metriken, um die Schlüsselfragen von Wer, Was, Warum, Wo und Wie Sicherheitsausgaben die Geschäftsziele des Unternehmens in einer konsistenten, kontinuierlichen und wiederholbaren Weise zu unterstützen [10].

Die IT-Sicherheitsbudgetierung und auch das Kostenmanagement variieren von Organisation zu Organisation, was ihre Übertragbarkeit erschwert. Jedoch gibt es bestimmte Aktivitäten, die häufig anzutreffen sind, wie z. B. die Analyse und Bewertung der Ausgaben des vergangenen Quartals oder Jahres zur Erstellung des neuen Budgets. Hier besitzt also jedes Unternehmen schon Vergleichswerte und diese werden im iterativen Zyklus von Budgetieren und Verausgaben als Grundlage verwendet. Dabei besteht aber die bekannte Problematik, dass die Zukunft möglicherweise stark von der Vergangenheit abweicht, insbesondere in einem sich so schnell weiterentwickelnden Themenfeld wie der Informationstechnologie.

Der SANS 2016 Spending Survey (vgl. [10]) basiert auf einer Befragung von 169 Personen mit Budgetkontrolle oder Einblick in ihre IT- und Sicherheitsbudgets aus dem vierten Quartal 2015, wovon 72 % in den USA ansässig sind. Ergebnis der Befragung ist ein durchschnittliches IT-Sicherheitsbudget von 4 % bis 6 % des gesamten IT-Budgets über alle Unternehmensgrößen hinweg. Für 2016 wird sogar ein Anstieg auf 7 % bis 9 % bei großen (10 bis 20 Mio. $ Jahresumsatz) und mittleren Unternehmen (1 bis 10 Mio. $ Jahresumsatz) und auf 6 % bis 7 % bei kleinen Unternehmen (100.000 bis 500.000 $ Jahresumsatz) prognostiziert. Ein Blick auf die Verteilung über verschieden Branchen offenbart, dass die Prozentsätze in der Finanzbranche sogar auf 10 % bis 12 % steigen sollen, während z. B. der Bildungsbereich sogar einen Rückgang auf 1 % bis 3 % zu verzeichnen hat.

Der IT Security Risks Report 2016 von Kaspersky Lab (vgl. [11]), an dem 4.000 Unternehmensvertreter aus 25 Ländern teilgenommen haben, konstatiert, dass die Budgets für IT-Sicherheit in den nächsten drei Jahren um durchschnittlich 14 % wachsen werden. Wie auch die Studie des SANS-Instituts stellt dieser Report das IT-Sicherheitsbudget als Prozentwert vom gesamten IT-Budget dar, kommt dabei aber auf sehr viel höhere Werte und zwar 13 % für kleine, 18 % für mittlere und 21 % für große Unternehmen. Außerdem werden hier zusätzlich wirkliche Geldwerte genannt und zwar bedeuten die 13 % ca. 2.000 $, die 18 % 213.000 $ und die 21 % 25,5 Mio. $. Das erwartete Wachstum bewegt sich zwischen 12,5 % und 14,4 %. Auch hier wird ein Vergleich von Branchen vorgenommen, der eine sehr große Diskrepanz darstellt. Gleichzeitig zeigt sich, dass die Pro-Kopf-Investition in IT-Sicherheit pro Mitarbeiter mit der Größe des Unternehmens stark zunimmt.

Als dritte Studie soll hier noch „Cyber Security breaches survey 2017" (vgl. [12]) der University of Portsmouth aus dem April 2017 angeführt werden. In dieser wurden 1.523 britische Unternehmen Ende 2016 und Anfang 2017 nach ihren durchschnittlichen Investitionen in Cybersicherheit (hier gleichzusetzen mit IT-Sicherheit) im letzten Geschäftsjahr befragt. Als Durchschnittswert ergaben sich Investitionen von 4.590 £, wobei die kleinen Unternehmen 2.600 £, die mittleren 15.500 £ und die großen 387.000 £ ausgaben. Ein wenig erschreckend ist die Aussage, dass 33 % aller Unternehmen gar keine Investitionen in diesem Bereich vorwiesen. Eine weitere Unterteilung nach Branchen ergab wiederum eine ähnliche Verteilung wie bei den anderen Studien. Sehr interessant ist außerdem die Frage nach den Wegen, in denen Unternehmen die Ausgaben für ihre Cybersicherheit bewertet haben. Sie ergab, dass von den Unternehmen, die investiert haben, beinahe zwei Drittel (64 %) die Effektivität ihrer Ausgaben für die Cybersicherheit im Vergleich zum letzten Jahr formal bewertet haben. Zu den drei am weitesten verbreiteten Maßnahmen gehörten dabei die Überwachung der Einhaltung von Vorschriften (Compliance), das Feedback des Senior Managements und die Messung der Awareness der Mitarbeiter.

Eine repräsentative Untersuchung, erstellt von der Bundesdruckerei GmbH in Zusammenarbeit mit KANTAR EMNID aus dem Jahr 2017 (vgl. [13]), hat zum Ergebnis, dass 56 % der Unternehmen in Deutschland beabsichtigt, in diesem Jahr mehr in ihre IT-Sicherheit zu investieren als im Vorjahr. Jedes fünfte, darunter vor allem größere Unternehmen, erwartet sogar eine starke Zunahme. 35 % der Unternehmen mit 2.000 oder mehr Mitarbeiterinnern und Mitarbeitern planen die Investitionen in IT-Sicherheit im laufenden Jahr stark auszubauen. Anders bei Unternehmen mit weniger als 100 Mitarbeiterinnen und Mitarbeitern, dort sind es nur 18 %.

Gemäß einem Untersuchungsbericht des Ponemon Institutes (vgl. [14][15]) sind die Kosten von Datenlecks im letzten Jahr in Deutschland erstmalig wieder gefallen, aber die durchschnittlichen Pro-Kopf-Kosten einer Datenpanne betragen immer noch 137 € (im 4-Jahresdurchschnitt 168 €). In Summe ergeben sich so jährlich knapp 3,2 Mio. € (im 4-Jahresdurchschnitt 4 Mio. €) Schaden pro befragter Firma (419 aus 13 Ländern). Trotz der gesunkenen Gesamtkosten gab es bei den Unternehmen der diesjährigen Untersuchung größere Verstöße. Die durchschnittliche Größe eines Datenlecks stieg um 1,8 %. Basierend auf den aktuellen Untersuchungsergebnissen wird die Wahrscheinlichkeit, dass Organisationen in dieser Studie in den nächsten 24 Monaten eine erhebliche Datenpanne erleiden mit einer durchschnittlichen Wahrscheinlichkeit von 27,7 % geschätzt.

Auch eine repräsentative Forsa-Umfrage im Auftrag des Gesamtverbandes der Deutschen Versicherungswirtschaft (GDV) zeigt auf, dass Internet-Kriminelle für Kleinbetriebe und Mittelständler in Deutschland eine ernste und wachsende Bedrohung darstellen. 28 % der Unternehmen aus diesem Segment haben bereits finanzielle oder materielle Schäden durch Cyber-Angriffe erlitten.

Schließlich kommt die e-Crime Studie der KPMG (vgl. [16]) zu dem Schluss, dass die Schäden durch Cyberkriminalität bei den befragten 504 Unternehmen in den vergangenen zwei Jahren jeweils zwischen wenigen Zehntausend Euro bis hin zu mehreren Hunderttausend Euro betrugen. Jedes zwanzigste Unternehmen hat jedoch sogar mehr als 1 Mio. Euro an Schäden in den Büchern, bei größeren Unternehmen sogar jedes zehnte.

Zusammenfassend lässt sich sagen, dass die verschiedenen Untersuchungen und Studien zwar nur begrenzt konkrete Werte für die Berechnung im eigenen Unternehmen vorgeben, aber sehr gute Anhaltspunkte liefern. Prozentual vom Gesamt-IT-Budget gesehen, sollte sich das IT-Sicherheitsbudget zwischen durchschnittlich 7 % und 14 % bewegen. Die große Spanne erklärt sich wiederum aufgrund der Unterschiedlichkeit der Branchen, und nicht zuletzt der andersgearteten Gefährdungslage je nach Themenbereich. Außerdem zeigt sich, dass die Schäden der Cyberkriminalität weiterhin auf einem sehr hohen Niveau sind und eine ernste Bedrohung darstellen, gleichzeitig aber auch das Bewusstsein und die Investitionsbereitschaft weiterhin zugenommen haben.

5 Wie können die Kosten der IT-Sicherheit für Ihr Unternehmen ermittelt werden?

Die beiden letzten Kapitel haben mit der Darstellung der verschiedenen Methoden, als auch den Ergebnissen verschiedener Studien eine gute Grundlage für Ihre IT-Sicherheitsbudget-Planungen gelegt. Leider gibt es keine einfache Formel, die alle Fragen beantwortet, aber gute Eckwerte für die Berechnung eines ersten Gesamtwertes. In Abhängigkeit von der Klassifikation Ihres Unternehmens (Branche, Größe, etc.) steht Ihnen nun ein auf Untersuchungsergebnissen basierender Prozentwert oder Prozentbereich für die Verhandlungen mit Ihrer Unternehmensführung zur Verfügung. Für erste Absprachen ist dieser Wert sicherlich schon hilfreich, aber direkt danach muss er auf die verschiedenen IT-Sicherheitsbedarfe, respektive IT-Sicherheitsmaßnahmen, heruntergebrochen werden (Top-Down) und dabei sind die aufgeführten Methoden und Studien nur begrenzt hilfreich. Stattdessen gilt es hier ein Informationssicherheitsmanagementsystem (ISMS) auf Basis von IT-Grundschutz (vgl. [17]) und/oder ISO/IEC 27001 (vgl. [18]) einzuführen und qualitätsgesichert zu betreiben.

Ein ISMS definiert Regeln, Verfahren, Maßnahmen und Methoden, um im Unternehmen die Informationssicherheit zu gewährleisten. Dadurch, dass die Informationssicherheit gesteuert, kontrolliert und optimiert wird, werden Risiken identifiziert und beherrschbar. Die folgenden Fragen stellen eine an den IT-Grundschutz angelehnte Vorgehensweise dar, um die Anforderungen der IT-Sicherheit zu erfüllen bzw. die definierten sicherheitsrelevanten As-pekte in Unternehmen zu gewährleisten. Sowohl in den BSI-Standards der IT-Grundschutz-Methodik, als auch in der ISO/IEC 27000-Familie werden diese Fragestellungen noch weiter heruntergebrochen, erläutert und mit hilfreichen Werkzeugen unterlegt (vgl. [17][18]):

- Welches Sicherheitsniveau streben wir an?
- Welche Risiken bestehen für unser Unternehmen?
- Wie ist unser aktueller Status-quo bzgl. IT-Sicherheit?
- Welche Maßnahmen müssen wir ergreifen, um unsere IT-Sicherheitsziele zu erreichen?

An dieser Stelle können dann auch wieder Verfahren wie ROSI oder andere Ansätze angewandt werden, um die ermittelten Maßnahmen mit Kosten zu versehen. Dieses Vorgehensmodell zur Bestimmung der einzelnen Kostenpositionen bildet die Grundlage eines Regelkreises der IT-Sicherheit, der sich aus folgenden Phasen zusammensetzt:

- Festlegung der zu erreichenden Ziele (Sicherheitsniveau, IT-Sicherheitsleitlinie)
- Bestimmung der aktuellen IT-Sicherheitslage des Unternehmens (Gefährdungen und bereits vorhandene Sicherheitsmaßnahmen – Ist-Situation)
- Vereinbarung notwendiger Maßnahmen

- Abschätzung der Kosten dieser Maßnahmen
- Veranschlagung der dauernden Kosten zur Aufrechterhaltung und auch Optimierung des Sicherheitsniveaus (TCO)
- Monitoring der Maßnahmen und Analyse der verschiedenen Kennzahlen (u. a. auch Finanzkennzahlen)

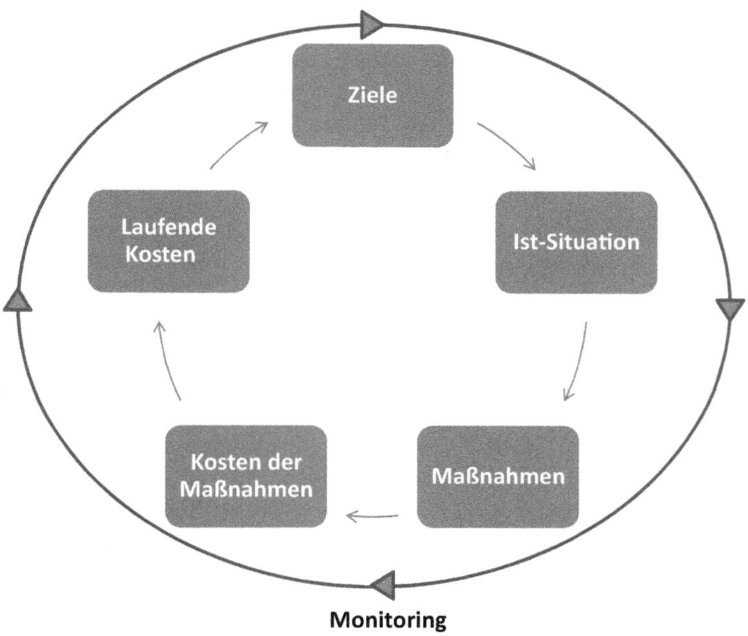

Abb. 1: Regelkreis IT-Sicherheitskosten

Besondere Beachtung sollten dabei die letzten beiden Phasen erhalten. Sie haben eine kontinuierliche Qualitätsverbesserung der IT-Sicherheit als Ziel. Einerseits finanzieren sie die Aufrechterhaltung und Optimierung des Sicherheitsniveaus und andererseits überwacht das Monitoring das Erreichen der vorgegebenen Ziele sowie die Veränderungen in der Umwelt und stößt bei Abweichungen ein erneutes Durchlaufen des Regelkreises an.

Während in der Vergangenheit einige Unternehmen ihre IT-Sicherheitsbudgets eher blind und im Gießkannen-Prinzip verteilt haben, ohne den tatsächlichen Bedarf zu ermitteln, führt ein derart strukturiertes Vorgehen zu einer pragmatischen und selektiven Investitionspolitik auf Basis der aktuellen IT-Sicherheitslage des Unternehmens. Es erfolgt eine Konzentration auf hoch bewertete Unternehmensrisiken und bei den weniger kritischen Sicherheitsgefährdungen werden Restrisiken bewusst toleriert. Allerdings ist dieses Handeln natürlich mit sehr viel Zeit und Aufwand verbunden und bedarf einer sehr viel größeren eigenen oder extern bezogenen Expertise im Bereich IT-Sicherheit.

Auf der anderen Seite sind für viele IT-Sicherheitsinvestitionen nicht einmal umfassende Risikobetrachtungen erforderlich, denn die Schadenshöhe und die Eintrittswahrscheinlichkeiten lassen sich durch einen Sicherheitsvorfall ganz pragmatisch bestimmen. Wirtschaftliche Effekte durch eine Investition sind dann häufig auch ohne komplexe Analysen und Berechnungen nachweisbar. Aber auch bei Ausgangslagen mit schlechterer Informationslage sollte auf eine ökonomische Analyse nicht verzichtet werden, da auf diese Weise Investitionsalternativen systematisch betrachtet und bewertet und IT-Sicherheitsrisiken transparent gemacht werden. Neben den so generierten Ersparnissen durch IT-Sicherheitsinvestitionen, sollten aber immer auch der wertschöpfende Aspekt von Sicherheitsverfahren und Sicherheitstechnologien und ihr Beitrag zum wirtschaftlichen Erfolg eines Unternehmens, wie z. B. durch Prozessoptimierung oder die Erschließung neuer Märkte, in die Betrachtung mit einbezogen werden [4].

6 Was sollten Sie neben den Kosten auf keinen Fall aus dem Blick verlieren?

Obwohl die betrachteten Untersuchungen auch verdeutlicht haben, dass das Bewusstsein für IT-Sicherheit und die Bereitschaft zur Investition in diesem Bereich generell gestiegen sind, besteht wohl kaum ein Zweifel daran, dass die Sicherheitskonzepte in den meisten Unternehmen Raum für Überprüfung und Aktualisierung haben. Dabei geht es aber nicht darum, den Unternehmen eine einheitliche IT-Sicherheitslösung überzustülpen oder ein vorgegebenes Budget gleichmäßig zu verteilen, sondern einen intelligenten und ressourceneffizienten Ansatz zu wählen.

Viele Unternehmen verfügen möglicherweise auch schon über genügend Technologie, um die Sicherheitsbedrohung bis zu dem Punkt zu mindern, an dem das Verhältnis zwischen Risiko und Ausgaben gegen weitere Investitionen spricht. Was dort benötigt wird, sind keine weiteren Investitionen in zusätzliche Technologie(-n), sondern in mehr Bewusstsein (Awareness) der Mitarbeiterinnen und Mitarbeiter. Diese müssen über die realen Risiken und die Maßnahmen, die zur Vermeidung dieser Risiken zur Verfügung stehen, aufgeklärt werden. Menschliches Fehlverhalten ist wahrscheinlich die größte Sicherheitsbedrohung, mit der Unternehmen heute konfrontiert sind [19].

Die finanziellen Auswirkungen können demnach nur durch eine ganzheitliche Herangehensweise an die IT-Sicherheit gedämpft werden. Zwar sind nach dem IT Security Risks Report 2016 von Kaspersky Lab (vgl. [11]) bereits 45 % der Unternehmen der Ansicht, dass Hardware und Software allein nicht unbedingt alle IT-Sicherheitsvorfälle lösen können, aber dennoch glauben 73 % immer noch, dass

Arbeitsplatzsicherheitssoftware isoliert wirksam ist. Auch diese Studie belegt, dass die Ausbildung von Mitarbeiterinnen und Mitarbeitern einen wesentlichen Teil der IT-Sicherheitsmaßnahmen eines Unternehmens ausmachen sollte. Sorgloses Personal war nach dieser Studie die zweitgrößte Ursache von Sicherheitsvorfällen in den letzten 12 Monaten und die größte Ursache schwerwiegender Vorfälle, die mit Datenverlust oder Datenlecks verbunden waren. Ziel sollten also aufgeklärte und wachsame Mitarbeiterinnen und Mitarbeiter sein, die besser informiert und sich der Risiken bewusst sind, mit denen Unternehmen heute und zukünftig konfrontiert werden können, um so die Erkennung zu verbessern und die Auswirkungen zu minimieren.

Bei vielen Unternehmen herrscht auch noch Unbehagen darüber, externe Hilfen zu akzeptieren. Sie missachten dabei, dass bessere Einblicke und Erkenntnisse über Bedrohungen stark dazu beitragen können, die Erkennung zu verbessern und der wachsenden Anzahl und Schwere von IT-Sicherheitsbedrohungen etwas entgegen setzen zu können [11].

Zum Abschluss dieses Beitrags kann folgendes Resümee gezogen werden:

- IT-Sicherheit ist kein Zustand, sondern ein fortdauernder Prozess, dessen Bewältigung spezieller Expertise bedarf.
- IT-Sicherheit ist eine Frage der bewussten Entscheidung, basierend sowohl auf der aktuellen IT-Sicherheitslage des eigenen Unternehmens, als auch der Umwelt.
- IT-Sicherheit lässt sich nicht vollständig mit Kosten und Nutzen versehen, aber es gibt hilfreiche Ansätze, die Entscheidungen erleichtern und fundieren.
- IT-Sicherheit ist Chefsache, Entscheidungen betreffen das gesamte Unternehmen und können nicht verlagert werden.
- IT-Sicherheit führt zu Veränderungen im Unternehmen, die Vorteile über die Vermeidung von Sicherheitsrisiken hinaus bieten.

7 Literatur

[1] Lubich, H. P. 2006. IT-Sicherheit: Systematik, aktuelle Probleme und Kosten-Nutzen-Betrachtungen. In: Mörike M., Teufel, S. (Hrsg.). Kosten & Nutzen von IT-Sicherheit. HMD Praxis der Wirtschaftsinformatik, Heft 248. S. 6–15.

[2] Pohlmann, N. 2006. Wie wirtschaftlich sind IT-Sicherheitsmaßnahmen? In: Mörike, M., Teufel, S. (Hrsg.). Kosten & Nutzen von IT-Sicherheit. HMD Praxis der Wirtschaftsinformatik. Heft 248. S. 26–34.

[3] Nowey, T. 2011. Konzeption eines Systems zur überbetrieblichen Sammlung und Nutzung von quantitativen Daten über Informationssicherheitsvorfälle. Vieweg + Teubner Research. Wiesbaden: Springer.

[4] Stöwer, M. 2011. Werte schützen, Kosten senken, Erträge steigern. Beispiele für die Wirtschaftlichkeit von Informationssicherheit. Fraunhofer-Institut für Sichere Informationstechnologie. Darmstadt/Sankt Augustin.

[5] Probleme und Chancen – Return on Security Investment in der IT (RoSI). [Online]. www.it-daily.net/it-sicherheit/enterprise-security/13152-return-on-security-investment-in-der-it-rosi-probleme-und-chancen (letzter Zugriff: 12. 03. 2018).
[6] Krcmar, H. 2015. Informationsmanagement. 6. Aufl. Berlin u. a.: Springer Gabler.
[7] Burghardt, M. 2012. Projektmanagement: Leitfaden für die Planung, Überwachung und Steuerung von Projekten. 9. Aufl. Erlangen: Publicis Corporate Publishing.
[8] Sonnenreich, W. 2002. Return On Security Investment (ROSI): A Practical Quantitative Model.
[9] Kühnel, S. 2016. IT-Sicherheit und Wirtschaftlichkeit. In: Das Wirtschaftsstudium: wisu: Zeitschrift für Ausbildung, Prüfung, Berufseinstieg und Fortbildung. 45(4). S. 453–454. Düsseldorf: Lange.
[10] Filkins, B. 2016. IT Security Spending Trends. SANS Institute. www.sans.org/reading-room/whitepapers/analyst/security-spending-trends-36697 (letzter Zugriff: 12. 03. 2018).
[11] Kaspersky Lab. Measuring Financial Impact of IT Security on Businesses, IT Security Risks Report 2016. media.kaspersky.com/en/business-security/kaspersky-it-security-risks-report-2016.pdf (letzter Zugriff: 12. 03. 2018).
[12] Klahr, R. et al. 2017. Cyber Security breaches survey 2017 Main report Ipsos MORI and the Institute for Criminal Justice Studies at the University of Portsmouth.
[13] Bundesdruckerei GmbH in Zusammenarbeit mit KANTAR EMNID. 2017. Digitalisierung und IT-Sicherheit in deutschen Unternehmen.
[14] Ponemon Institute© Research Report. 2017. 2017 Cost of Data Breach Study. Global Overview. Ponemon Institute.
[15] Ponemon Institute© Research Report. 2017. The Second Annual Study on the Cyber Resilient Organization: Germany. Ponemon Institute.
[16] KPMG Studie. 2017. e-Crime in der deutschen Wirtschaft 2017 – Computerkriminalität im Visier.
[17] Bundesamt für Sicherheit in der Informationstechnik. 2008. BSI-Standard 100–1 Managementsysteme für Informationssicherheit (ISMS). Version 1.5.
[18] ISO/IEC 27001:2005. Information technology – Security techniques – Information security management systems requirements specification. ISO/IEC JTC1/SC27.
[19] Taylor, W. How much security is too much? [Online]. www.zdnet.com/article/how-much-security-is-too-much/ (letzter Zugriff: 12. 03. 2018).

Thomas Jansen

15 Datenschutz und Datensicherheit – Aktuelle rechtliche Herausforderungen für den CIO

Ab dem 25. Mai 2018 wird die europäische Datenschutz-Grundverordnung (DSGVO) das Datenschutzrecht erstmals unionsweit einheitlich regeln und diesem einen neuen Stellenwert verleihen. Die Bußgelder, die bei Verstößen gegen Vorschriften der DSGVO drohen, sind gravierend. Während nach dem bis 25. Mai 2018 geltenden Datenschutzrecht Bußgelder von maximal 300.000,00 Euro verhängt werden konnten, eine Ahndung datenschutzrechtlicher Verstöße jedoch ohnehin oftmals ausblieb, ist bei Verstößen gegen Vorschriften der DSGVO mit einer konsequenten Verfolgung und abschreckender Bußgeldpraxis der Aufsichtsbehörden zu rechnen. Bußgelder können dann bis zu 10 Mio. bzw. 20 Mio. Euro oder 2% bzw. 4% des Konzernumsatzes des vorangegangenen Geschäftsjahres betragen, je nachdem, welcher der Beträge höher ist. Das Risiko einer Bußgeldsanktionierung wird zudem dadurch erhöht, dass die DSGVO den Verantwortlichen neue Pflichten auferlegt, darunter Dokumentationspflichten oder ggf. die Pflicht zur Durchführung einer Datenschutz-Folgenabschätzung, mit welchen der Verantwortliche und der Chief Information Officer (CIO) möglicherweise noch nicht vertraut sind. Dadurch erhöhen sich auch die persönlichen Haftungsrisiken für den CIO erheblich. Eine Auseinandersetzung mit den neuen gesetzlichen Vorgaben ist daher unerlässlich.

In dem folgenden Kapitel wird aufgezeigt, welche Neuerungen die DSGVO mit sich bringt, welche Haftungsrisiken sie birgt und wie diese in der Praxis reduziert werden können.

1 Überblick über die neue Rechtslage nach der DSGVO

1.1 Die Grundsätze für die Verarbeitung personenbezogener Daten, Art. 5 DSGVO

Gemäß Art. 5 Abs. 1 lit. a) DSGVO müssen personenbezogene Daten auf **rechtmäßige** Weise, **nach Treu und Glauben** und in einer für die betroffene Person **nachvollziehbaren** Weise verarbeitet werden. Rechtmäßig ist eine Datenverarbeitung, wenn sie sich auf eine zulässige Rechtsgrundlage stützt. Hierbei kann es sich entweder um die Einwilligung der betroffenen Person oder um eine gesetzliche Rechtsgrundlage handeln. Welche gesetzlichen Rechtsgrundlagen in welchen Fäl-

https://doi.org/10.1515/9783110545395-015

len in Frage kommen, wird in Ziffer 1 lit. b). aufgezeigt. Der Grundsatz, personenbezogene Daten nach Treu und Glauben zu verarbeiten, entspricht weitgehend dem bereits im Bundesdatenschutzgesetz (BDSG) normierten Verhältnismäßigkeitsgrundsatz [1]. Daraus folgt, dass die Datenverarbeitung geeignet sein muss, einen legitimen Zweck zu erreichen und gleichzeitig das mildeste und effektivste Mittel sein muss. Aus dem Transparenzgrundsatz ergibt sich, dass die Daten auch in einer für die betroffene Person nachvollziehbaren Weise verarbeitet werden müssen.

Wie schon das BDSG normiert auch die DSGVO einen Zweckbindungsgrundsatz. Demzufolge dürfen personenbezogene Daten nur für festgelegte, eindeutige und legitime Zwecke erhoben werden und in keiner Weise verarbeitet werden, die nicht mit diesen Zwecken vereinbar ist. Des Weiteren gilt, dass Daten in Bezug auf den Zweck der Datenverarbeitung angemessen verarbeitet und auf das erforderliche Ausmaß beschränkt werden sollen. Aus diesem Grundsatz der Datenminimierung ergibt sich letztlich, dass so wenige personenbezogene Daten wie möglich verarbeitet werden sollen.

Während die Grundsätze der Rechtmäßigkeit, Transparenz, Zweckbindung und Datenminimierung auch nach alter Rechtslage bestanden, normiert die DSGVO die Richtigkeit personenbezogener Daten als eigenen Grundsatz. Aus diesem folgt, dass personenbezogene Daten richtig und erforderlichenfalls auf dem neuesten Stand sein müssen. Für Daten, die im Hinblick auf die Zwecke ihrer Verarbeitung unrichtig sind, sind daher alle angemessenen Maßnahmen zu treffen, damit diese unverzüglich gelöscht oder berichtigt werden, Art. 5 Abs. 1 lit. d) DSGVO.

Bekannt wiederum ist der Grundsatz, dass personenbezogene Daten nur für eine begrenzte Zeit gespeichert werden dürfen. Die Speicherung ist nur solange zulässig, wie sie für die legitimen Zwecke der Verarbeitung erforderlich ist. Zudem hat die Datenverarbeitung in einer Weise zu erfolgen, die ein angemessenes Maß an Sicherheit der personenbezogenen Daten sicherstellt. Durch diese Grundsätze der Integrität und Vertraulichkeit soll gewährleistet werden, dass personenbezogene Daten vor unbefugter oder unrechtmäßiger Verarbeitung und vor unbeabsichtigtem Verlust, unbeabsichtigter Zerstörung oder unbeabsichtigter Schädigung durch geeignete technische und organisatorische Maßnahmen geschützt werden.

Die Pflicht, die vorgenannten Grundsätze für die Verarbeitung personenbezogener Daten einzuhalten, obliegt dem Verantwortlichen (Rechenschaftspflicht). Wie wichtig die Einhaltung der datenschutzrechtlichen Grundsätze ist, zeigt ein Blick in Art. 83 DSGVO, der die allgemeinen Bedingungen für die Verhängung von Geldbußen regelt. Ein Verstoß gegen die Grundsätze kann nach Art. 83 Abs. 5 lit. a) DSGVO mit einem Bußgeld von bis zu 20 Mio. Euro oder 4 % des Konzernumsatzes des Vorjahres geahndet werden. Als Leiter der IT ist der CIO unternehmensintern üblicherweise für Datensicherheit und Datenschutz und damit die Einhaltung der datenschutzrechtlichen Grundsätze verantwortlich. Daher sollte er im eigenen Interesse sicherstellen, dass diese Grundsätze bei jeder Datenerhebung oder -verarbeitung beachtet werden.

1.2 Rechtmäßigkeit der Verarbeitung

Einer der wichtigsten Grundsätze ist, dass die Erhebung oder Verarbeitung von personenbezogenen Daten rechtmäßig erfolgen muss, sich also auf eine Rechtsgrundlage stützen muss. Hierbei ist zwischen der Einwilligung der betroffenen Person und gesetzlichen Rechtsgrundlagen zu differenzieren.

1.2.1 Gesetzliche Rechtsgrundlagen

Gesetzliche Rechtsgrundlagen sind in der DSGVO insbesondere in Art. 6 Abs. 1 lit. b)–f) DSGVO aufgeführt. Praxisrelevant sind hierbei insbesondere zwei Tatbestände: Zum einen können Daten, die für die Erfüllung eines Vertrages, dessen Vertragspartei die betroffene Person ist, oder die zur Durchführung vorvertraglicher Maßnahmen erforderlich sind, ohne die Einwilligung der betroffenen Person verarbeitet werden, Art. 6 Abs. 1 lit. b) DSGVO. Zum anderen ist die Verarbeitung auch dann rechtmäßig, wenn sie zur Wahrung berechtigter Interessen des Verantwortlichen oder eines Dritten erforderlich ist, sofern nicht die Interessen oder Grundrechte und Grundfreiheiten der betroffenen Person, die den Schutz personenbezogener Daten erfordern, überwiegen, Art. 6 Abs. 1 lit. f) DSGVO.

Besondere gesetzliche Rechtsgrundlage für die Verarbeitung von Beschäftigtendaten:

Zwar enthält die DSGVO selbst keine speziellen Regelungen zum Beschäftigtendatenschutz, berechtigt allerdings in Art. 88 Abs. 1 DSGVO die Mitgliedstaaten, eigene spezifische Vorschriften für die Verarbeitung personenbezogener Daten im Beschäftigungskontext zu erlassen. Mit der Novellierung des BDSG hat der deutsche Gesetzgeber diese Möglichkeit auch wahrgenommen und in § 26 BDSG (neu) die Datenverarbeitung zum Zwecke des Beschäftigungsverhältnisses geregelt. Im Wesentlichen ergeben sich hieraus keine Änderungen im Vergleich zur alten Rechtslage nach § 32 BSDG. So dürfen personenbezogene Daten von Beschäftigten für Zwecke des Beschäftigungsverhältnisses verarbeitet werden, wenn dies für die Entscheidung über die Begründung des Beschäftigungsverhältnisses oder nach Begründung für dessen Durchführung oder Beendigung erforderlich ist.

Darüber hinaus ist nunmehr in der DSGVO ausdrücklich geregelt, dass personenbezogene Daten von Beschäftigten auch dann verarbeitet werden dürfen, wenn die Verarbeitung zur Ausübung oder Erfüllung der sich aus einem Gesetz oder einem Tarifvertrag, einer Betriebs- oder Dienstvereinbarung (Kollektivvereinbarung) ergebenden Rechte und Pflichten der Interessenvertretung der Beschäftigten erforderlich ist. Wie bisher kann auch ein begründeter Straftatverdacht als Grundlage für die Verarbeitung dienen.

In Bezug auf die konzerninterne Übermittlung und Verarbeitung von Beschäftigtendaten ergeben sich durch die DSGVO keine Änderungen zur bisherigen

Rechtslage: Es gibt nach wie vor kein Konzernprivileg, das bedeutet, dass Konzernunternehmen als Dritte zu sehen sind und es demgemäß auch für eine konzerninterne Übermittlung von personenbezogenen Daten einer Rechtsgrundlage bedarf. Als solche kommt regelmäßig Art. 6 Abs. 1 lit. f) DSGVO in Betracht, wonach die Verarbeitung und Übermittlung von personenbezogenen Daten zulässig ist, wenn sie zur Wahrung der berechtigten Interessen des Verantwortlichen oder eines Dritten erforderlich ist und keine überwiegenden Interessen oder Grundrechte und Grundfreiheiten der betroffenen Person, die den Schutz personenbezogener Daten erfordern, entgegenstehen. Das Vorliegen dieser Voraussetzungen muss grundsätzlich für jeden Einzelfall geprüft und beurteilt werden.

Die Verarbeitung von Beschäftigtendaten wird häufig auf Dritte ausgelagert, z. B. die Gehaltsabrechnung und -zahlung. Im Gegensatz zu einem Konzernunternehmen ist der Auftragsverarbeiter (Art. 28 DSGVO) nicht als Dritter zu qualifizieren. Dies ist dadurch begründet, dass der Auftragsverarbeiter nur auf dokumentierte Weisung des Verantwortlichen verarbeitet, der Verantwortliche also für die Datenverarbeitung verantwortlich bleibt. Gemäß Art. 28 Abs. 1 DSGVO ist der Auftragsverarbeiter verpflichtet, geeignete technische und organisatorische Maßnahmen zu ergreifen, um eine Verarbeitung im Einklang mit der DSGVO und den Schutz der Rechte der betroffenen Person zu gewährleisten.

1.2.2 Einwilligung, Art. 7 DSGVO

Sollte keine gesetzliche Rechtsgrundlage für die Datenerhebung oder -verarbeitung vorliegen, ist die Einwilligung der betroffenen Person einzuholen. Daran sind mehrere Bedingungen geknüpft, die berücksichtigt werden müssen. So obliegt dem Verantwortlichen die Pflicht, nachweisen zu können, dass die betroffene Person in die Verarbeitung ihrer personenbezogenen Daten eingewilligt hat. Im Onlinebereich eignet sich eine Opt-In-Lösung in Form einer Checkbox, die der Nutzer durch Anklicken aktivieren muss, als beste Nachweismöglichkeit.

Wird die Einwilligung durch schriftliche Erklärung erteilt, die auch andere Sachverhalte als den datenschutzrechtlichen Sachverhalt betrifft, muss das datenschutzrechtliche Einwilligungsersuchen in verständlicher und leicht zugänglicher Form in einer klaren und einfachen Sprache erfolgen, sodass es von den anderen Sachverhalten klar zu unterscheiden ist. Wie nach bisheriger Rechtslage hat die betroffene Person das Recht, ihre Einwilligung jederzeit zu widerrufen. Darüber ist die betroffene Person auch bereits vor Einwilligungserteilung zu informieren. Zu berücksichtigen ist auch, dass der Widerruf der Einwilligung so einfach wie die Erteilung der Einwilligung sein muss.

In der Praxis ist die Einwilligung jedoch nur bedingt als Rechtsgrundlage geeignet, da sie von jeder betroffenen Person einzeln eingeholt und nachgewiesen werden muss und die betroffenen Personen die Einwilligung jederzeit mit Wirkung für die Zukunft widerrufen können, sodass es für weitere Datenverarbeitungen dann an einer Rechtsgrundlage fehlt.

Daher ist es zu empfehlen, die Datenverarbeitung nach Möglichkeit auf eine gesetzliche Rechtsgrundlage zu stützen.

1.3 Pflicht zur Erstellung eines Verarbeitungsverzeichnisses, Art. 30 DSGVO

Während das BDSG noch die Pflicht zur Erstellung eines Verfahrensverzeichnisses statuierte, muss nach der DSGVO ein Verarbeitungsverzeichnis geführt werden. Das öffentliche Verfahrensverzeichnis, das nach dem BDSG noch jedem einen Einblick in Verarbeitungstätigkeiten ermöglichte, gibt es nach der DSGVO nicht mehr [2]. Zudem entfallen die Meldepflichten an die Aufsichtsbehörden. Dies entbindet allerdings nicht von der Pflicht zur Erstellung eines Verzeichnisses, da die Verzeichnisse den Aufsichtsbehörden jederzeit auf Anfrage zur Verfügung gestellt werden müssen.

Inhaltlich unterscheidet sich die Pflicht zur Dokumentation der Verarbeitungen nur geringfügig von der bisherigen Pflicht zur Führung eines Verfahrensverzeichnisses. Das gilt zumindest für Unternehmen, die ausschließlich in Deutschland ihren Sitz haben. International agierende Konzerne, die in mehreren unterschiedlichen EU-Mitgliedsstaaten ihre Niederlassungen haben, mussten bisher die Einhaltung unterschiedlicher nationaler Datenschutzgesetze mit unterschiedlichen Anforderungen an ein Verfahrensverzeichnis sicherstellen [3]. Die Vereinheitlichung durch die DSGVO ist für international aufgestellte Konzerne daher eine positive Entwicklung. Entsprechend ist diesen nun zu empfehlen, die Erstellung von Verarbeitungsverzeichnissen zentral zu organisieren.

Neu ist nach der DSGVO, dass jetzt auch **Auftragsverarbeiter** zur Führung eines Verarbeitungsverzeichnisses verpflichtet sind. Dementsprechend muss der Auftragsverarbeiter eigenverantwortlich die Datenverarbeitungsvorgänge dokumentieren, die im Rahmen der Auftragsverarbeitung durchgeführt werden. Unterlässt er die Führung des Verarbeitungsverzeichnisses ganz oder vernachlässigt diese, muss er mit einem Bußgeld in Höhe von 10 Mio. Euro oder 2 % des Unternehmensumsatzes des vorangegangenen Geschäftsjahres rechnen.

Die DSGVO normiert allerdings auch eine Ausnahme für Unternehmen und Einrichtungen mit weniger als 250 Mitarbeitern. Diese müssen kein Verarbeitungsverzeichnis führen, es sei denn, der Verantwortliche/Auftragsverarbeiter führt Verarbeitungen personenbezogener Daten durch, die ein Risiko für die Rechte und Freiheiten der betroffenen Personen bedeuten (beispielsweise in Fällen von Scoring oder Überwachungsmaßnahmen), die nicht nur gelegentlich stattfinden oder die besondere Datenkategorien (Art. 9 Abs. 1 DSGVO) oder strafrechtliche Verurteilungen und Straftaten iSd Art. 10 DSVVO betreffen. Sofern eine der drei Fallgruppen gegeben ist, greift die Ausnahme bereits nicht mehr, sodass ihr tatsächlicher Anwendungsbereich in der Praxis gering sein wird [4].

Verantwortliche und Auftragsverarbeiter sollten daher rechtzeitig Verarbeitungsverzeichnisse erstellen bzw. bestehende Verfahrensverzeichnisse auf DSGVO-Konformität überprüfen. Die Gesellschaft für Datenschutz und Datensicherheit e. V. hat eine Mustervorlage veröffentlicht, die den Anforderungen der DSGVO gerecht wird und unter https://www.gdd.de/downloads/praxishilfen/Muster_VVT.docx abgerufen werden kann. Da die Verarbeitungsverzeichnisse den Aufsichtsbehörden als Grundlage für Überprüfungen auf die Rechtmäßigkeit der Datenverarbeitungen dienen werden, müssen diese sorgfältig geführt und regelmäßig aktualisiert werden.

1.4 Datenschutz-Folgenabschätzung

Neu zu berücksichtigten ist für den CIO auch, dass nach Art. 35 Abs. 1 S. 1 DSGVO vor der Verarbeitung eine Pflicht zur Durchführung einer Datenschutz-Folgenabschätzung besteht, wenn die Form der Verarbeitung, insbesondere bei der Verwendung neuer Technologien, aufgrund der Art, des Umfangs, der Umstände und der Zwecke der Verarbeitung voraussichtlich ein hohes Risiko für die Rechte und Freiheiten natürlicher Personen zur Folge hat. Dabei muss der Verantwortliche zunächst intern die Folgenabschätzung durchführen. Ergibt diese, dass die Verarbeitung ein hohes Risiko zur Folge hätte, muss der Verantwortliche die Aufsichtsbehörde konsultieren, sofern er keine Maßnahmen zur Eindämmung des Risikos trifft, Art. 36 Abs. 1 DSGVO.

Die DSGVO nennt drei Fallgruppen, in welchen eine Datenschutz-Folgenabschätzung erforderlich ist:

- Zum einen muss eine Datenschutz-Folgenabschätzung durchgeführt werden, wenn eine systematische und umfassende Bewertung persönlicher Aspekte natürlicher Personen erfolgt, die sich auf automatisierte Verarbeitungen einschließlich Profiling gründet und die ihrerseits als Grundlage für Entscheidungen dient, die Rechtswirkung gegenüber natürlichen Personen entfalten oder die in ähnlich erheblicher Weise beeinträchtigen. Diese Fallgruppe umfasst insbesondere Auskunfteien, aber auch die elektronische Erstellung von Persönlichkeitsprofilen z. B. Computertests zur Bewerberauswahl [5].
- Zum anderen ist ein hohes Risiko für die Rechte und Freiheiten natürlicher Personen auch gegeben, wenn eine umfangreiche Verarbeitung besonderer Kategorien personenbezogener Daten (Art. 9 Abs. 1 DSGVO) oder personenbezogener Daten über strafrechtliche Verurteilungen und Straftaten (Art. 10 DSGVO) erfolgt.
- Als letzte Fallgruppe, in der eine Datenschutz-Folgenabschätzung durchgeführt werden muss, nennt die DSGVO die systematische umfangreiche Überwachung öffentlich zugänglicher Bereiche. Davon umfasst ist dem Wortlaut zufolge auch Privatgelände, wenn es der Öffentlichkeit zugänglich ist.

Die drei angeführten Fallgruppen sind nicht als abschließende Auflistung zu verstehen; ein voraussichtlich hohes Risiko für die Rechte und Freiheiten natürlicher Personen reicht bereits aus, um die Pflicht zur Durchführung einer Datenschutz-Folgenabschätzung auszulösen.

Nach Art. 35 Abs. 7 DSGVO muss die Datenschutz-Folgenabschätzung eine systematische Beschreibung der geplanten Verarbeitungsvorgänge und der Zwecke, ggf. einschließlich der von dem Verantwortlichen verfolgten berechtigten Interessen, sowie eine Bewertung der Notwendigkeit und Verhältnismäßigkeit der Verarbeitungsvorgänge in Bezug auf den Zweck sowie eine Bewertung der Risiken für die Rechte und Freiheiten der betroffenen Personen beinhalten. Zuletzt muss die Folgenabschätzung auch die Abhilfemaßnahmen enthalten, die zur Bewältigung der Risiken geplant sind.

Nach alledem sollte jeder Verantwortliche im Zweifel eine Risikoeinschätzung der eigenen Datenverarbeitungsvorgänge vornehmen, um beurteilen zu können, ob eine Datenschutz-Folgenabschätzung durchgeführt werden muss oder nicht. Denn auch eine Vernachlässigung dieser Pflicht kann Bußgelder bis zu 10 Mio. Euro oder 2 % des Vorjahresumsatzes zur Folge haben.

1.5 Rechte der betroffenen Person

Im Vergleich zur alten Rechtslage nach dem BDSG stehen den betroffenen Personen nach der DSGVO umfangreichere Rechte zu.

1.5.1 Auskunftsrecht, Art. 15 DSGVO

Dazu gehört zunächst ein umfassendes Auskunftsrecht. So hat die betroffene Person das Recht, Auskunft darüber zu verlangen, ob betreffende personenbezogene Daten verarbeitet werden. Sollte dies der Fall sein, hat sie ein Recht, Auskunft über die personenbezogenen Daten zu verlangen und zahlreiche weitergehende Informationen zu erhalten. Davon umfasst sind die Zwecke der Datenverarbeitung, die Kategorien personenbezogener Daten, die verarbeitet werden, die Empfänger oder Kategorien von Empfängern, die geplante Speicherdauer der personenbezogenen Daten, das Recht auf Berichtigung oder Löschung der Daten und das Bestehen eines Beschwerderechts sowie alle verfügbaren Informationen über die Herkunft der Daten, sofern sie nicht bei der betroffenen Person erhoben wurden.

Da die DSGVO gemäß Art. 1 Abs. 2 DSGVO die Grundrechte und Grundfreiheiten natürlicher Personen schützt, ist das Auskunftsrecht von betroffenen Personen in der Praxis vorwiegend für Unternehmen von Bedeutung, die ihre Waren oder Dienstleistungen (auch) Verbrauchern anbieten (B2C). Unternehmen, die nur an andere Unternehmen und nicht an Verbraucher vertreiben (B2B), werden voraussichtlich nur in einem geringeren Maß von dem Auskunftsanspruch betroffen sein.

1.5.2 Recht auf Berichtigung und Löschung, Art. 16, 17 DSGVO

Neben dem Auskunftsrecht hat die betroffene Person auch ein Recht auf die Berichtigung unrichtiger sowie die Vervollständigung unvollständiger Daten.

Das Recht auf Löschung wurde im Vergleich zur bisherigen Rechtslage umfassend erweitert und trägt daher den Namen des „Rechts auf Vergessenwerden“ oder auch „Right to be forgotten“. Die entsprechende Norm in der DSGVO führt mehrere Gründe an, bei deren Vorliegen der Verantwortliche verpflichtet ist, die personenbezogenen Daten unverzüglich zu löschen. Ein solcher Grund liegt beispielsweise vor, wenn die personenbezogenen Daten für die Zwecke, für die sie erhoben wurden, nicht mehr benötigt werden. Ein weiterer Löschungsgrund ist gegeben, wenn die betroffene Person ihre Einwilligung widerruft und es keine Rechtsgrundlage gibt, die eine weitere Datenverarbeitung stützt. Konsequenterweise sind Daten auch dann unverzüglich zu löschen, wenn sie unrechtmäßig verarbeitet worden sind.

Häufig bestehen in der Praxis allerdings gesetzliche Aufbewahrungspflichten, insbesondere aus § 147 AO und § 257 HGB, die zu dem Recht auf Löschung in einem Spannungsverhältnis stehen. Es empfiehlt sich daher, die Daten entsprechend zu kategorisieren. So sollten Daten bereits bei der Erhebung darauf überprüft werden, ob sie aufgrund einer gesetzlichen Pflicht aufbewahrt werden müssen, und ggf. entsprechend gekennzeichnet werden. Dadurch kann es am ehesten gelingen, den gesetzlichen Aufbewahrungspflichten nachzukommen und gleichzeitig die Rechte der betroffenen Person in höchstmöglichem Maße zu wahren.

1.5.3 Recht auf Einschränkung der Verarbeitung, Art. 18 DSGVO

Als schwächeres Recht neben dem Recht auf Löschung normiert die DSGVO auch das Recht auf Einschränkung der Verarbeitung personenbezogener Daten. Voraussetzung für dieses Recht kann beispielsweise sein, dass die Verarbeitung unrechtmäßig ist, die betroffene Person die Löschung der personenbezogenen Daten ablehnt und stattdessen die Einschränkung der Nutzung der personenbezogenen Daten verlangt. Ob ein solches Szenario in der Praxis überhaupt realistisch ist, bleibt abzuwarten.

1.5.4 Recht auf Datenübertragbarkeit, Art. 20 DSGVO

Ein weiteres neues, durch die DSGVO normiertes Recht ist das Recht auf Datenübertragbarkeit. Dadurch wird der Verantwortliche verpflichtet, die personenbezogenen Daten der betroffenen Person in einem strukturierten, gängigen und maschinenlesbaren Format bereitzustellen. Die betroffene Person hat das Recht, diese Daten einem anderen Verantwortlichen ohne Behinderung durch den Verantwortlichen, dem die personenbezogenen Daten bereitgestellt wurden, zu übermitteln, sofern die Verarbeitung auf einer Einwilligung oder einem Vertrag beruht oder die Verarbeitung mithilfe automatisierter Verfahren erfolgt.

1.5.5 Widerspruchsrecht, Art. 21 DSGVO

Betroffene Personen haben gemäß Art. 21 DSGVO das Recht, aus Gründen, die sich aus ihrer besonderen Situation ergeben, jederzeit der Verarbeitung sie betreffender personenbezogener Daten zu widersprechen. Ein solcher Widerspruch führt jedoch nicht zwangsläufig dazu, dass die Verarbeitung der betroffenen personenbezogenen Daten unzulässig ist oder wird.

Die Verarbeitung gemäß Artikel 6 Abs. 1 lit. f) DSGVO ist und bleibt auch im Falle eines Widerspruchs der betroffenen Person zulässig, wenn die Verarbeitung zur Wahrung berechtigter Interessen des Verantwortlichen oder eines Dritten erforderlich ist und die Interessen und Grundrechte der betroffenen Person, die den Schutz personenbezogener Daten erfordern, nicht überwiegen. Zwar sind an die Interessen der betroffenen Person keine hohen Anforderungen zu stellen [6], doch wenn der Verantwortliche zwingende schutzwürdige Gründe für die Verarbeitung nachweisen kann, die die Interessen, Rechte und Freiheiten der betroffenen Person überwiegen, kann dieser die Daten auch weiterhin zulässig verarbeiten. Dies gilt auch, wenn die Verarbeitung der Geltendmachung, Ausübung oder Verteidigung von Rechtsansprüchen dient. Verlangt beispielsweise ein Arbeitnehmer nach außerordentlicher Kündigung des Beschäftigungsverhältnisses durch den Arbeitgeber, dass alle Dokumente, die ihn betreffende personenbezogene Daten beinhalten, gelöscht werden, kann die weitere Speicherung solcher Daten, die vertragswidrige, die Kündigung begründende Verhaltensweisen des Arbeitnehmers belegen, dennoch zulässig sein.

2 Datenschutz und Datensicherheit

2.1 Cyber Security

Der Begriff der Cyber-Security, der im weitesten Sinne alle Sicherheitsaspekte in Zusammenhang mit dem digitalen Raum umfasst, ist inzwischen allgegenwärtig. Grund dafür sind Cyber-Attacken, die immer häufiger Systeme von (namhaften) Unternehmen angreifen und Daten verschlüsseln oder kopieren. Erst im Mai 2017 wurden zahlreiche Computer mit der Ransomware „Wannacry" infiziert. Dabei handelte es sich um einen Kryptotrojaner, der die Daten auf den betroffenen Computern verschlüsselt hat. Gegen Zahlung in Bitcoin sollten die Daten wieder entschlüsselt werden. Falls die Zahlung ausbleiben sollte, sollten die Daten gelöscht werden. Weltweit sollen über 220.000 Systeme, u. a. des britischen Gesundheitsdienstes betroffen gewesen sein [7]. Nur wenige Wochen später wurde u. a. der Konsumgüterkonzern Beiersdorf Opfer einer Cyber-Attacke. Betroffen waren nicht nur die Kommunikationssysteme, auch die Produktion fiel in mehreren Werken vorübergehend aus. Nach Angaben eines Managers soll sich der Schaden auf mehrere Millionen Euro belaufen haben [8]. Neben der hohen finanziellen Belastung durch die Wiederherstellung der Systeme und den entgangenen Gewinn tragen die Unternehmen auch einen immensen Imageschaden davon. Daher sollte das Thema Cyber-Security in der Agenda eines CIO an erster Stelle stehen; sowohl zum Wohle des Unternehmens, als auch in seinem eigenen Interesse. Denn im Fall Beiersdorf soll Ursache für die schnelle Verbreitung des Kryptotrojaners gewesen sein, dass IT-Verantwortliche verfügbare Sicherheitspatches nicht installiert haben [9]. Kann dem CIO als IT-Verantwortlichem ein Verschulden nachgewiesen werden, muss dieser mit einer persönlichen Haftung rechnen.

Daher sollten CIOs nicht nur regelmäßig sicherstellen, dass die IT-Systeme und die IT-Infrastruktur in ihrer Gesamtheit einwandfrei funktionieren. Zusätzlich ist es in Anbetracht der wachsenden Bedrohung durch Cyber-Attacken unbedingt erforderlich, sich über neue Sicherheits- und Verschlüsselungsstandards auf dem Laufenden zu halten, die Erforderlichkeit der neuen Standards für das Unternehmen zu prüfen und ggf. Maßnahmen zu ergreifen, um diese zu implementieren.

Neben der Datensicherheit trägt der CIO auch die Verantwortung für die Einhaltung der datenschutzrechtlichen Regelungen. Im Folgenden wird daher in einem kurzen Überblick aufgezeigt, welche Anforderungen die DSGVO an technische und organisatorische Schutzmaßnahmen stellt.

2.2 Datenschutz durch Technikgestaltung (Privacy by Design) und durch datenschutzfreundliche Voreinstellungen (Privacy by Default), Art. 25 DSGVO

Gemäß Art. 25 DSGVO trifft der Verantwortliche geeignete technische und organisatorische Maßnahmen, um sicherzustellen, dass den Grundsätzen des Datenschutzes durch Technik und durch datenschutzfreundliche Voreinstellungen Genüge getan ist.

Dieser Vorschrift wird in der Praxis hohe Bedeutung zukommen. So können Produkte zukünftig nicht mehr nur auf Funktionalität und Nutzerfreundlichkeit ausgerichtet werden. Stattdessen sind schon während der Produktkonzeption Technologien zu berücksichtigen, die dem Grundsatz der Datensparsamkeit gerecht werden und der betroffenen Person die Möglichkeit der Datenhoheit zu ihren Gunsten einräumen [10]. Welche Maßnahmen konkret erforderlich sind, ist im Einzelfall zu entscheiden. Maßgebliche Kriterien sind Art, Umfang sowie die Umstände der Datenverarbeitung. Je nach Menge und Sensibilität der zu verarbeitenden personenbezogenen Daten sind entsprechende Vorkehrungen zu treffen. Beispielsweise ist davon auszugehen, dass insbesondere Big-Data-Analysen umfangreiche technische und organisatorische Maßnahmen zum Schutz der betroffenen Personen erfordern werden. Derartige Maßnahmen können unter anderem in der Minimierung der Verarbeitung personenbezogener Daten bestehen. Ein Mittel dazu ist auch die Pseudonymisierung oder Anonymisierung personenbezogener Daten. Eine weitere Maßnahme, die dem Grundsatz „Privacy by Design" gerecht wird, ist die Möglichkeit der betroffenen Person, die Verarbeitung ihrer personenbezogenen Daten zu überwachen [11]. Für Produkte, Dienste und Anwendungen, die bereits in Verkehr gebracht wurden, kann es erforderlich sein, diese im Nachhinein dem Stand der Technik anzupassen. Folglich kann es in diesen Fällen zu einem „Privacy by Re-Design" kommen [12].

2.3 Sicherheit der Datenverarbeitung

Art. 32 DSGVO normiert Anforderungen in Bezug auf die Sicherheit der Datenverarbeitung.

Verantwortliche und Auftragsverarbeiter müssen technische und organisatorische Maßnahmen treffen, die ein dem Risiko angemessenes Schutzniveau gewährleisten. Zu berücksichtigen sind auch der Stand der Technik, die Implementierungskosten, Art, Umfang, Umstände und Zwecke der Datenverarbeitung sowie Eintrittswahrscheinlichkeit und Schwere des Risikos für Rechte und Freiheiten natürlicher Personen.

Die DSGVO fordert Maßnahmen, die unter anderem dieses angemessene Schutzniveau gewährleisten können. Dazu zählt zunächst die Pseudonymisierung und Verschlüsselung personenbezogener Daten, ebenso wie die Fähigkeit, die Vertraulichkeit, Integrität, Verfügbarkeit und Belastbarkeit der Systeme und Dienste im Zusammenhang mit der Verarbeitung auf Dauer sicherzustellen. Darüber hinaus fordert die DSGVO, dass die personenbezogenen Daten und der Zugang zu ihnen bei einem physischen oder technischen Zwischenfall rasch wiederhergestellt werden können. Welche konkreten Maßnahmen darunter zu verstehen sind, ist allerdings nicht geregelt. Zwar hat die Gesellschaft für Datenschutz und Datensicherheit e. V. ein Merkblatt veröffentlicht, dem konkrete Umsetzungsmaßnahmen zu entnehmen sind, doch entsprechen die dort aufgeführten Maßnahmen weitestgehend den nach dem BDSG bekannten Maßnahmen wie Zutrittskontrolle (Zugangs-, Zugriffs- und Trennungskontrolle), Weitergabekontrolle, Eingabekontrolle und Verfügbarkeitskontrolle.

Ergänzend müssen nach der DSGVO allerdings auch Maßnahmen implementiert werden, die die Wirksamkeit der umgesetzten technischen und organisatorischen Maßnahmen überprüfen, bewerten und evaluieren. Dies kann im Rahmen eines Datenschutz- oder Incident-Response-Managements erfolgen, durch das Durchführen von sog. Penetrationstests oder durch datenschutzfreundliche Voreinstellungen (s. o.).

2.4 Cloud Computing/Cloud Security

Eine erfolgreiche Cloud Computing-Strategie gilt inzwischen als wesentliche Voraussetzung für die Digitalisierung im Unternehmen. Dies ist auch dem Cloud Monitor zu entnehmen, demzufolge zwei von drei deutschen Unternehmen Cloud Computing einsetzen [13]. Allerdings birgt die Nutzung einer Cloud-Lösung im Vergleich zu einer On-Premise-Lösung erhöhte Risiken, insbesondere das Risiko eines Datenverlustes. Um die mit einem potentiellen Datenverlust verbundenen Risiken zu minimieren, sollten die in der Cloud gespeicherten Daten verschlüsselt und eine Multifaktor-Authentifizierung (Einmal-Passwörter, telefonische Authentifizierung, Smartcards) implementiert werden. Durch letztere Maßnahme kann auch verhindert werden, dass durch gestohlene Benutzerdaten ein unberechtigter Zugriff auf die gespeicherten Daten erfolgt. Empfehlenswert ist zudem die Umsetzung einer Back-Up-Strategie. Sollten durch einen Cyber-Angriff Daten verloren gehen, kann dadurch die Verfügbarkeit der personenbezogenen Daten trotzdem sichergestellt werden.

Ein weiteres Cloud-spezifisches Risiko besteht in schwachen Schnittstellen (API's) von Cloud-Diensten und -Anwendungen. Diese Schnittstellen sollten regelmäßig überprüft werden, um Gefahren frühzeitig zu erkennen. Geeignete Mittel zur Überprüfung der Schnittstellen auf ihre Sicherheit sind u. a. Code Reviews oder Penetrationstests.

2.5 Security Automation

Die breit angelegten Hacker-Attacken in jüngster Zeit (z. B. Wannacry) haben einmal deutlich gemacht, wie anfällig IT-Systeme von Unternehmen für Angriffe von Cyber-Kriminellen sind. Virenscanner und Firewalls allein reichen schon lange nicht mehr aus, um Angriffe auf IT-Systeme abzuwehren. Eine zentrale Rolle wird die Automatisierung von IT-Sicherheitsprozessen („IT Security Automation") spielen.

Zu den sicherheitsrelevanten Vorgängen, deren Automatisierung empfehlenswert ist, gehören unter anderem das Patchen von Systemen sowie kontextbezogene Datenklassifizierungen. Das Automatisieren sicherheitsrelevanter Tätigkeiten bietet somit zahlreiche Vorteile gegenüber dem nichtautomatisierten Durchführen derselben Prozesse. Zwar ist bisher der Einsatz automatisierter Sicherheitslösungen noch kein allgemeiner Standard. CIOs sollten jedoch frühzeitig ein Bewusstsein für die technischen Möglichkeiten entwickeln und sich mit der Umsetzung automatisierter Lösungen beschäftigen, um das Risiko von Bedrohungen und Angriffen frühzeitig zu erkennen, zu reduzieren und potentielle Schäden möglichst gering zu halten.

3 Haftungsrisiken des CIO

Ein Fehlverhalten eines CIO kann für diesen weitreichende Konsequenzen nach sich ziehen. Neben arbeitsrechtlichen Folgen wie einer fristlosen Kündigung kann das Fehlverhalten auch mit Geldbußen oder Freiheitsstrafen geahndet werden.

Hat der CIO durch sein Fehlverhalten einen Schaden verursacht, kann er für diesen unter Umständen auch persönlich haftbar gemacht werden. Entscheidend hinsichtlich des potentiellen Haftungsumfangs des CIO ist zunächst die Art des Beschäftigungsverhältnisses des CIO. Maßgeblich ist, ob der CIO als Arbeitnehmer einerseits oder andererseits als Vorstandsmitglied oder Geschäftsführer einer Gesellschaft beschäftigt ist.

3.1 CIO als Arbeitnehmer

Ist der CIO als Arbeitnehmer tätig, haftet er im Fall eines Schadenseintritts in erster Linie dem Arbeitgeber. Allerdings kann der CIO als Arbeitnehmer ggf. auch dem Auftraggeber des Arbeitgebers zum Schadensersatz verpflichtet sein, wenn die Pflichtverletzung auch für einen Schaden auf Seiten des Auftraggebers ursächlich ist. Hinsichtlich des Haftungsumfangs gegenüber dem Auftraggeber gilt der Grundsatz, dass der Arbeitnehmer nur in dem Umfang in Anspruch genommen werden kann wie auch der Arbeitgeber.

Grundlage für die Berechnung des Haftungsumfanges im Verhältnis zwischen Arbeitnehmer und Arbeitgeber bilden die Grundsätze des „innerbetrieblichen Schadensausgleichs“. Nach diesem Haftungssystem haftet der Arbeitnehmer für den von ihm verursachten Schaden uneingeschränkt gegenüber dem Arbeitgeber, sofern er vorsätzlich gehandelt hat. Gleiches gilt grundsätzlich auch bei grob fahrlässigem Verhalten des Arbeitnehmers, sofern kein deutliches Missverhältnis zwischen Vergütung und Schaden besteht. Als Richtwert gelten diesbezüglich 3 Bruttomonatseinkommen. Sollte ein Missverhältnis bestehen, kommt eine Haftungsmilderung in Betracht.

Hat der CIO als Arbeitnehmer bei mittlerer Fahrlässigkeit Schäden verursacht, wird unter der Berücksichtigung und Beurteilung zahlreicher Kriterien eine Abwägung vorgenommen, die als Haftungsumfang üblicherweise eine 50-prozentige Haftung des Arbeitnehmers vorsieht. In Fällen, in denen der Arbeitnehmer nur leicht fahrlässig einen Schaden verursacht hat, entfällt die Haftung gegenüber dem Arbeitgeber vollständig.

3.2 CIO als Vorstandsmitglied oder Geschäftsführer

Ist der CIO Mitglied des Vorstandes einer Aktiengesellschaft tätig, gelten bezüglich der persönlichen Haftung andere Maßstäbe. So sind Vorstandsmitglieder, die ihre

Pflichten verletzen, der Gesellschaft zum Ersatz des daraus entstehenden Schadens [als Gesamtschuldner] verpflichtet, § 93 Abs. 2 S. 1 AktG. Die Beweislast dafür, dass er bei seinem Verhalten die Sorgfalt eines ordentlichen und gewissenhaften Geschäftsleiters angewandt hat, liegt hier beim CIO (§ 93 Abs. 1 S. 2 AktG). Daraus folgt, dass die Gesellschaft lediglich vorbringen muss, dass das Verhalten des CIO für einen Schaden der Gesellschaft ursächlich ist, während der CIO zu seiner Entlastung darlegen muss, dass er seiner Sorgfaltspflicht nachgekommen ist.

Eine entsprechende Haftungsregelung ist auch für die Geschäftsführer einer GmbH normiert. So haften Geschäftsführer, die ihre Obliegenheiten verletzen, der Gesellschaft solidarisch für den entstandenen Schaden, § 43 Abs. 2 GmbHG.

Zusätzlich muss der CIO als Vorstandsmitglied oder Mitglied der Geschäftsführung auch die Einhaltung des Gesetzes zur Kontrolle und Transparenz im Unternehmensbereich (KonTraG) sicherstellen. Dieses erlegt dem Management von Kapitalgesellschaften die Pflicht auf, ein wirksames IT-Risikomanagementsystem einzuführen. Werden die Anforderungen daran nicht erfüllt oder ein Risikomanagementsystem erst gar nicht eingeführt, können die Mitglieder des Vorstands oder der Geschäftsführung dafür haftbar gemacht werden.

4 Fazit

Die gestiegenen Anforderungen an den Datenschutz und die Datensicherheit stellen den CIO vor erhebliche Herausforderungen. Der anfängliche Implementierungsaufwand, insbesondere in Bezug auf die deutlich gestiegenen Dokumentationsanforderungen, ist erheblich und erfordert in der Regel erhebliche personelle und materielle Ressourcen. Angesichts der bei Verstößen drohenden drastischen Sanktionen, dem potentiellen Reputationsschaden für das Unternehmen und dem Risiko einer persönlichen Inanspruchnahme des CIOs muss der CIO – auch im eigenen Interesse – darauf hinwirken, dass die Anforderungen an den Datenschutz und die Datensicherheit eingehalten werden.

5 Literatur

[1] Böhm, Ströbel. In: Wybitul, EU-Datenschutz-Grundverordnung, Deutscher Fachverlag GmbH, Frankfurt am Main, Art. 5 Rz. 8.

[2] Tinnefeld, Hanßen, Bausewein. In: Wybitul, EU-Datenschutz-Grundverordnung, Deutscher Fachverlag GmbH, Frankfurt am Main, Art. 30 Rz. 44.

[3] Tinnefeld, Hanßen, Bausewein. In: Wybitul, EU-Datenschutz-Grundverordnung, Deutscher Fachverlag GmbH, Frankfurt am Main, Art. 30 Rz. 49.

[4] Verzeichnis von Verarbeitungstätigkeiten. www.lda.bayern.de/media/dsk_kpnr_1_verzeichnis_verarbeitungstaetigkeiten.pdf (letzter Zugriff: 12. 03. 2018).

[5] Von dem Busche. In: Plath, BDSG DSGVO, Verlag Dr. Otto Schmidt, Hamburg, Art. 35 Rz. 11.

[6] Draf. In: Wybitul, EU-Datenschutz-Grundverordnung, Deutscher Fachverlag GmbH, Frankfurt am Main, Art. 21 Rz. 11.

[7] Briegleb, Volker. WannaCry – Was wir bisher über die Ransomware-Attacke wissen. www.heise.de/newsticker/meldung/WannaCry-Was-wir-bisher-ueber-die-Ransomware-Attacke-wissen-3713502.html (letzter Zugriff: 12. 03. 2018).

[8] Beiersdorf arbeitet Folgen der Cyber-Attacke ab. www.berliner-zeitung.de/digital/beiersdorf-arbeitet-folgen-der-cyber-attacke-ab-27918744 (letzter Zugriff: 12. 03. 2018).

[9] Schmerer, Kai. WannaCry – Armutszeugnis für betroffene Unternehmen und Organisationen. www.zdnet.de/88296345/wannacry-armutszeugnis-fuer-betroffene-unternehmen-und-organisationen/?inf_by=59c8dab1671db8761a8b47f3 (letzter Zugriff: 12. 03. 2018).

[10] Hanßen. In: Wybitul, EU-Datenschutz-Grundverordnung, Deutscher Fachverlag GmbH, Frankfurt am Main, Art. 25 Rn. 5.

[11] Erwägungsgrund (78) der Verordnung (EU) 2016/679.

[12] Hanßen. In: Wybitul, EU-Datenschutz-Grundverordnung, Deutscher Fachverlag GmbH, Frankfurt am Main, Art. 25 Rn. 28.

[13] KPMG. Cloud Computing in Deutschland. https://home.kpmg.com/de/de/home/themen/2016/03/cloud-computing.html (Abrufdatum 1. September 2017).

Autorenverzeichnis

Prof. Dr. Ulrike Baumöl ist Inhaberin des Lehrstuhls für Betriebswirtschaftslehre, insb. Informationsmanagement an der FernUniversität in Hagen, begleitet Unternehmen im Prozess der Digitalisierung und ist Mitherausgeberin der Zeitschrift Controlling.

Prof. Dr. Wolfgang Bremer lehrt Wirtschaftsinformatik an der Technischen Hochschule Nürnberg Georg Simon Ohm. Nach Promotion im Bereich Supply-Chain-Management war er über 12 Jahre in leitender Stellung für das Sourcing von IT Hardware, Software und Dienstleistungen in zwei DAX-Konzernen verantwortlich. Supplier Relationship Management für die Unternehmens-IT ist heute sein Hauptlehr- und Forschungsgebiet.

Sebastian Büsch ist externer Doktorand und Lehrbeauftragter am Institut für Wirtschaftsinformatik der Technischen Universität Ilmenau. Im Rahmen seiner Forschungsarbeit untersucht er Data Warehouse und Business Intelligence (BI) Systeme, um eine Information Lifecycle Management (ILM) Strategie für strukturierte Data Warehouse Daten zu entwickeln. Neben der ILM Forschung arbeitet er als BI Senior Consultant und erfahrener BI Architekt bei der X-CASE GmbH, Ilmenau. E-Mail: sebastian.buesch@x-case.de

Prof. Dr. Georg Disterer ist Professor an der Fakultät für Wirtschaft und Informatik der Hochschule Hannover und lehrt dort Wirtschaftsinformatik. Er arbeitet in Forschung und Lehre insbesondere zu Themen wie Informationsmanagement, IT-Servicemanagement und IT-Compliance. E-Mail: georg.disterer@hs-hannover.de

Jochen Fauser ist Partner bei Deloitte Consulting mit mehr als 20 Jahren Erfahrung in der IT Management-Beratung. Seine Expertise liegt in den Themen IT Strategy, IT Governance, IT Service Management, Enterprise Architecture, IT Sourcing, IT M&A, Cloud und IT Transformation. Er leitet die deutsche „Technology Strategy & Architecture“ Practice. E-Mail: jfauser@deloitte.de

Prof. Dr. Michael Gröschel ist Professor an der Fakultät für Informatik an der Hochschule Mannheim. Der Wirtschaftsinformatiker beschäftigt sich in Forschung und Lehre seit vielen Jahren mit Themen des Geschäftsprozessmanagements und dem sinnvollen Einsatz von IT in Unternehmen im Rahmen neuer Geschäftsmodellen. Daneben arbeitet er als Trainer mit dem Schwerpunkt auf Geschäftsprozessmodellierung in BPMN. E-Mail: m.groeschel@hs-mannheim.de | www.taxxas.com | Twitter: @taxxas

Inge Hanschke ist Geschäftsführerin der Lean42 GmbH. Sie verfügt über die Erfahrung aus 30 Berufsjahren als Innovatorin und IT-Managerin bei Anwenderunternehmen, in einem ERP-Produkthaus und bei verschiedenen IT-Dienstleistern. Sie ist eine anerkannte Autorin von Fachbüchern über EAM, BPM, Business-Analyse, Digitalisierung, Agile und Lean IT-Management.

Dr. Thomas Jansen ist Rechtsanwalt und Partner im Münchner Büro der Sozietät HEUKING KÜHN LÜER WOJTEK. Er ist seit mehr als 20 Jahren spezialisiert auf die Beratung von deutschen und internationalen Mandanten in technologiebezogenen Transaktionen aller Art, insbesondere bei komplexen Projektverträgen und Joint Ventures. Den Schwerpunkt seiner Tätigkeit bilden IT-Projekte und Outsourcing-Vorhaben, komplexe Kooperationsvereinbarungen sowie Lizenz- und Vertriebsvereinbarungen. Darüber hinaus berät Herr Dr. Jansen zu Rechtsfragen der Virtualisierung, insbesondere zu Rechtsfragen um die Cloud sowie im nationalen und internationalen Daten-

https://doi.org/10.1515/9783110545395-016

schutzrecht, insbesondere zu Fragen der grenzüberschreitenden Datenübermittlung und des Direktmarketings.

Benjamin Juntermanns ist Manager in der „Technology Strategy & Architecture" Practice von Deloitte Consulting und leitet den Bereich Technology Strategy. Er berät CIOs und IT Manager in der Ausgestaltung ihrer Rolle, sowie Definition und Umsetzung von Technologie-Strategien.
E-Mail: bjuntermanns@deloitte.de

Prof. Dr. Carsten Kleiner ist Professor an der Fakultät für Wirtschaft und Informatik der Hochschule Hannover und lehrt dort zum Thema Sichere Informationssysteme. Seine Schwerpunkte in Forschung und Lehre sind insbesondere Grundlagen und Anwendungen von Datenbank- und Informationssystemen, Einsatz mobiler Endgeräte und IT-Sicherheit.
E-Mail: carsten.kleiner@hs-hannover.de

Prof. Dr. Martin Kütz ist Professor für Wirtschaftsinformatik an der Hochschule Anhalt.
Zuvor hat er nach einem Mathematikstudium mehr als 25 Jahre als IT-Manager und Berater in der Praxis gearbeitet. Sein Interessenschwerpunkt ist das Controlling in der IT.
E-Mail: kuetz.martin@tesycon.de

Dr. Michael Lang ist als Führungskraft bei einem der größten IT-Dienstleistungsunternehmen Europas tätig. Zudem ist er Lehrbeauftragter für Projekt- und IT-Management sowie Herausgeber von mehreren Fachbüchern. Herr Dr. Lang studierte Wirtschaftsinformatik an der Universität Bamberg und promovierte im Bereich des IT-Managements an der Universität Erlangen-Nürnberg. Vor seiner aktuellen Tätigkeit war er unter anderem als IT-Inhouse-Consultant bei einem internationalen Unternehmen der Automobilindustrie beschäftigt.

Dr. Volker Nissen ist ordentlicher Professor und Leiter des Fachgebietes Wirtschaftsinformatik für Dienstleistungen an der Technischen Universität Ilmenau. Prof. Nissen verfügt über mehr als 12 Jahre Erfahrung in der IT-Beratungsbranche. Seine aktuellen Forschungsinteressen umfassen IT-Managementthemen, die digitale Transformation der Beratungsbranche und Prozessakzeptanzforschung. E-Mail: volker.nissen@tu-ilmenau.de

Stefan Pechardscheck ist Partner der BearingPoint und Global Head Technology. In fast 25 Jahren Beratung hat der studierte Wirtschaftsinformatiker in mehr als 100 Projekten Kunden aller Branchen zu den Themen IT-Strategie und IT-Management sowie in den letzten Jahren verstärkt zu Digitalisierungsprojekten beraten. Darüber hinaus schreibt er als Experte für die CIO und ist Beirat des Fachbereichs Wirtschaftsinformatik an der HTW Berlin.
E-Mail: stefan.pechardscheck@bearingpoint.com | Twitter: @pechardscheck

Dr. Andreas Rebetzky studierte Physik an der Universität Tübingen und an der ETH Zürich, bevor er am Max-Planck-Institut für extraterrestrische Physik promovierte. Von 1989–2000 war er Geschäftsführer bei der science + computing GmbH in Tübingen. Danach war er als CIO bei der heutigen mw group in Stuttgart und bei Bizerba in Balingen tätig. Seit 2010 ist er Mitglied der Geschäftsleitung und Vice President Organisation & IT (CIO) der Sto Gruppe. Er ist Gründungsmitglied des Bundesverbandes für IT Anwender VOICE e. V. und dort Mitglied im Präsidium.

Prof. Dr. Olaf Resch lehrt und forscht an der Hochschule für Wirtschaft und Recht in Berlin. Er ist API-Enthusiast und beschäftigt sich schon seit über 20 Jahren mit Systemschnittstellen und Integrationsarchitekturen. E-Mail: olaf.resch@hwr-berlin.de

Stefan Ritter: studierte Wirtschaftsinformatik (MSc) an der Technischen Universität Ilmenau. In seiner Masterarbeit am Fachgebiet Wirtschaftsinformatik für Dienstleistungen (Prof. Nissen) befasste er sich mit der Akzeptanz von BI-Innovationen. Er arbeitet heute als Consultant bei der X-CASE GmbH in Ilmenau. E-Mail: stefan.ritter@x-case.de

Prof. Dr. Gabriele Roth-Dietrich ist Diplom-Physikerin und promovierte in Betriebswirtschaftslehre an der Universität Mannheim über Prozessoptimierung und -automatisierung im Gesundheitswesen. Sie arbeitete knapp 10 Jahre als Projektleiterin und Systemanalytikerin in Entwicklung und Produktmanagement der SAP SE. Nach einer Professur an der Hochschule Heilbronn lehrt sie seit 2011 Wirtschaftsinformatik an der Hochschule Mannheim und beschäftigt sich mit den Themenbereichen Unternehmenssoftware, Workflow-Management, Business Intelligence, Projektmanagement und Digitale Transformation. E-Mail: g.roth-dietrich@hs-mannheim.de

Dr. Sebastian Saxe ist Mitglied der Geschäftsleitung, Chief Digital Officer bei der Hamburg Port Authority sowie Beirat im Herausgeberkreis der Zeitschrift Verwaltung & Management.

Prof. Dr. Achim Schmidtmann ist seit dem 01. 09. 2017 Professor für Wirtschaftsinformatik, insbesondere Betriebliche Informationssysteme/ERP-Systeme am Fachbereich Wirtschaft und Gesundheit der Fachhochschule (FH) Bielefeld. Vorher war er elf Jahre lang Professor für Wirtschaftsinformatik an der FH Dortmund und dort u. a. auch Studiengangsleiter des Wirtschaftsinformatik Masters. Von 02/2014–08/2017 hatte er außerdem die CIO-Position der FH Dortmund inne und verantwortete die hochschulweite IT-Strategie. Der Fokus seiner Forschungen liegt in der Beschäftigung mit IT-Servicemanagement und IT-Sicherheitsmanagement, Betrieblicher Anwendungssoftware insb. ERP-Systeme und dem Informationsmanagement.

Martina Stauch hat über 16 Jahre Vertriebs- und Führungserfahrung in unterschiedlichen Funktionen und Branchen. Die letzten acht Jahre war sie bei Cisco Systems als Head of Sales und Interims Direktor tätig. Hier konnte sie durch Veränderung der Organisation und Strategie sowie Coaching-Maßnahmen des Sales Teams den Umsatz in fünf Jahren verdreifachen. Das Team war eines der erfolgreichsten innerhalb der Cisco Systems Europa Organisation. Dieses Wissen und ihre eigens entwickelten Methoden bringt Frau Stauch mit ihrer Consulting-Agentur erfolgreich in internationale Unternehmen ein. E-Mail: info@martinastauch.de

Jörg Thamm ist Leiter des Segments für IT-Strategie und IT-Target Operating Modell bei Horváth & Partner. Er ist Diplom-Informatiker der Medizin, hat einen MBA absolviert und ist als Certified Information Systems Auditor (CISA) zertifiziert. Er beschäftigt sich seit vielen Jahren mit der strategischen IT-Beratung von Mittelstand und Großkonzernen und hat sich auf die Themenfelder adaptive IT sowie Revision, Kontrolle und Sicherheit von Informationssystemen spezialisiert.
E-Mail: jthamm@horvath-partners.com

Dr. Matthias Voigt ist Manager in der „Technology Strategy & Architecture“ Practice von Deloitte Consulting und leitet dort den Bereich IT Business Management. Er ist Experte in den Themen IT Governance, IT Operating Model und IT Service Management sowie Autor diverser Publikationen zum Thema Digital Effectiveness, Business Modelling und Innovation.
E-Mail: mvoigt@deloitte.de

Dr. Patrick Wader ist CIO der Knauf Gruppe und Geschäftsführer der Knauf Information Services GmbH. Der promovierte Maschinenbauingenieur hat Wirtschaftsingenieurwesen studiert und einen MBA in den USA gemacht. Herr Dr. Wader war Unternehmensberater in den Bereichen

Logistik und IT und zuletzt mehr als 10 Jahre in verschiedenen leitenden Funktionen im Bosch-Konzern verantwortlich für die Optimierung von Prozessen, Architekturen und IT.
Email: wader.patrick@knauf.de

Register

https://doi.org/10.1515/9783110545395-017

www.ingramcontent.com/pod-product-compliance
Lightning Source LLC
LaVergne TN
LVHW080638011026
849160LV00014B/1258